実践につながる
建築施工
の教科書

髙瀬 恵悟 著

学芸出版社

【巻頭口絵】写真で見る着工から竣工まで
株式会社サウンドクルー　新社屋建築工事

　ここでは実際の建設現場ではどのように工事が進むのかについて、音楽関連企業の株式会社サウンドクルー様の新社屋の工事記録写真を、建築主である同社様と設計施工を担当した株式会社巴コーポレーション様のご厚意により掲載する。

　今回は膨大な記録の中から、実際に担当しなければ普段あまり目にする機会は少ないであろう場面を選定した。特に作業の流れが掴みにくい「鉄骨工事」については多くのスペースを割いた（特にノンブラケット工法の丁寧な仕事はぜひ参考にされたい）。その他、定点撮影された写真や、工事の段階ごとの記録写真も多く選定した。本編の解説と相互に参照し、具体的な現場の様子をイメージしていただきたい。

〈ご注意〉
この工事記録写真の無断複製はご遠慮ください。また、当該建設工事は2014年〜2015年にかけて実施されたものであり必ずしも現行の法令に沿っていないことについてご理解ください（高所作業時のハーネス着用など）。

〈建物概要〉
工事名称：株式会社サウンドクルー新社屋建築工事
工事場所：東京都大田区
発 注 者：株式会社サウンドクルー
設計監理：株式会社巴コーポレーション一級建築士事務所
施　　工：株式会社巴コーポレーション
工　　期：2014年6月6日　〜　2015年5月30日
地域地区：準工業地域、準防火地域
構　　造：鉄骨造　地上8階建
規　　模：敷地面積 1,343.15m²
　　　　　建築面積 768.38m²
　　　　　延床面積 4,427.60m²
　　　　　最高高さ 40.90m

仕　上：外壁　スパンクリート（中空プレストレスト・
　　　　　　　コンクリート板）t200 縦張り
　　　　屋根　改質アスファルト防水（一部緑化）
　　　　内装　床 タイルカーペット、Pタイルほか
　　　　　　　壁 石こうボード＋クロス、塗装
　　　　　　　天井 岩綿吸音板、化粧せっこうボード
建物用途：物販（1〜2階）
　　　　　倉庫（3〜4階）
　　　　　リハーサルスタジオ（5階）
　　　　　オフィス（6階）
　　　　　レコーティングスタジオ（7階）
　　　　　ユーティリティ、屋上緑化エリア（8階）

建築主：株式会社サウンドクルー
SOUND CREW
https://www.soundcrew.co.jp

　音響・映像機器や楽器のレンタル、レコーディングスタジオの運営などを展開する、音と映像に関わる総合企業。創業は1984年5月。
　取り扱いサービスは、楽器、音響、映像、レコーディング機器のレンタル・設営・販売、輸入代理店業務、リハーサルスタジオ、レコーディングスタジオの運営、エンジニア、ローディー・テクニシャン（楽器手配、輸送、セッティングのスペシャリスト）の派遣コーディネート、トランスポートなど多岐にわたる。
　2015年から運用を開始した新社屋（本書で紹介）には、レコーディングスタジオやリハーサルスタジオなども完備されており、社屋が立地する東京都大田区平和島は、音と映像の一大拠点になっている。

設計・施工：株式会社巴コーポレーション
TOMOE CORPORATION
https://www.tomoe-corporation.co.jp/

　創業1917年10月の老舗総合建設会社（東証スタンダード市場上場）。
　特徴としては一般建築だけではなく立体構造や鉄塔、橋梁なども手掛けている点があげられる。特に大空間建築に用いられる立体構造に関してはパイオニア的存在であり、また保有する鉄骨加工工場（ファブ）は国内有数のSグレードである（東京スカイツリー®などの鉄骨製作も担当）。
　総合建設会社（ゼネコン）としての特徴は、研究・生産施設や物流施設に強く、顧客から指名のかたちでの設計施工一貫比率が高い点があげられる。また、電磁波シールドや電波暗室などの独自技術を有するなど、業界内でも"技術立社"としての存在感を有する。

写真1　着工状況
（敷地周辺に仮囲い ≫本書3・3-2(1) が設置されている）

写真2　既製コンクリート杭（節杭）の埋込工法 ≫本書 5・2-1
（敷地左手前の重機は杭孔掘削用のアースオーガー、左奥に節付 PHC 杭を仮置きしてある。
敷地右手前の筒状の構造物はセメントミルク製造用のセメントサイロ、箱状の水槽は水タンク。
敷地内、写真右奥には2階建ての仮設現場事務所が設置されている）

写真3　山留め壁設置状況（1段目切張り・腹起し） ≫本書 3・3-2(4)、4・5-3(1)

（山留め壁は鋼矢板（シートパイル）を使用し、それを腹起しと切張り、火打ちで補強。
中央部に重機乗入れ用の乗入れ構台が設置されており、そこにクレーンを設置して切張り等の仮設資材を搬入している）

写真4　地中梁配筋、鉄骨アンカーボルトの搬入

（クレーンを使用して資材を構台や根切り底に搬入している。
クレーンのレイアウトに関しては、旋回半径やアウトリガー ≫本書 3・4-2 の張り出し位置なども考慮しておく必要がある。しばらく交通量が多くなるので、通路部分には敷鉄板が全面にわたって敷かれている）

写真5　基礎コンクリートの打設 ≫本書8·5-3
（手前はすでにコンクリート打設が終了している工区で、オレンジ色の型枠が解体されている。
少し見えづらいが、水平切張り上に親綱が張られているのが見える。地下の工程では、作業員の移動ルート
や資機材の搬入ルートの確保も安全や作業効率に大きく影響する）

写真6　埋戻し ≫本書4·1

写真7　埋戻し ≫本書4·1
（手前に鉄骨のアンカーボルトが見える）

写真8　ランマーによる転圧 ≫本書4·1
（何層かに分けて、その都度きっちりと転圧する）

写真9　土間下の砕石敷き ≫本書4·1

写真10　柱の搬入と検収 ≫本書9・3-1(2)

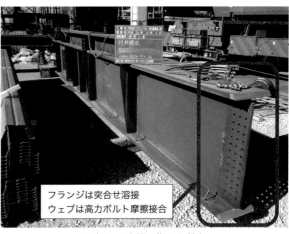

写真11　大梁の搬入と検収

写真12　高力ボルトの受入検査① ≫本書9・4
（一次締め＋マーキング）

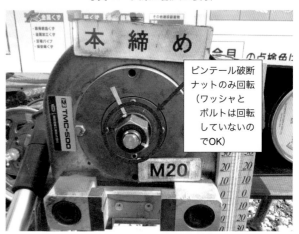

写真13　高力ボルトの受入検査②
（本締め＋マーキング位置確認）

写真14　鉄骨柱の建方準備 ≫本書9・6
（足場やタラップを地組）

写真 15　鉄骨 0 節建方開始（全景）≫本書 9・6
（敷地右側中央にグレーのクレーンタワー支柱が建っている）

写真 16　クレーンにより吊り上げ ≫本書 9・6-6(2)

写真 17　アンカーボルトにセット ≫本書 9・6-5(2)

アンカーボルト

写真 18　アンカーボルト位置の確認

写真 19　柱の傾きの確認 ≫本書 9・6-6(2)③

写真20　アンカーボルト締付け ≫本書9・6-5⑵
（この柱脚は露出型だが、特別なアンカーボルトとベースプレートを
用いて、固定柱脚として取り扱うことができる工法を採用している）

写真21　ベースプレート下に無収縮モルタル注入

写真22　柱鉛直方向継手 ≫本書9・3-1⑼
（下柱エレクションピースに建入れ直し治具がセットされている）

写真23　上柱をセット中

写真24　上柱をセット中
（グレーで塗装されている箇所は施工時に見え隠れになる部分かつ
溶接やボルトの接合箇所ではない部分）

写真25　建入れ直し治具セット
（この後、下柱と上柱の開先部分を現場溶接）

写真26　梁鉄骨建方の様子
（現場監督が下から見守っている）

写真27　梁鉄骨建方
（水平養生ネットが地組されている）

写真28　鉄骨工事全景（2節）　≫本書9・6

写真29　鉄骨の建入れ直しの様子①　≫本書9・6-6(2)③

写真30　鉄骨の建入れ直しの様子②

写真31　鉄骨柱と梁の現場溶接 ≫本書9・5
（この現場では柱にブラケットを設けずに現場で直接柱に梁を取り付ける「ノンブラケット工法」が採用されている。
このとき上下フランジは溶接だが、ウェブは高力ボルト摩擦接合なので、ボルトを先に施工する）

写真32　溶接部アップ
（鉄骨は溶接の熱により性質が変わってしまうため入熱パス間温度管理を行う。写真中央部の青いクレヨンのような示温塗料（一定の熱が加わると色が変わる塗料）を塗り、影響範囲を金尺で示している）

写真33　梁中央部の高力ボルト接合 ≫本書9・4-4(4)
（この時点では仮締め⇒マーキングまで）

写真34　梁中央部の高力ボルト接合 ≫本書9・4-4(4)①〜⑤
（シャーレンチを用いて本締め中。締め付けは中央部から外周に向かって進める）

写真35　柱梁接合部の超音波探傷試験 ≫本書9・5-5(2)

写真36　柱継手の超音波探傷試験 ≫本書9・5-5(2)

写真 37　梁に対してスタッドボルト溶接 ≫本書 9・6-6(3)②
（床はコンクリート打設前のデッキプレート）

写真 38　スタッドボルトの打撃曲げ試験 ≫本書 9・6-6(3)④

写真 39　鉄骨建方中の全景（3 節） ≫本書 9・6

写真 40　鉄骨建方中の全景（4 節）

写真 41　屋上パラペット（RC）施工中

写真 42　外壁押出し成形セメント板用の金物取付け　≫本書12・1-3(2)
（赤いスプレー塗料は錆止め）

写真 43　押出成形セメント板の荷揚げ

写真 44　外壁塗装（下地シーラー塗布）　≫本書12・8-2(4)

写真 45　外壁塗装（アクリル樹脂塗料吹付け）　≫本書12・8-5

写真 46　外壁施工中全景

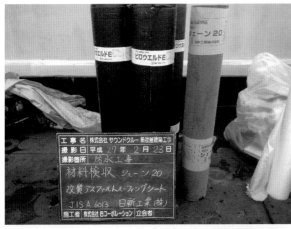

写真47　屋根アスファルト防水の材料の検収　≫本書11・2-3(3)①
（改質アスファルトルーフィングシート）

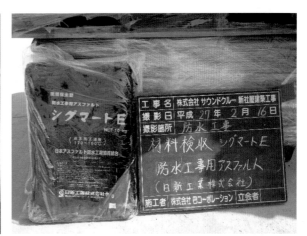

写真48　屋根アスファルト防水の材料の検収　≫本書11・2-3(2)
（固形状態のアスファルト。現場で熔解して使う）

写真49　アスファルトプライマー塗布　≫本書11・2-3(1)
（塗布前にコンクリートの乾燥状態を確認する）

写真50　立上り部先行作業　≫本書11・2-5(4)
（立上り部は漏水しやすいので念入りに施工する）

写真51　アスファルト張付け（流し張り）　≫本書11・2-5(4)
（右側の作業員が規定の温度で熔解したアスファルトを屋根面に流し
ながら、巻物状のアスファルトルーフィングシートを左の作業員が転
がして広げながら張っている）

写真52　断熱材張付け
（パネル状の断熱材を防水層上に敷き並べている）

写真 53　せっこうボードパテかい ≫本書 12・9-2(1)

(壁の黄色い部分がせっこうボードの表面で、白い点々やライン状の白線がパテを塗った部分。これをサンドペーパーでしごいて平らにする)

写真 54　壁せっこうボード EP 塗装 ≫本書 12・8-7

(ローラー塗り)

写真 55　床タイルカーペット敷き込み ≫本書 12・9-1(2)②

(接着剤にはピールアップタイプを使う)

写真 56　天井面アルミスパンドレル取付け ≫本書 12・9-3(1)

写真 57　天井岩綿吸音板張付け ≫本書 12・9-2(2)

(岩綿吸音板は軽量鉄骨下地(軽天)には直接張付けられないので、一般にはせっこうボード下張りとする)

写真 58　天井点検口等取付け

(正確な位置が必要なので、設計図とは別に施工図として天井伏の総合図を作成して客先や設計監理者、建築、電気、設備などの工事関係者の確認をとる)

防火区画の防火戸（防火設備）の
両開扉・親子扉には順位調整器が必要

写真 59　壁せっこうボードビス留め

写真 60　土間配筋

写真 61　土間コンクリート打設

写真 62　土間表面に散布型高耐久床仕上げ材を散布 ≫本書 12·6-3

写真 63　床のこて押さえ
（動力式こて押さえ機（通称：ヘリコプター）を使っている）

写真 64　外部足場払い

写真 65（上）・66（下）　竣工写真

写真 67　竣工写真（オフィス）

写真 68　竣工写真（スタジオ受付）

写真 71　竣工写真（コントロールルーム）

写真 69　竣工写真
（レコーディングスタジオ A）

写真 70　竣工写真
（レコーディングスタジオ B）

竣工写真撮影：株式会社川澄・小林研二写真事務所（写真 65 〜 70）
スタジオ設計・施工：株式会社ソナ（写真 69 〜 71）

作業所長（当時）からのひとこと

　この建物は、市街地の高層物件ということもあり、工事用地の確保や資機材の搬入に工夫が必要で、工事計画の良否が工程や採算に直接響く状況での施工でした。特に念入りに検討したのが揚重計画で、余剰地がない中での鉄骨建方や遮音性能を確保するための外壁極厚コンクリートパネルの建て込み、同内壁材料の室内への取り込み、高層階のスタジオ材料の取り込み等を重点的に検討しました。

　中でもスタジオ間の遮音壁に使用した極厚のコンクリートパネルは、長さが 6 m を超える重量物であったため特に念入りに施工計画を立てました。具体的には、各フロアの荷役運搬、建て込みに使用する複数の重機の配置や運用計画は、安全や工程を確保するために作業範囲、重機の配置、通路の確保等、日々の工程をわかりやすく図面や工程表に落とし込み、我々管理者側を含めて、全ての工事関係者に周知した上で作業を進めました。さらに、パネル間の隙間は音漏れの原因となるので、パネルの建て込みと隙間処理が終了した後に、工事エリアを真っ暗な状態にして、パネル接合部 1 か所ごとにくまなく懐中電灯を照らして隙間がないかをチェックしました。

　このような事前の綿密な計画、日々の進捗の確認、作業員への周知を徹底することにより客先要求品質を確保した上で、無事に工期内引き渡し、無事故無災害でお客様にお引き渡しできたことは現場管理者として満足しています。（巴コーポレーション・吉原）

はじめに

　建築施工は、計画管理を担う技術者（現場監督）と、実際にものをつくり上げる技能者（職人）による協働作業ですが、近年はいずれの分野も高齢化にともなう世代交代などにより技術・技能の継承が問題となっており、さらに働き方改革の推進や建設 DX の普及も相まって大きな変革の真っ只中にあります。このような時代背景の中で、本書『実践につながる建築施工の教科書』は、時代の変化に対応した新しい発想による教科書として、大学や専門学校で建築を学んだり社会に出てから建築施工を学び直したりする諸氏に向けて、実務で役に立つ知識や現場運営のノウハウを体系的にお伝えするために企画しました。

　ところで「建設工事は思い通りにいかない」「教科書と現実は異なる」という話をよく聞きます。また「学校での勉強より現場での経験が勝る」という話も聞きます。果たしてそうでしょうか？確かに経験は重要ですが、経験からしか学ばない技術者は経験したことがない状況に直面したときに対応が遅くなったり経験に縛られて正しく判断できない可能性があります。また、「（理由はわからないが）基準だから」あるいは「決まっていることだから」という丸暗記の知識で現場を運営すると手抜きや不正にもつながりかねません。一方、体系的な知識や考え方の筋道を持っている技術者は、その体系的な知識をもとに問題解決の方向性を見極めて対応することができます。

　日々の建設現場において、スムーズに工事ができるように手順を考えて段取りを整えたり、トラブルの予兆となる小さな違和感を発見したりするためには、先人たちのノウハウを学ぶことが重要です。そして先人たちの経験と知恵は基準書に詰まっています。本書では建築士試験や施工管理技術検定試験でも引用されることの多い国土交通省『公共建築工事標準仕様書（標仕）』とその技術的参考書である『建築工事監理指針（監理指針）』（一般社団法人公共建築協会 編集）を正しく使いこなすことを目的として構成しました。これらは現役の実務家向けに編集されているので、前提知識が必要であったり初学者には難解な表現がされています。したがって本書では、使用する用語や文書表現、構成は可能な限り上記の基準書に準拠し、難解な部分は丁寧に解説することを試みました。幸いなことに建築士の免許や施工管理技士の資格の取得には、法令や基準に基づく体系的な知識や道理の理解が求められますので、実はそのような勉強の仕方は試験合格の近道でもあります。各章のはじめには学習のポイントや知識の体系図も掲載しました。また、章の最後には関連する資格試験問題とその解説も掲載しています。

　本教科書の出版元である学芸出版社は、これまで数多くの建築施工をはじめとした優れた建築系の教科書を企画・出版しています。今回はそのノウハウも加味していただきながら執筆を進めました。特に編集部の神谷彬大氏には企画段階から様々なアドバイスをいただきました。また、現場写真やコラムの執筆については吉原正樹氏と佐藤浩幸博士をはじめとする株式会社巴コーポレーションの皆様にもご協力をいただきました。本文内容や表現に関しては、専門学校東京テクニカルカレッジや東京工科専門学校の卒業生諸氏にもご意見をいただいています。本書出版の企画から執筆作業に関しては、山本匡理事長をはじめ、学校法人小山学園の皆様にもご協力をいただきました。また時間的な面や一部図表の作成、校正などでは家族にも助けられました。ここに感謝の意を表します。以上のように本書は多数の方からのご支援のおかげで発行できましたが、本書の全ての文責は著者にあることを付しておきます。

　本書の利用者が、先人たちの過去の経験を学び、様々な法令、基準を理解して、持続的で誰しもが働きやすい建設現場をつくり上げていただくことを願っています。

2024 年 3 月　著者　髙瀬恵悟

本書の使い方

「建築施工」で学ぶこと

建築施工とは、設計図書で規定された性能や仕様、意匠を満足するように品質やコスト、工期、安全、環境問題等に配慮しながら建物をつくり上げることです。そのために求められる知識としては、先人たちの経験に基づく理論体系と、研究成果に基づく理論体系が存在します。前者は先人たちの過去の経験、とりわけ過去の事故や瑕疵の事例などが蓄積されたものであり、後者は国や教育機関、企業などで行われた実験などによって得られた知見によるものです。これらを一体的なものとして実務の世界で使いこなすのが施工管理に携わる建設技術者の役割となります。

『標仕』、『監理指針』と本書の構成について

建築施工は法令や基準に基づいて行われます。法令に関しては「建設業法」のほか、「建築基準法」や「労働安全衛生法」なども重要な法律です。基準に関しては、国土交通省大臣官房官庁営繕部による『公共建築工事標準仕様書（標仕）』と一般社団法人公共建築協会による『建築工事監理指針（監理指針）』、日本建築学会の『建築工事標準仕様書（JASS）』がよく用いられます。『監理指針』や『JASS』に関しては書籍のかたちで有料で販売されていますが、『標仕』は国土交通省のウェブサイト（https://www.mlit.go.jpgobuild/kenchiku_hyoushi.html）にて無料でダウンロードできます。

『標仕』や『監理指針』、『JASS』は、建築士試験や施工管理技術検定試験等でも数多く引用されていることから、用いられる用語や文章表現、言い回しなどについては試験対策にも役に立ちます。本書においても、各章の構成や用語等については、可能な限り法令や各種基準に合わせました。

執筆方針（他の教科との関係）

一般に、建物の寸法形状や仕様、性能に関しては設計者が設計図書に記述し、それに基づいて所定の品質を満足するように施工者が実際の工事を行います。本書においてもその考え方に基づき、「建築材料」や「建築一般構造（建築構法）」、「建築設備」など他の科目で取り扱う内容に関しては必要最小限の記述に留め、可能な限り施工分野の情報を盛り込むこととしました。一方で、建築技術の世界、特に実務においては、総合的な知識が要求されることから、学習者の皆さんは可能な限り複眼的な視点で学習して、有機的な知識を身につけるように心がける必要があります。これは設計者であれ施工管理者であれ、その他の建築技術者であれ同じです。

外部情報の活用について

本書を含めた技術系のテキストは、必ずしもその分野の全ての情報が網羅されているわけではありません。本書に関しても、『標仕』や『監理指針』の全てを網羅しているわけではありません。したがって、より深く勉強したり実務などで応用的な場面が出てきたときには、原典やその他の情報を利用することが重要となります。

ぜひとも本書をそのためのガイドとして役立てていただき、建築を学ぶ諸氏が一流の技術者として社会で活躍することを望みます。

※本書における『標仕』『監理指針』の参照箇所や引用図版は原則として令和4年版のものです。ただし建築基準法や建設業法、労働安全衛生法などの法令等による金額や数値に関する基準については、2024年1月時点のものとなっています。なお『標仕』とJASSで基準等が異なる場合は、本文では『標仕』に基づき、JASSについてはコラム等で取り扱うようにしました。

最新情報の入手方法について

建築に関する最新情報は、自分でネットから収集することもできますが、正確かつ良質な情報を得ようとするためには手間を惜しまないことが重要です。正しい情報源に素早くたどり着くためには「定点観測」が有効であり、そのためには専門誌を定期購読したり各種の情報サービスを用いるのもひとつの方法です。例えば、日経BPが発行している『日経アーキテクチュア』は、隔週刊で施工分野も含めた建築界のトレンドをバランス良く入手できます。同誌には「日経クロステック」というデジタルサービスもあり、建築だけではなくITや土木などの取材記事や新商品・新サービスの紹介記事を閲覧することができるのでおすすめです。有料のサービスではありますが、「知っている」ことや「素早く情報にアクセスできる」ことによって、業務の生産性が上がる（早く仕事ができる）ようになるでしょう。

目次

第Ⅰ編　建築施工入門

1章　建築施工とは何か　21

2章　建設現場の五大任務　34

第Ⅱ編　基準に基づく各種工事の管理
　　　　（躯体工事編）

3章　仮設工事　53

4章　土工事　63

5章　地業工事　76

6章　鉄筋工事　89

7章　型枠工事　109

8章　コンクリート工事　115

1章　建築施工とは何か

　建築工事は当然ながら設計図書に基づいて実施されるものであるが、設計図書には建物の完成形は示されているものの、つくり方の手順や方法については示されていない。したがって、設計者が企図する性能や施主が求める品質を満足させて、かつ施工中の安全計画も検討する必要がある。また、施主や設計者、法令等の意図を超えての過剰な性能や品質は、予算や工期のオーバー、さらには環境負荷を増大させてしまうことがある。

　以上のような建築ものづくりの世界において皆さんが学ぶべきことは、建築施工に関する用語や基準だけではなく、"工学的なバランス感覚（ものの考え方）"と"マネジメントの方法論"も重要となる。前者の"工学的なバランス感覚"とは、**「建設現場の五大任務」**と呼ばれる品質（Quality）、コスト（Cost）、工程（Delivery）、安全（Safety）、環境（Environment）の 5 つの要素を、いかにバランス良く達成するかの考え方である。また、後者の"マネジメントの方法論"とは、工事現場の運営、とりわけ職人との関係に代表される現場監督のリーダーシップのあり方についてである。

　本章では、以上のような建築施工を学ぶ上で必要となる考え方や基礎知識などについて学習していく。なお、建設現場の五大任務については第 2 章で詳しく説明する。

キーポイント　　　　　　　　　　　　　　　　　　　　　　≫「学習の流れ」は次頁

① 建設工事で働く人々の役割や責任について理解する

② 現場監督の役割や立場について理解する

③ 建築施工に関連する各種法令や基準について把握する

1・1　建築施工概説

1　建築施工とは何か

(1) 建築施工と請負

　建築施工とは、設計図書で規定された性能や仕様、意匠を満足するように品質（Q）やコスト（C）、工期（D）、安全（S）、環境問題（E）等に配慮しながら建物をつくることであるが、その過程では様々な専門業種が入り乱れて作業することになるため非常に複雑である。したがって、一般的な建設工事では「元請工事業者」が建物の完成を、建築主に約束するという契約方式がとられる。これを「請負契約」といい、民法により規定されている。

　請負とは「当事者の一方(請負人)が相手方に対し仕事の完成を約し、他方(発注人)が仕事の完成に対する報酬を支払うことを約すること」である。この請負契約のポイントは、定められた仕事の完成が実現できるのであれば、その仕事のやり方(施工方法)に関しては請負人(＝施工会社)の裁量に任せられているため、請負人は自らの経験や技術力、知恵、アイデアによって工夫が可能となる点である。☞ POINT

☞学習のポイント

　請負者が発注者の許可を得ずに請負業務一式を別の建設会社に一括して再発注することは建設業法 22 条により禁止である（一括下請負の禁止）。

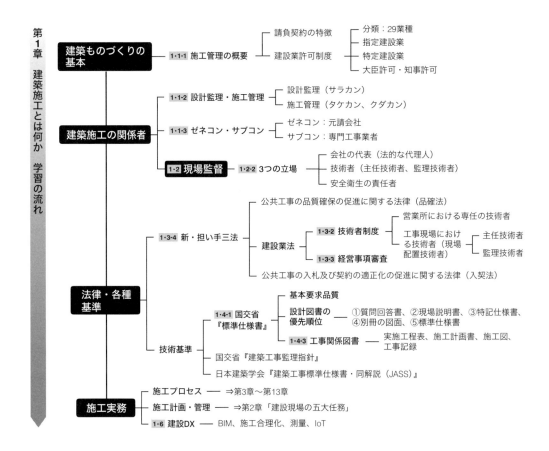

(2) 建設業の全体構造

建築施工は「ものづくり」ではあるが、以下に示すような特徴により、工場生産を主体とする製造業とは異なる特性を有している。

1) 一品受注生産であるためあらかじめ品質を確認できないこと
2) 不適正な施工があったとしても完全に修復するのが困難であること
3) 完成後には瑕疵の有無を確認することが困難であること
4) 長期間、不特定多数に使用されること
5) 総合組立生産であるため施工体制に関わる全ての専門工事業者（下請負人）を含めた多数の者による様々な工程を総合的にマネジメントする必要があること
6) 現地屋外生産であることから工程が天候に左右されやすいこと

出典：国土交通省編『監理技術者制度運用マニュアル（令和5年1月1日版)』

以上のような難易度の高い仕事を欠陥や事故などを発生させずに適切に行うために、建設業は法律（建設業法（業法）3条、4条など）によって細かな許可制度がとられている（**図1・1**）**≫本書1・3**。

このうち「許可業種」については、請け負う工事の種類により、表1・1のような29の区別がなされている（業法3条2項、同別表1）。このうち接頭に★印が付いている「土木一式」「建築一式」「電気」「管」「鋼構造物」「舗装」「造園」の7業種は「**指定建設業**」として規定されており（業法施行令5条の二)、その許可を得るためには国土交通大臣が定める国家資格者を営業所ごとに置く必要がある（業法5条）。

また、発注者から直接請け負った工事1件ごとについて、下請に4千5百万円（建築一式工事の場合は7千万円）以上となる工事を発注する場合は「**特定建設業**」の許可を得る必要がある（それ以外の場合は「一般建設業」の届け出となる）（業法24条の八、業法施行令7条の四）。さらに公共工事を請け負う業者は、許可とは別に、経営状況についての審査（経営事項審査、経審）を受けることが義務づけ

1章 建築施工とは何か
2章 建設現場の五大任務
3章 仮設工事
4章 土工事
5章 地業工事
6章 鉄筋工事
7章 型枠工事

られている（業法27条の二十三）。建設業の許可業者数は、約47万5千社あるが（2022年）、このうち特定建設業で国土交通大臣の許可を得ている建設会社（いわゆる大手ゼネコン）は約5千8百社のみである（2023年現在）。

2　設計監理と施工管理

建物は、**図1・2**のようなプロセスでつくられる。このうち建築主（施主、発注者）の要望に応え、建物の仕様や性能、意匠などを決めることを「**設計**」といい、これを取りまとめた図面や書類を「**設計図書**」という（**図1・3**）。

また、設計図書に基づいて実際に工事を行うことを「**施工**」という。現場において実際に作業を行うのは「**専門工事業者（下請負人）**」に所属する「**職人（職方、作業員）**」であるが、工事全体をコントロールするために「**施工管理（タケカン、クダカン）：supervision of construction work**」が重要になる。

この施工管理は、建設工事が設計図書通りに契約工期内で完成できるように品質やコスト、工程、安全、環境など工事全体をマネジメントすることであり、一般に「**元請工事業者**」がこれを担う。

一方、設計図書通りに工事が行われているかを、設計を担当した建築士、建築士事務所などが確認することを「**設計監理（サラカン）：design supervision**」という。

なお、"監理"も"管理"も読み方は"カンリ"な

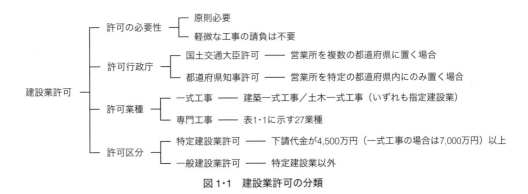

図1・1　建設業許可の分類

表1・1　許可業種の分類

★土木一式	★建築一式	大工	左官	とび・土工・コンクリート
石	屋根	★電気	★管	タイル・れんが・ブロック
★鋼構造物	鉄筋	★ほ装	しゅんせつ	板金
ガラス	塗装	防水	内装仕上	機械器具設置
熱絶縁	電気通信	★造園	さく井	建具
水道施設	消防施設	清掃施設	解体	

※ 背景がグレーの工事は、主に土木に関係するものを示す。
※ 接頭に "★" が付いている工事は「指定建設業」であることを示す。

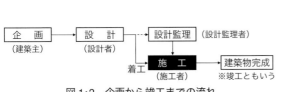

図1・2　企画から竣工までの流れ

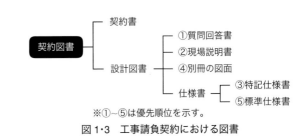

※①〜⑤は優先順位を示す。

図1・3　工事請負契約における図書

ので、それぞれの部首から設計監理の方は「サラカン」、施工管理の方は「タケカン、クダカン」と呼ばれることもある。

3　ゼネコンとサブコン

　建設工事の規模が大きくなると、請負も階層的になってくる。すなわち、工事全体の完成を請け負う「元請工事業者（General Contractor、ゼネコン）」の下に鉄筋や鉄骨、設備、内装など個別の専門的業務を請け負う「専門工事業者（Sub-Contractor、サブコン）」が組織される構造になる（一次請けのサブコンからさらに孫請けのかたちで別の工事会社に仕事が発注されることもある）。一般には、これらを総称して建設会社や施工会社、工事会社などと呼ぶ。

　建設工事は様々な仕事の集合体であるが、これらの個々の作業は非常に専門的な技能が要求されるため、それぞれ各工事専門の業者（専門工事業者）に所属する職人が実際の作業を行う。このように細分化された作業が勝手に調和することはあり得ないため、建設工事全体の最適化を図るためには「計画と管理」が重要になってくる。それを担うのが「元請工事業者」である。元請工事業者は、建設工事のための計画や段取り、建物を完成させるための技術・ノウハウを提供する企業であり、その業務を実際に行っているのが、元請工事業者の社員である「**現場監督（現場係員）**」である。

1・2　現場監督とは何者か

1　現場監督の仕事

　現場監督の仕事は様々な専門技能を持つ職人をひとつの目的に向けてまとめ上げることであるが、書類の作成、写真の整理、施工図の作成・チェック、見積り業務、近隣・客先対応などの事務処理的な作業も非常に多い。

　現場監督が実際の工事現場でどのような役割を果たすのかについて図1・4に示す「**ネットワーク工程表**」≫本書2・4で見てみる。ここでは職人の実際の作業は矢印（→）で表されている。矢印の上部には作業名が、下部には日数が記されている。一方、作業の開始と終了を表現するために矢印の前後には円（○）が書かれているが、これが現場監督の仕事を表している。

　例えば現場監督が鉄筋工事の作業の開始を宣言すると職人は作業を開始する。現場監督は職人の作業

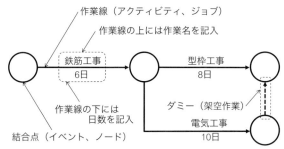

図1・4　ネットワーク工程表の例（図2・3に再掲）

1章 建築施工とは何か

2章 建設現場の五大任務

3章 仮設工事

4章 土工事

5章 地業工事

6章 鉄筋工事

7章 型枠工事

中は現場を巡回し、品質や工程、安全などの管理を行う。予定通り鉄筋工事が終了すると、現場監督は鉄筋工事が設計図や基準通りに仕上がったかを確認し、次の工程である型枠工事と電気工事の作業の開始を宣言する。このように、現場監督は実際に何かの作業をするわけではないが、工事全体の流れをコントロールしているのである。

2 現場所長の 3 つの立場

現場監督のうち、当該工事の総責任者のことを「現場所長」という。現場所長には一般に、「契約履行上の責任者」「技術上の責任者」「安全衛生上の責任者」の 3 つの大きな役割がある。ここで、契約履行上の責任者とは、請負者（建設会社の社長）の法的な代理人としての「**現場代理人**」のことをいう。現場代理人は、請負契約の的確な履行を確保するため、工事現場の運営、取締りのほか、工事の施工及び契約関係事務に関する一切の事項（請負代金額の変更、契約の解除等を除く）の処理を行う。

次の、技術上の責任者とは、建設業法 26 条で定められた「主任技術者」ならびに「監理技術者」のことをいう。これらの技術者は、建設工事の適正な施工を確保するために、工事現場における技術上の管理を司る者として配置されることを求められており、通常は現場所長が担うことが多い。

また、安全衛生上の責任者とは、建設工事現場の安全衛生の責任者及び管理者としての役割である。建設現場を含む労働の現場では、「職場における労働者の安全と健康の確保」と「快適な職場環境を形成する」ことを目的とした「**労働安全衛生法**」を遵守する必要があり、同法ではその手段として「労働災害の防止のための危害防止基準の確立」「責任体制の明確化」「自主的活動の促進の措置」などについて、事業者の責任において推進するものとされている。このうち「責任体制の明確化」においては、職場の安全と衛生を確保するための役割を担う者を配置することが求められており、建設現場ではその役割を現場監督が担うことが多い ≫本書 2・4 。

1・3 建設業法

1 建設業法（業法）の概要

建設業法とは、「建設業を営む者の資質の向上と建設工事の請負契約の適正化を図ることによって、建設工事の適正な施工を確保し、発注者を保護するとともに建設業の健全な発達を促進し、もって公共の福祉の増進に寄与する」ことを目的に定められている（業法 1 条）。建設業法では、表 1・2 に示すような建築施工関連の用語が定義されている。

2 技術者制度

建設業法では「施工技術の確保」も重要とされるが、それを担うのが「技術者制度」である。大きくは以下の 2 つが規定されている。

（1）営業所における専任の技術者
建設業の営業の許可を得るためには「営業所専任技術者」を置かなければならない（業法 7 条 1 項 2 号、15 条 1 項 2 号）。なお、営業所専任技術者は、営業所に常勤して専らその職務に従事することを要する者をいう。

（2）工事現場における技術者（現場配置技術者）
一方、建設業の許可を得ている建設会社が請け負った工事を実施する場合には、請負金額の大小、

表 1・2　建設業法による用語の定義

①建設工事	土木建築に関する工事（土木一式、建築一式などの 29 業種）
②建設業	元請、下請を問わず、建設工事の完成を請け負う営業
③建設業者	許可を受けて建設業を営む者
④請負契約	報酬を得て、建設工事の完成を目的として締結する契約
⑤下請契約	建設業を営む者同士で建設工事の全部または一部について締結される請負契約
⑥発注者	建設工事（他の者から請け負ったものを除く）の注文者のこと
⑦元請負人	下請契約における注文者のうち建設業者であるもの
⑧下請負人	下請契約における請負人

元請・下請に関わらず、工事施工の技術上の管理をつかさどる者として工事現場ごとに「主任技術者」を置かなければならない(業法26条1項)。また、発注者から直接請け負った建設工事において、下請会社に発注する専門工事の代金の合計が4千5百万円(建築一式工事の場合は7千万円)以上となる場合には、主任技術者に代えて「監理技術者」を置かなければならない☞POINT 1。また、公共性のある工事で請負金額が4千万円(一式は8千万円)以上のものについては、専任が必要となる。主任技術者や監理技術者となるためには、一定の国家資格や実務経験を有していることが必要であり、特に指定建設業(土木一式、建築一式、電気工事、管工事、鋼構造物工事、舗装工事及び造園工事)に関わる建設工事の監理技術者は、原則として1級の国家資格(一級建築士、1級建築施工管理技士等)保有者に限られる(業法26条2項)。

さらに、公共性のある施設や多数の者が利用する施設の重要な建設工事の主任技術者や監理技術者は、工事現場ごとに専任の者でなければならない(業法26条3項)。なお、以上により選任された監理技術者は、「監理技術者資格者証」の交付を受けていなければならず(業法26条5項)、発注者から請求があったときはこれを提示しなければならない(同6項)。

(3) 営業所の技術者と工事現場の技術者の兼務

上記(1)の「営業所における専任の技術者」の役割は、工事方法の検討や発注者への技術的な説明、見積り作成など、請負契約の締結において必要となる技術的な支援が中心となる。したがって原則として営業所の中で当該業務を実施することが想定されるため、上記(2)の「工事現場における技術者(主任技術者や監理技術者など)」と兼務することはできない。ただし近年、技術者不足を解消するために一部で緩和され、営業所と工事現場が近接し、かつ工事現場における技術者が専任を必要としないなどの

場合は兼務が認められるようになった(平成15年4月21日国総建第18号)。

(4) 特例監理技術者と監理技術者補佐

上記の通り監理技術者は1級の国家資格保有者等に限られるため、建設需要が旺盛なときには技術者の確保ができずに建物が建てられない状況が危惧される。これを避けるために、2020年10月1日施行の改正建設業法では、監理技術者を補佐できる資格を有する「監理技術者補佐」が現場ごとに専任する場合は、監理技術者を複数の工事現場(2現場まで)で兼務させることができるようになった。これを「特例監理技術者制度」という(業法26条3項ただし書き~4項)。

監理技術者補佐となるためには、主任技術者の資格を有する者(業法7条1項2号のイ~ハに該当する者)のうち1級施工管理技士補または1級施工管理技士等の国家資格者、学歴や実務経験により監理技術者の資格を有する者であることが必要である。なお、監理技術者補佐として認められる業種は、主任技術者の資格を有する業種に限られる(業法26条3項ただし書き)。☞POINT 2

3　経営事項審査

国や地方自治体が発注する公共工事を元請として受注しようとする建設会社(≒公共工事の入札に参加しようとする建設会社)は、その経営に関する客観的事項について審査を受けなければならない(業法27条の23)。これを「経営事項審査(経審)」という。経審は、その建設会社の経営規模(X点)、経営状況(Y点)、技術力(Z点)、社会性等(W点)により計算され、最終的に操業評価値(P点)が算出される。このうち技術力(Z点)は、建設会社の中に建築士や施工管理技士などの有資格者がどれだけいるかが大きなポイントとなる。

☞学習のポイント

1.「監理技術者」と「設計監理者(本書1・1-2)」は、資格試験でも混乱をまねきやすいところなので注意すること。また、金額等の基準は法改正等により変更になることもあるので注意すること。

2. 新しくできた制度は建築士・施工管理技士試験でも出題されやすいのでしっかりと理解しておきたい。

4 担い手三法

「担い手三法」とは、「公共工事の品質確保の促進に関する法律（品確法）」「建設業法」及び「公共工事の入札及び契約の適正化の促進に関する法律（入契法）」の3つの法律をいい、平成26年と令和元年に改正されている。平成26年改正では下請を含む建設会社が適正利潤を確保できるよう予定価格を適正に設定することや、ダンピング（不当な低価格受注）対策を徹底することなど、建設業の担い手の中長期的な育成・確保のための基本理念や具体的措置が定められた。この「担い手三法」の施行により、予定価格の適正な設定や、歩切り（端数を切り捨てて減額すること）やダンピングへの対策強化が図られた。一方で、災害に対する「地域の守り手」としての建設業への期待や働き方改革促進による建設業の長時間労働の是正、i-Construction の推進等による生産性の向上などの新たな課題への対応のために、令和元年に「新・担い手三法」として再度改正が行われた。具体的には工期の適正化による工事現場の週休2日制の実現、職人の社会保険加入の徹底、監理技術者制度等の緩和（前出）などである。

1・4 建築施工に関連する基準

1 『標仕』の構成

『公共建築工事標準仕様書（標仕）』や『建築工事監理指針（監理指針）』は国内の公共建築工事におけ

る標準的なルールや基準についてまとめられたものであるが、コストと性能、品質のバランスが良いため民間工事でも参考にされることも多い。

構成に関しては、1章が共通事項、2章から23章が各部工事の基準となっている。各基準は図1・5のように章・節・項の構成になっており、第1節1項は基準の適用範囲などを示す「一般事項」が記載され、また第1節2項は**基本要求品質**が記載されている。「基本要求品質」とは、「工事目的物引き渡し（不可視部分については一工程の施工）に際し、施工の各段階における完成状態が有している品質」をいう[監理指針 1.1.2(4)(イ)]。具体的には①使用する材料、②仕上り状態、③機能・性能についての、一般に期待される基本的な要求事項が定められている。

2 『標仕』の一般共通事項

(1) 用語の定義 [標仕 1.1.2]

まず、『標仕』を読み解いていく上で最低限必要となる重要な用語について**表1・3**に整理しておく。

(2) 設計図書の優先順位 [標仕 1.1.1(4)]

表1・3のうち、⑤工事関係図書については全ての設計図書は相互に補完するものであるが、それぞれの内容に相違がある場合は、「(ア) 質問回答書((イ)〜(オ) に対する)」「(イ) 現場説明書」「(ウ) 特記仕様書」「(エ) 別冊の図面」「(オ) 標準仕様書」の順で優先することが定められている（考え方として、どのような建設工事にも適用される汎用的な仕様書よりも現場ごとの図面や仕様書の方が優先順位は高

6章 コンクリート工事

1節 共通事項
6.1.1 一般事項
　この章は、工事現場施工のコンクリート工事に適用する。また、1章［各章共通事項］と併せて適用する。
6.1.2 基本要求品質
(1) コンクリート工事に用いる材料は、所定のものであること。
(2) 打ち込まれたコンクリートは、所定の形状、寸法及び位置並びに密実な表面状態を有すること。
(3) コンクリートは、所定の強度を有し、構造耐力、耐久性、耐火性等に有害な欠陥がないこと。

図1・5 『標仕』の基本構成（出典：『標仕』6章冒頭）

1章 建築施工とは何か
2章 建設現場の五大任務
3章 仮設工事
4章 土工事
5章 地業工事
6章 鉄筋工事
7章 型枠工事

表 1・3 『標仕』における基本的な用語

①基本要求品質	工事目的物の引き渡しに際して施工の各段階における完成状態が有している品質
②品質計画	設計図書で要求された品質を満たすために、請負者等が工事における使用予定の材料、仕上の程度、性能、精度等の目標、品質管理及び体制について具体的に示すこと
③品質管理	品質計画で定めた目標を施工段階で実現するために行う管理の項目、方法等
④書面	発行年月日及び氏名が記載された文書
⑤工事関係図書	実施工程表、施工計画書、施工図等、工事写真その他これらに類する施工、試験等の報告及び記録に関する図書
⑥施工図等	施工図、現寸図、工作図、製作図その他これらに類するもので、契約書に基づく工事の施工のための詳細図などのこと
⑦ JIS	「産業標準化法」に基づく日本産業規格のこと
⑧ JAS	「日本農林規格等に関する法律」に基づく日本農林規格のこと
⑨規格証明書	設計図書に定められた規格、基準等に適合することの証明となるもので、当該規格、基準等の制度によって定められた者が発行した資料のこと
⑩一工程の施工	施工の工程において、同一の材料を用い、同一の施工方法により作業が行われる場合で、監督職員の承諾を受けたもののこと
⑪工事検査	契約書に基づく工事の完成の確認、部分払の請求に係る出来形部分等の確認及び部分引き渡しの指定部分に係る工事の完成の確認をするために発注者または検査職員が行う検査のこと

く、さらに個別に質問した事項の回答は最も優先順位が高いと考える）。☞ **POINT**

(3) 工事関係図書 [標仕 1.2]

　『標仕』では、工事関係図書として工事計画のためのドキュメント類である「実施工程表」「施工計画書」「施工図等」と、工事の管理に用いられる「工事の記録（写真を含む）」などが規定されている。施工管理は請負者の責任に基づいて実施されるものであるが、これらの書類については施主や監理者の求めに応じてすぐに閲覧できるように整えておく必要がある ≫本書 1・4-4。

(4) 工事現場管理 [標仕 1.3]

　工事現場管理とは、設計図書に適合する工事目的物を完成させるために、施工管理体制を確立し、品質、工程、安全等の施工管理を行うことである。また、工事の施工に携わる下請負人に、工事関係図書及び監督職員の指示の内容を周知徹底する必要がある。そのために、施工管理技術者や電気保安技術者などの制度が定められている。また、遵守すべき基本的な施工条件として、休日や夜間の作業への配慮や品質管理の考え方、施工中の安全確保、発生材の処理などの規定が定められている。

(5) 材料 [標仕 1.4]

　材料に関しては、設計図書に定める品質及び性能を有するものとし、原則として新品を使用する。また、環境への配慮を行うことも求められている。搬入された材料に関しては上記を満たしていることの確認を行い、あとでそのことを再確認できるように記録を整えておく必要がある (JIS や JAS などの規格品に関してはこの限りではない)。搬入された材料の保管に関しては、それぞれの材料の保管方法に従うものとされている。

(6) 施工ならびに工事検査 [標仕 1.5 〜 1.6]

　建設工事は、設計図書、実施工程表、施工計画書、施工図等に基づき行う。施工方法が設計図書に定められている場合はこれを遵守し、指定されていないものに関しては、関連する他の工事との調整を図り、設計の意図する機能を満足するものとするように配慮する。なお、実際の現場では天候等を含め不確定要素が多いため、これらにも臨機応変に対応する必要がある。工事現場において実際にものづくりを担う職人に関しては、必要に応じて技能士や技能資格者を活用する ≫本書 6・5-2。

　工事が完了したら所定の検査を行う。建設工事は部位や職種ごとに細かく分かれた作業の積み重ねであるが、検査を含む品質管理に関しても、その都度、部位や職種ごとに細かく積み上げていく必要がある。特にコンクリート打設や内外装仕上、埋戻しなどに

☞**学習のポイント**

　いわゆる設計図（本文中（エ）別冊の図面）の優先順位は意外と低い。建築士試験でも過去に繰り返し出題されているので注意。

より施工部分が不可視状態になる部分は、不可視状態になる前に検査を行い、検査結果を第三者にわかるように記録しておく必要がある。

3　工事関係図書

(1) 実施工程表 ［監理指針 1.2.1］

建設工事の各部工事の手順を示したものを「工程表」という。バーチャート工程表やネットワーク工程表などの種類がある。工程表を作成する際は、気候や風土、慣習等や、施工計画書や施工図等の作成・承諾の時期、主要材料等の現場搬入時期、各仮設物の設置期間などを考慮する ≫本書2·4。

(2) 施工計画書 ［監理指針 1.2.2］

仮設計画や安全・環境対策、工程計画、品質計画、養生計画などを総合的に検討して文書化したものを「施工計画書」という。当該建設工事全体の施工計画についてまとめた「総合施工計画書」と工種別の施工計画をまとめた「工種別の施工計画書」がある。いずれも、その建設工事で問題になりそうな部分について十分に検討されていることが肝要である。

(3) 施工図等 ［監理指針 1.2.3］

設計者が作成する設計図書等は、建物の完成形を示したものであり、必ずしも施工プロセスを意識して作成されていない。したがって、設計図書そのままでは施工や部品の製作には不十分な場合があるので、実際の建設工事では「施工図」と呼ばれる工事用の図面を作成する。施工図は請負者の責任によって作成されるべきものであるが、元となる設計図書と相違があってはならないし、細かな納まり（ディティール）など設計図書に不足している情報を補って作成した場合は、施工図の段階で設計者に確認を求めるなど、工事の手戻りや手直しが生じないように心がける。標準的な納まりに関しては、例えば国

土交通省大臣官房官庁営繕部整備課による『建築工事標準詳細図』などがあるので参照すると良い。

また施工図の表現方法として、施工図は作業員が現場で直接参照する図面であるから、寸法などの表記は混乱がないようにしなければならない。例えば寸法について現場で作業員が足し算や引き算を行わなければならない書き方をしてはならない。さらに部材名称等もわかりやすく正式名で表記すべきであるが、スペース等の関係でやむを得ず略称を用いなければならない場合は、標準的なものを使うようにすべきである。

(4) 工事の記録 ［監理指針 1.2.4］

竣工後は仕上材などにより不可視状態になることが多い建設工事では、工事全体ならびに個々の各部工事の経過を記録し保管しておくことがとても重要である。記録する内容に関しては、「品質を証明するために必要であるか否か」を判断基準として、使用した材料の種類や写真、試験成績等の数値データなどを必要に応じて記録する。工事写真に関しては、（一社）公共建築協会発行（国土交通省大臣官房官庁営繕部監修）による『営繕工事写真撮影要領による工事写真撮影ガイドブック』や国土交通省大臣官房官庁営繕部整備課による『営繕工事写真撮影要領』などを参考にすると良い。

1·5　施工プロセス

1　建築工程の基本的な考え方

(1) 建設工事の流れ

建設工事の条件は現場ごとに異なるため、その手順や方法も細かな点ではそれぞれで異なるが、基本的には、①準備工事に始まり、②仮設工事、③躯体

1章　建築施工とは何か

2章　建設現場の五大任務

3章　仮設工事

4章　土工事

5章　地業工事

6章　鉄筋工事

7章　型枠工事

☞学習のポイント

（次頁掲載）施工プロセスについては、近年ではYouTubeなどの動画投稿サイトで様々な構造・構法のタイムラプス動画などが投稿されているので、文字や写真では理解できない部分は参考にすると良い。ただし、中には誤った情報（部材名称や施工法など）もあるので、できれば複数の情報源で確認したい。

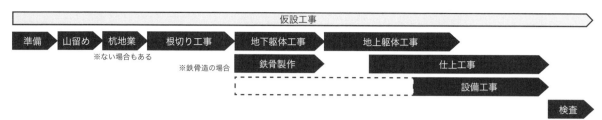

図1・6　建設工事の流れ

工事、④仕上工事、⑤設備工事の順で行われる。そ
れぞれの工事は図1・6のように重複することが多い。

☞ **POINT**

(2) それぞれの工事の概要

① 準備工事 ≫本書3章

　準備工事では、工事を開始するにあたって必要と
なる仮囲いや現場事務所を設営したり、工事用の電
気・水道などを敷設する。また、ベンチマークと呼
ばれる高さや位置の基準を設定し、地面に建物の位
置を表示したり（これを縄張りという）、諸官庁への
届け出や、設計事務所との打ち合わせや施工計画書
の作成、下請会社の手配などを行う。

② 山留め工事、地業工事、根切り工事 ≫本書4～5章

　これらは建物の地下部分の工事に関係する。「山
留め」は地面を掘削したときに土砂が崩れないよう
にすること、「根切り」は地面を掘削する工事をいい、
両者を合わせて「土工事」ともいう。地業工事では、
建物直下の地盤が軟弱な場合などに杭を打つ工事
（杭地業）などが行われる（杭の要否は設計段階で検
討される）。

③ 躯体工事 ≫本書6～10章

　「躯体工事」とは、鉄筋コンクリートや鉄骨などに
より建物の主要構造部を築造する工事であり、通常
は地下と地上に分けて考える。鉄筋コンクリート造
では、現場において「鉄筋工事」「型枠工事」「コン
クリート工事」が行われる。

　鉄骨造では、鉄骨そのものは「鉄骨製作工場（ファ
ブリケーター）」にて加工と組立てを行い、トレー
ラー等で現場に搬入してクレーン等で揚重し所定の
位置に固定する。鉄骨取付け箇所では「とび職人」
が待機しており、部材同士を「高力ボルト」などで
固定していく。柱の垂直接合などの場合は「溶接」
により固定される。

④ 仕上工事 ≫本書11～12章

　「仕上工事」は、防水工事、外部仕上工事、内部仕
上工事、建具工事などに大別される。防水にはアス
ファルトルーフィングや合成高分子シートなどが用
いられる。外部仕上は多種多様で、代表的なものに
アルミなどの金属板やタイル、石材、ガラスなどが
ある。内部仕上は床、壁、天井の表面仕上に加え、
これらの下地も含まれる。

⑤ 設備工事 ≫本書13章

　「設備工事」は、電気設備と機械設備に大別される。
さらに電気設備は、受変電や配電を取り扱う強電設
備と館内放送や情報通信網を扱う弱電設備に分けら
れる。また機械設備は、給排水衛生設備や空気調和
換気設備に分けられる。その他、防災設備や昇降機
設備、機械式駐車場設備などがある。いずれも躯体
や仕上に関係することから、工程の初期の段階から
継続的に入ることが多い。

2　RC造の施工プロセス ≫本書6～8章

(1) RC造の施工プロセスの基本

　鉄筋コンクリート造（RC造）の施工では、鉄筋
工事、型枠工事、コンクリート打設工事、養生期間、
仕上工事、設備工事の一連の流れを精密に組み上げ
ることがポイントとなる。RC造において工程上重
要なマイルストーン（節目のイベント）は、掘削の
開始日、杭がある場合は杭打設の終了日、最上階の
躯体（梁及び屋根スラブ）のコンクリート打設日な
どである。

(2) 躯体工事における後工程の段取り

　これらの工程の途中には、その後にくる工程（後
工程）である仕上工事や設備工事に用いる附属部材
を入れる工程が必要になる。具体的にはダクトや配

管用の貫通孔を開けたり、電気配線用の CD 管（合成樹脂可とう電線管）を設置したり、設備機器や配管、天井仕上材を吊り下げるためのインサート金物を設置するなどの作業を行っておく。工程が遅れたり失念してしまったりしてこれらの附属部材を入れていないと、品質やコスト、工程などに大きな影響が出る可能性がある。このように同一時期に同一箇所で多くの異なる作業を行うことも多いので、事前の工程の調整や資機材の段取り、イレギュラーな状況への臨機応変の対応などが求められる。

(3) 工事の手順

RC ラーメン構造を例にして、地上躯体の型枠や鉄筋の建て込み（設置）の手順を見てみる。部材ごとに型枠と鉄筋を建て込む手順が異なることがわかる。

① 柱

柱は、上下方向に伸びる鉄筋の周囲を 4 方向から型枠によって囲う。鉄筋同士を継ぐ場合には、「ガス圧接継手」や「機械式継手」などが使用される。柱や壁の鉄筋と型枠の距離を一定に保ち「かぶり厚さ」を確保するために「スペーサー」と呼ばれる円盤状の部品を鉄筋に取り付けておく。

② 壁

壁は、上下方向に伸びる鉄筋の周囲を表側と裏側 2 枚の型枠によって囲う。通常は裏側の型枠を建て込み、それをガイドにして壁鉄筋を配筋して、最後に表側の型枠を建て込む。このとき、型枠の形状を保持するために「セパレーター」を挟み込み、外側から「フォームタイ」で締め付ける。

なお、柱や壁の型枠にはコンクリートを打設した際に「側圧」と呼ばれる荷重がかかるため、型枠の形状を保持するために適切に「支保工」を設置する。

③ 梁・床スラブ

梁と床スラブは、柱や壁の建て込みが終了した後に型枠組みと配筋が行われることが多い。順番としては作業時の足場となるように梁と床の型枠を先行して建て込むが、型枠の中で梁の配筋をすることは難しいので、あらかじめ型枠の外で複数の鉄筋をユニットとして組んでおき、それを梁型枠内に落とし込むなどの工夫を行う。床スラブの配筋は梁の配筋が終わった後に行われる。

なお、打設されたコンクリートが所定の強度を発現するまでには時間を要することから、その間、コンクリートや鉄筋の荷重を支えるために、梁や床スラブの下には強固な支保工が設置される。

3 S 造の施工プロセス ≫本書9章

(1) S 造の施工プロセスの基本

鉄骨造（鋼構造、S 造）の施工プロセスでは、土工事や地業工事、基礎躯体工事などの現場での施工と並行して、鉄骨の製作が鉄骨製作工場（ファブリケーター）で行われる点が特徴的である。

(2) ファブリケーターでの鉄骨加工

鉄骨加工専門の工場であるファブリケーターでは、元請の建設会社からの発注により、鉄骨の切断や孔あけなどを行い各部材を組み立てる。特に柱と梁の接合部は重要であることから、現場ではなく工場内の安定した環境下で丁寧に接合される。また、必要に応じて防錆のためのめっき加工を行う。組立てが終わったら製品検査を行って出荷に備える。

(3) 鉄骨の運搬と建方

製作された鉄骨は、トレーラーやトラックによって工事現場に搬入され、所定の位置に取り付けられる。この取付け工程のことを「建方」という。建方では、クレーンなどによって鉄骨を所定の場所まで吊り上げ、高力ボルトや溶接により接合・固定される。

1・6 建設 DX について

これからの建築施工を考える上で必要となる「建設 DX」の事例についていくつか紹介する。建設業はこれまで、他の産業に比べると生産性が低い（≒働き方の効率が悪い）産業であると言われてきた。これは、現地屋外生産であることや一品生産であること、労働集約型生産であることなどの理由もあるが、いよいよ現在になって人手不足の解消や働き方改革などの観点から生産性の向上は待ったなしの問

1章 建築施工とは何か

2章 建設現場の五大任務

3章 仮設工事

4章 土工事

5章 地業工事

6章 鉄筋工事

7章 型枠工事

題になっており、その解決策のひとつとして、建設業においても急速に「DX（Digital Transformation、デジタル変革）化」が進行している。以下に代表的な取り組みを挙げる。

1　BIM

「BIM<ruby>BIM<rt>ビム</rt></ruby>」とは Building Information Modeling の略で、コンピューター内に仮想の建築物を築造して、設計上流のデータを施工や維持保全にまで活用しようとする試みである。類似した技術に CAD（Computer Aided Design、コンピューター援用設計）があるが、BIM は CAD とは異なり、持っているデータは単なる線分や図形の集合ではなく、それぞれに材質や物性、価格などの様々な属性が付与されている「オブジェクト」である。すなわち、コンピューター内に現実の建築物の双子のようなバーチャルな建築物を再現することが可能なのである（デジタルツイン）。これにより、建築計画や設計、施工、維持管理の様々な段階において様々なシミュレーションを行うことができるため、維持管理を含めたトータルコストの削減や生産性の向上、環境負荷の軽減が期待される。

なお、公共建築関係では竣工図を BIM にて提出する流れが進んでおり、国土交通省大臣官房官庁営繕部整備課施設評価室による『官庁営繕事業における BIM モデルの作成及び利用に関するガイドライン』や『BIM 適用事業における成果品作成の手引き』などが国土交通省のウェブサイト上で公開されている。

2　施工管理の合理化

建設現場でも合理化が進んでいる。まずは現場監督の日々の業務をサポートするツールとして、施工管理システムの普及が進んでいる。これは、現場での図面や仕様書の確認、施工管理用の写真撮影と管理、安全関係の書類確認などをタブレット型の端末で統合的に行うものである。施工会社独自のものもあるが、使い勝手の良い汎用的なサービスがいくつか登場してきており、これも急速に普及してきている。

その他、工事現場内でのコミュニケーション手段も進化している。従来はトランシーバーや携帯電話などの音声によるコミュニケーションが主流であったが、近年ではウェアラブルカメラを装着している個々の現場監督が見ている景色を、現場事務所や本社にいながらリアルタイムで見ることができるサービスも登場している。これらには現場巡回の合理化や、品質管理、安全管理への活用も期待される。

3　測量等の合理化

測量や墨出しの分野も進化が著しい ≫本書 3・2-5。

☞ 豆　知　識

★1　ビーコン（次頁掲載）：もともとは「狼煙（のろし）」という意味であり、現代では一定エリアに信号を発する装置の総称をいう。GPS や GNSS は屋内での使用や高さ方向の情報が弱点であったが、BLE を用いたビーコンシステムはそれを補完する役割を担う。

施 工 の 学 習 方 法 に つ い て

建築施工で学ぶ内容は、『標仕』『監理指針』などの基準や、建築基準法、労働安全衛生法などの法令に基づくものも多い。これらの基準を正しく読み込むには、法令やルールの体系の理解と、それを読み解く語彙力が重要となる。建築の学校や企業の研修で本書のような教科書を用いて学習することの意義は、まさにこの点にある。

建築施工の学習では、建築計画や法規、建築一般構造（構法）、構造力学などで用いられる用語や知識が要求される場面が多い。特に用語に関しては、法令や基準等で使用される学術的な用語もあれば、現場で使用される日本古来の伝統的な用語や外来語も多く用いられる。これらの用語に関してはネット上での用語検索も有効であるし、施工法を知るために動画サイトを活用することも有効である。ただしネット上の情報は必ずしも正確な情報とは限らないので、検索した情報を実務で使用するためには別のサイトなどを用いて二重、三重のチェックを行う必要がある。

機器自体の進化もあるが、GPS や GNSS（全球測位衛星システム）、それを補完する Wi-Fi や BLE（Bluetooth Low Energy）を用いたビーコン★¹ などの活用により、即時的な位置情報の把握が可能となっている。

また、LiDAR（Light Detection And Ranging）を用いた空間スキャンも急速に普及している。これはレーザー光の反射を利用して、建物の外形や室内の形状を 3 次元データとして読み取る仕組みであり、改修工事や建築物保存の分野でも活躍している。

4　その他の技術

その他、IoT（Internet of Things）デバイスを用い

たセンシング技術の活用により、安全管理や品質管理については精度の向上と生産性の向上が同時に実現されることが期待されている。また、ドローン技術の発展により、人間が立ち入ることが困難な場所の撮影や調査、作業などができるようになり、危険作業が減り、作業床や解体作業などを削減することも可能となる。さらに、他の分野でも進化著しい AI（人工知能）も、例えば様々な施工管理のチェック項目（鉄筋のピッチやガス圧接部の外観など）を画像診断により判別することが期待されている。これらの技術は日進月歩であり、常に最新の情報を入手するように努められたい。

建築士試験過去問　　　　　　　　　　　　　　　　　　　　＊は現行の法規に基づき著者改変

問1　一般的な設計図書に基づく施工計画に関する次の記述のうち、最も不適当なものはどれか。

（令 3・一建士・学科Ⅴ・設問 1）

1. 監理者は、工事施工者から提出を受けた「品質計画、施工の具体的な計画並びに一工程の施工の確認内容及びその確認を行う段階を定めた施工計画書」のうち、品質計画に係る部分について、承認した。
2. 監理者は、一工程の施工の着手前に、総合施工計画書に基づいて工事施工者が作成する工種別施工計画書のうち、工事の品質に影響を及ぼさない工種を省略することについて、承認した。
3. 設計図書に選ぶべき専門工事業者の候補が記載されていなかったので、設計図書に示された工事の内容・品質を達成し得ると考えられる専門工事業者を、事前に工事施工者と協議したうえで、監理者の責任において選定した。
4. 近隣の安全に対して行う仮設計画で、契約書や設計図書に特別の定めがないものについては、工事施工者の責任において決定した。

問2　工事現場の管理等に関する次の記述のうち、最も不適当なものはどれか。（令 3・一建士・学科Ⅴ・設問 2）＊

1. 設計図書間に相違がある場合の適用の優先順位として最も高いものは、一般に、質問回答書である。
2. 公共工事において、特別な要因により工期内に主要な工事材料の日本国内における価格に著しい変動が生じ、請負代金額が不適当となったときは、発注者又は受注者は、請負代金額の変更を請求することができる。
3. 発注者から事務所の建築一式工事（請負代金額が 8000 万円以上）を請け負った元請業者が当該工事を施工するために置く監理技術者については、当該工事現場に専任の監理技術者補佐を置いた場合であっても、当該工事現場のほかの工事現場の監理技術者を兼務することはできない。
4. 産業廃棄物の処理を委託する場合、元請業者は、原則として、廃棄物の量にかかわらず、廃棄物の種類ごと、車両ごとのマニフェストにより、廃棄物が適正に運搬されたこと、処分されたこと及び最終処分されたことを確認する。

解答・解説--

問1　最も不適当な選択肢は「**3**」である。設計図書に専門工事業者の候補の記載がない場合は、監理者と協議の上で工事施工者の責任において選定する。

問2　最も不適当な選択肢は「**3**」である。2020 年 10 月 1 日施行の改正建設業法では、「監理技術者補佐」が現場ごとに専任する場合は、監理技術者を 2 つの工事現場で兼務させることができるようになった。これを「特例監理技術者制度」という（業法 26 条 3 項ただし書き〜 4 項）≫本書 1・3-2(4)。なお、選択肢 4 の「マニフェスト」とは、処理委託した産業廃棄物が契約内容通りに適正処理されたかを確認するための管理伝票である。

1章　建築施工とは何か

2章　建設現場の五大任務

3章　仮設工事

4章　土工事

5章　地業工事

6章　鉄筋工事

7章　型枠工事

2章　建設現場の五大任務

　工事現場では、施主や設計者の意向や技術的困難さ、周辺環境、コスト、工期、職人や近隣を含めた工事関係者との人間関係など様々な要素が複雑に絡み合って進行していく。その中にあって現場監督は、限られた時間や物資、人などのリソース（資源）を有効に活用して工事を進めていくことになるが、与えられた資源は十分でないことも多く、何を優先すべきか判断に迷うこともある。

　そのような際に現場監督の考え方の原点となるのが**「建設現場の五大任務」**である。建設現場の五大任務とは一般に、「品質（Quality；Q）」「コスト（Cost；C）」「工期（Delivery；D）」「安全（Safety；S）」「環境（Environment；E）」のことをいい、略して「QCDSE」などと呼称される[★1]。建設工事の運営について何か判断に迷ったときは、この原理・原則のバランスをとることに立ち返って判断する。

　五大任務の各要素は相互に関連しており、例えば、施工品質だけにとらわれすぎると、コストは上昇し、工期も伸びてしまうし、逆にコストや工期にとらわれすぎてしまうと、他の要素がおろそかになる。何かに集中して取り組むというよりは、全て重要なことなのでバランスをとりながら同時並行的に進めていくことが建築施工の実務では重要になる。本章では、五大任務の各項目それぞれを解説していく。

キーポイント

① 建設現場の五大任務（QCDSE）のそれぞれの項目について理解する
② 建設現場の運営には上記の五大任務をバランス良く達成することが重要であることを理解する
③ 品質管理や工程管理、安全管理に関しては、それぞれの重要用語を合わせて理解する

2・1　建設現場の五大任務

1　ものづくりの基本としての QCD

　製品やサービスにおいては、品質を確保することはもちろん重要であるが、それはコストや納期を度外視しても良いということではない。適正なコストで顧客が要求する納期を守ってはじめて企業経営として品質を語ることができるのである。このことについて（製造業的な）ものづくりの世界では「QCD（品質、コスト、納期）」としてよく知られている。

　一般に品質を良くしようとすればコストも時間もかかる。コストを安くしようとすれば、品質が落ちる危険性がある。また、急いでつくればミスが生じる危険性があるし、それを防ごうとすればコストがかかる。このように QCD はトレードオフ[★2]の関係にあるが、実務においてはこれらを高い次元で同時に成立させることが求められる。

☞豆知識

★1 建設会社の中には、「環境（Environment；E）」の代わりに現場の士気（Moral）や柔軟性（Flexibility）を加えて「QCDSM」「QCDSF」とすることもある。

★2 **トレードオフ**：何かを得るためには別の何かを失う、といった両立できない関係のこと。

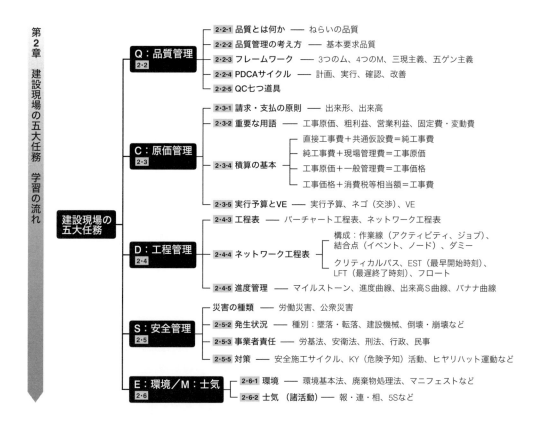

建設現場の五大任務

Q：品質管理 2・2
- 2・2・1 品質とは何か —— ねらいの品質
- 2・2・2 品質管理の考え方 —— 基本要求品質
- 2・2・3 フレームワーク —— 3つのム、4つのM、三現主義、五ゲン主義
- 2・2・4 PDCAサイクル —— 計画、実行、確認、改善
- 2・2・5 QC七つ道具

C：原価管理 2・3
- 2・3・1 請求・支払の原則 —— 出来形、出来高
- 2・3・2 重要な用語 —— 工事原価、粗利益、営業利益、固定費・変動費
- 2・3・4 積算の基本
  - 直接工事費＋共通仮設費＝純工事費
  - 純工事費＋現場管理費＝工事原価
  - 工事原価＋一般管理費＝工事価格
  - 工事価格＋消費税等相当額＝工事費
- 2・3・5 実行予算とVE —— 実行予算、ネゴ（交渉）、VE

D：工程管理 2・4
- 2・4・3 工程表 —— バーチャート工程表、ネットワーク工程表
- 2・4・4 ネットワーク工程表
  - 構成：作業線（アクティビティ、ジョブ）、結合点（イベント、ノード）、ダミー
  - クリティカルパス、EST（最早開始時刻）、LFT（最遅終了時刻）、フロート
- 2・4・5 進度管理 —— マイルストーン、進度曲線、出来高S曲線、バナナ曲線

S：安全管理 2・5
- 災害の種類 —— 労働災害、公衆災害
- 2・5・2 発生状況 —— 種別：墜落・転落、建設機械、倒壊・崩壊など
- 2・5・3 事業者責任 —— 労基法、安衛法、刑法、行政、民事
- 2・5・5 対策 —— 安全施工サイクル、KY（危険予知）活動、ヒヤリハット運動など

E：環境／M：士気 2・6
- 2・6・1 環境 —— 環境基本法、廃棄物処理法、マニフェストなど
- 2・6・2 士気（諸活動）—— 報・連・相、5Sなど

1章　建築施工とは何か
2章　建設現場の五大任務
3章　仮設工事
4章　土工事
5章　地業工事
6章　鉄筋工事
7章　型枠工事

2　建設業における QCDSE

　一方、建設業においては、工事関係者や第三者の生命の安全（S）は、何にもまして重要な事項であるから、他の項目とのバランスというよりは前提条件ということになる。さらにこんにちでは環境への配慮もビジネスを進める上で必要になっている。

　以上のことから建設業においては、先の QCD に「安全（S）」と「環境（E）」を加えた「**QCDSE**」を「**建設現場の五大任務**」として業務で優先すべき項目の指標としている。こんにちの建設現場では、これら QCDSE の視点でものごとを広く捉えて、その都度に最適な行動をとっていく必要がある。すなわち建築施工では、建築主が求める「品質（Q）」と設計者が意図した性能を満足させ、限られた「コスト（C）」の中で「工程（D）」を守りつつ、「安全（S）」や「環境（E）」にも配慮して建物の完成を目指すのである。

2・2　Q：品質管理　　[標仕 1.1.2]

1　品質とは何か

(1) ユーザー目線での "品質"

　例えば新築の住宅を購入して1年もしないうちにどこかで不具合が発生したとする。住宅は個人にとって大きな買物であり、当然に購入者の期待も大きいことから、不具合があったときの失望感も大きなものとなる。ここでは "こんなに高い買物をしたのに不具合が発生した" ということが住宅購入者の不満につながっているが、これは品質に対する不満足である。

　以上の例は極端ではあるが、顧客が当然であろうと思っていることについて製品の販売者やサービスの提供者がその期待に応えられなかった場合に顧客の不満が発生することは当然のことである。したがって、品質を考えるときは、まず顧客がその製品やサービスに求めている期待の程度はどこなのかを明

らかにする必要がある。このような"現象として表出しやすい品質"には、例えば「設備機器が正常に動作しない」「雨漏りする」「扉がスムーズに開閉しない」「すきま風がある」「壁に不陸（凹凸があること）がある」などがある。これらの問題については過去の事例から、どのような欠陥が発生するか、また、顧客がそれにどのような不満を持つかを検討して再発防止に努めていく姿勢が重要である。

(2) ねらいの品質と品質管理

以上のように、製品やサービスの品質のあるべき姿を明確に設定する考え方を「ねらいの品質」という。そして、このねらいの品質を明確にすると、現状との間に「ギャップ（差）」が見えてくる。すなわち"理想と現実のギャップ"である。一般にこのギャップを埋めるには、事実に基づいて、問題の特徴を把握し、その特徴をもとに問題が生じている原因や因果の関係を解明し、明らかとなった原因やプロセスに手を打つことで問題の解決を図る必要がある。このように、「ねらいの品質」を設定して現実とのギャップを正しく認識し、それを改善していくための取り組みを「品質管理（Quality Control；QC）活動」という。

実際の品質管理活動では、ねらいの品質を実現し得るアイデアを様々な角度から列挙し、その中から有効なアイデアを絞り込み、実行を阻害する要因を排除しながら課題の達成を図っていく。そのための手法は先人たちにより開発されており、「QC 七つ道具」 ≫本書2・2-5 といった効率的に活動ができるようなツールも用意されている。こうした取り組みに個人や組織単位で一から取り組むことは負荷が大きすぎる。したがって、先人たちの智恵を借りて効率的に取り組むべきである。

2　建築における品質管理の考え方

(1) 建築における品質管理の難しさ

建築には使い勝手や機能性、安全性、環境への配慮などの様々な要求が課されており、それを実現させるためには、材料（建築材料）や組み込むシステム（建築設備）、組み上げ方（建築構法）などを複合

的に検討する必要がある。検討の結果は設計図書として示されるが、その設計を実現するためには、さらにつくり方（建築施工）の検討も必要となってくる。したがって、建物トータルの品質を管理するには、それら個々の構成要素（基礎や躯体、防水、内外装の仕上、設備など）やその実現方法についても、それぞれ品質を確保する必要がある。

さらに建築には、「コンクリートの強度不足」や「鉄骨の溶接の不良」「左官や塗料の塗り厚の不足」などの隠された欠陥が存在する可能性もあり、結果として設計者が想定した建築の諸性能（耐震性、耐候性、耐久性など）を長期安定的に実現させるための品質が守られていない場合もありえる。

(2) 『標仕』における品質の定義

以上のように建築物の品質管理は大変に難しく、それぞれの建築物の建築主が個別に"期待の程度"を設定することは困難である。したがって、建築施工における各部工事ごとの品質の水準には、一般的に『標仕』や『監理指針』で定義される「基本要求品質」が用いられる。

基本要求品質とは、「工事目的物の引渡し（不可視部分については一工程の施工）に際し、施工の各段階における完成状態が有している品質」のことをいう[標仕 1.1.2(コ)]。ここで"施工の各段階における完成状態"とは、施工の段階ごとの品質を確認することによって、施工全体の品質を確保するということである。すなわち、建築物は躯体や仕上など複数の構成要素によって成り立っており、順番につくられていくのだから、品質も個々の構成要素の施工の各段階で管理していくということである。さらに当該箇所が隠ぺい状態となる場合は「当該関連工事等の施工の検査が完了するまで、当該部分の施工を行わない」という考え方が示されている [標仕 1.5.1(2)]。

3　品質管理とフレームワーク

(1) 3つのム

実務における品質管理上の問題には「何かが足りない（要求を満たしていない）」ということ以外に「精度が悪い」「バラツキがある（＝ムラがある）」と

いうものもある（実際には「要求を満たしていない」こともバラツキの問題であることが多い）[3]。また、仕事の進め方や日程に「無理がある」とミスが生じやすくなるし、材料や人員、工程に「無駄が多い」とコストがかさむ原因になる。

これら仕事の「ムラ」や「無理」「無駄」を合わせて「3つのム（3ム）」と表現することがある。この「3つのム」は、品質管理上の問題点を見つけるためのフレームワーク[4]としてよく用いられる。

例えば塗装工事を例にとれば、作業を行う環境や使用する道具、養生などの条件が場所によって異なれば「ムラ」につながり品質や工程、安全などが脅かされる。また、適切な足場がないなど作業姿勢などに「無理」があれば安全面に支障をきたすばかりかミスを誘発し品質確保の面でも問題が生じる。さらに職人や塗料などを過大に発注すれば「無駄」につながり、コストや環境面に悪影響を及ぼす。

（2）4つのM

一般論として、災害や事故の原因としてよく挙げられる要素に「Man（人間）」「Machine（機械、物）」「Media（作業情報、環境）」「Management（管理）」がある。これらそれぞれの頭文字をとった問題発見のためのフレームワークを「4つのM」という。災害や事故が発生するとパニックになりやすく、原因究明も近視眼的になりがちであるが、そのような際に検討の漏れや重複がないように[5]あらかじめ検討要素をまとめたものと考えればよい。

この4つのMは、こんにちでは、ものづくりにおいて具体的な問題発見、アイデア発想の要素として使用されている。このように問題の要因の全体像が見えるようにしておくと、例えば作業員に「あなた

の技量が不足している」という事実を伝えやすくなる。こうしたツールは、自らの思考の手助けとなるだけではなく、広く周囲と正しい情報を共有できるという点で現場でも活用すべきである。

（3）三現主義と五ゲン主義

ものづくりの現場においては、机上の検討だけではなく「現場」に足を運び、「現物」を見て、「現実」を知ることが重要である。この3つの「現」を合わせて「三現主義」という。一方、より高度なものづくりの世界では、単に実物を見ているだけでは仕組みなどはわからないので、"三現"の前提として「原理」と「原則」を加えて「五ゲン主義」とすることもある。例えば、コンクリートが凝結・硬化して強度を発現するメカニズムは、「水和反応」という化学反応のプロセスを学んでいないと理解できない。このように、現代のものづくりでは、原理・原則を理解した上で、現場、現物、現実に触れることが重要である。

4　PDCAサイクル

（1）PDCAとは何か

以上で見たフレームワークは、主に問題発見のための取り組みであるが、実際の品質管理活動では、作業の計画段階から問題の解決までを一連のプロセスとした「PDCAサイクル」（図2・1）が用いられることが多い。PDCAサイクルとは、「計画（Plan）」「実行（Do）」「確認（Check）」「改善（Act）」の頭文字をとったものであり、品質管理上の大きな問題点であるバラツキをなくすためのフレームワークとして、建築施工やものづくりの世界に限らずビジネスの現

☞**豆 知 識**

[3] 例えば塗装工事においては塗膜が規定よりも薄いことも問題であるが、厚すぎても硬化不良や剥離などの障害が発生する可能性がある。

[4] **フレームワーク**：問題発見やその解決、アイデア発想などを行う際に既存の情報などを整理するために利用する「型」のようなものである。例えば5W1HやQCDSE、PDCAサイクルなどもフレームワークである。

[5] 検討に漏れや重複があると時間が無駄であるだけではなく正しい結果が得られない可能性がある。それを戒める言葉として"Mutually Exclusive and Collectively Exhaustive（お互い重複がなく、全体として漏れもない）"の略語である「MECE（ミーシー）」がよく使われる。

1章　建築施工とは何か

2章　建設現場の五大任務

3章　仮設工事

4章　土工事

5章　地業工事

6章　鉄筋工事

7章　型枠工事

場でもよく使われる手法である。

建設現場においては、1つの工事現場において PDCA を回すこともあるし、会社全体で総合的な技術力の向上を目的として回すこともある。PDCA の当事者としては、何を目的として PDCA を回すのかを常に意識する必要がある。

(2) PDCA サイクルの各プロセス
①計画（Plan）

PDCA の第一ステップの「計画」では、まず何を目的として一連の PDCA サイクルを回すのか、関係者間でコンセンサス★6 を得ておく必要がある。そして、その目的を達成するための目標の設定と、目標を達成するための具体的な方法を立案する。目的と目標の関係は曖昧になりがちだが、目的が「顧客の信頼を勝ち取るために品質を安定させる」といった定性的な表現であるのに対し、目標は具体的な項目（寸法など）や数値、時間など定量的な表現になることが多い。

以上の目標や方法は、P 以降の DCA のプロセスで検証できるように具体的である必要がある。ここでよく使われるフレームワークが、「5W1H」や「5W2H」である。5W1H は、「何を目的として（Why）、何を（What）、誰が（Who）、どこで（Where）、いつ（When）、どうやって（How）」の頭文字をつなぎ合わせたものである。これに「いくらで（How much）」を付けたものが 5W2H である。

ものづくりの世界では、この段階で「作業標準」

や「QC 工程表」などが作成される。建築施工では「施工計画書」や「製作要領書」などが作成される。施工計画書等については 3 章以降の各部工事編で詳しく見るが、基本的には『標仕』や『監理指針』、『JASS』などに基づいて作成される。

②実行（Do）

施工計画書や製作要領書に基づいて作業員(職人)が実際の作業を行うプロセスが「実行」である。この実行のプロセスにおいては、管理する立場には作業の監理・監督や観察なども含まれる（したがって、施工計画書などには管理項目、チェックポイントについても記載する）。コンクリート工事など 1 つの"実行"の期間が長い場合は、様々な要因によりその実行の期間内においても結果のバラツキが生じることがある。そのような場合は、その"実行"をさらに細分化して細かな PDCA を回すこともある。

③確認（Check）

ここでの「確認」の意味は、作業の"実行"の結果の確認だけではなく、"計画"通りに実行できたか、また作業の様子や状況はどうであったかの点検や評価も含まれる。例えば、当初の"計画"通りに実施して、結果も目標を満足するものであれば、ここでは問題は発見できなかったと考えられる（問題がないことの保証ではなく、このプロセスからは発見できなかったという意味）。

一方で、"計画"通りに実施して、結果に問題があった場合は、"計画"が間違っていたということになる。また、"計画"通りに実施せずに、結果に問題

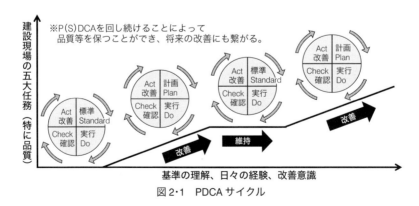

図 2・1　PDCA サイクル

☞豆知識

★6 **コンセンサス**：集団や組織での意思決定において「合意」や「意見・見解の一致」のことをいう。多数決や根回しによる意思決定と違い、関係者全員が公式に合意しているというニュアンスが強い。

があった場合は、"計画"通りに実施しなかった作業員の責任ということになる。

やっかいなのは、"計画"通りに実施しなかったが、結果はうまくいった場合である。それがたまたまである可能性も否定できないが、大抵の場合は立てた"計画"が結果には影響しない内容のものであった可能性が高い。このようなことが続くと、作業者に"計画"に対する不信感を抱かせる原因になるので注意が必要である。さらに、"計画"に基づく"実行"の結果、ねらいの品質よりも常に好成績を残すような場合は、"計画"が過剰で必要以上のコストがかけられている可能性があるので検証する必要がある。このように、実施した結果や進め方の良し悪しの"確認"を行うためには、事前に結果や要因について判断の尺度を定めておいた方が混乱がない。

④改善（Act）

ここでの「改善」の意味は、確認された問題点を計画段階にフィードバック★7することである。例えば"計画（P）"に基づいて作業を"実行（D）"し、その結果を"確認（C）"したところ、当初の"計画"時の目論見通りの結果が得られた場合は、まずはそのプロセスはうまくいったものとして最初の"計画"に戻って次のPDCAサイクルを回すことになる。

一方で、目論見から外れた場合は、何らかの対策を講じることになる。この対策は、いざ必要になったときに慌てて用意するのではなく、「問題が発生する」ことを前提としてあらかじめ用意しておくべきである。言い換えれば、「改善すべきポイントは常に存在する」と考えてPDCAを回した方が、スムーズかつ長期的なQCDSEの改善につながるということである。

(3) SDCAのサイクル

SDCAとは、PDCAの最初のP（計画）をS（標準）に置き換えたもので、過去の経験が十分であったり、技術が確立されたりして、統一された規格や標準が存在する場合などに用いる。

SDCAで問題が発生する場合、そのほとんどは「S（標準）を守っていない」ことが理由であるから、PDCAとはQCストーリーや振り返りの視点がわずかに異なる。万が一、規定のやり方を守っていても問題が生じた場合は、規定のやり方＝"S（標準）"に問題があるため見直さなければならない。なお、この場合は、作業の結果が望ましくなくても、作業員は"S（標準）"に基づいて作業をしただけなので、ペナルティを受けるいわれはない。

(4) 目標について

PDCAの"P（計画）"を立てる上では目標を定めるが、仕事を行う上での"目標"は大きく「状態目標」「結果目標」「行動目標」のレイヤーに分けることができる。状態目標とは「安全な現場でありたい」など、企業活動や工事現場全体で目指すべき状態について定めた定性的な目標である。この状態目標を達成させるには、「工期の遅延ゼロ」や「雨漏りゼロ」「労働災害ゼロ」など、具体的な数字などで定量的に表現した目標も必要になる。これが「結果目標」である。さらに、その結果を出すためには、個々の関係者がどのような行動を取るべきかの指針として、「報連相を確実に行う」「指さし呼称を徹底する」などの「行動目標」が必要になる。

(5) 決して万能ではないPDCA

ここまでPDCAサイクルや周辺技術の利点を述べてきたが、実はPDCAも万能ではなく不得意とする分野も存在する。したがって全ての仕事をPDCA的に行うことは望ましくない。

例えば、QCDSEの1つである安全管理（S）に関して言えば、工事現場における事故全体を削減するにはPDCAは有効であるが、予期しない重大な事故を防ぐにはPDCAを回すには時間が足りないことがほとんどである。このように現場での素早い判断が必要な場合は、「OODAループ」など他の手法を用いた方が問題解決に至る可能性が高い。

☞ 豆 知 識

★7 フィードバック：もともとはシステム工学の用語で、「ある回路（仕組み）の出力結果を回路側に戻すことによって、回路側の調整項目（パラメーター）を調整する仕組み」のことをいう。

1章 建築施工とは何か
2章 建設現場の五大任務
3章 仮設工事
4章 土工事
5章 地業工事
6章 鉄筋工事
7章 型枠工事

OODA ループはもともと、戦闘機のパイロットの意思決定をもとに考えられた意思決定方法で、そのプロセスは「観測（Observe）」「状況判断と方向づけ（Orient）」「意思決定（Decide）」「Act（行動）」の4段階で構成される。特徴的なのは、情報が完全ではなくても"おそらく正しいだろう"という大まかな方向性で即座に結果を出すことを目的にしている点である。

例えば大雨によって、掘削中の地山の土砂が崩落しそうになった場合は、基準に従えば累積雨量や今後の予想雨量から規定値を超えるかどうか定量的に判断することになるが、現場においては地山の表面の湿り具合や雨雲の様子、有事の際の逃げ場などを"観測"して"状況を判断"し、作業を中止するかを"意思決定する"必要がある。

OODA ループと単に勘や経験に頼った意思決定の最大の違いは、「最悪の状態、事象」と、それを防ぐためには「どのような情報収集が必要なのか」をあらかじめ考えておくことである。前者は簡単に言えば「悲観的に準備する」ということである。また後者では、「情報収集するためのチャネルは常に用意しておく」ということが重要になる。

5　QC 七つ道具

「QC 七つ道具」とは、様々な作業プロセスの中で収集された膨大なデータを統計的に処理し、問題の発見や解決につなげるヒントを提供する手法の集まり（ツールセット）である。ツールのそれぞれは以前から使われていたものであるが、これを標準セットとして使用することにより多面的な分析が可能となる。QC 七つ道具の内容を表2・1に示す。

QC 七つ道具は使いこなせば問題発見や問題解決に大変有効な武器になり得るが、正確なデータを集めることは手間がかかり、また、QC 七つ道具のグラフ等を作成するのも大変な作業である。また、七つ道具を使いこなすことに夢中になり「分析のための分析」になってしまうこともあるので注意が必要である。QC 七つ道具はあくまでツールにすぎないのだから「事実に基づいて問題の状況を把握し、プロセスの良し悪しを判断して PDCA を回しながら改善活動を行う」ことから外れてはならない。　☞ POINT

表 2・1　QC 七つ道具

①パレート図	・データの出現頻度の大きい順に項目を並べるとともに累積和を示したグラフ ・実務では改善すべき問題の優先順位や重大度、効果の確認などに使用される
②特性要因図	・特定の結果（＝特性）と要因との関係を系統的に表した図（その見た目から"魚の骨（Fish Bone）"とも呼ばれる） ・他の七つ道具よりも定性的な情報の整理に優れ、会議やミーティングなどでの意見やアイデアを整理することにも使うことができる
③ヒストグラム	・各区間の個数を示した、いわゆる偏差値のグラフ・データの総量や広がり（バラツキ）の範囲や程度を視覚的に把握できることが特徴 ・さらにグラフのかたちからも多面的な情報の分析が可能
④グラフ／管理図	・数値データを図形で表したもので、データの大きさを比較する棒グラフ、データの大きさと推移を観測する折れ線グラフ、総量に対する内訳を表現する円グラフなどがある ・注意点としては、グラフの目盛りなどを恣意的に調整して、見る人の印象を操作することが可能であったり、グラフを作成する作業そのものや体裁を整えることに気を取られ、データの分析ができていないということが起こりうる
⑤チェックシート	・現場での確認項目などを見やすい一覧表の形式にして、素早く確認ができるようにしたもの ・あらかじめ予想される数字や文字列を複数列記しておき、現場では該当項目にチェックマーク（✓）を入れるなどしてミスを防ぐ
⑥散布図	・共通する母集団の2つの特性を縦と横の軸にとり、観測値を打点してつくるグラフ ・縦横の2つの特性の相関（何らかの関連性）を発見することができる（相関には正の相関、負の相関がある）
⑦層別	・グラフなどにおいて、一緒に扱うことが難しいデータを条件によって分割すること（例えば、ベテラン作業員と新人作業員では、作業内容の前提に大きな違いがあるため、別にした方が分析しやすい）

☞ **実務のポイント**

特性要因図以外の「QC 七つ道具」は、数値データを分析することに重きがおかれているが、これに対して数値化が難しい問題を整理するために「新 QC 七つ道具（N7）」も開発されている（親和図、連関図、系統図、マトリックス図、アローダイヤグラム、PDPC（Process Decision Program Chart）、マトリックスデータ解析）。

2・3　C：原価管理

1　原価管理の基本

(1) 建設業の請求・支払の原則

　建築生産は、非常に多くの資金と物資、時間、人工が必要な社会的・経済的活動である。建設会社にとっては、ひとつひとつの建設工事を正しく実施することを前提としつつ、適正な利益が出るように管理していかなければならない。特に建設業は他の産業と比べて契約から引き渡しまでの期間が長いという特徴があるため、請け負った工事の完成をもって施主に工事費を請求していたら資金不足に陥る可能性もある。そこで、工事の進行である「出来形」に従って都度発生した経費を施主に請求して支払ってもらう「出来高払い」という仕組みが採用されている。

☞ POINT

(2) 建設業の勘定科目

　商取引の内容をわかりやすく分類するための簿記・会計の項目のことを「勘定科目」という。この勘定科目は、建設業では他の産業と呼称が異なるので表2・2に整理する。

表2・2　建設業における勘定科目の呼称

一般的な勘定科目	建設業における勘定科目
売上高	完成工事高
売上原価	工事完成原価
売上総利益（粗利益）	工事完成総利益
売掛金	完成工事未収入金
仕掛金	未完成工事支出金
買掛金	工事未払金
前受金	未完成工事受入金

2　建設業にとって重要な原価管理の指標

(1) 工事原価

　建設工事には、材料費や外注費、労務費、経費など様々な費用がかかる。これら建設工事にかかる費用を集めたものを「工事原価」という。このうち材料費は、工事に要する材料や素材の費用のことをいい、外注費は、下請業者に支払う費用のことをいう。この材料費と外注費に一部の経費を合わせて「変動費」と表現することもある。

　また、労務費とは工事に要する社員の賃金や給料、福利厚生費、手当てなどのことをいう（本社など管理部門の人件費はここには含まない）。また経費には水道光熱費や通信交通費、重機類の減価償却費、メンテナンス費などが含まれる。

(2) 粗利益（工事完成総利益）

　完成工事高から上記の工事原価を引くと「粗利益」が算出される。すなわち、施主からもらった建設費から、現場で発生した諸費用を引いたものである。最も基本的な利益である一方で、本社経費等は含まれていないので、あくまでも現場ごとの利益となる。

(3) 営業利益

　建設会社では、建設工事現場にかかる費用以外にも、本社機能を維持したり営業活動を行ったりする経費なども必要になる。このような経費を「販売費および一般管理費（以下一般管理費）」という。粗利益からこの一般管理費を引くと「営業利益」が算出される。営業利益とはごく簡単にいうと、世間から見たときにその企業が本業で稼いだ利益を表しており、「損益計算書」にも表される会計上重要な指標である。

☞ 実務のポイント

「出来形」とは、工事施工が完了した部分のことをいう。「出来形部分」「既成部分」ともいう。一方、「出来高」とは、出来形を金額で換算したものをいい、建設工事の収益認識基準[8]の根拠となる。

☞ 豆知識

★8　収益認識基準：売上をどのように認識し、どのタイミングで財務諸表上に反映するかという会計基準のこと。

1章　建築施工とは何か
2章　建設現場の五大任務
3章　仮設工事
4章　土工事
5章　地業工事
6章　鉄筋工事
7章　型枠工事

(4) 固定費と変動費

経費の分け方のひとつに「固定費」と「変動費」による区別がある。「固定費」は本社の家賃や本社勤務の従業員の給料など企業の営業状態に関係なく必ず発生する費用、「変動費」は仕事の量に応じて変動的にかかってくる外注費などの経費のことをいう。

固定費も変動費も経費であるが、固定費は仕事がなくても毎月発生する費用なので、経営状態が悪いときに固定費が多いと資金繰りが悪化することになる。したがって多くの企業にとって固定費の削減は経営上の重要な取り組みのひとつである。

一方の変動費は、売上の増減によって変動する費用なので、理屈の上では工事が実施されていないときは変動費も発生しない。

(5) 限界利益

完成工事高★9から材料費や外注費などの変動費のみを引くと「限界利益」が算出される。営業利益との違いは限界利益には固定費が含まれているという点である。すなわち、

請負金額－変動費　＝　限界利益
限界利益－固定費　＝　営業利益

となる。ここでいう変動費とは、下請に支払う工事代金がほとんどであり、その他、現場で直接購入する資機材の代金（材料費）や法定福利費や保険料などの現場で発生する一部経費が含まれる。

限界利益は、固定費を含むため、その建設会社における工事1件あたりの真の収益力をはかることができるとされる。すなわち、限界利益率の高い工事は"稼いでいる工事"ということである。

3　建設工事と利益

建設会社が利益を上げていくためには、「完成工事高を増やす」「固定費を減らす」「変動費を減らす」

などの方法がある。このうち完成工事高を増やすには、受注件数を増やすことと、受注単価を増やすことの2つの方法がある。いずれも競争相手がいることなので、技術力を磨いたり瑕疵や事故をなくすなどの企業努力が必要である。特に価格競争力の向上は非常に重要で、そのためには「固定費」や「変動費」などのコスト圧縮（コスト削減）が重要になる。

このうち固定費圧縮については現場でできることは限られているので、現実的には変動費圧縮に注力することになる。変動費は下請に支払う工事費が大半なので、ついつい下請業者（協力会社）に無理をお願いしがちだが、仕事のクオリティや将来の関係性などを考えると、（通常の商行為の範囲を超えて）下請業者にコスト圧縮を無理強いすることは避けるべきであり、工程上の工夫や図面の精度を上げるなどして、無理や無駄などを排除してコスト圧縮に協力してもらうべきである。

4　積算の基本

設計図書などをもとにして、工事に必要な諸費用を積み上げて算出することを「積算」という。積算の基本は「数量×単価」である。具体的には、設計図や仕様書などをもとにして、各工事の区分ごとに、材料等の数量と単価を掛け合わせた金額を算出する。

これにより、建物をつくる上で直接必要な材料費や労務費などの「直接工事費★10」と各工事で共通して使用する仮設用電気や水道、仮囲いや現場事務所などの「共通仮設費」が算出できる。これらについて図2・2にまとめる。

このとき、使用材料の規格や寸法、単位などが統一されていないと正確性に欠けてしまうのでルール

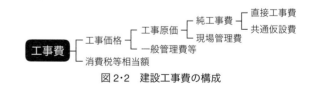

図2・2　建設工事費の構成

☞ **豆 知 識**

★9　着工前の実行予算 ≫本書2·3-5 を組み立てる段階では「完成工事高」の項目は「請負金額」に置き換えて計算する。

★10　建設工事費の各名称は建設会社によって異なることもあるので、丸暗記ではなく仕組みを理解すること。

（国土交通省大臣官房官庁営繕部『公共建築工事積算基準等資料』など）に従って積算を行う。

特に注意が必要なのは、積算の対象によって含まれる内容が異なる場合があることである。例えば、型枠工事や塗装工事、電気工事などは材料費と労務費（手間、人工）を合わせた「材工」で単価設定される。一方、生コンなどの現場に持ち込まれる材料は材料費のみで単価設定される。生コンを現場で打設するためには圧送などの作業が必要になるが、これは「労務費」として単価設定される。

以上のプロセスによって「純工事費」が算出され、これに現場係員の人件費や交通費、工事に対してかける保険料などを含めた「現場管理費」をのせると「工事原価」が算出される。この「工事原価」に本社経費や利益などの「一般管理費等」をのせると「工事価格」が算出され、さらに消費税等相当額をのせると見積りに使われる「工事費」が算出される。

5　実行予算とVE

(1) 実行予算

工事契約に先立ち、工事にかかる金額を示した書類を見積書という（一般に工事費に利益が乗せられる）。見積書には対外的な工事費の総括が示されるが、建設会社の社内では「実行予算」が組まれる。実行予算のベースになるのは「工事費」であるが、ここから外注費や労務費、諸経費などを引いて最後に残る「利益」を管理するための予算となる。工事開始後に利益を増やそうとすれば（回復しようとすれば）、工事費は契約により決まっているので、下請業者に対して「ネゴ（negotiation、交渉）」するなどして外注費などを削減することになる。

(2) VE

「VE（Value Engineering）」とは、「製品やサービスの価値を、それが果たすべき機能とそのためにかけるコストとの関係で把握し、システム化された手順によって「価値」の向上をはかる手法」である（出典：（公社）日本バリュー・エンジニアリング協会ウェブサイト）。建築工事においても、躯体や内外装仕上の仕様、設備の配管方法などについて、機能や性能（＝価値、Value）は変えずに、使用する材料や構法・工法等を工夫して費用を抑えるVEを客先に提案することもある。

2・4　D：工程管理

1　なぜ工程管理が重要か

着工から完成までの期間（工期）内で、各工事の順序関係や作業速度を総合的に計画し、それを達成するよう管理することを「工程管理」という。適切な工程管理によって、建物の品質の確保、建築工事費の削減、工期の短縮などが図られる。

例えば、工程管理に不具合があり、工事工程に遅れが出たとすると、当然、契約工期は決まっていることから、その後の工程を圧縮する必要がある。このことは、いわゆる「突貫工事」を誘発し、職人や施工機械の「山積み★11」にも影響してコストを押し上げる。また、突貫工事は、つくり手側もチェック側も時間に追われることになるので、チェックが甘くなったりして品質への影響も懸念される。さらに突貫工事は事故の危険性を増し、無駄な残材が多く発生する要因にもなる。このように工程は、品質やコスト、安全、環境全てに関係するのである。

2　工程管理の基本

以上のように建設現場の五大任務の中でも、工程管理は他への影響度合いが大きい。また、近年では建設業の「働き方改革」も進んでおり、週休2日制の推進や長時間労働の是正などが求められているた

☞豆知識

★11　山積み：施工計画において、各工事の作業に必要な人員、機械、資材の量を作業日ごとに集計すること。作業日ごとの山積みにバラツキがあるとコストアップ要因になるが、これを均すことを「山崩し」という。

め、ますます工程管理の重要性が高まっている。したがって、若手の現場監督がまずそのスキルの向上を図っていくべきものであるが、単に現場を見ていたり、やみくもに工程表を追いかけているだけでは成長は期待できない。まず、抑えるべき勘所をしっかりと理解しておく必要がある。

工程を計画したり管理したりするための着眼点としては、まずは前述の「3つのム（3ム）」を確認すると良い。建設工事の工程は、一見すると関係なさそうに見えてどこかで連動している場合がある。このように工程は全体としてひとつながりのチェーンのようなものだと考えるべきだが、そのことを理解せずに無理矢理に工程を圧縮しようとすると、破綻の連鎖が起こる危険性もある。過剰な余裕は不必要であるが、工程に「無理」を強いてはならない。以上のような工程のつながり全体を管理するためのツールとして「工程表」がある。

3 工程表の種類と特徴

(1) 工程表の概要

工事の施工順序を表した図表を「工程表」という。工程表の出来・不出来は、工事をいかに効率よく、コストを安く、期日内に完成させられるかに関わってくる。工事を早く終わらせるためには、工程を詰める作業が必要であるが、物理的に無理なことを計画しても意味がない。また、計画された工程表通りに工事を進捗させるための管理も必要である（進捗管理）。これら工程表の手法については体系化されており、それらを一通り学べば最低限工程表を使えるようにはなるが、使いこなすためには利用者の発想と思考能力が要求される。

(2) 工程表の種類

建設工事における工程表の例を以下にまとめる。

①バーチャート工程表

縦軸に工種、横軸に所要日数をとったシンプルな工程表を「バーチャート工程表（横線工程表）」という。一般に横方向にカレンダーを持ち、棒グラフ形式でスケジュールの期間を表現する。

バーチャートは、作成も簡単で進捗状況を把握しやすく、しかも見やすいという利点がある。一方で、工事（作業）相互間の詳細な関連性が表現できない（ひとつひとつの仕事が独立しているような表現になっている）、工程表だけを見ても管理の重要ポイントや問題点がわかりづらい、中途変更や将来予測といったことが難しい、単に工期に見合うような作図に陥りやすいなどの欠点もある。

以上からバーチャート工程表は、あまり複雑ではないスケジュール管理には適しているが、中間工程やリソース（資源）が多岐にわたる複雑なプロジェクトになると全体像を掴むのが難しくなるため、あまり向いていない工程表ということになる。

②ネットワーク工程表

複雑な工業製品の開発プロセスやIT分野のシステム開発、建設工事などでは、バーチャート工程表では工程間の依存関係などが表現しきれない。このような場合は、工事の関連性に重点をおいた「ネットワーク工程表」（図2・3）が使用される。

ネットワーク工程表は、建設工事における実際の作業を矢印（→）で表現し、その作業の開始と終了を結合点（○）で示したものである。作業の前後は必ず結合点を置かねばならず、したがって工程の開始から終了までを1つのつながりとして表現することができ、これにより、後に紹介するクリティカルパスの計算により正確な工期の算出が可能になる。

長所としては、作業の関連性が図示され内容がわかりやすいこと、概念的ではなく実際の数字として表現されるため、コンピューターで管理しやすいこと、クリティカルパスの管理が容易であることなどが挙げられる。一方短所としては、作図もさることながら読みこなすにも一定の知識と経験が必要で、実際の現場の進捗管理にもノウハウが必要なことなどが挙げられる。

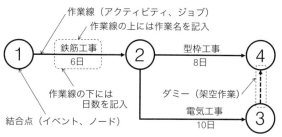

図2・3　ネットワーク工程表の構成

4 ネットワーク工程表の構成要素

(1) ネットワーク工程表の用語

ネットワーク工程表を学習する上で、最低限理解していなければならない用語を以下に示す。

①作業線（アクティビティ、ジョブ）

ネットワーク工程表において、実際に具体的な仕事を表現した矢印。矢印の上に作業名を、下側に時間（日数）を書く（矢印の長さは日数とは無関係）。建築工事では職人の実際の作業日数を表現する。

②結合点（イベント、ノード）

作業の開始と終了に置かれる○印。全ての作業線の前後には必ず結合点が置かれる。結合点には「時間の長さ」の概念はないが、「何月何日」「何時何分」といった区切りの意識は必要であり、建築工事では、それが現場監督の仕事を表現することになる。

③ダミー（架空作業）

結合点の前後関係、因果関係を示すために記入される架空の作業。点線矢印で表現される。

④クリティカルパス

その工程表中に存在する全ての経路のうち、最も時間がかかる経路のこと。転じてその工程全体の最短工期のこと（一部の工事が終わっていても、最後に最も時間がかかる工事が終了しないと客先には引き渡せないため、結果として最短工期となる）。

図2・3を例に考えてみると、左端の①から右端の④の結合点までは、「①→②→④」と「①→②→③→④」という2つのパス（経路）が存在する。それぞれの作業線の日数を計算すると前者は「6＋8＝14日」、後者は「6＋10＝16日」となるため、この工程表全体（①から④まで）の所要日数＝最短工期は16日となる。

(2) ネットワーク工程表のルール

ネットワーク工程表のルールを以下に整理する。

①全ての作業は、結合点から始まり結合点で終わらなければならない。

②2つの結合点の間を、複数の作業で直接結んではならない（別の結合点が入っていれば問題ない）。

③ある結合点からスタートする作業は、その結合点

に入ってくる作業が全て終わらないとスタートできない。

(3) ネットワーク工程表の作成

例題として、以下の条件に基づいてネットワーク工程表を作成してみよう（A4用紙横使いをおすすめする）。

【条件1】作業BとCは、作業Aが完了後に着工できる
【条件2】作業Dは、作業Cが完了後に着工できる
【条件3】作業EとIは、作業Bが完了後に着工できる
【条件4】作業Fは、作業CとEが完了後に着工できる
【条件5】作業Jは、作業Iが完了後に着工できる
【条件6】作業Gは、作業FとIが完了後に着工できる
【条件7】作業Hは、作業DとGが完了後に着工できる
【条件8】作業HとJが完了した時点で全工事が終了する

作業	A	B	C	D	E	F	G	H	I	J
日数	7	3	8	7	4	4	4	5	6	10

【手順①】用紙の左側に1つ目の結合点（○）を記入する。

【手順②】条件1に基づいて作業線Aを引き、その右端に2つ目の結合点を書く。

【手順③】条件1に基づいて作業線BとCを引く（このとき作業線の長さは未知）。

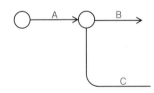

図2・4 【条件1】までの作図

【手順④】引き続き条件文に従って結合点や作業線を記入していく。

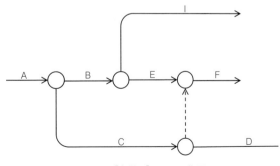

図2・5 【条件4】までの作図

【手順⑤】条件8まで記入が終わったら全体を一度

1章 建築施工とは何か

2章 建設現場の五大任務

3章 仮設工事

4章 土工事

5章 地業工事

6章 鉄筋工事

7章 型枠工事

チェックする。

【手順⑥】与えられた日数表をもとに作業線の下に日数を記入する。

【手順⑦】最も左側の結合点から、その結合点に入ってくる作業線の数だけ結合点の左上に"○"を記入する。

【手順⑧】手順⑦で作成した結合点左上の"○"の中に、その結合点に至るまでの総日数を記入していく。これを「最早開始時刻（Earliest Start Time、EST）」という。パスが複数ある（＝○が複数ある）場合は、全てのパスについて計算し、大きい数字を残す。

【手順⑨】最後の結合点のEST（図2・6では28日）がクリティカルパスとなる。

【手順⑩】その結合点から出ていく作業線の数に応じて、結合点の右下に"□"を記入する。

【手順⑪】最後の結合点のEST（○の中の数字）を、手順⑩で作成したその結合点の"□"の中に転記する。これを「最遅終了時刻（Latest Finish Time、LFT）」という。

【手順⑫】手順⑪で作成した最後の結合点の"□"から左に向かってそれぞれの作業日数を引いていき、それぞれの結合点の"□"に記入していく。パスが複数（＝□が複数）ある場合は、全てのパスについて計算し、小さい数字を残す。

【手順⑬】最初の結合点（左端の結合点）にたどり着いた段階でLFT（"□"の数字）が"0"になっていたら完了である（0にならなかったらミスがある）。

この工程表の完成図を図2・6に示す。

（4）最早開始時刻と最遅終了時刻

上記において最早開始時刻（EST）とは「各結合点の直後の作業を最も早く開始できる時刻（日数）」、最遅終了時刻（LFT）とは「工程全体をクリティカルパス通りに終わらせるために、遅くともその各結合点に到達していなければならない日数」のことをいう。例えば図2・7の例では、型枠工事が開始できるのは、結合点②のあと、すなわち工事開始（結合点①）から6日後である。

なお、工程表の最後の結合点の最早開始時刻は実質的にクリティカルパスになる。

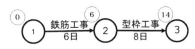

図2・7 最早開始時刻（EST）の計算

（5）フロートについて

各結合点上の最早開始時刻（EST）と最遅終了時刻（LFT）が等しい日数の場合、それがクリティカ

表2・3 余裕時間（フロート）の種類

トータルフロート（最大余裕時間、Total Float；TF）	・任意の作業内で取り得る最大の余裕時間。 ・以下のFFとDFを合わせたもの。
フリーフロート（自由余裕時間、Free Float；FF）	・その作業の中で自由に使っても、後続する作業に影響を及ぼさない余裕時間。 ・後工程には繰り越せない。
ディペンデントフロート（干渉余裕時間、Dependent Float；DF）	・その作業の中で使い切ってしまうと、後続する作業のTFに影響を及ぼす余裕時間。 ・後工程に繰り越せる。

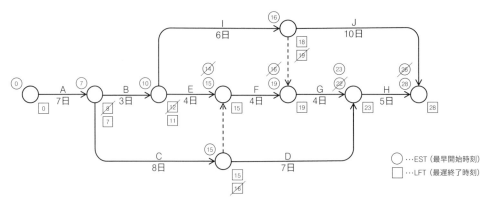

図2・6 例題のネットワーク工程表の完成図

1章 建築施工とは何か

2章 建設現場の五大任務

3章 仮設工事

4章 土工事

5章 地業工事

6章 鉄筋工事

7章 型枠工事

ルパスの経路となる。一方、結合点の中には、最早開始時刻よりも最遅終了時刻の方が大きい場合がある。このようなときはその結合点に至るまでの工程に余裕があるということを意味する。この余裕時間のことを「フロート」という。フロートには**表2・3**に示す種類がある。

5 進度管理

(1) 進度管理の基本

工程とはひとつながりのチェーンのようなもので、ある工程が遅れれば、後工程にも影響が及ぶ。そこで、工程管理では、工事の遅れを早期発見し、適切な対策を行うことにより工程の遅れの拡大を抑える「進度管理」を行う必要がある。

(2) マイルストーン（Milestone）

進度管理においては「**マイルストーン**」に着目することも有効である。マイルストーンとは、元々は、鉄道や道路等の起点からの距離をマイルで表した距離標識のことで、工程管理においては重要な区切りとなるイベント（掘削開始日や鉄骨建方の開始日、上棟など）が設定される。マイルストーンの多くはクリティカルパス上にあることが多いので、これを目標にして工程を管理することになる。

(3) 進度曲線

①進度曲線

工事出来形の、工期に対する状態を示すグラフを「進度曲線」という。通常は図2・8のように工程表に重ね書きされ、縦軸に進捗率（％）がとられる。一般的な工事では、工事の立上り時期（初期段階）は準備工事や仮設工事、土工事などがあるため出来形推移は緩やかだが、その後躯体工事などが始まると勾配が急になり、出来形も上がってくる。一方、竣工間際は足場解体や清掃、検査、ダメ直しなど建物の出来形とは関係がないイベントが入ってくるため、勾配も緩く水平に近くなってくる。

進度曲線は、このような複雑なS型の曲線になることが多いため「出来形S曲線（出来形Sカーブ）」と呼ばれる。

②予定進度曲線

進度曲線は着工から竣工までの工事の出来形の推移を表現している。これを着工前の段階で、工事期間中の目標出来形として全体工程表の中に落とし込んだものを「予定進度曲線」という。

予定進度曲線は、過去の施工実績などを考慮して作成されるので、基本的には実際の出来形推移と大きく異なることはない。しかし、出来形の立上りが大きい躯体工事などでは、予定と実績がずれることもあるので、そのような場合には人工を投入して工

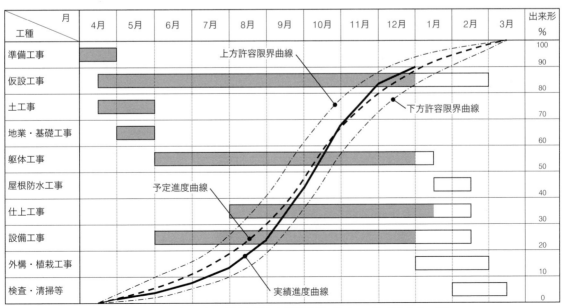

図2・8 バーチャート工程表に重ねた進度曲線（Sカーブとバナナカーブ）

程を早めたり、逆に減らしてコストを抑えるなどの調整が必要である。図2·8の例では4月から5月までの準備工事や土工事、地業・基礎工事の工程がタイトであるために、実際の進度曲線（太線）は予定進度曲線（破線）よりも下回っている。この遅れは7月末まで継続するが、8月以降に躯体や仕上工事の計画を見直して作業員の増員等をはかり、10月には解消できている。逆に11月末の時点では工事の進捗が進みすぎてしまっているので、以降は作業員等を減らして調整している。

現実の管理上は、あまり厳密に調整を行うとかえって煩雑である。そこで、あらかじめ予定進度曲線に工程のずれの許容範囲を設定しておき、その範囲内であれば調整不要とする。この許容範囲のことを果物のかたちからとって「**バナナ曲線（バナナカーブ）**」という。バナナ曲線の管理の下限値を「**下方許容限界曲線**」、上限を「**上方許容限界曲線**」という。これらの決め方も過去の工事実績を参考にする。

(4) 経済速度と最適工期

工期とコストとは非常に深い関係にあるが、その関係は複雑である。工事費のうち、外注費や材料費などの直接費の多くは、工事期間を短縮すると人工や超過勤務の増加、割高な材料を使わざるを得ないなど一般的にコストが高くなる。

一方、一般管理費や共通仮設費（リースが多い）、保険、金利などの間接費は施工速度を速めると（＝工期が短くなると）支払うコストは安くなる。総工事費は直援費と間接費を合わせた金額となるが、この総工事費が最小となる最も経済的な施工速度を経済速度、そのときの工期を**最適工期**という。

2·5　S：安全管理

1　安全の基本的な考え方

工事現場の安全を守るためには根性論だけではうまくいかない。まず、どんなにベテランの作業員でもミスをすることはある。そしてそもそも工事現場

は危険な場所や場面が数多く存在する。さらに言えば、工事が長期にわたる場合には想定外のことが起こったり、関係者の気の緩みといったことも起こりえる。

このような状況において、「事故は起こらない」と考える方が不自然であり、むしろ「今この瞬間に事故が起こっていないことが奇跡である」と考えた方が良い。事故は危険な状況下で危険な行為を行うと発生する。したがって、危険な状況下で作業するときは作業は可能な限り安全に配慮して実施すべきであるし、危険な作業を行う場合は可能な限り安全な環境を準備する必要がある。このように、作業の安全を守るためには、単に"気をつける"のではなく、可能な限り危険な状況や作業について情報を集め、それを俯瞰してロジカルに考えて計画を立て作業員を指導していく必要がある。

ここで『標仕』内の安全管理に関する規定の概要を見ておく（表2·4）。

2　建設工事における災害の発生状況

(1) 災害の種別（図2·9）

災害には被害が工事関係者に限定される「**労働災害**」と被害が工事関係者以外にも及ぶ「**公衆災害**」に大別される。この公衆災害は、工事に全く関係が

表2·4　『標仕』における安全管理に関する規定

①常に工事の安全に留意し、施工にともなう災害及び事故の防止に努める。
②気象予報、警報等について、常に注意を払い、災害の予防に努める。
③工事の施工にあたり、工事箇所並びにその周辺にある地上及び地下の既設構造物、既設配管等に対して、支障をきたさないよう、施工方法等を定める。
④火気を使用する場合または作業で火花等が発生する場合は、火気等の取扱いに十分注意するとともに、適切な消火設備、防炎シート等を設けるなど、火災防止の措置を講ずる。
⑤工事の施工にあたり、地域住民等と工事の施工上必要な折衝を行う。
⑥工事に関して、第三者から説明の要求または苦情があった場合は、直ちに誠意をもって対応する。
⑦工事材料、土砂等の搬送計画及び通行経路の選定その他車両の通行に関する事項について、関係機関と調整の上、交通安全の確保に努める。
⑧災害及び事故が発生した場合は、人命の安全確保を全てに優先させるとともに、二次災害が発生しないよう工事現場の安全確保に努める。

出典：『標仕』1.3.7〜9より抜粋

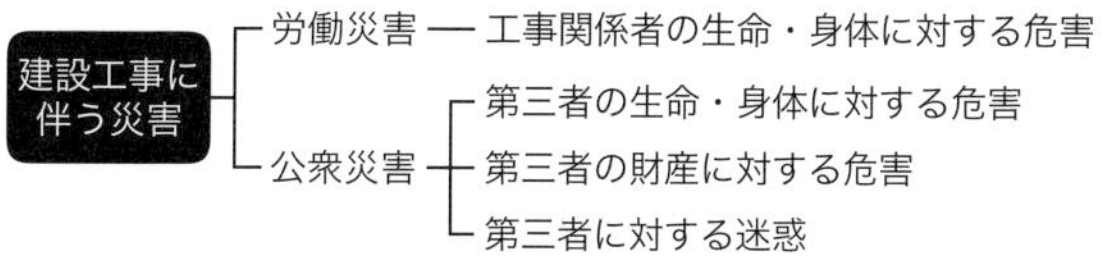

```
┌──────────┐ ── 労働災害 ── 工事関係者の生命・身体に対する危害
│建設工事に│
│伴う災害  │        ┌─ 第三者の生命・身体に対する危害
└──────────┘ ── 公衆災害 ─┼─ 第三者の財産に対する危害
                      └─ 第三者に対する迷惑
```

図2·9　災害の分類

ない第三者の生命や健康、財産に被害が及ぶものであり、絶対に避けなければならない。ここでいう被害とは、危害だけではなく社会通念上許容し難いような騒音や振動などの迷惑も含まれる。

(2) 死傷者数・死亡者数の推移

　ここからは労働災害を中心に見ていく。建設業は非常に事故の多い産業である。かつては年間数十万人の死傷者数を出していたが、行政や業界関係者をはじめとする先人たちの努力により現在は年間1万5千人程度にまで減少している。しかし、この死傷者数は全産業の12%程度を占めており、建設業の就業者数が全体の8%程度であることを踏まえると依然として多いことがわかる。さらに重大事故である死亡者数について見てみると、年間250～300人の方が建設工事中の事故によりお亡くなりになっている。これは全産業の30%を占めていることから、建設工事における災害がいかに死亡災害につながりやすいかがわかる。

　以上のことから、建設工事に関わる人間は、建設工事の事故の強度率★12が高いことを認識し、法令上で定められた基準を遵守することはもちろん、日々の作業員の行動に目を配り、工事現場全体を安全な方向に導くことが求められている。

(3) 種類別の死亡災害発生状況

　建設業における死亡災害を種類別に見ると、「墜落・転落」によるものが全体の約40%を占めており、安定した作業床の準備や墜落制止用器具の適切な利用が重要である。墜落・転落災害は、作業の熟練度や高さに関わらず発生する傾向にあるため、朝礼での「KY（危険予知）活動」や安全巡回などでの声掛けなどにより、常に注意を喚起することが重要であ

る。墜落・転落以外では、崩壊・倒壊や交通事故、激突され、飛来落下、はさまれ・巻き込まれなども事故件数としては多い。

　一般に「墜落・転落」「建設機械・クレーンの事故」「倒壊・崩壊」の3つを「三大災害」という。現場監督は、どのような作業でどのような災害が多いのかを認識し、個々の作業内容に応じて適切に対処することや、作業員に対して個別具体的な安全指示、教育等を行うことが求められている。

3　安全に関する事業者責任

　以上のように建設業は一般社会や他の産業に比べると安全面で改善の余地がある産業であり、そのことに関する責任や、さらには関心度も大きい。安全に関する建設会社の事業者責任を以下に整理する。

(1) 労働基準法上の責任

　女性や年少者に規定以上の重量物の運搬をさせたりすることや、危険有害業務の就業制限や寄宿舎に関わる規制等が定められている。

(2) 労働安全衛生法上の責任

　危害防止基準の確立や事業場内での責任体制の明確化、労働者の安全や健康を確保し、快適な職場環境の形成を図る等の措置義務がある。

(3) 刑法上の責任

　業務上必要な注意を怠って労働者や第三者を死傷させた場合は、業務上過失致死・致傷罪として責任が問われる。また業務上失火の罪などもある。

(4) 行政上の責任

①建設業法上の行政処分

　法令違反等を行った建設業者に対しては、営業の停止や許可の取消しなどの行政処分が行われることがある（指導、助言、勧告などで済む場合もある）。また並行して、国や自治体からは指名停止などの措

☞豆知識

★12　強度率：災害の重さの程度のこと。一般には延べ実労働時間1000時間あたりの延べ労働損失日数をもって表現する。

1章　建築施工とは何か

2章　建設現場の五大任務

3章　仮設工事

4章　土工事

5章　地業工事

6章　鉄筋工事

7章　型枠工事

置がとられることがある。

②労働安全衛生法上の行政処分

現場において危険を防止するための措置、機械、設備等で法令に違反した場合は、都道府県労働局長または労働基準監督署長から、作業の停止命令や建設物の使用停止などの命令が出されることがある。この命令は、法令違反がない場合であっても、労働災害発生の危険が急迫し、緊急の必要があるときには出すことができるとされている。

その他、労働基準監督署が現場を臨検することがあり、その際に法令違反があると「警告書」や「是正勧告書」「指導票」が交付される。

(5) 民事上の責任

工事現場において安全上の問題が生じた場合、刑事や行政など以外にも、損害賠償などの民事上の責任が問われることがある。

4 労働安全衛生法

工事現場における安全衛生管理体制は、現場代理人を責任者として「労働安全衛生法（安衛法）」などの関係法令等に従って組織的に行うことになっている。具体的には、関係請負人の労働者の数が常時50人以上となる場合には「統括安全衛生責任者」及び「元方安全衛生管理者」を選任するとともに下請業者にも「安全衛生責任者」を選任させなければならない。

①統括安全衛生責任者（安衛法15条）

特定元方事業者（建設業・造船業など）の常時50人以上の現場において、安全衛生に関する統括管理をする者である。建設現場においては一般に、現場代理人の職務に含まれるため現場所長と兼務される。

②元方安全衛生管理者（安衛法15条の二）

統括安全衛生責任者の職務のうち安全に関する技術的事項の管理を担う者。一般には現場副所長・次席等と兼務される。学歴要件がある。

安衛法の義務主体は基本的に当該労働者を使用する事業者、すなわち建設業でいえば職人を直接雇用する下請業者である。一方で、事業が請負契約に基づきなされる場合においては、請負契約のうち最も先次の請負契約者である元請業者（＝元方事業者）にも一定の義務規定が設けられている。

5 建設現場における安全衛生管理

(1) 安全施工サイクル

建設現場の安全衛生管理活動を、毎日・毎週・毎月のように一定期間で必ず行うサイクルとして定型化し、確実に実施できるようにルーチン化したもの。

(2) KY（危険予知）活動

現場作業でのヒューマンエラーとリスクテイキング（危険とわかっていても実施してしまうこと）を防ぐために、朝礼などで実施されるイメージトレーニング。作業開始前に「今日の作業にはどんな危険が潜んでいるか」を皆で想像し、「それを防ぐにはどうすれば良いか」のアイデアを出し合う。

(3) ヒヤリハット

重大事故について調査すると、それ以前にも事故には至っていないが危険な状況（ヒヤリハット、ニアミスなどと呼ばれる）が存在していたことが多い。したがって、事故以前の危険な状態の段階でそれを排除すれば事故は減らせるという考え方。「ハインリッヒの法則」「1：29：300の法則★13」などとも言われる。

2・6 E：環境、その他

1 環境への配慮（E）[標仕 1.3.10]

施工中の環境保全等に関しては、『標仕』において

表2·5のような規定が定められている。

　建築工事に関連する環境関係の法体系としては、「環境基本法」や「廃棄物処理法」などがある。建築工事は自然環境の中で行われるので、大気汚染や騒音・振動、水質汚濁、土壌・地下水汚染、産業廃棄物、有害化学物質などに関して特に注意を払う必要がある。廃棄物の処理に際しては**マニフェスト**（産業廃棄物管理票）による管理を徹底する。また、特に解体工事では極めて有害なアスベストやPCB（ポリ塩化ビフェニル）などを取り扱うこともあるので、法令に従い適切に処理を行う。その他工事に際しては、自然共生や周辺環境保全に努め、現場からの廃棄物もリサイクル可能なものは分別して処理を行う。

2　より良い製品づくりのための心構えと行動

　「建設現場の五大任務」に含まれないが、建築工事を含めた"ものづくり"の現場では、過去の経験等から「こうすれば仕事がうまくいくことが多い」という心構えがいくつか存在する。

(1) 報・連・相

　「報・連・相」とは、報告、連絡、相談を略して覚えやすくした表現である。「報告」とは上司から与えられた指示や命令に対する経過や現況、結果や進捗を伝えることである。「連絡」とは現場で起こる様々な状況について関係者にあらかじめ情報を共有しておくことである。最後の「相談」とは自身の職務権限では意思決定できないことや想定していなかった状況への対処方法を、意思決定できる人、経験がある人に事前に確認することである。

表2·5　『標仕』における環境保全に関する規定

①工事の施工の各段階において、騒音、振動、粉じん、臭気、大気汚染、水質汚濁等の影響が生じないよう、周辺の環境保全に努める。
②仕上塗材、塗料、シーリング材、接着剤その他の化学製品の取扱いにあたり、当該製品の製造所が作成したJIS Z 7253による安全データシート（SDS）を常備し、記載内容の周知徹底を図るため、ラベル等により取り扱う化学品の情報を作業場内に表示し、作業者の健康、安全の確保及び環境保全に努める。
③工事期間中は、作業環境の改善、工事現場の美化等に努める。

出典：『標仕』1.3.10 より抜粋

　これら「報・連・相」を適切な関係者に、適切なタイミングと方法で発信することにより、上司や同僚、客先を含めた関係者と良好なコミュニケーションを取ることができ、職場において信頼を勝ち取ることができ、その信頼をもとにして次回以降も有用な情報を素早く入手することができる。

(2) 5S

　ものづくりの現場、特に職場環境の改善に必要な行動原則をまとめたものが「5S」である。この5Sとは、"整理""整頓""清掃""清潔""しつけ"の頭文字Sからとったものであり、工事現場の朝礼広場等に掲揚されることも多い。これらはいずれも当たり前のことのように思えるが、だからこそ人から注意されたときに「そんなことはわかってる」となりやすい。現場内の人の目に触れやすい場所に常に掲示することによって、スムーズに注意を促すことができる。

現場監督からのひとこと

　現場監督の仕事は多岐にわたるが、その本質は技術者である。協力会社（専門工事会社、下請け業者）やそこに所属する職人に対して、適確に指示、指導を行い、作業やその結果に対して監督を行い、建物をつくりあげていくことが求められる。もちろん企業人として各種法令を遵守しつつ利益も出していくことも求められる。さらに近年では、生産性の向上や次世代技術者の育成にも責任を負う。

　以上を実現するためには、建設技術者としてのスキルは当然ながら、現場全体を俯瞰的に見る目、流れを読む目、詳細を見る目といった目線やコミュニケーション力、管理力、決断力といった能力、技術者としての倫理観が必要となる。そしてこれらを同時に成し遂げるためには、建設現場の五大任務のそれぞれの項目のバランスを意識しつつ、日々の仕事を誠実に行っていくことが重要である。（巴コーポレーション・吉原）

1章　建築施工とは何か

2章　建設現場の五大任務

3章　仮設工事

4章　土工事

5章　地業工事

6章　鉄筋工事

7章　型枠工事

問1 建築積算に関する次の記述のうち、最も不適当なものはどれか。（令3・二建士・学科Ⅳ・設問24）
1. 工事費の積算は、建築工事、電気設備工事、機械設備工事及び昇降機設備工事等の工事種別ごとに行う。
2. 工事費は、直接工事費、共通費及び消費税等相当額に区分して積算する。
3. 直接工事費については、設計図書の表示に従って各工事種目ごとに区分する。
4. 共通費については、共通仮設費、現場管理費及び一般管理費等に区分する。
5. 共通仮設費は、各工事種目ごとに必要となる仮設に要する費用とする。

問2 建築積算に関する次の記述のうち、最も不適当なものはどれか。（令2・二建士・学科Ⅳ・設問24）
1. 工事費は、工事価格に消費税等相当額を合わせたものをいう。
2. 一般管理費等には、現場管理費は含まれない。
3. 直接工事費には、直接仮設及び下請経費は含まれない。
4. 共通仮設費には、現場事務所などの施設に要する仮設建物費が含まれる。
5. 直接仮設は、工事種目ごとの複数の工事科目に共通して使用する仮設をいう。

問3 建築積算の用語に関する次の記述のうち、最も不適当なものはどれか。（令1・二建士・学科Ⅳ・設問24）
1. 設計数量は、設計図書に記載されている個数及び設計寸法から求めた長さ、面積、体積等の数量をいう。
2. 所要数量は、定尺寸法による切り無駄や、施工上やむを得ない損耗を含んだ数量をいう。
3. 計画数量は、設計図書に基づいた施工計画により求めた数量をいう。
4. 共通仮設は、複数の工事種目に共通して使用する仮設をいう。
5. 直接仮設は、工事種目ごとの工事科目で単独に使用する仮設をいう。

解答・解説 --

問1 最も不適当な選択肢は「5」である。共通仮設は、仮囲いや現場事務所、仮設用電気・水道など、工事全体で使用する共通の仮設であるから全体で一式で計上する［国土交通省『公共建築工事共通費積算基準』表1］。

問2 最も不適当な選択肢は「3」である。直接工事費は、工事目的物をつくるために直接必要とする費用で、直接仮設に要する費用を含む［国土交通省『公共建築工事積算基準』第2編第1章第2節(2)］。

問3 最も不適当な選択肢は「5」である。直接仮設とは、工事種目ごとの複数の工事科目に共通して使用する仮設をいう。工事種目ごとの工事科目で単独に使用する仮設は「専用仮設」という［国土交通省『公共建築数量積算基準』第2編第1章第2節(2)〜(3)］。

現 場 で 使 わ れ る 用 語 ①

　建築現場では、仲間うちでしか通用しない用語（俗語、隠語、ジャーゴン、スラング）がよく使われる。ただし、設計者や現場監督は可能な限り本来の用語を使った方が良い場面が多いので、意味もなく使うことは避けたい。
（例）
・**遊び**……部材等の取付け等の余裕のこと。用例：「レバーハンドルに少し遊びを設けた」
・**いじめる**……何とか無理して納めること。用例：「玄関が狭いので下駄箱（の寸法）をいじめて広くした」
・**ころす**……部材や配管などを埋め込むこと。用例：「工期短縮のために地下の基礎型枠は埋めころす」
・**ふかす**……主に部材の厚みなどを本来寸法よりも増すこと。用例：「この壁は20mmふかして施工する」
・**ばかぼう**……主にレベル測量などで測定場所に立てる棒。スタッフ、箱尺のことをいうこともある。

3章　仮設工事

1章　建築施工とは何か
2章　建設現場の五大任務
3章　仮設工事
4章　土工事
5章　地業工事
6章　鉄筋工事
7章　型枠工事

本章から本格的に『標仕』や『監理指針』に基づいた建築施工の基準について学習する。まず本章では「仮設工事」について学習していく。

仮設工事とは、工事目的物の完成のために仮に設置される仮囲いや足場、現場事務所などの工事の総称であり、通常は設計図書には示されないことから、現場ごとに工事請負者の責任のもとに計画・築造される。工事終了後は建物本体に影響が出ないよう撤去される。このような特徴を持つ仮設工事は、本書第2章で学習した「建設現場の五大任務」の全てに深く関わる。例えば実際の現場作業への配慮が足りない不適切な仮設であった場合は品質や工程、安全に影響が出るし、過剰な仮設計画はコストの増加につながる。特に「足場」に関しては、工事現場において頻度も強度も高い、すなわち発生件数も重大事故も多い「墜落・転落事故」を防止するために大変重要な仮設設備であり、法令等の基準を遵守することはもちろん、現場の使い勝手についても最大限に配慮する必要がある。

このように仮設工事は現場監督の責任が大きく重要な工事であるが、現場監督の経験に基づく工夫やアイデアが活かせる工事でもあることから、ぜひとも得意分野にしていただきたい。

キーポイント

≫「学習の流れ」は次頁

① 建設現場の五大任務＋αの、主にコストと工程、安全に関係し、特に安全には大きく影響する
② 特に足場の諸基準は、事故の頻度・強度が大きい墜落・転落事故の防止の観点から重要である
③ 通常、設計図書には記載されないことから、現場監督の工夫やアイデアが活かせる工事である

3・1　仮設工事の概要　　　[標仕 2.1]

一般的に仮設工事はその建設工事を請け負った建設会社の裁量により実施することができる。

公共建築工事において一般的に使用される中央建設業審議会による『公共工事標準請負契約約款』中の「工事請負契約書」1条3項においても、「仮設、施工方法その他工事目的物を完成するために必要な一切の手段については、この契約書及び設計図書に特別の定めがある場合を除き、請負者がその責任において定める」と規定されている。仮設工事は単なる足場やクレーンなどの物品・用具の選別だけではなく、工事全体の工程や各工事の施工法、安全に対する考え方など工事の段取り全般に関係することか

ら、施工会社や現場監督の力量が問われる工事でもある。

1　直接仮設と共通仮設

仮設工事は、その適用範囲によって足場や養生など当該建設工事の各部工事のそれぞれで直接的に必要となる「**直接仮設**」と、現場事務所や仮囲い、仮設用電気・水道など、工事全体を進めるために必要となる「**共通仮設**」に分けられる。

国土交通省の『公共建築工事内訳書標準書式（建築工事編）』によれば、直接仮設には遣方や墨出し、養生、清掃、外部足場、内部躯体足場、内部仕上足場、仮設材運搬などが含まれる。一方の共通仮設には、仮囲いや現場事務所、作業員休憩所、仮設トイレ、産業廃棄物の集積場、工事用道路、駐車場、交

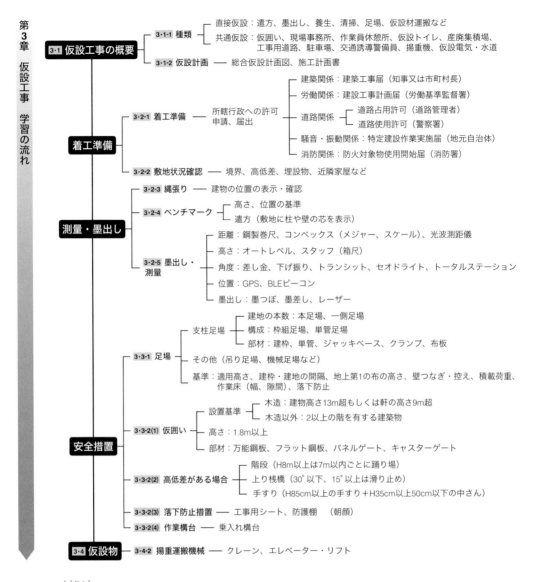

3・1 仮設工事の概要

- **3・1・1 種類**
  - 直接仮設：遣方、墨出し、養生、清掃、足場、仮設材運搬など
  - 共通仮設：仮囲い、現場事務所、作業員休憩所、仮設トイレ、産廃集積場、工事用道路、駐車場、交通誘導警備員、揚重機、仮設電気・水道
- **3・1・2 仮設計画** ── 総合仮設計画図、施工計画書

着工準備

- **3・2・1 着工準備** ── 所轄行政への許可申請、届出
  - 建築関係：建築工事届（知事又は市町村長）
  - 労働関係：建設工事計画届（労働基準監督署）
  - 道路関係
    - 道路占用許可（道路管理者）
    - 道路使用許可（警察署）
  - 騒音・振動関係：特定建設作業実施届（地元自治体）
  - 消防関係：防火対象物使用開始届（消防署）
- **3・2・2 敷地状況確認** ── 境界、高低差、埋設物、近隣家屋など

測量・墨出し

- **3・2・3 縄張り** ── 建物の位置の表示・確認
- **3・2・4 ベンチマーク**
  - 高さ、位置の基準
  - 遣方（敷地に柱や壁の芯を表示）
- **3・2・5 墨出し・測量**
  - 距離：鋼製巻尺、コンベックス（メジャー、スケール）、光波測距儀
  - 高さ：オートレベル、スタッフ（箱尺）
  - 角度：差し金、下げ振り、トランシット、セオドライト、トータルステーション
  - 位置：GPS、BLEビーコン
  - 墨出し：墨つぼ、墨差し、レーザー

安全措置

- **3・3・1 足場**
  - 支柱足場
    - 建地の本数：本足場、一側足場
    - 構成：枠組足場、単管足場
    - 部材：建枠、単管、ジャッキベース、クランプ、布板
  - その他（吊り足場、機械足場など）
  - 基準：適用高さ、建枠・建地の間隔、地上第1の布の高さ、壁つなぎ・控え、積載荷重、作業床（幅、隙間）、落下防止
- **3・3・2(1) 仮囲い**
  - 設置基準
    - 木造：建物高さ13m超もしくは軒の高さ9m超
    - 木造以外：2以上の階を有する建築物
  - 高さ：1.8m以上
  - 部材：万能鋼板、フラット鋼板、パネルゲート、キャスターゲート
- **3・3・2(2) 高低差がある場合**
  - 階段（H8m以上は7m以内ごとに踊り場）
  - 上り桟橋（30°以下、15°以上は滑り止め）
  - 手すり（H85cm以上の手すり＋H35cm以上50cm以下の中さん）
- **3・3・2(3) 落下防止措置** ── 工事用シート、防護棚　（朝顔）
- **3・3・2(4) 作業構台** ── 乗入れ構台

3・4 仮設物

- **3・4・2 揚重運搬機械** ── クレーン、エレベーター・リフト

通誘導警備員、揚重機械器具、仮設用電気・水道などが含まれる。

　図3・1は工事費全体の構成であるが、直接仮設費は直接工事費の中の個々の各部工事費に含まれ、共通仮設費は独立して算出されている。

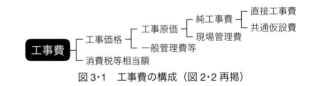

工事費
- 工事価格
  - 工事原価
    - 純工事費
      - 直接工事費
      - 共通仮設費
    - 現場管理費
  - 一般管理費等
- 消費税等相当額

図3・1　工事費の構成（図2・2再掲）

┌─────────────────────────┐
現 場 監 督 か ら の ひ と こ と

　仮設工事とは、読んで字のごとく、建物をつくるための仮に設ける設備（施設）のことであり、竣工後の建物の機能などには関係がなく、竣工後にはほとんどが撤去・解体されてしまうため、可能な限りコストを抑える意識が必要である。しかし、工事中の作業のしやすさや安全性には大きく影響するため、品質確保や工程管理、安全管理の面から適切な計画が求められる。なお、仮設物の使い勝手や安全性などは、原則として全て現場監督（施工者側）の責任になるので、災害を防ぐためにも工事中にはこまめに点検することも重要になってくる。（巴コーポレーション・吉原）

2　仮設計画

　仮設工事は、品質や工程、安全上の問題が発生しないように計画を立てるとともに、可能な限りムダのない効率的な計画を心がけてコストや環境に配慮し、さらには現場近隣への影響を最小限に抑えることも重要である。そのために工事に先立って「総合仮設計画図」や「施工計画書」を作成する。『監理指針』においては、仮設工事の施工計画書の記載事項として表3・1の項目が例示されている。

3　仮設材料の管理 ［監理指針 2.1.2］

　足場に代表される仮設材料は、一般に長期間風にさらされ、複数の工事現場で再利用されることが多い。したがって品質の確認が容易で性能の低下が生じにくいものでなければならない。具体的には労働安全衛生法令及び厚生労働大臣が定める規定（『経年仮設機材の管理指針』）を満たすものを用いる。

　具体的なチェックポイントとしては、例えば足場材などでは部材本体の曲がりやへこみ、欠損などの有無、めっきの劣化（錆の発生）、ピンなどの欠落などを確認する。また、安全ネットなどではネットの破れや繊維のほつれ、すり切れなどを確認する。なお、いずれの仮設材についても、本来の使用目的や重量などの制限の範囲を遵守する。

3・2　縄張り、遣方等
[標仕・監理指針 2.2.1〜3]

　仮設工事の種類については、『標仕』においては2.2「縄張り、遣方、足場等」ならびに 2.3「仮設物（現場事務所、危険物倉庫、材料置場・下小屋）」に整理されている。以下、それぞれ解説していく。

1　着工準備

　建設工事の契約が済んだ段階で、当該建設工事を請け負った建設会社では、正式に着工の準備に入る。着工準備では近隣への挨拶や所轄行政庁への工事の届け出、敷地の確認等を行う。このうち所轄行政庁への届け出に関しては、工事の種別や規模により届け出が必要な書類が異なる。代表的なものとしては、道路関係において「道路占用許可（道路管理者）」「道路使用許可（警察署）」、騒音・振動関係において「特定建設作業実施届（地元自治体）」、建築関係として「建築工事届（知事または市町村長）」、消防関係として「防火対象物使用開始届（消防署）」、労働関係として「建設工事計画届（労働基準監督署）」、その他電気、水道関係など多岐にわたるので、事前にどのような書類が必要になるか確認しておく必要がある。

2　敷地状況確認 ［標仕・監理指針 2.2.1(1)］

　建設予定地の敷地の状況は、設計段階でもある程度は調査されているが、工事の見積り段階や実際の工事の施工計画の立案などにおいては、施工者自ら

表3・1　仮設工事の施工計画書の記載事項例

①工事目的物の位置と敷地との関係（配置と高低）
②仮囲いの位置、構造及び主要部材の種類
③材料運搬経路と主な作業動線
④仮設物等の配置（監督職員事務所、請負者事務所、休憩所、危険物貯蔵所、材料置場、下小屋、廃棄物分別置場等）
⑤排水経路、工事用電力ならびに水道の引込み位置及び供給能力
⑥足場ならびに仮設通路の位置、構造、主要部材の種類
⑦揚重機（リフト、クレーン、エレベーター、ゴンドラ等）の種類及び配置
⑧作業構台の位置、構造及び主要部材の種類
⑨墜落防止及び落下物防止ならびに感電防止の施設
⑩近隣に対する安全処置（近隣道路の配置計画など）

出典：『監理指針』2.1.1(3)をもとに作成

表3・2　敷地の状況確認項目の例

(a) 敷地境界の確認（必要に応じて関係者の立ち会いを求める）
(b) 既存構造物、地下埋設物の確認（既存建築物、工作物、地下鉄あるいは地中に埋設されたガス管、電線、電話ケーブル、給排水管、埋蔵文化財ならびに土壌汚染の確認）
(c) 敷地の高低差及び既存樹木等の確認
(d) 敷地周辺状況の確認：敷地周辺の交通量や交通規制（特に通学路）及び架空配線等の確認（建設機械や資材等の搬出入口の位置が適切かどうかの確認、道路を占用・使用して工事を実施する場合は事前に道路管理者および警察署長に届け出る）
(e) 騒音・振動の影響調査
(f) 近隣建物調査（必要に応じて近隣家屋の現況調査を行い記録をとっておく）
(g) 排水経路等の確認（敷地からの雨水排水の影響についても調査しておく）

出典：『監理指針』2.2.1(1)をもとに作成

1章　建築施工とは何か

2章　建設現場の五大任務

3章　仮設工事

4章　土工事

5章　地業工事

6章　鉄筋工事

7章　型枠工事

も精密な調査を実施する。『監理指針』では、表3・2の項目が例示されている。

3 縄張り [標仕・監理指針 2.2.1(2)]

工事着工に先立ち、建築物の外形に沿って地面に縄やロープを張り、建築物の位置や道路・隣接建築物との関係などを示すことを「縄張り」という。縄張りの状況については、施主や設計者などの関係者（場合によっては近隣なども含む）に確認を求める。『監理指針』では、(a) 敷地境界、(b) 法規上の制約（斜線、延焼のおそれ、日影限界、避難距離等）、(c) 境界との離れ（設計図書に明示されている寸法確認、民法、施工上の問題等）などの確認項目が例示されている。

4 ベンチマークと遣方

(1) ベンチマーク [標仕 2.2.2]

当該建設工事で必要となる高さや位置の全ての基準を「ベンチマーク」という（図3・2）。このベンチマークは、着工から竣工までの全ての期間において使用するので、移動するおそれのない敷地内外の既存の工作物や敷地内に新設した木杭、コンクリート杭等に印を付ける。通常は2か所以上設けて、定期的にそれぞれをチェックする。

(2) 遣方 [標仕 2.2.3]

平面図上の基準線に相当する建物の柱や壁などの中心線を、空中に張った糸などで表現する仮設物を「遣方」という（図3・3）。基礎の設置などで根切り工事を行う際には、遣方を基準にして地面を掘削する。一般的には、建築物の隅角部などに「水杭」と呼ばれる木製の杭を複数打ち込み、そこに「水貫」と呼ばれる薄い木の板を取り付ける。この水貫に基準となる位置の印を付け、糸を張る。☞ POINT

5 墨出し・測量 [監理指針 2.2.3]

(1) 墨出しの基本

設計図書で示された工事目的物の各部の位置や高さなどを現場内（地面や床、壁など）に示す作業のことを「墨出し」という。また、墨出しに必要な位置や高さを決めたり、既存の土地や建物の位置や高さを計測する作業のことを「測量」という。墨出しや測量は通常は専門の職人（墨出し大工）が行うが、重要な墨出しに関しては現場監督が立ち会ったり確認作業を行うことも多いので、機器類の使い方などは熟知しておく。なお、墨出しに用いる寸法は施工図がベースなので、施工図の作成にあたっては墨出しのしやすさもポイントとなる。

墨出しは、工事の進捗に合わせて必要な箇所に行われていくため、現場内には数多くの墨が存在する

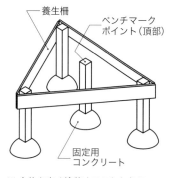

※ 全体を赤く塗装することもある
図3・2 ベンチマークの例

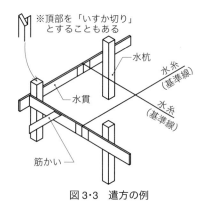

図3・3 遣方の例

☜ 学習のポイント

「縄張り」は建物の位置（外形）を示す仮設物、「遣方」は柱や壁、基礎の中心線を示す仮設物である。よく似たものなので、引っかけ問題として出題されることもあるので注意すること。

1章　建築施工とは何か

2章　建設現場の五大任務

3章　仮設工事

4章　土工事

5章　地業工事

6章　鉄筋工事

7章　型枠工事

ことになる。これらの墨の全ての基準になるのが、建築物の内外及び敷地周囲に設けられた「ベンチマーク」である。これらベンチマークや各階・各部位の基準墨に関しては、位置などを図面上に記録して管理する。墨出し・測量を行う位置出し等の種類を図3・4に、よく使われる用語を表3・3にそれぞれ示す。

(2) 墨出し・測量の用具

墨出しや測量を実施するには、求められる距離や角度などを精密に計測する必要があることから、表3・4に示すような専用の用具が用いられる。

墨出しや測量の分野は近年、ICT技術の進化により大きな発展を遂げている。特に角度と距離を同時に計測できるトータルステーションは高機能化が進んでおり、現場作業の効率化に大きく貢献している。一方で、トータルステーションをはじめ、光波測距儀やオートレベル、トランシット、セオドライト、GPS受信機等は精密機器なので、機器使用時の風雨や直射日光、粉塵に気をつけるとともに、保管時の温度変化や運搬時の衝撃などにも配慮が必要である。さらに精度維持のために定期的に点検と校正作業を実施する必要がある。

3・3　足場等　　　　　　　　　　[標仕2.2.4]

『標仕』ならびに『監理指針』においては、足場や仮囲い、作業構台等を総称して「足場等」と表現している（表3・5）。足場の基準に関しては『監理指針』にその詳細が記されている。以降、本節では『監理指針』の内容に従って解説していく。

1　足場等の基本的な分類と概要
[監理指針2.2.4(4)]

(1) 足場の役割と分類

建設工事においては、「労働安全衛生規則（安衛規則）」において「高さが2m以上の箇所で作業を行う場合において墜落により労働者に危険を及ぼすおそれのあるときは、足場を組み立てる等の方法により

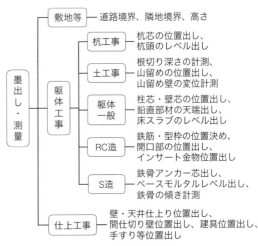

図3・4　墨出し・測量の例

表3・3　墨出し等で用いられる用語

角度	矩（かね）	直角のこと
	留め（とめ）	45°のこと
	撥（ばち）	平行ではないこと
	陸（ろく）	水平なこと
	不陸（ふりく）	平坦ではないこと
状態など	起り（むくり）	板材などの中央が手前に（屋根の場合は上方に）曲がっていること
	反り（そり）	板材などの中央が奥側に（屋根の場合は下方に）曲がっていること
	転び	柱や壁などの鉛直部材が傾いていること
	振れ	所定の位置からずれていること
	送り	間隔のこと（ピッチともいう）

表3・4　測量機器

距離を測る	鋼製巻尺、コンベックス（メジャー、スケール）、光波測距儀、トータルステーション
高さを測る	オートレベル、スタッフ（箱尺）
角度を測る	差し金、下げ振り、トランシット、セオドライト、トータルステーション
位置を知る	GPS、BLE※ビーコン
墨を出す	墨つぼ、墨差し

※ BLE：Bluetooth Low Energy

表3・5　足場等の分類

足場	作業者が作業箇所に近接して作業できるように設ける仮設物のこと
仮囲い	工事現場の周辺（通常は敷地境界線上）に設けられた仮設の囲いのこと
作業構台	地盤掘削面等に重機等が乗り入れるために設けられる「乗入れ構台」と、工事中の各階などにおいて外部から資機材を搬入するために設けられる「荷受け構台」がある

作業床を設けなければならない」とされている（安衛規則518条）。建設工事現場において足場は非常に重要な仮設物である。足場の設置方法如何によって作業効率や安全性に大きな影響が出る。すでに学習した通り、建設工事においては墜落・転落事故が非常に多い≫本書2·5-1ことからこれを防止する意味でも非常に大きな役割を果たす。

　足場は通常、設計段階では計画されておらず、使用する資機材や設置方法も様々な種類があることから、工事に携わる建設会社や現場監督の知識と経験、気遣いにより使いやすく安全な足場となったり、逆に使いにくく危険な足場になることもあり得る。代表的な足場の用途や構造による分類方法について図3·5にまとめる。

（2）足場に要求される事項
　足場工事への要求事項を以下に整理する。
①足場上での作業がしやすく、かつ他の作業等の邪魔にならない位置に設置すること
②荷重（自重、積載荷重、風荷重など）に対して十分な強度を確保すること
③歩行や作業に支障ない幅や広さを確保すること
④上下方向の移動がある場合は昇降するための措置を講じること
⑤作業床にすべり止め措置を講じること
⑥作業者の墜落防止措置を講じること（手すりなど）
⑦資機材や残材等の落下防止措置を講じること（作業床の隙間の制限、幅木の設置など）
⑧倒壊防止の措置を講じること（壁つなぎなど）
⑨組立てしやすいこと
⑩再利用可能な状態で解体できること

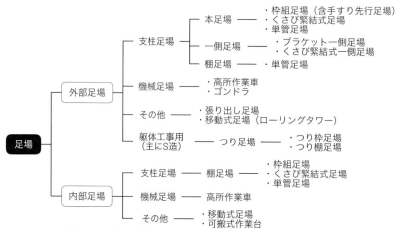

図3·5　足場の分類（出典：『監理指針』表2.2.3をもとに作成）

写真3·1　高所作業車（提供：㈱巴コーポレーション）

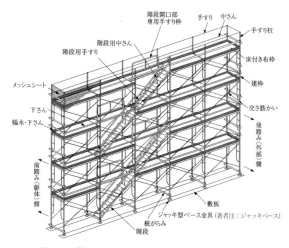

図3·6　枠組足場（出典：『監理指針』図2.2.6(ニ)）

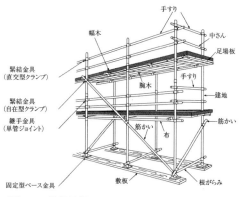

図3·7　単管足場（出典：『監理指針』図2.2.6(ヘ)）

1章 建築施工とは何か

2章 建設現場の五大任務

3章 仮設工事

4章 土工事

5章 地業工事

6章 鉄筋工事

7章 型枠工事

(3) 支柱足場について

支柱足場は、通常は支柱が2列の「本足場」を用いるが、足場を建てる場所が狭いなどの場合は支柱が1列の「一側足場」などを用いる場合もある。本足場には「枠組足場」「くさび緊結式足場」「単管足場」がある。足場のうち、高層建築や大規模建築で用いられることが多いのは「枠組足場（ビテイ）」である（図3・6）。

枠組足場は、鋼管をあらかじめ門形・鳥居型に溶接した「建枠」を基本構成とし、それに「ジャッキベース」や「交差筋かい」、足場板に使われる「鋼製布板（アンチ）」などを組み合わせるユニット方式の足場で、組立てや解体が容易である。

一方で形状が複雑であるなどして枠組足場では対応が難しい場合には「単管パイプ」を「クランプ」と呼ばれる固定具で締め付けた「単管足場」が用いられる（図3・7）。単管足場はラチェットレンチなどによるクランプの緊結作業を行う必要があるが、近年はくさびを打ち込んだり開放したりして緊結できるようにした「くさび緊結式足場」も小規模建築の足場に用いられる。☞ **POINT**

なお、いずれの足場の方式においても、最上層の足場の組立て時において手すりがないために一時的に危険な状態になることから、近年ではこれを防ぐために「手すり先行工法」が推奨されている。詳細は厚生労働省『手すり先行工法に関するガイドライン』を参照のこと。☞ **POINT**

(4) 足場の基準 ［監理指針 2.2.4(4)(セ)］

足場の基準に関しては「安衛規則」により定められているが、足場の種類ごとに特性が異なるため、その基準もそれぞれに設定されているのでわかりづらい。さらにたびたび改定されたり注意喚起等が行われるので、最新情報は常に確認する必要がある。

代表的な足場の安全基準に関して表3・6に整理する。このうち「墜落防止」と「物体落下防止」は複雑なので、図3・8に整理する。

2 その他の項目 ［監理指針 2.2.4(5)～(8)］

(1) 仮囲い ［監理指針 2.2.4(5)］ 巻頭写真1

「仮囲い」は、工事現場周辺の道路・隣地との隔離、出入口以外からの入退場の防止、盗難の防止、通行人の安全、隣接物の保護等のために設けられる。法令上は「建物高さが13m若しくは軒の高さが9mを超える木造の建築物」または「木造以外で2階建て以上の建築物」の工事を行う場合は、高さ1.8m以上の仮囲いを設けることとされている（建築基準法施行令136条の2の20、例外規定あり）。

仮囲いには出入口を設けるが、車両出入口の計画にあたっては、通過する車両の幅や高さを考慮する必要がある。また、人と車両の出入口を分ける、事故防止のために交通誘導員を配置するなどの手当ても必要である。仮囲いは原則として工事期間中全ての期間において設置されるので、風、振動等に対して倒壊したり、仮囲いの一部が外れ飛散したりしない堅固な構造とする。通常は仮囲いの壁には万能鋼板やフラット鋼板などを用い、出入口にはパネルゲートやキャスターゲートなどを用いる。

(2) 仮設通路・登り桟橋 ［監理指針 2.2.4(6)］
①階段 ［監理指針 2.2.4(6)(ア)］

高さや深さが1.5mを超える箇所で作業を行うときは作業者の安全のために「階段」を設け（安衛規則526条）、高さが8m以上の階段の途中には7m以内ごとに踊り場を設ける（安衛規則552条）。

階段部分の縁や床面開口部及び踊り場で落下の危険のある箇所には、高さ85cm以上の手すり及び高

📖**学習のポイント**

足場の部材名称は丸暗記ではなく、自分で図を書いて覚えると理解が早い。

📖**実務のポイント**

「手すり先行工法」は、慣れていないと手間が増えて作業が混乱するので、管理する側も段取りを含めてしっかりと予習しておきたい。

表 3・6　枠組足場と単管足場の基準（2023 年 8 月現在）

	枠組足場	単管足場
適用高さ	原則 45m 以下	原則 31m 以下
建枠・建地の間隔	枠の高さ：2m 以下 枠の間隔：1.85m 以下	桁方向（長手方向）：1.85m 以下 梁間方向（前後方向）：1.5m 以下
地上第 1 の布の高さ（布の間隔）	－（布の概念がない）	2.0m 以下 （布の上下方向の間隔：1.65m 以下）
脚部	敷板等の上にジャッキベース金具	敷板等の上に固定型ベース金具
縦方向の継手	継手金具を使用	
横方向の接続	交差筋かいのピン、アームロックで固定	緊結金具（クランプ）で固定
補強	交差筋かい	単管パイプにより筋かいを構成
壁つなぎ 控え	垂直方向：9m 以下 水平方向：8m 以下	垂直方向：5m 以下 水平方向：5.5m 以下
建枠・建地間の最大積載荷重	枠幅 120cm：500kg 以下 枠幅 90cm：400kg 以下	1 スパンあたり 400kg 以下（1 スパン内の同時積載層数 2 層まで、連続スパンにわたって積載しない）
水平材	最上層及び 5 層以内ごと	－
作業床	幅：40cm 以上 床材間の隙間：3cm 以下 床材と建地（支柱）との隙間は 12cm 未満	
墜落防止	構面：交差筋かい＋高さ 15cm 以上 40cm 以下の下さん 　　　又は高さ15cm 以上の幅木 妻面：高さ 85cm 以上の手すり 　　　＋高さ 35cm 以上 50cm 以下の中さん	高さ 85cm 以上の手すり＋高さ 35cm 以上 50cm 以下の中さん
物体落下防止	高さ 10cm 以上の幅木、メッシュシート、防網又はそれと同等の機能を有する設備	

〈用語の整理〉
建枠（たてわく）：枠組足場で用いられる門形のフレームのこと
建地（たてじ）：単管足場の鉛直部材のこと（建築物では柱に相当）
布（ぬの）：単管足場の建地と建地の間に渡される長手方向の水平部材（建築物では梁に相当）
腕木（うでき）：単管足場の建地と建地の間に渡される前後方向の水平部材（建築物では梁に相当）
根がらみ（ねがらみ）：建枠や建地を相互に固定するために地表面付近に入れられる水平部材
壁つなぎ（かべつなぎ）：足場の転倒を防止するために、本設建物の躯体などから控えをとる（他の部材、部位にサポート材を使って接続して
　　　　　　　　　　　補強する）部材。「やらず」ともいう。

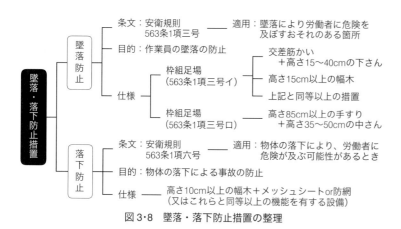

図 3・8　墜落・落下防止措置の整理

写真 3・2　鉄骨吊り足場（提供：㈱巴コーポレーション）

さ 35cm 以上 50cm 以下の中さんを設ける（安衛規則 552 条）。

②登り桟橋 ［監理指針 2.2.4(6)（イ）］

　「登り桟橋」は、工事場所への作業員の昇降や材料運搬等に用いる仮設の斜路である。

　斜路の勾配は30°以下とし、15°を超える場合は斜面に滑り止めを設ける（踊り場や手すりの基準は階段と同じ）。なお、『監理指針』では、登り桟橋の幅は 90cm 以上確保することが望ましいとされる。

1章 建築施工とは何か

2章 建設現場の五大任務

3章 仮設工事

4章 土工事

5章 地業工事

6章 鉄筋工事

7章 型枠工事

(3) 落下防護措置 ［監理指針 2.2.4(7)］

①工事用シート ［監理指針 2.2.4(7)(ア)］

工事現場からの落下物による現場周辺の通行人や近隣家屋への危害を防止するために、外部足場等に適宜シートやパネル等を取り付ける。

通常は風荷重を緩和するためのメッシュシートが使用されるが、工事中の作業音の漏えいを低減させる機能を持ったものもある。その場合は風圧力に対する十分な検討が必要である。シート類は、足場に水平材を垂直方向 5.5m 以内ごとに設け、シートに設けられた全てのはとめ（穴を補強するリング状の金物）を用い、隙間やたるみがないように緊結する。

②防護棚 ［監理指針 2.2.4(7)(イ)］

工事用シートに加え、外部足場から、俯角（見下ろし角度）が 75° を超える範囲または水平距離 5m 以内の範囲に隣家や道路等がある場合には、落下物による危害を防止するため「**防護棚（通称：朝顔）**」を設ける。材質は鋼板や FRP 製が一般的である。

防護棚のはね出しは、水平面に対し 20 ～ 30° の角度で、足場から水平距離 2m 以上とする。垂直方向には 10m 以内ごとに設ける。

(4) 作業構台 ［監理指針 2.2.4(8)］ 巻頭写真3

「作業構台」の計画は、総合仮設計画において特に重要な項目であり、工程管理や安全管理にも大きく影響する。特に乗入れ構台に関しては、地下掘削用のバックホウやクラムシェル、土砂搬出用のダンプトラック、資機材運搬用のトラックやトレーラー、揚重用の自走式クレーン、コンクリート打設用のトラックアジテータやポンプ車などが乗り入れるため、これらの積載荷重や作業荷重に十分に耐えるとともに、傾きや振動などに対する安定性も重要となる。構台に用いられる仮設資材（構台用の鉄骨や覆工板など）はリース材であり、複数の現場で使い回されているものなので、現場搬入時には使用に問題がないかを確認する必要がある。

3・4 仮設物 ［標仕 2.3 ～ 5］

1 仮設物の設置と撤去 ［標仕 2.3 ～ 4］

現場に設置される監督職員事務所や危険物貯蔵所、材料置場、下小屋、工事用電気設備、工事用給排水設備などの仮設物は、工事現場ごとに要・不要が検討され、必要に応じ所轄官庁等に事前に届け出を行う。工事中に設置した仮設物は、工事完成までに撤去して原状復帰（付近の清掃、地均し等）する。

2 揚重運搬機械 ［標仕 2.5］

建設工事で用いられる揚重運搬機械は移動式や定置式のクレーン、エレベーター、建設用リフトなどがある。これらの施工上の留意点に関しては『監理指針』の 2.5 節に独立して規定されている。また、安全に関する法令として「クレーン等安全規則」による定めがある。規模等によって設置届や落成検査、荷重試験、運転資格などが必要になる。代表的な揚重運搬機械の種類を図 3・9 に整理する ≫本書 9・6-3。

なお、重機の使用にあたっては、計画時に旋回半径なども考慮する必要がある。また、移動式クレーンや杭打機などでは、転倒防止のためのアウトリガー（クレーン車の左右に付いている可動式の張り出し足）の設置位置も考慮が必要である。 巻頭写真4

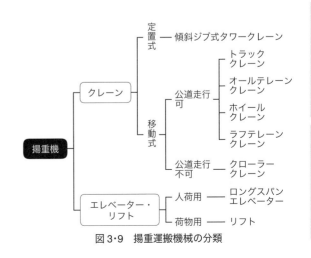

図 3・9 揚重運搬機械の分類

問1 仮設工事の枠組足場に関する次の記述のうち、最も不適当なものはどれか。（令2・二建士・学科Ⅳ・設問5）

1. 水平材を、最上層及び5層以内ごとに設けた。
2. 墜落防止設備として、構面には、交差筋かい及び作業床からの高さ30cmの位置に下桟を設けた。
3. 墜落防止設備として、妻面には、作業床からの高さ90cmの位置に手摺と高さ40cmの位置に中桟を設けた。
4. 作業床については、床材間の隙間が3cm以下となるようにした。
5. 壁つなぎの間隔を、垂直方向8m、水平方向9mとした。

問2 仮設工事に関する次の記述のうち、最も不適当なものはどれか。（令1・二建士・学科Ⅳ・設問5）

1. 市街地における鉄骨造2階建ての建築物の新築工事において、仮囲いは、高さ3.0mの鋼製板を用いた。
2. 単管足場の壁つなぎの間隔は、垂直方向5.5m、水平方向5mとした。
3. 工事用シートの取付けにおいて、足場に水平材を垂直方向5.5m以下ごとに設け、隙間やたるみがないように緊結材を使用して足場に緊結した。
4. 木造2階建ての住宅の新築工事において、必要な足場の高さが7mであったので、ブラケット一側足場を用いた。
5. 200Vの配線の付近で移動式クレーンを使用するので、配電線からの離隔距離（安全距離）を2.0mとした。

問3 仮設工事に関する次の記述のうち、最も不適当なものはどれか。（平29・二建士・学科Ⅳ・設問5）

1. 鉄骨造2階建ての建築物の工事において、高さ1.8mの仮囲いを設けた。
2. 工事用シートの取付けにおいて、足場に水平材を垂直方向5.5m以下ごとに設け、隙間やたるみがないように緊結材を使用して足場に緊結した。
3. 高さ18mのくさび緊結式足場の組立てにおいて、建枠・建地の間隔を、桁行方向1.8m、梁間方向1.5mとした。
4. 仮設通路の階段の踊り場において、墜落の危険のある箇所には、高さ80cmの手摺を設け、高さ40cmの中桟を取り付けた。
5. ベンチマークは、相互にチェックできるように2箇所設置し、移動しないようにそれらの周囲に養生を行った。

解答・解説 --

問1 最も不適当な選択肢は「5」である。枠組足場の壁つなぎは、垂直方向9m以下、水平方向8m以下とする（労安規570条）。≫本書表3・6

問2 最も不適当な選択肢は「2」である。単管足場の壁つなぎは、垂直方向5m以下、水平方向5.5m以下とする（労安規570条）。≫本書表3・6

問3 最も不適当な選択肢は「4」である。手すりの高さは85cm以上とする（労安規552条）。≫本書表3・6、図3・8

現 場 で 使 わ れ る 用 語 ②

メーカーの商品名などが一般用語化され、現場で使われることもある。

（例）

- **アンチ**……すべり止め床材のこと（神鋼建材工業㈱の製品「アンチスリップ鋼板」から）
- **キャタピラー**……「クローラー」「履帯」「無限軌道」のこと（米建設機械メーカー名から）
- **ビケ、ビケ足場**……くさび緊結式足場のこと（元は㈱ダイサンの製品名）
- **ビテ、ビティ**……枠組足場のこと（考案者デビッド・E・ビティから。日鐵住金建材㈱の商品名）
- **ユニック**……積載型トラッククレーンのこと（かつて存在した仏自動車メーカー名から。古河ユニック㈱の商品名）
- **ユンボ**……「バックホウ」「ドラグショベル」のこと（仏建設機械メーカー名から）

4章　土工事

1章　建築施工とは何か

2章　建設現場の五大任務

3章　仮設工事

4章　土工事

5章　地業工事

6章　鉄筋工事

7章　型枠工事

　本章では地盤面下の工事を中心に学習する。具体的には、工事を行うために地盤を掘削する「根切り工事」と、根切り工事中の地下水を処理する「排水工事」、同じく土砂の崩落を防ぐ「山留め工事」について学習する。これらの工事は地上の躯体や仕上と異なり、建物の竣工後は目にすることができないし、地盤の崩壊や地下水の問題などにより重大な災害が発生しやすい工事でもある。したがって、発生しうる危険性を予想して備えることや、法令や仕様書などの基準に忠実に従い工事を進めることが重要になる。

キーポイント

① まずは『標仕』等の基準の項目と重要用語について正確に理解する
② 複雑な作業が多いが「作業全体の流れを俯瞰する」ことを心がける
③ 作業中の事故が多い工事なので特に何が危険な作業なのかについて把握する

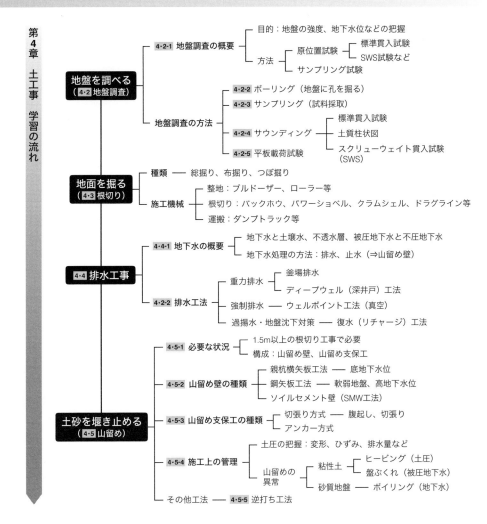

4・1　土工事の概要　[標仕 3.1.1 〜 2]

建物の最下部に位置する躯体の一部を「基礎」といい、その基礎と地盤の接続部分のことを「地業（じぎょう）」という≫本書5章。このとき、地盤が建物を支えることができる状態であれば砕石などを敷いてその上に建物を築造し（直接地業）、建物が大規模な場合や地盤が軟弱な場合は「杭地業」により強固な地盤に接続する。建物基礎や地業などを築造するためには、「根切り（ねぎり）」と呼ばれる地盤の掘削工事を行う。これら地盤面下で行われる工事全般を「土工事」という。

土工事に関する基本要求品質としては、『標仕』3.1.2 によって「根切りは、所定の形状及び寸法を有すること」「根切り底は、上部の構造物に対して有害な影響を与えないように、平たんで整ったものであること」などと規定されている。通常、根切りの形状などについては設計図書等で示されることはないので、ここでいう"所定の・・・"とは労働安全衛生法等によって定められる基準であり、個々の施工条件により最適な施工計画を立案して工事を行う。

また、埋戻しや盛土に用いられる土砂は特記によるものとされ、その種類や含水状態によって、適切な締固めの方法や使用する機器等が異なる。なお、埋戻し及び盛土は、300mm 程度ごとに締め固めることとされている。締固めには水締めやランマーなどを用いた機械締めがある[標仕 3.2.3]。巻頭写真6〜9

表 4・1　地盤調査の種類

物理探査・検層	電気や振動などを用いて地盤の物理的な性状を探査する
ボーリング	地盤に孔を掘って各層の構成を直接調査する
サンプリング	ボーリング孔から採取した各層の土壌サンプルを分析する
サウンディング	ボーリングの途中で各層のせん断強度などを計測する（標準貫入試験、スクリューウェイト貫入試験）
地下水調査	ボーリング孔などを利用して地下水位を確認する
載荷試験	地盤や杭に直接荷重をかけ、支持力を直接測定する

4・2　地盤調査　[監理指針 24 章]

1　地盤調査の概要　[監理指針 24.1.1]

建築物の設計や施工に必要な地盤の情報を収集することを「地盤調査」という。設計段階でも地盤の強度など必要な情報は調査するが、施工段階においても地盤の掘削のしやすさや掘削中の土砂の崩落等の危険性を把握する目的で行われる。地盤調査の主な種類は表 4・1 の通りである。

なお、地盤調査を含めた敷地調査全般に関しては、国土交通省大臣官房官庁営繕部による『敷地調査共通仕様書』が国土交通省のウェブサイト上で公開されているので参考にすると良い。

2　ボーリング　[監理指針 24.1.3]

地盤に孔を掘って地盤各層の様々な情報を直接得ることを「ボーリング（boring）調査」という。現場で行うので原位置試験[★1]に分類される。通常はボーリング孔を利用して「標準貫入試験」や地下水位の測定を実施したり、掘り出した土壌サンプルを物理的・化学的に分析する。ボーリングの方法とし

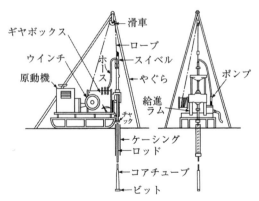

図 4・1　ロータリー式ボーリングマシンの例 （出典：『監理指針』図 24.1.8）

☞豆知識

[★1]　**原位置試験**：地盤調査のうち、調査する現場において実施する試験のこと。標準貫入試験やスクリューウェイト貫入試験などがある。対して、現場で試料等を採取して実験室などで分析する試験をサンプリング試験という。

1章　建築施工とは何か

2章　建設現場の五大任務

3章　仮設工事

4章　土工事

5章　地業工事

6章　鉄筋工事

7章　型枠工事

ては、動力によりロッド先端に取り付けられたドリルビットを回転させ掘り進む「ロータリー式」が一般的である（図4・1）。

　ボーリングマシンの付属品には、スイベル、ケーシング、ロッド、コアチューブ、ビットなどがある（これらをツールスという）。コア採取を行う際は、ビットの先端に地盤の種類に応じたメタルクラウンを使用する。

　掘り進んでいるロッド先端からは、地上のポンプからデリバリーホースとスイベル（回転可能なジョイント）、ロッドを介して循環水（ベントナイト泥水）が送り込まれる。この水は掘削後の汚泥を回収しつつ掘削孔を上昇し、最終的には孔壁上部から地上にあふれ出す。この掘削汚泥は掘削中の孔壁保護も兼ねており、これにより孔壁崩落を防ぐ。

3　サンプリング ［監理指針 24.1.4］

　地盤の各層の土質試料を採取することを「サンプリング」という。通常は上記のボーリングマシンによる掘削の際に、ロッドの先端にサンプラーを取り付けて試料を採取する。採取された試料はパラフィン等を用いて密閉して分析施設に持ち込み、土壌に含まれる粒子の粒度や粘性などの物理的特性や、含まれる元素の測定などを行う。

4　サウンディング ［監理指針 24.1.5］

(1) サウンディング★2 試験の概要

　地盤面下の地盤各層の強度を直接測定することは難しい。そこで調査したい地盤の層まで孔をあけてロッドを差し込んで打撃を与えて貫入させたり、ロッド先端のドリルや羽根を回転させるなどして抵抗の度合いから地層の性状を推定する「サウンディング試験」が行われる。

　サウンディング試験の種類には、ボーリングによりあけられた孔の各層に打撃を与える「標準貫入試験」、重りが取り付けられたドリルを回転させる「スクリューウェイト貫入試験」、ロッドの先端に取り付けられた鋼製の羽根を回転させる「ベーン試験」、荷重計が取り付けられたロッドを人力で押し込む「ポータブルコーン貫入試験」などがある。一般には標準貫入試験やスクリューウェイト貫入試験が用いられる。

(2) 標準貫入試験（図4・2）

　「標準貫入試験（Standard Penetration Test；SPT）」は、地盤各層に地面につき立てたロッドを動的に貫入させることによって、地盤各層の硬軟や締まり具合の判定を行う試験である。また、「SPTサンプラー」を用いて地盤各層の土層構成を把握するためのサンプルを採取することも可能である。実際の試験では、質量63.5kgのハンマーを76cm±1cmの高さから自由落下させて、SPTサンプラーを30cm打ち込むのに要した打撃数を測定する。このときの打撃

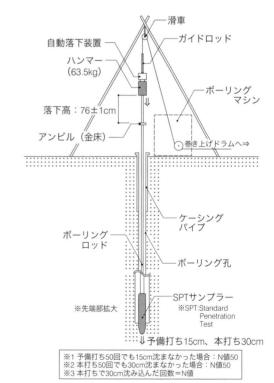

図4・2　標準貫入試験概略図

☞豆知識

★2　"sounding"とは、「測定する」「探る」などを表す動詞としてのsoundの現在分詞形である。soundを名詞として使用する場合は"音"を表すが、サウンディング試験は音を使う試験ではないので注意が必要。

回数を「N値」という。一般に地盤を1m掘るごとに行う。具体的な試験方法はJIS規格（JIS A 1219:2013）で定められている。以下にその概要を示す。

POINT

①所要の深さまでボーリング孔を掘削して掘削孔底のスライムを除去

②SPTサンプラーをロッドに接続し、ボーリング孔内に挿入

③ロッド頂部にアンビル（＝落下するハンマーの受け手（金床））を取付け

④この状態でSPTサンプラーを自重により自沈させる

⑤貫入抵抗を確認するため最初に15cmの深さまで予備打ちを行う（N値が50以上と推定される場合は省略可）

⑥予備打ちを50回行っても15cm沈まなかった場合はN値を50としてその深さの試験を終了する（本打ちは行わない）

⑦予備打ちで15cm沈んだ以降は本打ちを行い、さらに30cm沈める。本打ちは質量63.5kgのハンマーを76cm±1cmの高さからアンビルに自由落下させる

⑧30cm沈み込んだ時点で試験終了し、このときの打撃回数をN値とする

⑨本打ちで50回打撃しても30cm沈まなかった場合も試験終了（N値は50とする）

（3）土質柱状図

　ある地点の地盤の各層の情報を、標準貫入試験やサンプリング試験の結果を踏まえてまとめたグラフを「土質柱状図」という（図4・3）。縦軸は地盤の深さを1m刻みでとり、横方向に土質の種類や観察記事、物理的指標（密度など）、地下水位、標準貫入試験の結果（N値など）が記載される。

（4）スクリューウェイト貫入試験 （旧スウェーデン式サウンディング試験）[★3]

　「スクリューウェイト貫入試験（Screw Weight Sounding Test；SWS試験）」とは、地盤に重り付きロッドを垂直に突き刺し、その沈み方から地盤の硬軟や締まり具合を調査するサウンディング試験である。標準貫入試験に比べると低コスト・短工期であることから、戸建住宅など比較的小規模の建設工事で採用される。具体的な試験方法はJIS規格（JIS A 1221:2020）で定められている。以下に半自動式SWS試験の概要を示す。

①ロッドの先端にスクリューポイント（細長い円錐

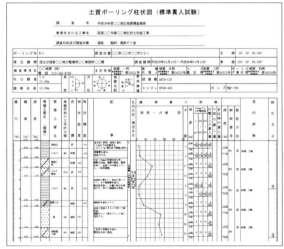

図4・3　土質柱状図の例(出典：(一財)日本建設情報総合センター『ボーリング柱状図作成及び ボーリングコア取扱い保管要領（案）・同解説』)

☞**学習のポイント**

「質量63.5kg」「76cm±1cm」「貫入30cm」「打撃50回」は建築士試験等で頻出。なお、古い資料や過去問では落下高さが「75cm±1cm」とされているが、2001年に基準が変わったので注意。

をねじった矢尻状のドリル）を取り付け、試験装置にセットする。

②試験装置を調査地点上に設置する。このときロッドが地面に対して鉛直になるようにする。

③順次荷重をかけていく。荷重は、50N、150N、250N、500N、750N、1000N の順で段階的にかけていく。

④各載荷段階でロッドが自沈する場合は、目視で自沈が停止するのを確認してその貫入長を測定して記録する。

⑤各載荷段階でロッドの自沈が停止した後、次の段階の荷重を与えて④の操作を繰り返す。長さが足りない場合はロッドを継ぎ足す。

⑥最大荷重（1000N）でロッドの自沈が停止した場合は、鉛直方向に力を加えないようにロッドを右

回りに回転させ、ロッドの次の目盛まで貫入させるのに必要な半回転数及び貫入長を測定して記録する（その際の貫入音も記録）。

(5) その他のサウンディング試験

その他のサウンディング試験を**表4・2**に整理する。

5 平板載荷試験 ［標仕 4.2.4］（図4・4）

測定したい地盤に載荷板を設置して直接荷重をかけ、載荷荷重と地盤の沈下量の関係から地盤の地耐力（地盤が建物を支える力）を直接求める試験を「平板載荷試験」という ≫本書 5・1-2 (3)。

4・3 根切り等 ［標仕 3.2］

---

1 根切り工事の概要 ［監理指針 3.2.1］

建設工事において、地盤を掘削する工事のことを「根切り」という。根切りに先立っては、地盤調査によって地層や地下水位の状況を確認し、また、近隣家屋も含めた近接する建築物や工作物への影響の有無や、工事の障害になる可能性のある地中埋設物についても事前に調査する。

根切りには、建物の平面全面を掘る「総掘り」、布状★4の基礎梁等の直下のみを掘る「布掘り」、独立基礎等の直下のみを掘る「つぼ掘り」などの種類があるが、「総掘り」が一般的である。根切り範囲は、基礎躯体型枠の作業などを想定し、躯体外周より 1m 程度大きく掘る。根切りの深さは、捨てコンクリートや砂利地業等の厚みを見越して設定するが、深く掘りすぎないように注意する。

根切り工事は通常、建設機械によって行われる。主な土工事作業用の重機を**表4・3**に整理する。

表4・2 その他のサウンディング試験

①機械式コーン貫入試験（オランダ式二重管コーン貫入試験、ダッチコーン貫入試験）	・圧力装置を用いてコーン（円錐）付きロッドを静的に貫入させて抵抗を測定する。 ・地中に貫入するロッドが二重になっており、孔壁からの摩擦を排除できるので精密な測定が可能。
②ベーン試験（ベーンせん断試験）	・先端に十字型のベーン（羽根）が付いたロッドを地盤に挿入して回転させ、その抵抗度合いから粘性土のせん断強さや粘着性を測定する。
③ポータブルコーン貫入試験	・コーン付きロッドを人力により圧入し、その抵抗度合いから地盤の貫入抵抗を測定する。 ・簡便だが軟弱地盤でしか使えない。

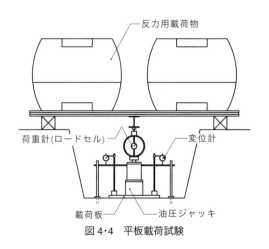

図4・4 平板載荷試験

1章 建築施工とは何か

2章 建設現場の五大任務

3章 仮設工事

4章 土工事

5章 地業工事

6章 鉄筋工事

7章 型枠工事

☞**豆知識**

★4 **布**：建築においては、水平方向に連続している板状の部材のことをいう（使用例：布基礎）。

表 4・3　土工事に用いられる主な重機

役割	名称	備考
整地	ブルドーザー	すき取り、敷均し、運土を行う
	平滑胴ローラー、タイヤローラー	締固めを行う
	ランマー、タンパー、コンパクター	狭い箇所の締固めを行う
根切り	バックホウ	バケットが後ろ向きに付くため自機よりも低い位置の掘削に向く
	パワーショベル	バケットが前向きに付くため自機よりも高い位置の掘削に向く
	ローディングショベル	バケットは前向きで運土も可能
	クラムシェル	クレーンの先端に取り付けられ深い位置の掘削に向き運土も可能
	ドラグライン	クレーンの先端に取り付けられ広範囲の土砂のすき取りに向く
運搬	ダンプトラック	荷台が傾斜し大量の土砂を搬入するのに向く

2　根切り工事の計画と施工

　根切り工事の掘削計画にあたっては、安全のために設置する「山留め壁」や「山留め支保工」の架設計画に十分に配慮する。特に掘削中は地盤のバランスが不安定になりやすいので注意を要する。例えば平面計画上では、片側から順次掘削していくと途中でバランスを崩すので、中央部から外側に逃げていくように掘削すると良い。

　根切り工事の底面のことを「根切り底」もしくは「床付け面」という。根切り底は、①水平にする、②適切な深さにする（掘りすぎない）、③地盤面を乱さない（荒らさない）ことが重要である。一般的なバケットを用いた機械掘削では、通常根切り底より300〜500mmの位置より手掘りとするか、バケットを平板状の特殊アタッチメントに交換して、根切り底が乱されるおそれのないように機械を後退させな

がら施工する（図4・5）。深く掘りすぎたり乱したりした場合は、砂地盤の場合にはローラー等による転圧や締固めによって原状復旧するが、シルトや粘性土は自然地盤以上の強度には戻せないので、砂質土と置換する処置が必要となる。

4・4　排水工法　　　　［標仕 3.2.2］

1　地下水の概要と地下水処理の方法

（1）地下水について

　陸地に雨が降ると、その水は山林などの土壌内に浸透していくが、その際に砂礫などの浸透性の高い地盤では水はゆっくりと低地に流れていき、粘土層など水が透過しづらい地層（不透水層）などでは水は流れずに滞留する。これが地下水が溜まったり、地下水脈ができるメカニズムである。

　例えば地面に穴を掘ってしばらくすると水が溜まってくることがある。このときの水面が狭義の地下水の上面、すなわち「地下水位」である。このとき、地下水位以下の地盤は、地盤を構成する砂や粘土の隙間を全て水が満たしている状態にある。

　一方、雨が降ったあとや河川の近くでは、地下水位より高い位置に水分が存在することがある（広義の地下水）。ただ、砂や粘土の隙間を水が完全に満たしているわけではないので、前述の地下水とは区別され「土壌水」と呼ばれる。

（2）被圧地下水について

　地盤に山間部から沿岸部まで傾斜がついている場合を想定してみる。地下水位より上に存在する土壌

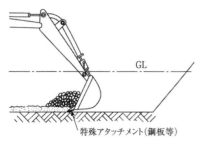

特殊アタッチメント（鋼板等）

一般的なバケットの例

特殊なバケットの例

図 4・5　バックホウのアタッチメントの例（出典：『監理指針』図 3.2.3）

水は大気圧とバランスしているので「不圧地下水」や「自由地下水」などと呼ばれる。一方、地下水位より下にある狭義の地下水は、地下水自身の重みやその上の地盤の重みによって圧力を受けている状態になっている。これを「被圧地下水」と呼ぶ。被圧地下水が地下にある場合、通常は地盤で蓋がされているため地下水が吹き出ることはないが、井戸を掘ったり建設工事で根切り工事を行ったりすると水が吹き出したりする可能性があるため注意が必要である。

(3) 地下水処理の概要

地下水処理は、周囲からの水の流入を防ぐ「止水」と、流入してきた水の「排水」の両面から対策する。このうち止水は山留め壁によって行う。排水は、地下水を揚水することによって水位を低下させる工法である。水位の低下量は揚水量や地盤の透水性等によって決まる。図4·6に地下水処理の工法の分類図を示す。

2 地下水の排水工法

(1) 釜場工法［標仕 3.2.2(3)(ア)］

根切り部へ浸透・流入してきた水を、根切り底面に設けた「釜場」に集め、ポンプで排水する工法であり、排水工法の中では最もシンプルな方法である。通常、釜場は根切りの進行に合わせて下げていくが、根切り底面の水を1か所に集積して揚水する工法なので、地下水位が高い場合は常に施工面がぬかるんだ状態になることがある。

(2) ディープウェル工法［標仕 3.2.2(3)(イ)］

根切り内や外周部に設けた直径500〜1000mmの井戸の中に直径300〜600mmのフィルター付き穴あきパイプを挿入し、集めた水を水中ポンプによって排水する（図4·7）。

砂層や砂礫層など透水性の良い地盤に向き、大量の水を効率よく排水できる。派生型として排水能力

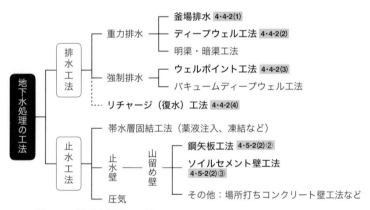

図4·6　地下水処理の工法（出典：『監理指針』図3.2.6をもとに作成）

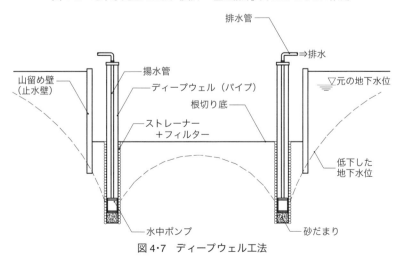

図4·7　ディープウェル工法

1章　建築施工とは何か
2章　建設現場の五大任務
3章　仮設工事
4章　土工事
5章　地業工事
6章　鉄筋工事
7章　型枠工事

を向上させるために井戸管内に真空ポンプで負圧を
かけて集水を助ける「バキュームディープウェル工
法」もある。ただし、周辺地下水位が大きく低下し
てしまうこともあり、井戸枯れや地盤沈下等に注意
が必要である。その懸念がある場合は後述するリ
チャージ工法などを採用する。

(3) ウェルポイント工法 (図4・8)

ディープウェル工法よりも細い井戸を多数掘削し、
真空ポンプの力でパイプ内を負圧状態にすることに
より周囲の地盤の水を脱水する工法である。透水性
の高い粗砂層やシルト質細砂層程度の地盤に適用さ
れる。複数の部材で構成されており、地下部分から
表4・4の順で接続される。

周辺の井戸枯れや地盤沈下などへの影響はディー
プウェル工法と同じであるが、ウェルポイント工法
ならではの注意点としては、それぞれの接続部の気
密性の確保と、停電や故障への備えである。特に電
力の喪失やポンプの故障は、水位の急激な上昇によ
り山留め崩壊等の大事故につながるおそれがあるの
で注意が必要である。また、ウェルポイント工法に
よる排水を停止する場合は、地下水位の上昇によっ
て建物や地中埋設物などが浮き上がることがあるの
で、排水の停止のタイミングについては十分に検討
して工事関係者に周知する必要がある。

(4) リチャージ工法

ディープウェル工法などで揚水した水は、通常は
下水道に放流することになる。しかし、汲み上げる
水が多い場合には、地下水位の低下に起因する周囲
の地盤の沈下や傾きが発生したり、地域の下水道能
力を超えてしまう危険性がある。そこで、「リ
チャージウェル(復水井)」と呼ばれる井戸を設けて、
揚水した水を戻すという工法が採用されることもあ
る。リチャージする地盤の浸透性が低い場合は圧力
をかけて水を戻す場合もある。水を戻す場所は、も
ともとのディープウェルの周辺で、一般には揚水深
さよりも深い場所に戻す。

表4・4　ウェルポイント工法の部品と取付け順

①ウェルポイント	先端部分に用いられるフィルター付きの穴あきパイプ
②サンドフィルター	掘削孔周辺からウェルポイント内への土砂の侵入を防ぐフィルター
③ライザーパイプ	地上までの接続に用いられる縦方向のパイプ
④ヘッダーパイプ	複数のライザーパイプをまとめる地上部分のパイプ
⑤セパレートタンク	ヘッダーパイプから流れてきた水と空気を分離する
⑥真空ポンプ	井戸内から空気を吸引して負圧状態にする
⑦ノッチタンク	土砂沈殿用のタンク

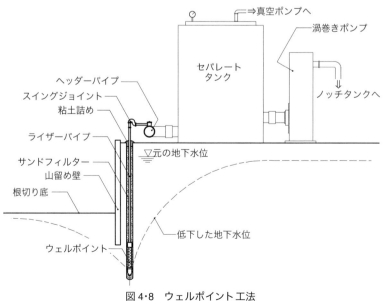

図4・8　ウェルポイント工法

4·5 山留め [標仕 3.3]

1 山留めの概要

(1) 山留めとは何か [監理指針 3.3.1 (1) (ア)]

　根切り工事を行う際、掘削の側面を保護して周囲地盤の崩壊や土砂の流出を防止するための措置を「山留め」という。建築基準法施行令 136 条の 3 では「1.5m 以上の根切り工事を行う場合は地盤が崩壊するおそれがないとき、及び周辺の状況により危害防止上支障がないときを除き山留めを設けなければならない」とされている。

(2) 山留め工法 [監理指針 3.3.1 (1) (イ) (a)]

　山留め工法は、敷地の状況（特に根切り範囲周辺の敷地内の余裕）や掘削する地盤の状況（土質や地下水位など）、隣地の地下の状況、工期などにより複数の工法から使い分ける。代表的な山留め工法の種類を図 4·9 に示す。

　一般的な工事現場の場合、敷地に余裕があり掘削が簡易な場合は、掘削部周辺に安定した斜面を残して山留め壁等を設けない「法付けオープンカット工法」（図 4·10）が採用される。

2 山留め壁オープンカット工法

　建築現場の周囲の状況、掘削の規模、地盤の状態等により法付けオープンカット工法が採用できない場合も多い。その場合は、山留め壁オープンカット工法や逆打ち工法などが採用される。

(1) 山留め壁オープンカット工法の概要

　山留め壁オープンカット工法は、根切り部周辺に掘削面の崩落を防ぐ「山留め壁」を設置して、その内部を掘削する方法である。地盤が軟弱であったり根切り深さが深い場合など山留め壁が安定しない場合は、「切張り（切梁）」や「地盤アンカー」などにより「山留め支保工」を設ける。

(2) 山留め壁の種類 [監理指針 3.3.1 (1) (イ) (b)]

　山留め壁の選定では、地盤条件や掘削規模、剛性・止水性、振動・騒音、工期・工費等を総合的に検討する。山留め壁の代表的な工法の種類を図 4·11 に、選定の目安について表 4·5 に示す。

① 親杭横矢板工法（図 4·12）

　「親杭」と呼ばれる H 形鋼の杭を根切り周辺に一定の間隔で打ち込み、掘削にともなって隣り合った親杭と親杭の間に木製やコンクリート製の「横矢板」を挿入していく山留め壁である。地下水位の低い良

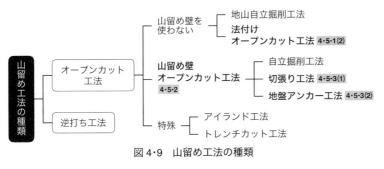

図 4·9　山留め工法の種類

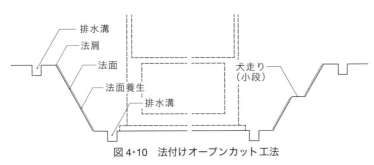

図 4·10　法付けオープンカット工法

写真 4·1　山留め壁：鋼矢板工法、山留め支保工：切張り方式（提供：㈱巴コーポレーション）

1 章　建築施工とは何か
2 章　建設現場の五大任務
3 章　仮設工事
4 章　土工事
5 章　地業工事
6 章　鉄筋工事
7 章　型枠工事

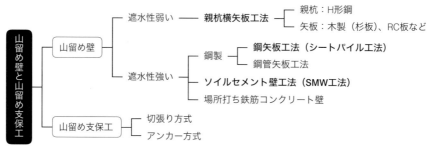

図4·11　山留め壁と山留め支保工の整理

表4·5　山留め壁選定基準の目安

工法名	選定に関わる特徴
親杭横矢板工法	・シンプルな山留め壁であり、他の工法に比べて工期やコストも有利。 【得　意】浅い根切り、地下水位が低い地盤、砂質地盤（礫混じりも可） 【不得意】深い根切り、地下水位が高い地盤、軟弱地盤
鋼矢板工法 （シートパイル工法）	・止水性が高く、条件が良ければ短時間での施工が可能。 【得　意】浅い根切り、地下水位が高い地盤、軟弱地盤 【不得意】礫や地中障害物が存在する地盤
ソイルセメント壁工法 （SMW工法）	・工事が大がかりだが、深い根切りや悪条件の根切りも対応可能。 【得　意】深い根切り、地下水位が高い地盤、軟弱地盤 【不得意】平面的に不整形な根切り

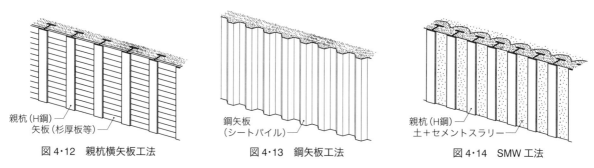

図4·12　親杭横矢板工法　　　図4·13　鋼矢板工法　　　図4·14　SMW工法

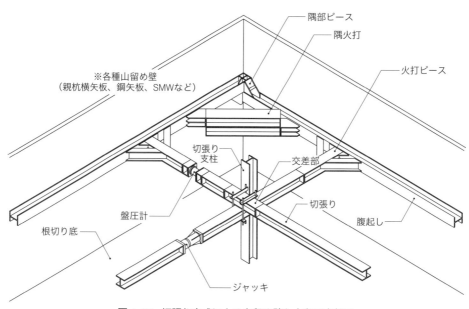

図4·15　切張り方式による山留め壁と山留め支保工

質地盤と相性が良くコストも安い。小規模から中規模工事に向いている。

ただし、遮水性は乏しいので地下水位の高い地盤は苦手であり、さらに矢板を入れる際に掘削土が崩落するような軟弱地盤には適用できない。

② 鋼矢板（シートパイル）工法（図4・13）

土圧に抵抗するようにU字型に折曲げ加工した「鋼矢板（こうやいた）」をつなぎ合わせて連続した壁杭（シートパイル）とし、これを地中に打ち込んで築造する山留め壁である。

矢板同士は相互に噛み合い一体化するようになっており、強度や止水性に貢献する。小規模から大規模工事まで適用できる。一方で、板状のものを打ち込むため、地盤が固かったり礫（れき）（砂よりも大きな小石）や地中障害物などが存在する場合には打ち込めないこともある。派生タイプとして、鋼板の代わりに鋼管を用いた「鋼管矢板壁」もある。

③ ソイルセメント壁（Soil Mixing Wall；SMW）工法（図4・14）

専用の重機を用いて地盤に複数の孔を掘り、そこにセメントミルクを流し込んで周囲の土（Soil）と混合・攪拌（Mixing）し、適切な間隔でH形鋼を挿入して壁体（Wall）とする山留め壁である。

中規模から大規模工事に採用され、特に根切り深さが深い場合にも適用できることが特徴である。コストが比較的高く、また、ソイルセメントの品質管理が難しいため、施工者側に高度な管理能力が求められる。

3　山留め支保工の種類 ［監理指針3.3.1(イ)(c)］

(1) 切張り方式（図4・15）巻頭写真3

山留め壁に作用する土圧や水圧に対応するために、山留め壁の内側に水平材である「腹起し（はらおこし）」を設置し、その腹起しを内側から「切張り（きりばり）」と呼ばれる鋼製の水平材で支える工法である。実施例が多く信頼性が高い方法であるが、根切りの空間内に部材を存置することになるので、地下躯体の施工と干渉しないように施工計画の段階で十分な検討が必要である。現在ではほとんどリース材で施工されており、また、どの種類の山留め壁とも組合わせが可能で、適用範

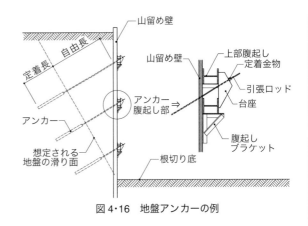

図4・16　地盤アンカーの例

囲が広い。

(2) アンカー方式（図4・16）

山留め壁の裏側の地盤中に「地盤アンカー」と呼ばれる棒状部材を挿入し、その先端にコンクリート等で引き抜き防止用のこぶ状のかたまりを築造して山留め壁を支える工法である。切張りが山留め壁を内側から突っ張るのに対し、アンカー方式では山留め壁を外側から引っ張るかたちで支える。

掘削平面が不整形であったり掘削断面に高低差があったりして偏土圧が作用する場合や、掘削面積が大きい場合など、切張り工法では安全性に問題がある場合に用いられるが、アンカーが不安定になりやすい軟弱地盤や地下水位が高い場合は適用できない。また、そもそもの問題として、アンカーを打ち込む位置に地下室や共同溝など地中障害物がある場合は適用できない。

4　山留めの管理 ［監理指針3.3.2］

(1) 山留めの管理の基本 ［監理指針3.3.2(1)］

山留めは土圧や水圧という非常に大きな力に抵抗する仮設材なので、施工中の安定は何よりも重要である。そのため、表4・6の項目について施工期間中の点検・計測を行う。

同表中、①の「土圧の把握」と「変形や変位の把握」は特に注意が必要である。このうち土圧については盤圧計などで計測する。通常は腹起しと切張りの接合部や、火打ち材の基部に設置する（切張りの中央部に設けるとバランスが崩れやすく危険）。

1章　建築施工とは何か
2章　建設現場の五大任務
3章　仮設工事
4章　土工事
5章　地業工事
6章　鉄筋工事
7章　型枠工事

表4・6　山留め壁の主な点検・計測項目

項目	点検・計測内容
①山留め架構の管理	・土圧の把握（盤圧計など） ・山留め壁や切張りの部材応力の把握（ひずみ計、ひずみゲージなど） ・変形や変位の把握（ピアノ線、下げ振りによる点検、測量機器（トータルステーション、光波測距儀、オートレベルなど）による簡易計測、傾斜計による計測など） ・温度変化による膨張把握（温度計） ・SMW工法やRC壁の場合はクラック等の目視確認
②掘削底面の管理	・地盤の鉛直変化の把握（測量機器で簡易計測、磁気式層別沈下計で計測）
③周辺地盤及び構造物の管理	・法面の状況の把握、山留め背面地盤の状況の把握（目視、測量機器など） ・周辺建物、周辺構造物も目視等により適宜観測
④地下水の管理	・排水量の把握（流量計など）、構内地下水位の把握（水位計など）

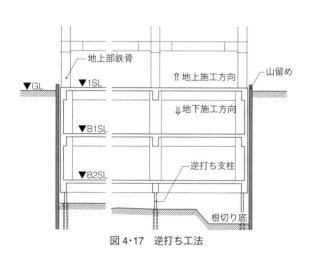

図4・17　逆打ち工法

(2) 山留めの異常 ［監理指針3.3.2(2)］

　山留め設置期間中は、以上のような点検・計測により山留め全体の異常の早期発見に努めなければならない。特に一度発生してしまうと取り返しのつかなくなる「根切り底面の障害」については、発生メカニズムも含めて特に注意を払う必要がある。代表的な障害としては、「**ヒービング**」「**ボイリング**」「**盤ぶくれ**」などがある（**表4・7**）。いずれも根切りの進行にともない根切り底面で力のバランスが崩れて不安定になることにより発生する。

5　逆打ち工法 ［監理指針3.3.1(イ)(c)］

　逆打ち工法は、先に1階の床スラブと梁を施工して、これを支保工として地下の根切りを行い、順次より深く掘削して躯体を施工する方法である（**図4・17**）。上部躯体と並行して作業が進められるため、超高層ビルなど比較的大規模な工事現場において工期短縮などを目的として採用される。

表4・7　根切り底の異常の例

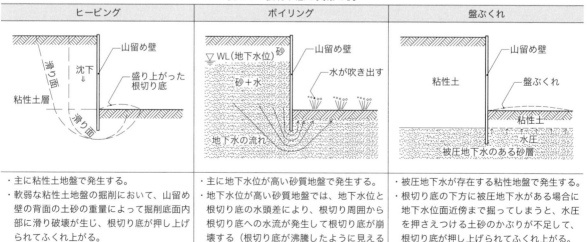

ヒービング	ボイリング	盤ぶくれ
・主に粘性土地盤で発生する。 ・軟弱な粘性土地盤の掘削において、山留め壁の背面の土砂の重量によって掘削底面内部に滑り破壊が生じ、根切り底が押し上げられてふくれ上がる。 ・対策：山留め壁背面の土砂をすき取る、山留め壁の根入れ深さを十分にとる、地盤改良を行うなど。	・主に地下水位が高い砂質地盤で発生する。 ・地下水位が高い砂質地盤では、地下水位と根切り底の水頭差により、根切り周囲から根切り底への水流が発生して根切り底が崩壊する（根切り底が沸騰したように見えることからこの名称が付いた）。 ・対策：山留め壁の根入れ深さを十分にとる、地盤改良を行うなど。	・被圧地下水が存在する粘性地盤で発生する。 ・根切り底の下方に被圧地下水がある場合に地下水位面近傍まで掘ってしまうと、水圧を押さえつける土砂のかぶりが不足して、根切り底が押し上げられてふくれ上がる。 ・対策：山留め壁の根入れ深さを十分にとる、地下水位を下げるなど。

図の出典：『監理指針』図3.3.15〜17に加筆修正

問1 地盤調査等に関する次の記述のうち、最も不適当なものはどれか。（令2・二建士・学科Ⅳ・設問7）

1. 地表面付近にある地下埋設物の調査は、電磁波探査法により行った。
2. 砂質地盤において、地盤のせん断強度を把握するために、ベーン試験を行った。
3. 標準貫入試験を、ボーリングと同時に行った。
4. スウェーデン式サウンディング試験の結果を、地盤の許容応力度の算定に利用した。
5. 地層の透水係数を求めるために、ボーリング孔を利用して透水試験を行った。

問2 地盤の調査事項とその調査方法との組合せとして、最も不適当なものは、次のうちどれか。

（平29・二建士・学科Ⅳ・設問6）

1. 地盤のせん断強さ──ベーン試験
2. 地盤の粒度分布───平板載荷試験
3. 地盤構成─────ボーリング
4. 地下埋設物の調査──電磁波探査法
5. N値──────標準貫入試験

問3 大規模な土工事及び山留め工事に関する次の記述のうち、最も不適当なものはどれか。

（令2・一建士・学科Ⅴ・設問6）

1. 掘削工事において、ボイリングの発生が予測されたので、地下水を遮断するために止水性のある山留め壁の根入れを難透水層まで延長した。
2. 掘削工事において、盤ぶくれの発生が予想されたので、地下水位を低下させるために掘削底面（難透水層）下の被圧帯水層にディープウェルを差し込んだ。
3. ソイルセメント壁の施工において、掘削土が攪拌不良となりやすいロームを含んでいる地層であったので、入念に原位置土とセメント系懸濁液との攪拌を行った。
4. 山留め支保工の架設において、切張りに設置する盤圧計については、その軸力を正しく計測するために、両側の腹起しから最も離れた位置として、切張り支点間の中央に設置した。

問4 土工事及び山留め工事に関する次の記述のうち、最も不適当なものはどれか。（平29・一建士・学科Ⅴ・設問6）

1. 砂質地盤の掘削工事において、ボイリングの発生する可能性が高いと判断したので、動水勾配を減らすため、止水性のある山留め壁の根入れ長を延長した。
2. 山留め工事における腹起しの継手は、火打材と切ばりとの間の曲げ応力の小さい位置とし、補強プレートとボルトとを使用して連結した。
3. 土工事における根切りについて、粘性土地盤の床付け面を乱してしまったので、掘削土を使用して直ちにローラーによる転圧や締固めを行った。
4. 山留め工事において、切ばりが切ばり支柱の一部と平面的に重なってしまったので、切ばり支柱の一部を切り欠いて補強を行ったうえで、切ばりを通りよくまっすぐに設置した。

解答・解説

問1 最も不適当な選択肢は「2」である。ベーン試験は十字型の羽根が付いたロッドを地盤中で回転させ、その抵抗度合いから粘性土のせん断強さや粘着性を測定する。 ≫本書表4・2

問2 最も不適当な選択肢は「2」である。平板載荷試験は、地盤に直接荷重をかけることによって地盤の地耐力を求める試験である。 ≫本書4・2-5、図4・4

問3 最も不適当な選択肢は「4」である。切張りに設置する盤圧計を切張り支点間の中央に設置すると、架構全体が座屈様になる危険性がある。 ≫本書4・5-4(1)

問4 最も不適当な選択肢は「3」である。粘性土地盤は一度掘ってしまうと転圧しても元のようにはならない。したがって良質土に置換したりセメントや石灰で地盤改良を行う。 ≫本書4・3-2

1章 建築施工とは何か

2章 建設現場の五大任務

3章 仮設工事

4章 土工事

5章 地業工事

6章 鉄筋工事

7章 型枠工事

5章　地業工事

　本章で取り扱う「地業工事」は、建築物を支えるために建築物直下の地盤を整える工事全般のことをいう。建物を建てようとする地盤が良好な場合（＝建物の重量に対して地耐力が十分にある場合）は、転圧により根切り底の地盤を整地ならびに締め固めて、そこに割栗石や砂利・砕石を敷いて割栗地業や砂利地業とする。一方で、地耐力が十分でない場合、すなわち地盤が悪かったり、建物の規模が大きく基礎やその直下の地盤に大きな力がかかる場合は、十分に強固な地盤に達するまで杭を築造する場合もある（杭地業という）。

　杭地業の材料としてはコンクリートと鋼材が採用されることが多いが、いずれも非常に多彩でユニークな工夫がなされている工法が多い。それは杭工事が地中深くまで構造物を築造するという他の工種にはない特徴を有しているからであり、だからこそ品質やコスト、工期などの面で工夫のしがいがある。一方、施工の段階で手順等が守られずに品質管理がおろそかになり、結果として所定の性能が出ない場合もある。その場合は建物全体が傾いたり、耐震性などに重大な疑義が生じる危険性もある。

　以上のような観点から、本章では既製コンクリート杭と場所打ちコンクリート杭の諸基準をもとに、品質管理を中心とした杭工事の施工のポイントについて学習していく。

キーポイント

① 地業工事全体ならびに杭工事の基本的な分類について正確に把握する
② 既製コンクリート杭について、特にオーガーによる掘削と根固め、杭周固定について理解する
③ 場所打ちコンクリート杭について、代表的な工法のそれぞれの特徴について理解する

5・1　地業工事の概要　　　　［標仕 4.1］

1　地業工事に関する一般事項

（1）地業工事とは何か

　建築物を支える地盤は粘土やシルト、砂、砂利、礫（れき）などで構成されており、またその密度や地下水との関係など条件もまちまちである。そのため、基礎工事に先立って「地業工事」を実施して地盤の状態を整える必要がある。また、基礎直下の地盤に建物の荷重を支える地耐力がない場合は、「杭地業」により支持地盤までコンクリートや鋼管の杭を築造する。地業工事は竣工後は埋め戻される地下部分の工事であり、竣工後の確認が難しいため、基準について整理して理解し、遵守する必要がある。

（2）杭地業の概要

　杭地業には材料や施工法などの組合わせにより様々な種類があり、地盤などの条件により設計段階において検討される。まず「既製杭」と「現場造成杭」についてそれぞれ見てみると、既製杭は杭体を工場で製造するため杭そのものの品質が安定している一方で、工場から現場までの運搬や地中への敷設の方法に注意が必要である。一方の現場造成杭は、現場で地盤に杭用の孔を掘削してコンクリートを打設して杭体とする方法なので、特に工事ごとに異なるコンクリートの調合や品質・施工管理等を適切に実施することが大きなポイントとなる。

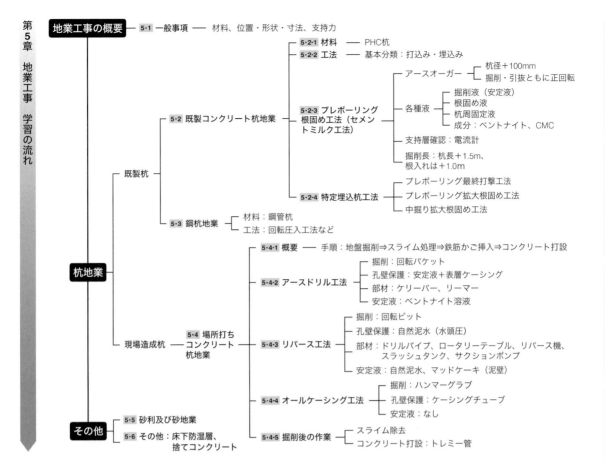

2 基本要求品質等

(1) 杭工事の基本要求品質 [監理指針 4.1.2]

『標仕』においては、地業工事の基本要求品質として、「①材料は所定のものを用いる」「②地業の位置、形状及び寸法は、上部の構造物に対して有害な影響を与えないものとする」「③杭地業は所定の支持力を有するものとする」と定めている。このうち①の"所定のもの"とは、既製品の場合はJISなどの規格品を使用し、現場施工の場合は『標仕』や『監理指針』などの基準に従えばよい。

一方、例えば個々の杭は必要な支持力を有していても、位置などがずれていると基礎に加わる上部構造物の荷重と地業の支持力に偏心が生じてしまい、結果として構造物に有害な応力が発生したり不同沈下が生じる危険性がある。したがって、②の"地業の位置、形状及び寸法"については、あらかじめ設計監理者と協議の上で品質管理計画を策定して管理する。③の支持力の確認については、そもそも既製杭の打込み工法以外の杭、すなわち埋込工法による既製コンクリート杭、鋼杭や場所打ちコンクリート杭は、支持力を直接確認しながら管理をすることは

現場監督からのひとこと

　地業工事は建物を支える非常に重要な工事である。目視では確認できないことも多いことから技術的な難易度も高く、非常に気を遣う工事でもある。特に杭地業に関しては、工法も多種多様であるため、しっかりと準備を行い、それぞれの管理項目について事前に押さえておく必要がある（例えば杭打機のオペレーターの経験やそれを担保する施工結果のデータ分析と解析、保存方法など）。

　なお、前章の土工事も共通であるが、近年では地盤や土砂を扱う工事では「環境保全」が重要な管理項目になっており、この点も基礎知識とそれに基づいたしっかりとした段取りが必要になる。（巴コーポレーション・吉原）

1章 建築施工とは何か

2章 建設現場の五大任務

3章 仮設工事

4章 土工事

5章 地業工事

6章 鉄筋工事

7章 型枠工事

できない。したがって、代替の方法によって"所定の支持力が得られているかどうか"を判断する必要がある。そのため『標仕』では、適切な施工方法で、かつ、適切な品質管理を行ったことがわかれば「所定の支持力を有するもの」と見なすこととしている。したがって、本項目に関しても②と同様にあらかじめ設計監理者と協議の上で品質管理計画を策定して管理する必要がある。

(2) 地業工事の留意事項 [監理指針 4.1.3]

　一般的な地業工事の留意点を以下にまとめる。

①材料の手配にあたっては納期に留意する
②担当する専門工事業者の技術力を確認する
③国の品質管理ガイドラインを遵守する★1
④振動、騒音の抑制を図り、機械の転倒、酸欠・転落等の事故防止を徹底する
⑤地震時には杭の上部には大きなせん断力や曲げ応力が発生するので注意を払う
⑥排土、廃液等は適切に処理する

(3) 試験等 [監理指針 4.2]

　杭工事では、杭そのものや支持地盤の位置及び土質について試験等を行い、支持力や支持地盤の確認を行う。『標仕』では、試験杭、杭の載荷試験、地盤の載荷試験などが規定される。このうち「試験杭」とは、施工計画において検討された施工の段取りや重機や作業員の配置などを確認したり各種管理基準値等の妥当性を確認するための杭である。通常は本設の杭において最初の1本目に施工される杭とする。試験杭とする杭の位置については、地層構成や土質試験などの結果により決定される。

　「杭の載荷試験」は、鉛直載荷試験と水平載荷試験がある。いずれも反力杭や載荷梁などを用意し、油圧ジャッキなどによって杭に直接載荷するかたちで行われる。荷重は静的なものだけではなく動的な急速載荷や衝撃載荷をかけることもある。杭に直接荷重をかけてその挙動を観測できるので信頼性は高いが、コストがかかるので全数は実施しない。また、実施に際しては杭体の破壊に留意する必要がある。

　地盤の載荷試験は、『標仕』では「平板載荷試験」とすることが定められている ≫本書4・2-5 。この試験は、基礎を築造する地盤面（通常は根切り底）そのものの地耐力を計測する試験方法である。試験装置（4章図4・4参照）は、周囲1m以上の範囲を平坦に整備した地盤面に載荷板（厚さ25mm以上、直径30cm以上の鋼製円盤）を敷き、反力用の梁やジャッキとの間にロードセル等の荷重計と変位計を取り付けたものである。試験は油圧ジャッキに所定の荷重をかけ、荷重計と変位計の数字を読み取る。

5・2　既製コンクリート杭地業 [標仕 4.3]

　既製杭には「既製コンクリート杭」と「鋼杭」がある。このうち既製コンクリート杭は、「遠心力コンクリート杭」と「振動詰め鉄筋コンクリート杭」に分類されるが、ほとんどの場合前者が使用される。鋼杭は「鋼管杭」と「H形鋼杭」に分類されるが、ほとんどの場合前者が使用される。

1　既製コンクリート杭 [監理指針 4.3.2]

巻頭写真2

　既製杭のうち、杭体がコンクリート製のものを「既製コンクリート杭」といい、『標仕』では国土交通省告示1113号（平成13年7月2日）に基づく品質を有するものとされ、一般的には「遠心力高強度プレストレストコンクリート杭（PHC★2杭）」が使用される。PHC杭は、杭体両端の鋼製リング間に張られ

☞**豆 知 識**

★1　平成27年に分譲集合住宅において基礎杭の施工不良が発覚し、これを受けて国土交通省は翌年に告示468号として「基礎ぐい工事の適正な施工を確保するために講ずべき措置」を交付、同時に品質管理のガイドラインとして「基礎ぐい工事における工事監理ガイドライン」を公表して注意喚起を行った。

★2　**PHC**：Pretension type centrifugal High strength pre-stressed Concrete の略。

た PC 鋼材に強い引張力をかけて杭体内に圧縮応力を発生させたもので、さらに杭体内に打設されたコンクリートは遠心成形され密実になっているため杭体が密実で強度が高いことが特徴である。

2　既製コンクリート杭の施工 [監理指針 4.3.1]

　既製コンクリート杭の施工方法には大きく打込み工法と埋込み工法があるが、打込み工法は騒音・振動の問題があることから採用例は年々減少し、こんにちではあらかじめ掘削された杭孔に既製コンクリート杭を埋め込む「埋込み工法」が主流となっている。埋込み工法にも複数の施工法があり、かつては「プレボーリング根固め工法（セメントミルク工法）」が多く採用されていたが、こんにちでは派生型の「プレボーリング拡大根固め工法」が普及している。

3　プレボーリング根固め工法 [監理指針 4.3.3]

　プレボーリング根固め工法（セメントミルク工法）は、「アースオーガー」と呼ばれる掘削機を用いて杭径よりも 100mm ほど大きな杭孔を掘り、その中に PHC 杭を挿入して孔壁との空隙部を杭周固定液等により埋めて地盤と一体化させる工法である。適用範囲は、杭径が 300 ～ 600mm 程度で、杭長は 30m 程度である。

シンプルで比較的信頼性が高い工法であるが、杭径に対する設計時の支持力算定時の評価は近年普及している他の埋込み工法（プレボーリング最終打撃工法やプレボーリング拡大根固め工法など）に比べると低いため、現在ではシェアは高くない。参考として「プレボーリング根固め工法」の施工の流れを図 5・1 及び以下に示す。

①連続スパイラル状の掘削羽根が付いたオーガー（穴を掘る螺旋状の掘削工具）を備えた掘削機である「アースオーガー」を用いて杭径よりも 100mm 程度大きな杭孔を掘削する

②掘削中は孔壁の崩落を防ぐためにオーガー先端からベントナイト、セメント、CMC（カルボキシ・メチル・セルロース）、水の混合液である「掘削液（安定液）」を噴出させて掘り進む ≫本書 5・4-2 (3)。

③掘削中に所定の深さに達したら、掘削液から「根固め液」に切り替え、下端近くになったら最終的に「杭周固定液」に切り替える

④支持層の確認はオーガー駆動用電動機の電流値の変化を目安とする

⑤杭孔は支持層よりも 1.5m 程度深く掘削する

⑥掘削が終了したらオーガーを引き上げるが、このときオーガーは正回転のままとする（逆回転させると土砂が下に落ちてしまう）

⑦クレーンで既製コンクリート杭を吊り上げて静か

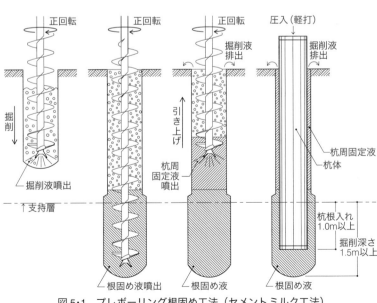

図 5・1　プレボーリング根固め工法（セメントミルク工法）

写真 5・1　既製コンクリート杭施工全景
（提供：㈱巴コーポレーション）

1 章　建築施工とは何か
2 章　建設現場の五大任務
3 章　仮設工事
4 章　土工事
5 章　地業工事
6 章　鉄筋工事
7 章　型枠工事

に杭孔に挿入していく（プレボーリング根固め工法の場合は杭の下端部は閉塞型とする）

⑧ 1本目の杭の上端が地表近くまで下がったら、挿入作業を中断して2本目の杭との接合作業を行う（継手は溶接や接続金具により行う）

⑨ 挿入された杭先端は支持層に1.0m以上根入れする（掘削底からの高止まりは0.5m以下）

⑩ このとき杭の下端は根固め液中に埋まっており、杭の周囲は杭周固定液で満たされた状態になっている（掘削液（安定液）は置換され杭孔地表部分から押し上げられ排出される）

⑪ 以上の作業終了後、根固め液や杭周固定液が十分硬化する前に杭が動かないように、保持治具などにより養生する

⑫ 排出された各種廃液は適切に処理する

⑬ 杭頭をダイヤモンドカッター等で切断する

4　特定埋込杭工法 ［監理指針 4.3.4］

(1) 特定埋込杭工法の概要

特定埋込杭工法とは、上記のプレボーリング根固め工法を改良して、構造計算上の支持力評価を改善した工法である。経済性は高いが施工に際して高い技術力が求められるため管理上のポイントも多く、かつては建設大臣（現国土交通大臣）による個別認定が必要な工法であった★3。現在では『監理指針』により以下の種類が例示される。

(a) 平成14年1月11日国土交通省住宅局建築指導課事務連絡に基づく旧38条認定工法

(b) 建築基準法施行規則1条の3第1項の規定に基づく認定工法

(c) 指定性能評価機関による技術評定を取得している杭で、地盤の条件等が評定の適用範囲と見なせる場合

(d) 上記以外で許容支持力が求められる工法

(2) 特定埋込杭工法の例

特定埋込杭工法は認定工法であり杭施工会社によって様々な種類がある。

①プレボーリング最終打撃工法

アースオーガーによって支持層−1.5mまで掘削し、最終工程で杭先端＝支持地盤に打撃を加えることにより、支持力算定式における支持力の評価を高めようとする工法。具体的には、杭の下端に特殊な可動治具（先端シュー）を取り付けて、それを打撃することによって支持地盤を締め固めて支持力を発現させる。最終工程で打撃を行うが、地中深くでの作業なので比較的低い振動、騒音で施工可能である。

②プレボーリング拡大根固め工法

拡大ビットを取り付けた特殊なアースオーガーを用いて、杭底に球根状の拡大根固め部を築造する工法。杭底の支持地盤への接地面積が大きくなるので、支持力算定式における支持力の評価がプレボーリング根固め工法（セメントミルク工法）より高くなる。

具体的には、アースオーガーによる掘削の最下部で拡大ビットを展張し、杭底部を杭径よりも広くして根固め液にて杭を固定する。プレボーリング根固め工法よりも適用杭径を大きくすることもでき、また杭長も長くすることが可能である。

③中掘り拡大根固め工法

上記までの埋込杭工法とは異なり、PHC杭の中央部の空洞にオーガーを挿入し、オーガーによる掘削と杭の建込みを同時に行う。杭体内部にオーガーを通すので、当然オーガーは杭よりも細くなるが、先端は拡大ビットが付いているので掘り進むことができる。最終工程において拡大ビットを展張し、球根状の拡大根固め部を築造することはプレボーリング拡大根固め工法と一緒であり、支持力評価や適用杭径、杭長も同じ特徴を有する。

☞ 豆 知 識

★3　建築基準法の技術的な基準の示し方はもともと「仕様規定（材料や工法、寸法等を定める）」がほとんどであったが、1998年の建築基準法改正において一部の規定が性能規定（性能を満たすことを求める）化された。その際、旧法38条に基づく「大臣認定（38認定）」という制度も廃止された。この38認定は仕様規定時代には仕様に当てはまらないために使用できなかった材料や工法を、特別に"大臣認定"とすることで使用可能にした制度である。

5　施工計画書の記載事項と施工記録

[監理指針 4.3.1(3)、4.3.7]

　既製コンクリート杭地業の施工計画書の内容を表5・1に、施工記録の項目を表5・2に示す。☞ **POINT**

表5・1　既製コンクリート杭の施工計画書の記載事項例

①工程表（施工機械及び杭の搬入時期、ブロックごとの試験と本杭施工の開始及び完了の時期等）
②杭の製造業者名
③施工業者名及び施工体制
④杭の種類、規格、寸法及び使用箇所（鋼杭の場合は、防錆措置を含む）
⑤材料の受入検査の方法及び記録
⑥地中埋設物・障害物調査、移設、防護、撤去等計画
⑦施工機械の仕様の概要及び性能
⑧施工法
⑨セメントミルク工法の場合は安定液、根固め液等の調合計画及び管理方法
⑩杭配置図（平面図及び断面図：土質柱状図）、試験杭の位置及び杭の施工順序
⑪継手の工法（溶接機の種類や溶接技能者の資格等）
⑫長尺物の搬入経路
⑬杭支持力確認方法（算定式、所要最終貫入量等）
⑭支持層の確認方法（地盤試料と掘削深さ、電流値との対照等）と判断基準
⑮杭頭の処理方法（切断方法、鉄筋の処理方法等）
⑯安全対策（施工機械の転倒や杭孔への転落防止）
⑰公害対策（騒音、振動や掘削液の廃液処理方法）
⑱施工記録の内容
⑲作業のフロー、管理の項目・水準・方法、品質管理体制・管理責任者、品質記録文書の書式とその管理方法、立会プロセスとその頻度等

出典：『監理指針』4.3.1(3)をもとに作成

表5・2　既製コンクリート杭の施工記録

(a) 一般事項	①杭位置図（位置のずれを含む） ②杭種類、材質、形状、寸法、製造工場名 ③打込み機の名称と性能諸元 ④各掘削・固定液等の諸元
(b) 掘削に関する事項	①掘削液の記録（標準調合、比重、使用量） ②根固め液（強度、使用量） ③杭周固定液（強度、使用量） ④掘削土の確認事項 ⑤掘削所要時間 ⑥支持層出現深度と掘削深さの関係 ⑦オーガー駆動用電動機の電流値 ⑧注入材の吐出量、吐出圧、注入量
(c) その他	①溶接施工記録 ②杭頭切断記録

出典：『監理指針』4.3.1(3)をもとに作成

5・3　鋼杭地業

[標仕 4.4]

　既製杭のうち杭体を鋼材としたものが鋼杭地業である。材料は JIS A 5525（鋼管ぐい）と JIS A 5526（H 形鋼ぐい）があるが、現在では前者の「鋼管杭」が使用されることが多い。工法としては「既製コンクリート杭地業」と同じく打込み工法と埋込み工法がある。

　特徴的な工法として、杭体である鋼管の先端につばさ状、スクリュー状の掘削翼を取り付けて、杭自らが回転することによって掘削を進める工法などがある（回転圧入工法）。

5・4　場所打ちコンクリート杭地業

[標仕 4.5]

1　場所打ちコンクリート杭

　場所打ちコンクリート杭（現場造成杭）は、掘削した杭孔に、鉄筋かごを挿入し、コンクリートを流し込んで杭本体を築造する工法である。既製杭と比して騒音や振動が少なく、杭本体の運搬もないため様々な条件の敷地に適用できるが、杭を地中で築造するため、品質の確保が難しい。様々な工法があるが、代表的な工法である「アースドリル工法」「リバース工法」「オールケーシング工法」について表5・3に整理する。

　なお、表中には記載していないが、市街地の狭隘敷地などでは「BH（Boring Hole）工法」の施工例も多い。BH 工法は地盤調査などに用いられるボーリング装置の大型版の機械を使用し安定液などを使いながら掘削する。使用する機械がコンパクトなため、特に狭小な場所や機械の搬入が難しい場所、施工高さが低い場所などに適している。

☞実務のポイント

　杭工事においては、杭先端が支持地盤に達していることが重要であるが施工不良が絶えない。これを防ぐには各工法において、定められた確認方法を確実に実施するとともに、その結果を保管しておくことが必要となる。

1章　建築施工とは何か
2章　建設現場の五大任務
3章　仮設工事
4章　土工事
5章　地業工事
6章　鉄筋工事
7章　型枠工事

表 5·3　場所打ちコンクリート杭の各工法の特徴

	アースドリル工法	リバース工法	オールケーシング工法
杭径	0.8〜3.0m	0.8〜3.0m	1.0〜3.0m
掘削方式	回転バケット	回転ビット	ハンマーグラブ
孔壁保護	安定液圧（上部は表層ケーシング）	自然泥水、水頭圧（上部はスタンドパイプ）	ケーシングチューブ
適用深さ	70m 程度	70m 程度	50m 程度
模式図			

2　アースドリル工法 ［監理指針 4.5.5(3)］

(1) アースドリル工法の概要

　アースドリル工法は、回転式の「バケット」で地盤を掘削する工法である。掘削用の機構全体がシンプルで施工速度も速く、さらに低騒音・低振動である。一方、バケット下部の隙間から土砂を取り込むという仕組みから、10cm 以上の礫を含む地盤の掘削は難しい。また、孔壁保護には特殊な「安定液」を使うためいくつか留意点がある。

①杭壁の崩落防止を安定液の水圧に頼っているため安定液の水位や比重の管理に注意する
②掘削後には杭孔内の安定液をコンクリートで置換するように打設するため、混濁が生じないように、コンクリートの打設計画が重要
③（ベントナイト★4 や泥などが混ざった）大量の廃水・排水の処理に手間がかかる

(2) アースドリル工法の機構

　本工法に用いられる掘削用重機にはクレーンが用いられ、重機の巻き上げウインチにより掘削に用いる用具類も揚重することができる。

①掘削用の「バケット」は「ケリーバー」と呼ばれる伸縮自在な軸に固定されている
②ケリーバーは地上の重機により回転する
③バケット下部には掘削歯付きの開口部が設けられており、全体が回転して掘削される
④掘削された土砂はバケット内に下から押し込まれ、満杯になったらその都度排土する
⑤杭孔の地表部分では「表層ケーシング」を埋込み、杭孔周辺の地盤を保護する（杭孔の外周部に表層ケーシング用の溝を削る作業はバケットに取り付けられた「リーマー」で行う）
⑥それより深い箇所の杭孔周囲の壁面は「安定液（ベントナイト溶液）」により保護する

☞豆知識

★4　ベントナイト：火山灰や溶岩が海底・湖底に堆積して経年で変質することででき上がった粘土鉱物。ペット用のトイレ砂などにも使われている粉末状の物質である。

1章 建築施工とは何か

2章 建設現場の五大任務

3章 仮設工事

4章 土工事

5章 地業工事

6章 鉄筋工事

7章 型枠工事

(3) 安定液について

　杭孔の掘削中に孔壁保護を目的として用いられる液体を「安定液」という。安定液は水が用いられることもあるが、比重を高めたりするためにベントナイトやCMCなどの増粘剤などを混入した「ベントナイト溶液」もよく用いられる。ベントナイトは水に溶けても沈殿しにくく、かつ強力な粘性を発揮するという特徴がある。これらの配合は土質等を考慮して決定する。

(4) アースドリル工法の施工手順

　アースドリル工法の施工手順は図5・2の通りである。まず、掘削用重機は杭孔近傍の適切な位置に据え付ける（転倒や傾きの防止として適宜鉄板等を敷く）。さらに掘削開始前の準備として、地盤上に杭芯の位置を長めのビニール紐などで示し、ケリーバーの中心軸を杭芯に正確に合わせて掘削軸を確定する（重機の水平も確認する）。

　準備が整ったらケリーバー先端にバケットを取り付け掘削を開始する(図中①)。最初のうちは掘削孔の鉛直を確認しながら掘り進む（土砂が溜まったら都度排土する）。所定の位置になったらバケット側面のリーマーを展開して表層ケーシング用の溝を削り、表層ケーシングを垂直に建て込んで杭孔を掘り進んでいく（土質によりバケット回転速度を調節する）。ある程度掘り進んだら杭孔に安定液を注入していく。

　掘削予定深度に近づいたら排出される土砂を観測

して支持地盤への到達を確認する（図中②）。このとき、バケット内の土砂が土質柱状図と矛盾しないか確認する。次いで先端のバケットを掘削用のものから底ざらい用バケットに交換して杭底のスライムを除去する（図中③）。掘削の最終確認として、検測用の巻尺により掘削深度を測定する（4か所）。さらに適宜、超音波孔壁測定器を用いて杭孔の断面形状や寸法、傾斜などの確認を行う。

　その後、鉄筋かごを挿入してコンクリート打設用の「トレミー管」を建て込み（図中④）、コンクリートを打設していく（図中⑤）。

3　リバース工法 ［監理指針 4.5.5(6)］

(1) リバース工法の概要

　リバース工法は、中空の「ドリルパイプ」の先端に設けられた「回転ビット」で地盤を掘削する。掘削された土砂は回転ビットの先端から吸引され、ドリルパイプの中を通って地上に排出されるため連続した掘削が可能である。

　この工法の最大の特徴は、地盤中の粘性土と孔内に満たされた水（清水）が混ざり合ってできた「自然泥水」により孔壁が保護されるという点である。すなわち、孔壁保護のための「特殊な安定液（アースドリル工法）」や「ケーシングチューブ（オールケーシング工法）」は不要である。一方で、地上部分に水と土砂を分離するための大がかりな設備が必要になる。また、水頭圧及び泥水の比重の管理が不十分で

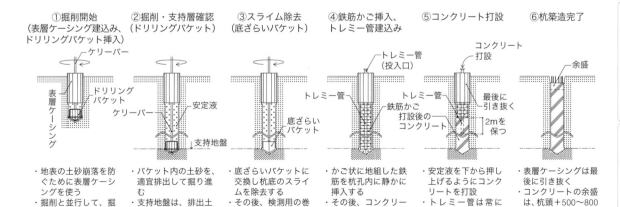

図5・2　アースドリル工法の施工手順

あると孔壁崩壊を起こすことがあるため注意を要する。

（2）リバース工法の機構

　リバース工法は、モーター内蔵の回転台である「ロータリーテーブル」によって「ドリルパイプ」の先端に取り付けられた「回転ビット」を回転させ、泥水を逆循環させながら掘削する。そのため地上部分については、杭孔の直上に大きな重機を設置する必要がない代わりに、循環水の処理設備用のスペースが必要となる。地上部分の主要機器の構成は図5・3の通りである。

（3）孔壁保護の仕組み

　リバース工法の孔壁保護の仕組みは特徴的なので以下に整理する。

①掘削中の杭孔に水（清水）を投入する
②このとき杭孔内の水圧を一定に保つために孔内水

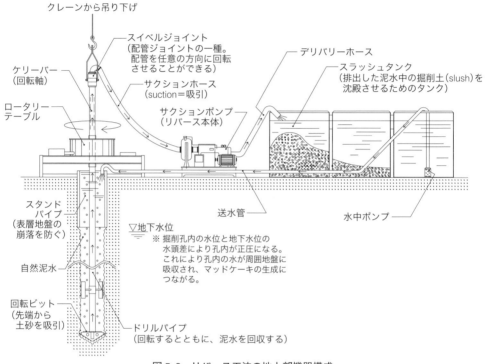

図5・3　リバース工法の地上部機器構成

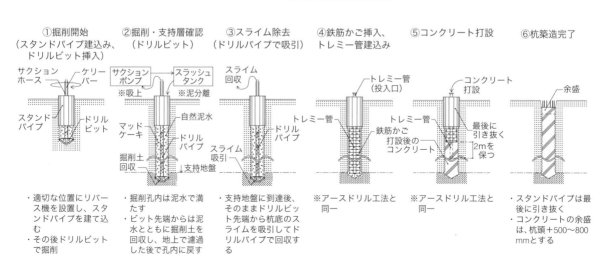

図5・4　リバース工法の施工手順

1章 建築施工とは何か

2章 建設現場の五大任務

3章 仮設工事

4章 土工事

5章 地業工事

6章 鉄筋工事

7章 型枠工事

頭を地下水位より 2.0m 以上高くする

③その水の中に掘削中の土砂に含まれる粘性土が溶け出し「自然泥水（懸濁液）」を形成する

④掘削中の杭孔内は周辺地盤に対して陽圧なため自然泥水中の水分は周辺地盤に浸透する

⑤自然泥水が孔壁に浸透する際に孔壁表面がフィルターの役割を果たし、泥水中に含まれる極めて細かな粒子状物質であるコロイドが孔壁表面に堆積して「マッドケーキ（泥壁）」を形成する

⑥孔壁に張り付いたマッドケーキが保護膜となり最終的に孔壁を崩壊等から防ぐ

以上のようにマッドケーキの形成には、1) 孔内の水と周辺地盤の地下水の圧力差と、2) 自然泥水中のコロイド粒子の存在が必須となる。したがって、コロイド粒子が不足する可能性がある砂質系の地盤では、孔壁内に粘性土を投入するなど、泥水を作液してから掘削する必要がある。また、マッドケーキの形成の妨げになるので、周辺の施工機械や作業による振動等は排除する。

（4）リバース工法の施工手順（図5·4）

まずは前出の図5·3のように、「ロータリーテーブル」「リバース機」「スラッシュタンク」などの機器類を配置する。次いで油圧ジャッキやバイブロハンマーを用いて「スタンドパイプ」の建込みを行う。一定の深さまで掘削したら孔内に注水して所定の水圧を保ちながらロータリーテーブルでビットを回転させ掘削していく（図中①）。このとき掘削された土砂は、地上の「サクションポンプ」により回転ビット先端から吸い上げられ、スラッシュタンク内で土砂を沈殿させ、水だけ孔内に還流する（図中②）。

掘削予定深度に近づいてきたらデリバリーホースから排出される土砂を観測し、土質柱状図及び土質試料と比較して支持地盤への到達を確認する（図中②）。さらに検測用のテープ（巻尺）により掘削深度を測定する（回転ビットによる掘削では杭底は中心部が深く外周が浅くなっているため、検測は外周部に近い位置で 4 点以上行う）。適宜、超音波孔壁測定器を用いて杭孔の断面形状や寸法、傾斜などの確認を行う。以降の鉄筋かごの挿入やトレミー管によるコンクリートの打設の考え方はアースドリル工法と共通である。

4 オールケーシング工法 ［監理指針 4.5.5(5)］

（1）オールケーシング工法の概要

オールケーシング工法は、掘削孔の全長にわたって「ケーシング」を埋め込み、孔壁を確実に保護しながら掘削する工法である。掘削にあたっては「ハンマーグラブ」をケーシング内に自由落下させることにより、杭底の土砂を掘削して掴み取るように排出する。

この工法の最大の特徴は、ケーシングを使用する

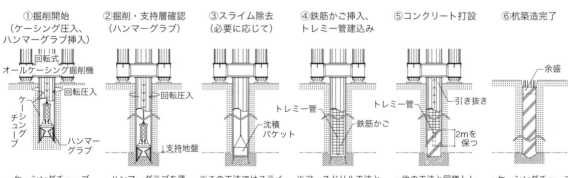

図 5·5 オールケーシング工法の施工手順

のので孔壁の崩壊がないことと、確実な杭断面形状が確保できることである。また、掘削に「安定液（アースドリル工法）」や「自然泥水（リバース工法）」を用いないため、残土処理が比較的容易である。一方で、ケーシングの挿入や引き抜きには騒音や振動が発生しやすいので注意が必要である。特に振動によって地盤が緩んだり、ボイリングやヒービング（掘削中の地盤の異常 ≫本書4・5-4(2)）が発生する原因にもなり得る（地下水位以下の細砂層が厚い場合は締め固まりやすいので注意が必要）。

(2) オールケーシング工法の施工手順（図5・5）

まず掘削機を、ケーシングの芯ずれや傾きが生じないように慎重に据え付ける。特にケーシングは掘削深さの全断面に埋め込まれるので傾きには特に注意する（鉄板敷きなどにより転倒や傾きを防止するとともに、トランシットや下げ振りなどを用いてチェックする）。掘削開始後は、ケーシングを回転・揺動させながら地盤に圧入させる（このときケーシングの位置は掘削面よりも深い位置を保つようにする）。掘削は地上に設置したクレーンによりハンマーグラブを吊り上げた後、杭孔に自由落下させる。このときハンマーグラブの下部の蓋は開いているので、ハンマーグラブは落下と同時に地盤に突き刺さる。その後ハンマーグラブの蓋を閉じて土砂をつかみ取りクレーンで引き上げて排土する（図中②）。

以降の工程はアースドリル工法、リバース工法とほぼ同一である。

5　掘削後の作業の流れ
[監理指針 4.5.5(6)〜(9)]

(1) スライム処理 [監理指針 4.5.5(6)]

孔内の崩落土や泥水中の土砂等が杭底に沈殿、沈積したものを「スライム」という。

スライムは不安定な物質で強度等も期待することはできない。したがってスライムの上に杭を築造すると、スライムがクッション代わりとなり杭が沈下するなどの障害が発生する。また、そもそも場所打ちコンクリート杭では孔内にフレッシュコンクリートを打設するので、スライムが残置した状態だとコ

ンクリートと杭先端部のコンクリートとが混ざり合って硬化不良が起こるなど品質に重大な疑義が生じることになる。したがってスライムは丁寧に除去する必要がある。スライムの処理には、一次処理と二次処理がある。一次処理は掘削完了直後に行うスライム処理で、二次処理はコンクリート打設直前に行うスライム処理である。

(2) 鉄筋かごの加工・組立て [監理指針 4.5.5(8)]

場所打ちコンクリート杭地業に用いる鉄筋は、建物本体に用いる鉄筋と同一の仕様であり、加工や組立て方法も建物本体の鉄筋工事の基準（『標仕』『監理指針』いずれも第5章）に準拠する。

現場での鉄筋の建込みは、地上で先組みした鉄筋かごを杭孔に挿入することによって行われる。このとき、鉄筋かごが変形しないように2〜3mの間隔で補強材を入れることが多い。また、コンクリートのかぶり厚さの確保のために、孔壁との間隔を保つためのスペーサーを取り付ける。

(3) トレミー管によるコンクリートの打設
[監理指針 4.5.5(9)]

コンクリートを高所から打ち込むと材料が分離する恐れがあるため、場所打ちコンクリート杭地業においても直接地上から杭底にコンクリートを落とし込むことは避け、コンクリート打設箇所までパイプを敷設してコンクリートを流し込むようにして施工する。このコンクリート打設用のパイプのことを「トレミー管」という。トレミー管を使ったコンクリート打設の手順を以下に示す。

①杭底にスライムがなく、鉄筋かごが正常にセットされていることを今一度確認する
②トレミー管を杭底まで挿入する
③トレミー管の上部に泥水混入防止用のプランジャー（プラスチック製のお椀型の蓋）を取り付ける
④トラックアジテーター（ミキサー車）等からトレミー管上部にコンクリートを静かに流し込む
⑤イメージとしては杭底に残った泥水等を下から押し上げるようにコンクリートを打設する

⑥コンクリートの打設に沿ってトレミー管を徐々に引き抜いていく

⑦このときトレミー管の先端は、コンクリートの中に常に2m以上埋まっている状態を保つ（これによりコンクリートの品質が保たれる）

⑧オールケーシング工法の場合は、トレミー管の引き抜きに合わせてケーシングチューブも引き抜く（急速に引き抜くとコンクリートに泥水を巻き込むことがあるので注意する）

⑨コンクリート打設中は浮力によって鉄筋かごが浮き上がることがあるので注意する

⑩地上部分までコンクリートの打設が進んだら、コンクリートをアースドリル工法とオールケーシング工法の場合は500～800mm程度、リバース工法の場合は800mm以上、余分に盛り上げて「余盛」を形成する（打設したコンクリートの最上部分は、直上の安定液や泥水などを押し上げているので、その過程でわずかながら混ざり合っている恐れがある）。

6　施工計画書の記載事項と施工記録

[監理指針 4.5.1(3)、4.5.8]

場所打ちコンクリート杭地業の施工計画書の内容を**表5・4**に、施工記録の項目を**表5・5**に示す。

表5・4　場所打ちコンクリート杭の施工計画書の記載事項例

①工程表（機械搬入、段取り、鉄筋加工、掘削とコンクリート打設、機械搬出及び片付けの時期）
②施工業者名、施工管理技術者名（資格証明書等、工事経歴書等）及び施工体制
③コンクリートの配合計画書及び配合計算書
④鉄筋の種類と規格
⑤地中埋設物・障害物調査、移設、防護、撤去等の計画
⑥施工機械の仕様の概要及び性能
⑦施工方法（掘削精度の確認方法を含む）
⑧杭の配置図及び施工順序
⑨安定液等を用いる場合の調合計画及び管理方法
⑩支持層の確認方法
⑪スライム（沈殿物）の処理方法
⑫鉄筋加工及び建込方法（浮上がり防止方法を含む）
⑬コンクリートの打設及び養生方法
⑭安全対策（酸欠、有毒ガス、施工機械の転倒等）
⑮公害対策（土砂の運搬によるこぼれ、ベントナイト廃液等の発散と処理、騒音及び振動の対策等）
⑯施工記録の内容
⑰作業のフロー、管理の項目・水準・方法、品質管理体制・管理責任者、記録文書の書式とその管理方法等

出典：『監理指針』4.5.1(3)をもとに作成

表5・5　場所打ちコンクリート杭の施工記録

(a) 一般事項	①工事概要 ②杭仕様（工法、形状、寸法、コンクリート強度等） ③施工機械の仕様・概要 ④実施工程表 ⑤杭位置 ⑥鉄筋かご加工仕様 ⑦工事写真
(b) 掘削に関する事項	①掘削所要時間 ②掘削土砂量 ③安定液等の記録 ④杭底スライムの沈積状況と処理時間 ⑤支持層の確認記録
(c) その他	①鉄筋かごの建込み時間 ②コンクリートの打設時間 ③コンクリートの使用量

出典：『監理指針』4.5.8をもとに作成

5・5　砂利及び砂地業 [監理指針 4.6.1～2]

(1) 砂利及び砂地業の概要

建物直下の根切り底の整地や締固めを転圧などにより行い、そこに砂利や砂などを敷き詰めてさらに転圧したものを「砂利地業」という。 巻頭写真9

(2) 材料

砂利地業に使用する砂利は、再生クラッシャラン、切込砂利または切込砕石とする。「再生クラッシャラン」とは建設副産物であるコンクリート塊を破砕したものであり、エコではあるが品質にバラツキがあるので、使用箇所によっては強度、吸水率等を確認して使用する必要がある。また、「切込砂利」は採取した砂利をふるいを通さず砂と混合したもの、「切込砕石」は砕石場の破砕したままの砕砂と砕石を混合したものであり、いずれも粒径幅がバラバラなため転圧する際に締め固めやすい。砂地業に使用する砂は、締固めに適した山砂、川砂または砕砂とするが、その際、シルト等の泥分や草木根や木片などの有機物等が混入していると締固めが困難になるので注意が必要である。

1章 建築施工とは何か
2章 建設現場の五大任務
3章 仮設工事
4章 土工事
5章 地業工事
6章 鉄筋工事
7章 型枠工事

(3) 工法

砂利及び砂地業の範囲及び厚さは特記によるが、特記がなければ厚さは60mmとする。厚さが300mmを超える場合は300mmごとに締固めを行う。施工に際しては、砂利や砂を敷き均して、ランマーや振動コンパクター、振動ローラーなどで緩みやバラツキ等がないように、所定の厚さに十分に締め固める。

5・6 その他の地業

(1) 床下防湿層

床下防湿層は、基礎直下の地盤から湿気が上がってくることを防ぐために設けられるものであり、通常は土間スラブまたは土間コンクリートの直下（断熱材がある場合はその直下）に厚さ0.15mm以上のポリエチレンフィルムを敷き詰めるかたちで使用される。

特に木造の住居系の建築では、土台の腐朽や床下や1階床上の湿気・カビ対策に欠かせないものである。なお、砂利地業の上に床下防湿層を直接施工する場合は、防湿層の下に目つぶし砂を敷き均す。

(2) 捨てコンクリート地業 [監理指針 4.6.3]

捨てコンクリート地業は、砂利地業などの上に無筋コンクリートを敷き均して建物直下の作業面を平坦にすることにより、基礎配筋や型枠の墨出しや工事を行いやすくするために行われる。捨てコンクリートの範囲及び厚さは特記によるが、特記がなければ厚さは50mmとして平坦に仕上げる。

建築士試験過去問

問1 杭工事に関する次の記述のうち、最も不適当なものはどれか。（令3・二建士・学科Ⅳ・設問7）
1. アースドリル工法において、表層ケーシングを建て込み、安定液を注入しながらドリリングバケットにより掘進した。
2. オールケーシング工法において、ケーシングチューブを回転圧入しながら、ハンマーグラブにより掘進した。
3. セメントミルク工法において、アースオーガーによる掘削中は正回転とし、引上げ時には逆回転とした。
4. リバース工法において、地下水位を確認し、水頭差を2m以上保つように掘進した。
5. スライムの処理において、一次処理は掘削完了直後に、二次処理はコンクリート打込み直前に行った。

問2 杭地業工事に関する次の記述のうち、最も不適当なものはどれか。（平29・一建士・学科Ⅴ・設問7）
1. セメントミルク工法による既製コンクリート杭工事において、特記がなかったので、アースオーガーの支持地盤への掘削深さについては1.5m程度とし、杭の支持地盤への根入れ深さについては0.5m程度とした。
2. 打込み工法による既製コンクリート杭工事において、打込み完了後の杭頭の水平方向の施工精度の目安については、杭径の1/4以下、かつ、100mm以下とした。
3. 場所打ちコンクリート杭工事において、鉄筋かごの主筋間隔が10cm以下になると、コンクリートの充填性が悪くなるので、主筋を2本重ねて配置し、適切な主筋間隔を確保した。
4. アースドリル工法による場所打ちコンクリート杭工事において、孔壁の崩落防止に安定液を使用したので、杭に使用するコンクリートの単位セメント量を340kg/m³とした。

解答・解説

問1 最も不適当な選択肢は「3」である。『標仕』4.3.4(6)(オ)により、アースオーガーの引抜き時に逆回転させてはならない。≫本書5・2-3⑥

問2 最も不適当な選択肢は「1」である。『監理指針』4.3.3(4)(イ)(e)により、支持層の掘削深さは1.5m程度とし、根入れ深さは1.0m以上とする（0.5mは掘削底からの高止まり）。≫本書5・2-3⑤・⑨、図5・1

6章　鉄筋工事

1章　建築施工とは何か

2章　建設現場の五大任務

3章　仮設工事

4章　土工事

5章　地業工事

6章　鉄筋工事

7章　型枠工事

　鉄筋コンクリート（Reinforced Concrete；RC）とは、圧縮に強いコンクリートを、引張に強い鉄筋で補強した建築の主要材料である。通常は現場で鉄筋を組んで外側を型枠で囲い、その中に工場で製造されたコンクリートを流し込むことによって築造される。コンクリートは水和反応というメカニズムで硬化して鉄筋と一体化される。

　鉄筋工事の管理上のポイントは、材料が正しく使われていることと、コンクリート中に正しく配置されていることである。すなわち、鉄筋に使用される鋼材の強度や形状が設計図書通りのものであること、さらに鉄筋の位置や接合方法、引き抜けないようにするための工夫、覆っているコンクリートの厚みなどが適切である必要がある。これらは「鉄筋の規格」や「継手」「定着」「かぶり厚さ」「鉄筋相互のあき」などとして『標仕』などでは定められている。特に「継手」で取り扱う「ガス圧接継手」は、実務の上でも、また建築士や施工管理技士の試験でも重要な項目なので確実に理解しておきたい。以上の管理上のポイントは、コンクリートを打設したあとでは直接観測することができないことが多いことから、施工中にいかに正しく管理するか、またその管理の結果が適切であったのかの事後の証明が必要になるという点である。

キーポイント　　　　　　　　　　　　　　　　　　　　　　≫「学習の流れ」は次頁

① 鉄筋工事は、鉄筋の規格や継手、定着、かぶり厚さ、鉄筋相互のあきなどがポイントである
② これらはコンクリート打設後には確認できないので施工の各段階で確認していくことを徹底する
③ 特にガス圧接継手は実務の上でも、また建築士や施工管理技士の試験でも重要である

6・1　鉄筋工事の概要　　　　　［標仕 5.1］

1　鉄筋コンクリート造の基本

　鉄筋は、鉄筋コンクリート造（RC造）において主に引張力を負担する。また、梁においては曲げモーメントに抵抗する下端筋やせん断力に対抗するあばら筋（スターラップ）が入れられ、柱においては地震時に柱にかかるせん断力に対抗して柱の座屈を防ぐための帯筋（フープ）が入れられる。このように鉄筋とコンクリートは一体となって安定した構造材料となる。

　さらに鉄筋をコンクリートによって覆うことにより火災時の熱から守ることができ、またコンクリート

現場監督からのひとこと

　躯体工事は、鉄筋コンクリート造や鉄骨造、木造などの建物の骨組みを構築する非常に重要な工事である。一度つくってしまったら、ほとんどの工程でやり直すことが不可能なので、まずは設計図書を読み込んで施工図をきっちりと作図することが重要になる。さらに工事着手後は、施工図通りに現場ができているかどうか、品質基準に合致しているかどうかを、実際に"見て、測って、触って"確認することが重要となる。また、物件によっては高所での作業も必要となり、重量物の揚重や取付けなどにおいては安全の計画と管理も重要になることから仮設工事との関連も大変深い。
（巴コーポレーション・吉原）

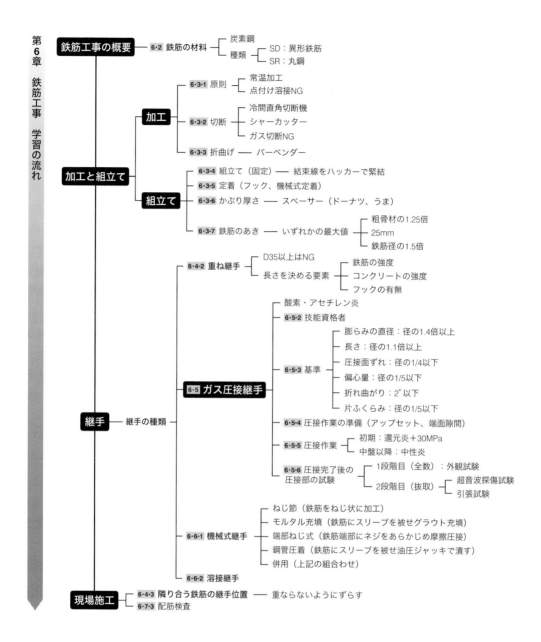

はアルカリ性なので鉄筋を錆から守る効果もある。

2　鉄筋工事の基本要求品質 ［標仕 5.1.2］

　以上のように鉄筋コンクリートでは、コンクリートと鉄筋が一体化していることが重要であり、鉄筋工事においても常に意識する。具体的には鉄筋に使用される材料が設計図書通りのものであり、正しいかたちに加工・組立てされ、さらに正しい位置に正しく固定されていることを確認する。このとき、上記の管理のポイントは型枠にコンクリートが流し込まれたあとでは確認することが難しいため、使用する材料の選定や工場での加工、現場での鉄筋の組立てなどの段階で細かく品質管理を行っていく必要がある。

(1) 使用する材料 ［標仕 5.1.2(1)］

　鉄筋工事に使用する材料は「所定のもの」でなけ

☞ **豆 知 識**

★1 **ロット**（次頁掲載）：同じ日に同じ機械で、同じ作業員が作業したものなど、同一条件下での作業単位をいう。

ればならない。「所定のもの」とは、設計図書等で指定された種類の材料が工事に正しく使用されているということであり、そのことを証明するために現場に持ち込まれる鉄筋の「ミルシート（鋼材検査証明書）」と「メタルタック（材料標示表）」は適切に保管しておく必要がある。ミルシートは、ロット★1ごとに寸法や試験結果、材質などが記載された、鋼材メーカーが発行する書類であり、メタルタックは、鉄筋1梱包ごとに製造業者や鉄筋の種別、径などが表示された荷札である。☞ **POINT 1**

(2) 継手と定着 ［標仕 5.1.2(3)］

建築材料を材軸方向（長手方向）につなぎ合わせることを「継手」といい、重ね継手やガス圧接継手、機械式継手、溶接継手などの種類がある。また、部材中の鉄筋の位置がずれたり抜け出したりしないように固定することを「定着」といい、鉄筋の表面の形状（異形鉄筋の使用など）や部材中に埋め込まれる長さ（定着長さ）、先端部分の加工形状（フック）などを工夫して実現される。

継手や定着は、部材中の鉄筋が力学的に正しく役割を果たすこと（＝コンクリートと一体化して粘り強さを発揮すること）を保証するためのものである。これらの基準については設計図書や『標仕』等で定められており、現場ではそれを事後に証明できるようにしておく。

3　鉄筋工事の施工計画

(1) 設計図書の確認

施工計画書の作成にあたっては以下の情報を確認する。

① 特記仕様書、標準仕様書

当該工事で使用する材料や工法、検査方法など、当該工事で守るべき基準や要点をまとめた仕様書。通常は一般的な項目や仕様をまとめた汎用的な書式に、設計者が必要事項を書き込むようになっている。

②配筋標準図

当該工事における基本的な配筋の考え方を示した標準図である。日本建築業連合会などが作成した『鉄筋コンクリート造 配筋標準図』などがある。☞ **POINT 2**

③床伏図（階伏図）

各階層ごとの柱や梁、壁などを伏図（通常は F. L.（フロアレベル、床面）＋ 1.0m ～ 1.5m からの見下げ図）で表現した図面で、スラブ下の下階の梁は破線で表示される。伏図や軸組図で使用される部材記号を表 6・1 に整理する。☞ **POINT 3**

④軸組図

各階平面の通り芯（柱芯）や壁芯上で建物を縦に切断してそれを横から見た断面図。柱や梁、壁、開口などの高さ方向での配置を表示する。伏図では表現できない開口部や構造スリットなどの高さ方向の寸法が表現可能である。

⑤部材リスト

柱や梁、床スラブなどの部材断面の配筋の様子を種別別に分け、それぞれの部材を一覧表にしたもの。梁の場合は端部と中央部など分けて記載される。縮尺の小さな図面上では、鉄筋の径を断面で表現する

表 6・1　構造部材の略号

C	柱（Column） 使用例：2C1 = 2 階に配置される C1 柱
G	大梁（Girder） 使用例：3G1 = 3 階の床を受ける G1 梁
FG	基礎梁（Foundation Girder）
B	①小梁（Beam） または②梁全般（②の場合、大梁は "B"、小梁は "b" で表示）
S	床スラブ（Slab）
FS	基礎スラブ（Foundation Slab）
W	壁（Wall）
EW	耐震壁（Earth quake Wall）

☞**実務のポイント**

1. ミルシートとメタルタックは、いずれもあとで必ず使うことになる。かなりの数になるので、都度、整理して保管する。

2. 配筋標準図には、重要な内容が整理して記載されているので、しっかりと読み込んでおく。

3. 設計図では伏図が一般的だが、施工図では見上げ図の方が扱いやすい場合もある（例えば 2 階の床受梁は 1 階側から施工する）。

1 章　建築施工とは何か
2 章　建設現場の五大任務
3 章　仮設工事
4 章　土工事
5 章　地業工事
6 章　鉄筋工事
7 章　型枠工事

ことは難しいので、部材リスト等では鉄筋の径を**表6・2**のような記号で表現する。

⑥配筋詳細図

柱梁接合部など複雑な部位の配筋について1/30程度の縮尺で表した図面である。鉄筋の種類や本数、鉄筋の定着・継手などの位置が表現される。

(2) 施工計画書の作成 ［監理指針 5.1.1(3)］

様々な情報をもとに鉄筋工事に関する管理項目・方法について施工計画書にまとめる。『監理指針』では**表6・3**の項目が例示されている。

(3) 施工図の作成

設計段階では梁と梁の交差部などの鉄筋の干渉等が不明な場合も多く、工事に際しては配筋施工図を作成して事前に確認する。確認するポイントとしては、柱梁接合部の柱主筋と梁主筋の干渉チェック、

表6・2　図面上の鉄筋規格の表示例

規格	D10	D13	D16	D19	D22	D25	D29	D32
記号	●	×	∅	●	○	⊙	⊗	◎

表6・3　鉄筋工事の施工計画書の記載事項例

①工程表（材料、柱、壁、梁、階段、スラブ等の検査時期及び関連設備工事の期間）
②施工業者名、作業の管理体制
③鉄筋の種別、種類、製造所名及びその使用区分
④鋼材検査証明書（ミルシート）の提出時期
⑤荷札の照合と提出時期（ラベル、鉄筋のマーク等の確認方法）
⑥鉄筋の試験（試験所、回数、試験成績書）
⑦材料の保管場所及び貯蔵方法
⑧材料の加工場所（現場 or 工場、規模、機械設備）
⑨鉄筋加工機具（切断、曲げ）
⑩鉄筋の継手位置、継手長さ、定着長さ及び余長
⑪異形鉄筋にフックを付ける箇所
⑫鉄筋のかぶり厚さ及びスペーサーの種類
⑬梁、壁、スラブ等の開口部補強、屋根スラブ、片持スラブ、壁付きスラブ、パラペット等の特殊補強の要領
⑭鉄筋位置の修正方法（台直し等）
⑮鉄筋組立て後の乱れの防止方法（歩み板の使用等）
⑯関連工事との取合い（柱付きコンセント、スラブ配管、壁配管、貫通孔等）
⑰作業のフロー、管理の項目・水準・方法、品質管理体制・管理責任者、品質記録文書の書式と管理方法等

出典：『監理指針』5.1.1(3)をもとに作成

外周部の柱への梁主筋の定着用フックの折曲げ箇所、継手箇所などである。

6・2　鉄筋の材料　　　　　　　［標仕 5.2］

1　鉄筋の概要

鉄筋は「炭素鋼★2」と呼ばれる鋼材を「圧延」してつくった「棒鋼」の一種である。圧延とは、複数のロールを回転させ、その間に鋼材などの金属材料を通すことにより、板や棒、管などの形状に加工する方法である。棒鋼には、鉄筋をはじめビル用の鉄骨として用いられるH形鋼やL形鋼（アングル）、C形鋼（チャンネル）などがある ≫本書9・2-1。鉄筋の表面形状には、コンクリートとの付着性能を改善するために圧延の段階で凹凸状の節を設けた「異形棒鋼」と節がない「丸鋼」があるが、基本は前者を使用する（図6・1）。

2　鉄筋の種類 ［標仕 5.2.1～3］

(1) 鋼材の規格

鉄筋はJIS（日本産業規格）により規定されており、主には転炉などにより鋼塊から熱間圧延により製造された「JIS G 3112 鉄筋コンクリート用棒鋼」と鋼材製造途上に発生する再生用鋼材を原料とした「JIS G 3117 鉄筋コンクリート用再生棒鋼」が使用される。『標仕』においては JIS G 3112 鉄筋コンクリート用棒鋼の SR235、SR295、SD295、SD345、SD390 の5つが標準的な鉄筋として規定されている。これら以外を使用しないわけではないが、基準として『標仕』

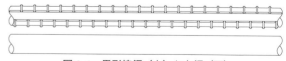

図6・1　異形棒鋼（上）と丸鋼（下）

を用いる場合はこれに倣う。

(2) 鉄筋の種類の記号

鉄筋を表す記号のうち"SD"とは、Steel Deformed Bar＝異形棒鋼（異形鉄筋）を表しており、"SR"は Steel Round Bar＝丸鋼を表している。また、後半の数字（SD295であれば"295"の部分）は、「鉄筋の降伏点の下限値（N/mm²）」を表している。

鉄筋の種類には『標仕』で例示されているもののほか、JIS G 3112 では SD490 など強度の高い鉄筋も規定されている。ただ、高強度鉄筋は鉄筋の折曲げなどの寸法や継手の方法などについて取扱いに特に注意が必要であり、『標仕』における"標準"とはされずに設計図書への"特記"というかたちで取り扱われている。

現場においては鉄筋の強度について外観だけで判断することはできないので、製造時に図6・2のような刻印（ロールマーク）や鉄筋端部に識別用カラーマークが記される。

(3) 鉄筋の太さの表し方

鉄筋の太さは異形鉄筋では「呼び径」（実際の寸法ではなく JIS 規格により規定された寸法）の頭に"D"

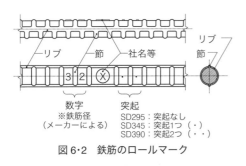

図6・2　鉄筋のロールマーク

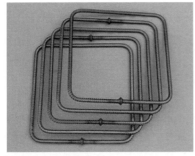

図6・3　高強度せん断補強筋の例 （出典：JFE テクノワイヤウェブサイト）

を付け D10、D13、D16 などと表示する。丸鋼の場合は、実際の直径（mm）に φ をつけて表す（例えば直径 16mm の丸鋼の場合は φ 16 と表現）。

(4) 高強度せん断補強筋

『標仕』では柱の帯筋などに用いられる高強度のせん断補強筋（建築基準法第37条の規定に基づき認定を受けたせん断補強筋）も規定されている。高強度鉄筋が用いられ、工場であらかじめロの字型に加工し端部を溶接して閉鎖型断面などとする（図6・3）。鉄筋量の削減などにつながるが、大臣認定品を正しく使うことや、鉄筋の折曲げ半径などに制約があるため注意が必要である。

6・3　鉄筋の加工及び組立て　［標仕 5.3］

1　鉄筋の加工及び組立ての原則 ［標仕 5.3.1］

鉄筋はデリケートな材料であり、その加工にあたっては特段の注意を要する。特に切断や折曲げに関してはいくつかのルールが存在している。このことについて『標仕』では以下のように規定されている。

(1) 加工の原則と材料 ［標仕 5.3.1(1)～(3)］

使用する鉄筋は、設計図書に指定された寸法及び形状に合わせ、常温で正しく加工して組み立てる。また、コイル状の鉄筋は直線状態にしてから使用する、長期間露天にさらさない（錆防止）、コンクリートとの付着力が落ちるため油やペンキは塗らないなどのルールがある。

(2) 点付け溶接とアークストライクの禁止
［標仕 5.3.1(4)］

鉄筋の固定方法として「点付け溶接★3」を行ってはならない。点付け溶接とはタップ溶接とも呼ばれ、鋼材を数か所の点で溶接する方法であり、鉄骨の本溶接の前に仮留め溶接として行われるものであるが、鉄筋などの断面積の小さな鋼材では「アークストラ

1章 建築施工とは何か
2章 建設現場の五大任務
3章 仮設工事
4章 土工事
5章 地業工事
6章 鉄筋工事
7章 型枠工事

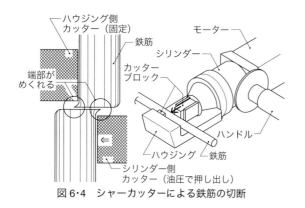

図6・4　シャーカッターによる鉄筋の切断

イ」による急激な火花により断面欠損を生じさせやすいので行わない ≫本書9・5-1。

2　鉄筋の切断 ［標仕5.3.2(1)］

鉄筋の切断は、切断面を平滑に保つために回転刃で切断する「電動カッター（ディスクグラインダー）」や「鉄筋冷間直角切断機（チップソーカッター）」を使用する（ガスバーナーは使用しない）。鉄筋をせん断力によって切断する「電動油圧式鉄筋切断機（シャーカッター）」もあるが、太径鉄筋では端部がめくれることがあるので注意する（図6・4）。

3　鉄筋の折曲げ ［標仕5.3.2(2)～(3)］

(1) 鉄筋末端のフック

鉄筋の定着を確実に行うために、鉄筋を途中で折り曲げた部分のことを「フック」という。フックは表6・4に示す場所に設ける。

鉄筋の折曲げ形状や寸法は表6・5による。表中の"d"は"diameter（直径）"の略で、異形棒鋼では「呼び径」を表している。

表6・4　フックを設けるべき箇所

（ア）柱の四隅にある主筋の重ね継手
（イ）最上階の柱の四隅にある主筋の柱頭
（ウ）梁の出隅及び下端の両隅にある梁主筋の重ね継手（基礎梁を除く）
（エ）煙突の鉄筋（壁の一部となる場合を含む）
（オ）杭基礎のベース筋
（カ）帯筋、あばら筋及び幅止め筋

(2) 鉄筋のフックに関する実際の計算例

実際の計算方法について例題を解いてみる。

【例題①】
SD345のD19の鉄筋の末端に135°のフックを設ける場合、その鉄筋の最小折曲げ内法直径は何mm以上としなければならないか。

この問題においては、文中に使用する鉄筋の種類は「SD345」とあるので『標仕』の適用範囲であるから『標仕』の表5.3.1（本書表6・5に引用）が適用できる。次いで、鉄筋の呼び名は「D19」とあるので、使用する鉄筋は「呼び径19mmの異形棒鋼」であることがわかる。また、折曲げ角度は135°フックとされている。

この条件の組合わせを『標仕』の表5.3.1で探すと、鉄筋の最小折曲げ内法直径は「4d以上」であるとわかる。ここでdは使用する鉄筋の径を表すので、計算式は4d＝「鉄筋の呼び径19mm×4倍」で76mm以上が正解となる。 ☞ **POINT**

(3) 鉄筋の折曲げに使う用具

鉄筋の折曲げ半径については上記のように鉄筋の径などによってルールが異なる。これを正確に作業するために、鉄筋の折曲げ加工は、「鉄筋折曲げ機

☞ **学習のポイント**

鉄筋に関する基準は範囲が広く丸暗記は現実的ではない。まずは、どのような基準があるのかを体系的に学習すべきである。その上で、建築士試験等の学習においては、『標仕』などで細かな基準の根拠を確認しながら学習した方が結果として近道である。

1章 建築施工とは何か

2章 建設現場の五大任務

3章 仮設工事

4章 土工事

5章 地業工事

6章 鉄筋工事

7章 型枠工事

表6·5 鉄筋の折曲げ形状及び寸法

折曲げ角度	折曲げ図	鉄筋の種類	折曲げ内法直径（D）		
			SD295、SD345		SD390
		呼び名	D16以下	D19～D38	D19～D38
180°	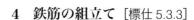		3d以上	4d以上	5d以上
135°					
90°					
135°及び90°（幅止め筋）					

（注）1.　片持ちスラブ先端、壁筋の自由端側の先端で90°フック又は135°フックを用いる場合には、余長は4d以上とする。

2.　90°未満の折曲げの内法直径は**特記**による。　　　　　出典：『標仕』表5.3.1

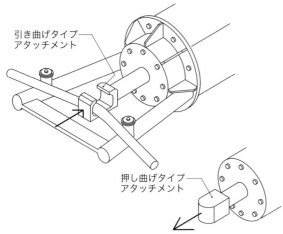

引き曲げタイプアタッチメント

押し曲げタイプアタッチメント

図6·5　バーベンダーによる鉄筋の折曲げ

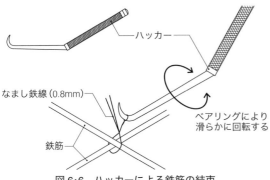

ハッカー

なまし鉄線（0.8mm）

鉄筋

ベアリングにより滑らかに回転する

図6·6　ハッカーによる鉄筋の結束

（バーベンダー）」という専用工具を用いて行う（図6·5）。

4　鉄筋の組立て［標仕 5.3.3］

（1）鉄筋の結束

鉄筋は、継手部分や交差部の要所について「径0.8mm以上の鉄線」で「結束」しなければならないと定められている。このとき、結束に使用する職人の用具を「ハッカー」という（図6·6）。

（2）スペーサー

鉄筋を所定の位置に保持して「かぶり厚さ」≫本書6·3-6 を確保したり、「鉄筋同士のあき」を確保するための部材を「スペーサー」という。通常は鉄筋に嵌め込まれたり、型枠に固定され、コンクリート打設時にはそのまま埋め込まれる。スペーサーには使用部位や所要かぶり厚さに応じて、表6·6のような種類がある。壁や柱用のスペーサーは、合成樹脂製の円形の通称「ドーナツ」が使われることが多い。床用スペーサーは、床鉄筋の支えや床ス

表 6·6　スペーサーの例

	プラスチック製	コンクリート製	鋼製	
壁・柱・梁用	ドーナツ	グリップスペーサー	鋼製梁用スペーサー（バーサポート）　防錆処理	
床スラブ用	コシカケタワー　ポリサイコロ	コンクリート製サイコロ	敷きプレート付き鋼製スペーサー　断熱材等にめり込むのを防ぐ	

ラブの下端筋のかぶり厚さの確保用で、合成樹脂製や鋼材を加工したものが多い（通称「バーサポート」「うま（馬）」「サイコロ」など）。なお、強度が落ちるためモルタル製は躯体には使わない。

5　鉄筋の定着 ［標仕 5.3.4(5)～(6)］

(1) 定着の基本的な考え方 ［標仕 5.3.4(5)］

鉄筋の定着の基本的な考え方を以下に示す。

①鉄筋の降伏点（強度）が大きいほど、定着長さは長くなる（鉄筋にかかる力が大きいから）
②コンクリートの強度が大きいほど、定着長さは短くなる（鉄筋が強い力で拘束されるから）
③フックを設けると、定着長さは短くなる（フックによって引き抜けにくくなるから）

具体的な定着長さは設計図書の特記によるが、特記がない場合は、鉄筋の種類、コンクリートの強さ、定着の箇所、フックの有無により『標仕』で規定される基準に基づく。特に直線定着とフックありの定着の長さでは基準が異なるので注意が必要である。直線定着とフックありの定着の考え方の違いを図6·7に、またそれぞれの基準について表6·7に示す。

☞ **POINT**

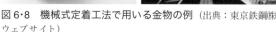

定着起点　L₁、L₂ 又は L₃　　定着起点　L₁ₕ、L₂ₕ 又は L₃ₕ

直線定着の長さ　　フックありの定着の長さ

図 6·7　直線定着とフックありの定着の長さ （出典：『標仕』図 5.3.2）

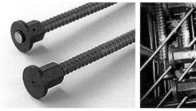

図 6·8　機械式定着工法で用いる金物の例 （出典：東京鉄鋼㈱ウェブサイト）

(2) 機械式定着工法 ［標仕 5.3.4(5)(ウ)］

フックは鉄筋の定着にとって重要だが、近年は鉄筋コンクリート造建築物の大規模化、高層化が進んでおり、鉄筋も高強度化や太径化、高密度配置の傾向が進んでいる。これにともない、柱梁接合部等の仕口部分などが鉄筋のフックで密になることがあり、これを避けるために近年、フックの代替として鉄筋端部に定着金物などを設け、フックと同等の引き抜き抵抗を得ることをねらった「機械式定着工法」が開発されている（図6·8）。

☞**学習のポイント**

定着の基本的な考え方の①～③の内容は丸暗記だとケアレスミスのもとになる。理屈をきちんと整理する。

表6·7　鉄筋の定着の長さ

鉄筋の種類	コンクリートの設計基準強度 (F_c) (N/mm²)	直線定着の長さ		L3		フックありの定着の長さ		L3h	
		L_1	L_2	小梁	スラブ	L_{1h}	L_{2h}	小梁	スラブ
SD295	18	45d	40d	20d	10d かつ 150mm 以上 （片持スラブの場合は 25d）	35d	30d	10d	—
	21	40d	35d			30d	25d		
	24、27	35d	30d			25d	20d		
	30、33、36	35d	30d			25d	20d		
SD345	18	50d	40d	（片持小梁の場合は 25d）		35d	30d		
	21	45d	35d			30d	25d		
	24、27	40d	35d			30d	25d		
	30、33、36	35d	30d			25d	20d		
SD390	21	50d	40d			35d	30d		
	24、27	45d	40d			35d	30d		
	30、33、36	40d	35d			30d	25d		

(注)　1.　L_1、L_{1h}：2. から 4. まで以外の直線定着の長さ及びフックありの定着の長さ

　　　2.　L_2、L_{2h}：割裂破壊のおそれのない箇所への直線定着の長さ及びフックありの定着の長さ

　　　3.　L_3：小梁及びスラブの下端筋の直線定着の長さ。ただし、基礎耐圧スラブ及びこれを受ける小梁は除く。

　　　4.　L_{3h}：小梁の下端筋のフックありの定着の長さ

　　　5.　フックありの定着の場合は、図5.3.2に示すようにフック部分 l を含まない。また、中間部での折曲げは行わない。[筆者注：図5.3.2は本書図6·7]

　　　6.　軽量コンクリートの場合は、表の値に5dを加えたものとする。　　　出典：『標仕』表5.3.4

6　鉄筋のかぶり厚さ [標仕 5.3.5 (1)～(3)]

(1) 鉄筋のかぶり厚さの基本

　鉄筋の表面からこれを覆うコンクリート表面までの最短寸法を「かぶり厚さ」といい、鉄筋の耐火性や耐久性を確保するために、本書6·3-4(2)で学習した「スペーサー」により所定の厚さを確保する。『標仕』における鉄筋のかぶり厚さの基準は表6·8の通りである（施工上の実際のかぶり厚さは、施工誤差を考慮して表6·8の値に10mmを加える）。

(2) 鉄筋のかぶり厚さの注意点

　かぶり厚さの測定は、コンクリートの表面からせん断補強筋の外側までの距離を測る。このとき、梁の主筋と柱の主筋が交差する部分（通常は梁の主筋を内側に入れる）では、柱の帯筋のかぶり厚さを確保すると梁のあばら筋に対するかぶり厚さが大きくなるので注意する（図6·9）。☞POINT

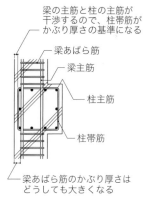

図6·9　梁と柱の主筋が交差する場合

（図中）梁の主筋と柱の主筋が干渉するので、柱帯筋がかぶり厚さの基準になる／梁あばら筋／梁主筋／柱主筋／柱帯筋／梁あばら筋のかぶり厚さはどうしても大きくなる

実務のポイント

柱梁接合部（パネルゾーン）の配筋図はかなり複雑になる。特に外周部や隅角部では梁主筋のフックも関係するのでかなり密になる。現場で手描きスケッチを多く描いておくと頭の中でイメージできるようになる。

表6·8 鉄筋の最小かぶり厚さ

構造部分の種類			最小かぶり厚さ(mm)
スラブ、耐力壁以外の壁	仕上げあり		20
	仕上げなし		30
土に接しない部分	柱、梁、耐力壁	屋内 仕上げあり	30
		屋内 仕上げなし	30
		屋外 仕上げあり	30
		屋外 仕上げなし	40
	擁壁、耐圧スラブ		40
土に接する部分	柱、梁、スラブ、壁		40
	基礎、擁壁、耐圧スラブ		60
煙突等高熱を受ける部分			60

(注)
1. この表は、普通コンクリートに適用し、軽量コンクリートには適用しない。また、塩害を受けるおそれのある部分等耐久性上不利な箇所には適用しない。
2. 「仕上げあり」とは、モルタル塗り等の仕上げのあるものとし、鉄筋の耐久性上有効でない仕上げ(仕上塗材、塗装等)のものを除く。
3. スラブ、梁、基礎及び擁壁で、直接土に接する部分のかぶり厚さには、捨コンクリートの厚さを含まない。
4. 杭基礎の場合の基礎下端筋のかぶり厚さは、杭天端からとする。

出典:『標仕』表5.3.6

※筆者注:鉄筋のかぶり厚さに関しては、『JASS5』においては2022年11月の改訂により、「屋内・屋外」の区分から「一般劣化環境(非腐食環境・腐食環境)」という表記に変更されている。今後、『標仕』ならびに『監理指針』も変更となる可能性があるので注意されたい。

7 鉄筋のあき [標仕 5.3.5(4)〜(5)]

鉄筋があまり密に配置されると、「フレッシュコンクリート(生コンクリート ≫本書8・3-3(1))」の打設や型枠内の移動を妨げる原因となってしまう。これを避けるために、平行して配置される鉄筋相互の距離を一定以上確保するよう「あき」もしくは「間隔」について管理を行う(一般には「あき」を用いる)(図6·10)。

なお、『標仕』5.3.5(4)においては、鉄筋相互のあきは、「粗骨材★4の最大寸法の1.25倍」「25mm」「隣り合う鉄筋の径の平均の1.5倍」の値のうち最大のもの以上とされている。

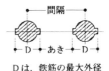

図6·10 鉄筋相互の「あき」と「間隔」の定義(出典:『標仕』図5.3.6)

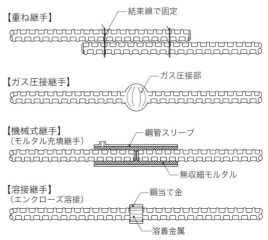

図6·11 鉄筋継手の種類

6·4 鉄筋継手 [標仕 5.3.4(1)〜(4)]

1 鉄筋継手の概要 [標仕 5.3.4(1)〜(2)]

複数の鉄筋をその材軸方向(長手方向)に継ぐことを「継手」という。建築材料は材料同士を接合する箇所が弱点になりやすいため、本来は継目のない一体部材を使用することが理想であるが、鉄筋や鉄骨、木材などは製造や運搬、施工上の制約からやむを得ず分割して工事現場に搬入し、使用箇所で接合する必要がある。鉄筋においてはその箇所が「継手」であり、したがって継手は部材にあまり力がかからないところに設けることが必要である。鉄筋継手には「重ね継手」「ガス圧接継手」「機械式継手」「溶接継手」などの種類があり、適用は設計図書への特記による(図6·11)。

鉄筋継手は施工不良により構造上の弱点になる可

☞ 豆 知 識

★4 粗骨材:コンクリートを構成する主要な4つの材料(粗骨材、細骨材、セメント、水)のうちの1つで、砂利などのことをいう。≫本書8・2-2(1)

能性が高いため、その管理については特段の注意が必要である。したがって、鉄筋継手には標準仕様が定められており、作業に従事する技術者・技能者には資格制度が設けられている。

2　重ね継手

(1) 重ね継手のルール ［標仕 5.3.4(3)］

鉄筋継手のうち2本の鉄筋を平行に重ねて並べて結束したものを「**重ね継手**」という。ただし、重ね継手はD35以上の異形鉄筋については適用できない。その理由は、重ね継手は鉄筋同士を直接接合するのではなく、周囲のコンクリートの付着力により間接的に応力を伝達しているにすぎないからである。また、太い鉄筋を重ね継手にすると中心軸がずれて偏心が生じたり、鉄筋が密になりコンクリートを打設する際にコンクリートのまわりが悪くなる（＝型枠内にコンクリートがまんべんなく打設できない）というデメリットも存在する。

重ね継手は鉄筋にかかる引張力の大きさや周囲のコンクリートの強度などにより、必要な長さが変わってくる。

①鉄筋の降伏点（強度）が大きいほど、継手長さは長くなる（鉄筋にかかる力が大きいから）

②コンクリートの強度が大きいほど、継手長さは短くなる（鉄筋が強い力で拘束されるから）

③フックを設けると、継手長さは短くなる（フックによって引き抜けにくくなるから）

このあたりの理屈は、本書6・3-5で学習した「定着」と同じである。また、重ね継手の長さの基準は以下の通りである。

①柱及び梁の主筋ならびに耐力壁の鉄筋の重ね継手の長さは特記によるが、耐力壁で特記がない場合の鉄筋の重ね継手の長さは、「40d（軽量コンクリートの場合は50d）」または「基準表［標仕 表5.3.2、本書表6・9］」の値のうちいずれか大きい値とする。

②上記①の箇所以外の鉄筋の重ね継手の長さも上記の基準表による。

③径が異なる鉄筋の重ね継手の長さは、細い鉄筋の径による（太い方の鉄筋の基準で計算すると、継手長さが過大になってしまう）。

(2) 重ね継手に関する実際の計算例

重ね継手に関する実際の計算方法について例題を

表6・9　鉄筋の重ね継手の長さ

鉄筋の種類	コンクリートの設計基準強度 (F_c) (N/mm^2)	L_1（フックなし）	L_{1h}（フックあり）
SD295	18	45d	35d
	21	40d	30d
	24、27	35d	25d
	30、33、36	35d	25d
SD345	18	50d	35d
	21	45d	30d
	24、27	40d	30d
	30、33、36	35d	25d
SD390	21	50d	35d
	24、27	45d	35d
	30、33、36	40d	30d

(注) 1. L_1、L_{1h}：重ね継手の長さ及びフックありの重ね継手の長さ
2. フックありの場合、フックの折り返し部分は長さLに含まない。
3. 軽量コンクリートの場合は、表の値に5dを加えたものとする。

出典：『標仕』表 5.3.2（注2は筆者により一部修正）

解いてみる。

【例題②】

コンクリートの設計基準強度が 24N/mm² で鉄筋の種類が SD345 の D29、鉄筋端部にフックを設けた場合の柱主筋の「重ね継手」の長さは何 mm 以上必要になるか。

まず、この継手は柱の主筋の部分であるから基準①に相当する。したがって①の「40d（軽量コンクリートの場合は 50d）」の基準では、D29 の呼び径 29mm の 40 倍、すなわち 1160mm となる。

次に「基準表［標仕 表 5.3.2、本書表 6・9］」の基準では、同表「鉄筋の種類」から "SD345 のフックあり（L_{1h}）" を探し、さらに「コンクリートの設計基準強度」が "24N/mm²" の箇所を探すと「30d」が読み取れる。これを計算式に直すと「鉄筋の呼び径 29mm × 30 倍」で 870mm となる。結果として、「40d

（1160mm）＞ 30d（870mm）」なので、大きい方の 40d（1160mm）が正解となる。☞ **POINT**

3 隣り合う鉄筋の継手位置 ［標仕 5.3.4(4)］

鉄筋の継手は弱点になりやすいので、部材の中で引張応力が大きな部分は避け、かつ、1 か所に集中しないようにする。また、隣り合う鉄筋の継手の位置は、弱点の集中を避けたり鉄筋が密になりコンクリート打設時に問題が生じることを防ぐために**表 6・10** のように同一直線上からオフセットする必要がある（例えば柱主筋をガス圧接した場合は、隣り合う主筋の継手位置は 400mm 以上ずらす）。

4 鉄筋継手のまとめ

以上、鉄筋の継手について見てきた。まとめの意

表 6・10　隣り合う鉄筋の継手位置

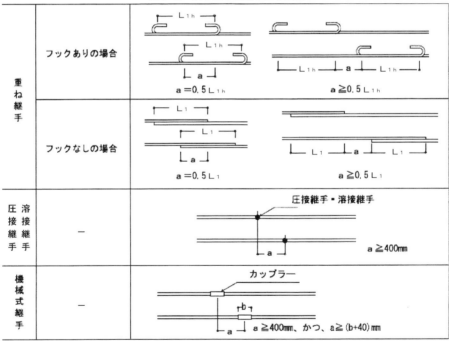

※ スラブ筋で D16 以下の場合及び壁筋の場合は除く。
※ 先組み工法等で、柱及び梁の主筋のうち、隣り合う継手を同一箇所に設ける場合は特記による。

出典：『標仕』表 5.3.3

☞**学習のポイント**

「○○と△△のうちいずれか大きい値とする」という基準は、何度も読み返して慣れておかないとケアレスミスを起こしやすいので注意。

味で、ここで例題を解いてみる。

【例題③】

鉄筋継手に関する以下の記述のうち最も適当なものはどれか。

ア. 継手の位置は、引張応力が大きな部分は避け、かつ１か所に集中させない。

イ. 隣り合う鉄筋の継手の位置は、可能な限り同一直線上に揃える。

ウ. 径が異なる鉄筋の重ね継手の長さは、太い方の鉄筋の径を基準にする。

エ. 鉄筋の重ね継手の長さは、フックなしはフックありに比べて短くする。

このうち「ア」のみが正解であり他は全て不適切である。「イ」は隣り合う鉄筋の継手の位置はずらさなければならないので不正解、「ウ」は径が異なる鉄筋の重ね継手の長さは細い方の鉄筋の径を基準にするので不正解、「エ」は鉄筋の重ね継手の長さはフックがある方が引き抜きにくくなるので不正解である。

☞ POINT

6・5 ガス圧接継手 ［標仕 5.4.1～11］

1 ガス圧接の基本 ［標仕 5.4.1］

2本の鉄筋を材軸方向に圧力を加えながら「酸素・アセチレン炎」によって加熱して一体化することによって接合する継手を「ガス圧接継手」という。接合部にふくらみ（図6・12）を形成する点が特徴であり、管理上も重要なポイントである。ガス圧接継手は手間と時間がかかるが、長い歴史がありコスト的にも有利であることから使用例が多い★5。なお、鉄

表6・11 ガス圧接の施工計画書の記載事項例

①工程表（圧接の時期）
②施工業者名及び作業の管理体制
③ガス圧接技量資格者の資格種別等（資格証明書等）
④ガス圧接技量資格者の人数
⑤ガス圧接器具
⑥圧接部の外観試験（全圧接部）
⑦圧接部の超音波探傷試験（本数、試験方法、試験位置、探傷器、試験従事者、成績書）
⑧圧接部の引張試験（本数、採取方法、作業班ごとの施工範囲、試験所、成績書、鉄筋切断後の補強方法）
⑨不良圧接の修正方法

出典：『監理指針』5.1.1(3)をもとに作成

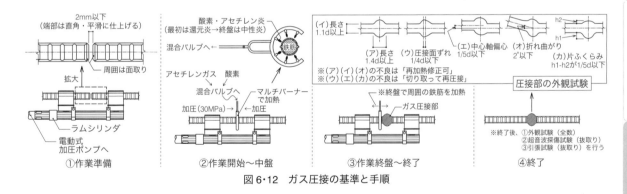

図6・12 ガス圧接の基準と手順

☞ 豆 知 識

★5 ガス圧接は、2つの金属を熱や圧力などによって接合する「広義の溶接」の一種である。広義の溶接は①金属の接合部を電気や摩擦によって加熱して圧力を加えて接合する「圧接」のほか、②接合部位を溶融して一体化させるとともに別の溶融金属を加えて合金化する「融接」、③融点の低い金属を接着剤のように用いて接合する「ろう接」の3つに分類される。

☞ 実務のポイント

実際の施工現場においては、継手をはじめ、RC工事の諸基準に関しては『標仕』だけではなく日本建築学会の『JASS5』の内容をよく理解しておく必要がある。

1章 建築施工とは何か
2章 建設現場の五大任務
3章 仮設工事
4章 土工事
5章 地業工事
6章 鉄筋工事
7章 型枠工事

筋コンクリート部材の品質はガス圧接の成否によって左右されるので、ガス圧接作業や圧接部の超音波探傷試験は技能資格者に行わせなければならない。

ガス圧接継手に関する施工計画書への記載内容の例を表6・11に示す。

2　技能資格者［標仕1.5.2～3、5.4.2～3］

本項では鉄筋のガス圧接に関連して、技能資格者について解説する。なお、混乱しやすい用語として技能士があるのでこれも併せて解説する。

(1) 技能士［標仕1.5.2］

建設業に従事する技能労働者の技能を検定する制度として、各職種において「技能士」と「技能資格者」の2つの制度がある。技能士は、「職業能力開発促進法」に基づいて技能労働者のモチベーション向上を目的とし、このうちの一級技能士または単一等級（等級が区分されていない職種）の有資格者は、施工品質の向上を図る目的で自ら作業するとともに作業指導を行う。

(2) 技能資格者［標仕1.5.3］

「技能資格者」制度は、建物の構造耐力を左右する重要な部分などに関わる職種に対して、その能力の証明を行う制度である（表6・12）。

表6・12　技能資格者制度の種類

(ア) 杭の継手の溶接を行う技能資格者
(イ) 鉄筋のガス圧接及び溶接継手を行う技能資格者
(ウ) 鉄筋のガス圧接、機械式継手及び溶接継手の試験を行う技能資格者
(エ) 鉄筋、鉄骨等の溶接作業を行う技能資格者
(オ) 鉄骨の溶接部の試験を行う技能資格者
(カ) スタッド溶接作業を行う技能資格者
(キ) 溶融亜鉛めっき高力ボルトの締付けを行う技能資格者

出典：『監理指針』1.5.3より作成

(3) ガス圧接作業を行う技能資格者と圧接部の試験を行う技能資格者［標仕5.4.2～3］

ガス圧接を含む鉄筋継手では、その品質の確保のために、継手工事の計画から引き渡しまでの各工程において有資格者による作業の計画や実施、確認、検査等を行う。このとき検査に関しては、公正を期す意味で工事関係者は実施してはならない。

3　圧接部の基準［標仕5.4.4］

(1) 圧接部の品質基準

圧接部の品質は平成12年5月31日建設省告示第1463号「鉄筋の継手の構造方法を定める件」及び『標仕』により次のように定められている（図6・12）。

☞ POINT

(ア) 圧接部のふくらみの直径は、鉄筋径（径が異なる場合は細い方）の1.4倍以上

(イ) ふくらみの長さは、鉄筋径の1.1倍以上かつ、形状をなだらかにする

(ウ) ふくらみにおける圧接面のずれは、鉄筋径の1/4以下

(エ) 鉄筋中心軸の偏心量は、鉄筋径（径が異なる場合は細い方）の1/5以下

(オ) 折れ曲がりは、2°以下

(カ) 片ふくらみは、鉄筋径（径が異なる場合は細い方）の1/5以下

(キ) 圧接部は、強度に影響を及ぼす焼割れ、へこみ、垂下がり及び内部欠陥がないこと

(2) 圧接部の品質管理の視点［監理指針5.4.4(1)］

鉄筋のガス圧接部には母材と同等の性能が求められる。これは鉄筋に関わらず、部材の接合における基本原則である。例えば鉄筋について考えると、鋼材自体は極めて安定した工業生産品であるが、ガス圧接では①圧接部内部に不完全な溶融部が生じる可

能性や、②酸化物の混入、③熱による鋼材の性質の変化など接合部の品質にバラツキを生じさせるリスクがある。鉄筋は一般に引張強度を期待されるので、その鉄筋に設計段階で求められる引張力がかかったときに、母材よりも先に「継手」や「母材と継手の境界面」で破断してしまっては、要求される強度を満たしていないということになる。したがってガス圧接部は母材と同等の性能が求められるのである。

(3) 代用特性について

(1)に示した「ふくらみの直径や長さ、圧接面のずれ、偏心量、折れ曲がり角度」などの規定は、鉄筋のガス圧接部が母材と同等以上の性能であることを確認するために設けられた基準である。しかし、我々が真に知りたいのは「鉄筋のガス圧接部の強度（引張強度）」であるのに、なぜ外観にこだわるのであろうか。ここで「品質」について考えてみる。

① 品質とは何か

品質とは、品物やサービスが、本来の使用目的を満たしているかどうかを判断するための評価対象となる性質・性能のことをいう。このうち、「評価対象となる性質・性能」のことを「品質特性」という。例えば鉄筋のガス圧接部の場合は引張強度がこれに相当する。この「品質特性」は、通常、直接測定することが困難なため、施工時に管理することが不可能なことが多い。そこで、一般には、品質特性の代用として、「代用特性」と呼ばれるものが使用される。

② 代用特性

上記の代用特性には、最終的に担保したい品質との間に明らかに相関が認められる指標を用いる。例えばガス圧接部では、圧接作業中に酸素が入り込むことによって圧接部の品質が劣化する不具合が知られているが、これをカバーするために圧接部をふくらませることによって酸素分子を分散させることが行われる。

すなわちガス圧接部にとって、ふくらみの大きさ（直径）は重要なのである。また、ふくらみの形状については、物体は球体に近いほど外力に対して効率よく抵抗できることがわかっているため、ふくらみの長さも重要である。さらに接合された鉄筋を左右から引っ張った際、ずれや折れ曲がりがあると力が

正しく伝わらずに障害が生じることがあるため、圧接面のずれや圧接部の折れ曲がり、鉄筋中心軸の偏心量も重要となるのである。

4 圧接作業の準備 ［標仕 5.4.5 〜 5.4.8］

(1) 圧接装置 ［標仕 5.4.5(1)］

一般的な圧接装置には手動タイプと半自動タイプがあり、手動タイプは、鉄筋を熱する「加熱器（マルチバーナー）」「加圧器（電動式油圧ポンプ）」、2本の鉄筋を固定して材軸方向に押し付ける「圧接器」などに分けられる（図6・12）。

(2) 鉄筋径の差 ［標仕 5.4.5(2)］

鉄筋の種類が異なる場合、形状が著しく異なる場合は圧接できない。また、異なる鉄筋径の場合は、手動ガス圧接は7mm、自動ガス圧接は5mmを超える径の差がある場合は圧接を行ってはならない。

(3) アプセットの確保 ［標仕 5.4.6(1)］

ガス圧接では接合された鉄筋の端部にふくらみを形成することにより継手強度を確保するが、このときふくらませる分の鉄筋の縮み代を見込んで準備を行っておく必要がある。この縮み代のことを「アプセット」といい、1か所あたり 1d 〜 1.5d（d：鉄筋の径）確保する。

(4) 鉄筋の圧接前の端面 ［標仕 5.4.7］

圧接前の鉄筋端面に錆や油脂、塗料、セメントペースト等が付着していると圧接作業の妨げになるので事前に確認する。また、圧接作業を確実に実施するために、圧接前の鉄筋端部はグラインダーなどを用いて直角で平滑に仕上げて、必要に応じて面取りを行う。圧接端面の良否の判断基準を図6・12に示す。

5 圧接作業 ［標仕 5.4.9］

圧接作業の流れについては以下の通りである（図6・12）。

1章 建築施工とは何か

2章 建設現場の五大任務

3章 仮設工事

4章 土工事

5章 地業工事

6章 鉄筋工事

7章 型枠工事

①作業準備：圧接装置に鉄筋をセットする。このとき、鉄筋の圧接端面間の隙間は2mm以下とし、かつ、偏心及び曲がりのないものとする。

②作業開始から中盤まで（加圧と還元炎での加熱）：圧接する鉄筋の軸方向へ30MPa以上の加圧を行いつつ、圧接端面間の隙間が完全に閉じて密着するまで還元炎で加熱する。

③作業中盤から終了まで（加圧と中性炎での加熱）：圧接端面同士が密着したことを確認したあと、鉄筋の軸方向に適切な圧力を加えながら中性炎により圧接面を中心に鉄筋径の2倍程度の範囲を加熱する。

④終了：鉄筋の火色消失後に圧接装置を解体。

上記において「還元炎」とはバーナーによる炎の種類のうち酸欠状態、すなわち酸素が不足している炎をいう。炎そのものが酸素が足りない状況なので、圧接部の鉄筋にも酸素が届かず、したがって酸化＝錆を防ぐ。一方の「中性炎」は、還元炎とは異なり酸素とアセチレンの量が適量で、火力も最大となる。

6 圧接完了後の圧接部の試験 [標仕5.4.10]

圧接完了後は圧接部の試験を行う。検査は1段階目の「外観試験」と2段階目の「超音波探傷試験または引張試験」に分けて行われる。

(1) 目視による外観試験 [標仕5.4.10〜11]

本書6・5-3で学習した「圧接部の品質」の内容について目視により確認することを「外観試験」とい

う。外観試験は全ての圧接部で実施する。試験項目は、圧接部のふくらみの形状及び寸法、圧接部のふくらみにおける圧接面のずれ、圧接部における鉄筋中心軸の偏心量、圧接部の折れ曲り、片ふくらみ、焼割れ、へこみ、垂下がりその他有害な欠陥の有無についてである。試験方法は、ノギス等を用いて目視により行う。図6・13に外観試験各項目の基準について確認することができるガス圧接専用の計測具の例を示す。

外観試験の結果、不合格となった場合の措置は、ふくらみの直径、長さ、折れ曲がりについては再加熱して修正を行うが、中心軸の偏心や圧接面のずれに関しては再加熱しても修正不可能な場合があるので、当該箇所の鉄筋を切り取って圧接する。

(2) 超音波探傷試験 [標仕5.4.10(イ)の(a)]

外観試験をパスしたあとは2段階目の試験である「抜き取り検査」を行う。抜き取り検査には、**非破壊検査**である「**超音波探傷試験**」と破壊検査である「**引張試験**」がある。このうち超音波探傷試験とは、

表6・13　超音波探傷試験の基準

基準	内容
ロットの大きさ	1組の作業班が1日に行った圧接箇所
試験の箇所数	1ロットに対して30か所（ロットから無作為に抜き取る）
合格の基準	ロットの全ての試験箇所が合格と判定された場合
不合格の場合	①そのロットの残り全ての圧接部の超音波探傷試験を行う。②不合格となった圧接部は圧接部を切り取って再圧接する。

出典：『標仕』5.4.10（イ）(a)より作成

表6・14　引張試験の基準

基準	内容
ロットの大きさ	1組の作業班が1日に行った圧接箇所
試験の箇所数	1ロットに対して3本※1
合格の基準	全試験片の引張強さが母材の規格値以上かつ圧接面での破断がない場合※2
不合格の場合	（超音波探傷試験で不合格の場合と同一の処理）

※1：試験片を採取した箇所は、同種の鉄筋を圧接して継ぎ足す。D32以下の場合は、監督職員の承諾を受けて、重ね継手とすることができる。

※2：圧接面で破断し不合格となった場合は、次により再試験を行うことができる。
ア：再試験片の採取数は、当該ロットの5%以上とする。
イ：再試験の結果、全ての試験片について引張強さが母材の規格値以上である場合を合格とする。

出典：『標仕』5.4.10（イ）(b)より作成

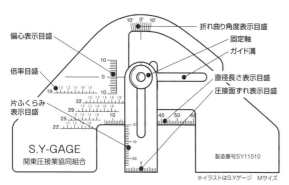

図6・13　ガス圧接における外観試験のための計測具の例（S.Yゲージ）（出典：関東圧接業協同組合ウェブサイト）

鉄筋の内部に向けて超音波を発振し跳ね返ってきたエコーの強弱によって鉄筋内部の不良箇所を発見する。**表6·13**にその基準を示す。

(3) 引張試験 ［標仕 5.4.10（イ）の（b）］

「引張試験」は、ガス圧接した鉄筋を現場から切り取って試験場に持ち込み、引張試験機にかけて実際に破断するまで鉄筋を引っ張る試験である。基準は**表6·14**の通りである。

6·6　機械式継手·溶接継手
［標仕 5.5 ～ 5.6］

重ね継手やガス圧接以外の継手として、近年、機械式継手と溶接継手が普及している。いずれも平成12年5月31日 建設省告示第1463号「鉄筋の継手の構造方法を定める件」で示された工法であり、使用にあたっては認定や評定を受けたものを選択し、施工においても認定や評定時の施工要領書に基づいて施工する。

1　機械式継手 ［標仕 5.5］

鉄筋同士をねじや鋼管圧着などの機械的な手法で接合する継手を「**機械式継手**」という。太径や高強度鉄筋を数多く使用する場合などに使用される。様々な種類があるが、こんにちでは「ねじ節継手」と「モルタル充填継手」が多用される。機械式継手の代表的な種類を**表6·15**に示す。また、機械式継手に関する施工計画書への記載内容の例を**表6·16**に示す。

2　溶接継手 ［標仕 5.6］

溶接による鉄筋継手を「**溶接継手**」という。ガス圧接継手では2本の鉄筋を熱で溶かして圧力をかけて一体化したが、溶接継手は2本の鉄筋を突き付けて熱し、その隙間に別の溶融金属を溶かし込んで接合する（したがってふくらみを形成する必要はない）。

表6·16　機械式継手の施工計画書の記載事項例

①工程表（施工時期、確実な継手作業が行える鉄筋組立て方法、鉄筋・型枠工事との調整）
②施工業者名及び作業の管理体制
③機械式継手作業資格者の資格種別（資格証明書等）
④機械式継手作業資格者の人数
⑤機械式継手工法・継手材料・施工機器
⑥作業前の準備、施工前試験、自主検査
⑦施工記録、報告書様式（トレーサビリティなど）
⑧受入検査・検査会社選定（機械式継手施工業者と利害関係のない第三者性のある会社）
⑨機械式継手の外観試験（全継手部）
⑩機械式継手の超音波探傷試験（本数、試験方法、試験位置、探傷器、試験従事者、成績書）
⑪不合格の継手部の処置、是正処置記録報告書式

出典：『監理指針』5.1.1（3）をもとに作成

表6·15　機械式継手の種類

① ねじ節継手	・異形鉄筋を圧延製造する際に鉄筋の表面をねじ状に加工しておき、2本の鉄筋を接合する際に内部を雌ねじ加工した鋼管（カプラー）で接合する。 ・鉄筋とカプラーの隙間はグラウト材を注入し固化させて埋める。	隙間にグラウト材　カプラーナット　ロックナット
②モルタル充填継手	・鋳鋼製スリーブの両端から鉄筋を突き合わせるように挿入し、スリーブと鉄筋との隙間をグラウト材（無収縮高強度モルタル）で充填し接合する。 ・異形鉄筋はどれでも使用可能。	無収縮モルタル充填　鋼管スリーブ
③端部ねじ継手	・異形鉄筋の端部に摩擦圧接等でねじ部を取り付けて設け、内部を雌ねじ加工した鋼管（カプラー）と固定ナットを用いて2本の鉄筋を接合する。 ・異形鉄筋はどれでも使用可能。	ねじ　摩擦圧接　カプラーナット　ロックナット
④鋼管圧着継手	・突き合わせた鉄筋の端部に専用の鋼管（スリーブ）をかぶせ、外側から鋼管を油圧ジャッキ等で押し潰して異形鉄筋の節に食い込ませて一体化させる。 ・異形鉄筋はどれでも使用可能。	ダイス　鋼管スリーブ
⑤併用継手	・2種類の機械式継手を組み合わせることでそれぞれの長所を取り入れ、施工性を改良したもの。	―

出典：『監理指針』5.5.3 より作成

1章 建築施工とは何か
2章 建設現場の五大任務
3章 仮設工事
4章 土工事
5章 地業工事
6章 鉄筋工事
7章 型枠工事

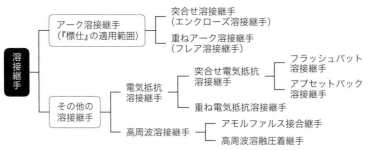

図6・14　溶接継手の種類 （出典：『監理指針』5.6.1 より作成）

表6・17　溶接継手の施工計画書の記載事項例

①工程表（施工時期、確実な継手作業が行える鉄筋組立て方法、鉄筋・型枠工事との調整）
②施工業者名（認定書等を含む）及び作業の管理体制
③鉄筋溶接技量資格者の資格種別等（資格証明書等）
④溶接継手作業資格者の人数
⑤溶接装置
⑥作業前の準備、溶接作業、自主検査
⑦施工記録、報告書書式（トレーサビリティ・ロット管理）
⑧受入検査・検査会社選定（溶接継手施工業者と利害関係のない第三者性のある会社）
⑨溶接継手の外観試験（全継手部）
⑩溶接継手の超音波探傷試験（本数、試験方法、試験位置、探傷器、試験従事者、成績書）
⑪不合格となった継手部の処置、是正処置記録報告書書式

出典：『監理指針』5.1.1（3）をもとに作成

溶接継手の分類を図6・14に示す。また、溶接継手に関する施工計画書への記載内容の例を表6・17に示す。

6・7　現場施工 ［標仕 5.1.3］

1　現場施工の基本

　加工場などで準備された鉄筋を所定の場所に配置する工事を「配筋」という。作業は「鉄筋工」「配筋工」と呼ばれる職人が行い、継手に関してはそれぞれ専門の職人や技術者が行う。配筋は「施工図」に基づいて実施される。鉄筋工事はこれまで見てきたように加工や組立てに関する基準が非常に多いので、施工図の段階で諸基準に合致するとともに無理なく配筋できるように細部まで決めておく。

2　各部配筋

　鉄筋の配筋は、設計図書に従う。配筋標準図を含めた設計図書をよく読み込み、主要な箇所の継手やフックなどのルールを再確認し、型枠工事やその他工事（電気、仕上げなど）との干渉や施工手順もよく検討する。

　柱の配筋は、鉄筋を先に配筋し、最後に型枠で塞ぐように施工する。各階の柱主筋は下階から延びてきている主筋に継手により接合するが、このとき柱の帯筋は主筋の継手に先行して入れておかないと後入れできないので注意が必要である。壁配筋は、外側の型枠を建てたあとに行い、その後配筋検査を行って内側の型枠を建てる。

　水平部材である床と梁の配筋は、受け手となる型枠が先行する工程となる。すなわち、型枠を足場代わりにして配筋を行うことになる。一方で、梁の型枠の内部に配筋することは非常に困難である。したがって、「うま」や「かんざし筋」と呼ばれる仮設治具を使って、組立て中の鉄筋を持ち上げておき、完成後にそれを梁の型枠の中に落とし込む、「落とし込み工法」が用いられる。

3　配筋検査 ［標仕 5.1.3］

　鉄筋の施工状況は、コンクリート打設後には確認できないため、写真による記録を行うとともに、重要な箇所については設計監理者等による「配筋検査」を受ける。鉄筋工事の施工中の写真記録については、国土交通省大臣官房官庁営繕部整備課『営繕工事写真撮影要領』で表6・18のように定められている。

　なお、工事写真には、①工事名、②工事種目、③

撮影部位、④寸法、規格、表示マーク、⑤撮影時期、⑥施工状況、⑦立会者名、受注者名などを示さなければならない。

表6・18　鉄筋工事における写真記録一覧

撮影項目	撮影対象	時期
材料	鉄筋のラベル等	搬入時
	加工場等での集積保管状況	保管中
	機械式継手、溶接継手	搬入時
加工・組立て	配筋（補強筋を含む、寸法・本数）の計測状況	計測時
	配筋検査状況	検査中
養生	配筋の養生状況	施工中
ガス圧接	圧接端面の状況	施工前
	圧接状況	施工中
	外観試験状況	試験中
	抜取試験状況	試験中
	不良個所の修正状況	完了時
	試験片抜取り後の補強状況	施工中
機械式継手	施工状況	施工中
	不良個所の修正状況	完了時
溶接継手	施工状況	施工中
	溶接部の試験	試験中
	不良個所の修正状況	完了時

出典：国土交通省大臣官房官庁営繕部整備課『営繕工事写真撮影要領』をもとに作成

一方、配筋検査では、配筋工事の終了後だけではなく、工程要所の適切なタイミングでも確認を行う。これは問題箇所が見つかってもあとから是正することが難しい場合もあるからである。配筋検査の項目例を表6・19に示す。

なお、配筋検査の終了後からコンクリート打設までの間に、仕上工事用のインサート金物や設備工事の配管等が型枠内に設けられる場合があるので、そのような場合はコンクリート打設に先立って、必要に応じて再度検査を行う。☞POINT

表6・19　配筋検査の項目例

①種別、径、本数
②折曲げ寸法、余長、フック
③鉄筋のあき、かぶり厚さ
④定着・継手の位置、長さ
⑤補強筋、差し筋
⑥スペーサーの配置、数量
⑦ガス圧接継手抜取試験（超音波探傷 or 引張試験）
⑧機械式継手の試験（全数または抜取り）
⑨溶接継手の試験
⑩配管等の取合い

出典：『監理指針』5.1.3(2)をもとに作成

☞実務のポイント

配筋検査には構造設計者が立ち会うことが多い。構造設計者からは細かな指摘も多いが勉強になることも多い。現場内のどこに注意を払っているか、どこを観察しているかをよく勉強しておく。

設計監理者からのひとこと

躯体工事の要所においては設計監理者が検査等を実施するが、この段階で誤りが見つかっても当該箇所をやり直さなければならない場合もあるので、それを防ぐために、設計図書をよく読み込んで、不明な箇所は設計者に確認することが必要である。

具体例として、ここでは配筋検査で起こった実際の例を紹介する。ひとつは「梁主筋のレベルがX・Y方向で逆になっていた」ケースである。構造計算においては梁断面の主筋を算定する際は、梁主筋のレベルをX方向とY方向で分けて設定している。したがって、設計図書上もX・Y方向の配筋方法（レベル）は表記されているが、施工者の設計図書の読込みが甘く、これを取り違えてしまった。この現場では結果として全ての梁配筋の再施工となってしまったが、内容的には防げたはずのミスである。

2つ目は「早とちりにより梁のあばら筋（スタラップ）のフックの形状を間違えた」ケースである。一般に、あばら筋のフックは135°のフック（本書表6・5）とするが、例外としてスラブが取り付く場合は90°フックとする。これは梁とスラブが一体化されている場合は梁のあばら筋はスラブにより拘束されるためである。したがって、同じスラブでも置きスラブ（梁と一体化させないスラブ）とする場合は135°とする必要があるが、これを「スラブが取り付く梁なのでフックは90°にすれば良い」と勘違いしてしまうと、やはり再施工となってしまう。このケースでは、フックの形状がなぜ異なるかを理解していれば回避できたはずなので、設計図書や仕様書などを漠然と見るのではなく、鉄筋の配置や形状には理由があることを認識し、ぜひその成り立ちなども学んでいただきたいと考える。（巴コーポレーション・佐藤）

1章　建築施工とは何か
2章　建設現場の五大任務
3章　仮設工事
4章　土工事
5章　地業工事
6章　鉄筋工事
7章　型枠工事

問1 鉄筋工事に関する次の記述のうち、最も不適当なものはどれか。（平30・一建士・学科Ⅴ・設問8）＊

1. スラブの配筋において、特記がなかったので、上端筋、下端筋それぞれにスペーサーを間隔は0.9m程度、端部は0.1m以内に配置した。

2. 普通コンクリート（設計基準強度27N/mm²）の耐力壁の脚部におけるSD 295 Aの鉄筋の重ね継手については、特記がなかったので、フックなしとし、その重ね継手の長さを40dとした。

3. 機械式継手を用いる太染の主筋の配筋において、隣り合う鉄筋の継手位置をずらして配筋するに当たり、カップラーの中心間で400mm以上、かつ、カップラー端部の間のあきが40mm以上となるように組み立てた。

4. D22の主筋のガス圧接継手の外観検査において、鉄筋中心軸の偏心量の合格基準値を5mmとした。

問2 鉄筋工事に関する次の記述のうち、最も不適当なものはどれか。（平27・一建士・学科Ⅴ・設問8）

1. 鉄筋の重ね継手において、鉄筋径が異なる異形鉄筋の継手の長さは、細いほうの鉄筋の径を基準とした。

2. ガス圧接継手において、SD345のD22とD29との圧接は、自動ガス圧接とした。

3. 粗骨材の最大寸法が20mmのコンクリートを用いる柱において、主筋がD25の鉄筋相互のあきは、40mmとした。

4. 柱におけるコンクリートのかぶり厚さは、せん断補強筋の表面からこれを覆うコンクリート表面までの最短距離とした。

問3 鉄筋工事に関する次の記述のうち、最も不適当なものはどれか。（平27・二建士・学科Ⅳ・設問10）

1. 柱主筋をガス圧接継手とし、隣り合う主筋の継手は、同じ位置とならないように300mmずらした。

2. 配筋検査は、不備があった場合の手直し及び再組立てに要する労力・時間を考慮し、組立て工程の途中で、できる限り細かく区切って実施した。

3. SD345のD22とD25との継手を、ガス圧接継手とした。

4. 降雪時のガス圧接において、覆いを設けたうえで、作業を行った。

5. フックのある重ね継手の長さには、末端のフック部分の長さを含めなかった。

問4 鉄筋工事に関する次の記述のうち、最も不適当なものはどれか。（平28・二建士・学科Ⅳ・設問10）

1. 柱主筋をガス圧接継手とし、隣り合う主筋の継手の位置は、同じ高さとならないように400mmずらした。

2. ガス圧接継手において、外観検査の結果、明らかな折れ曲がりが生じたことによって不合格となった圧接部を、再加熱して修正した。

3. 鉄筋の重ね継手において、鉄筋径が異なる異形鉄筋相互の継手の長さは、太いほうの鉄筋径より算出した。

4. 柱の鉄筋のかぶり厚さは、主筋の外周りを包んでいる帯筋の外側表面から、これを覆うコンクリート表面までの最短距離とした。

5. 壁の打継ぎ目地部分における鉄筋のかぶり厚さについては、目地底から必要なかぶり厚さを確保した。

解答・解説 --

問1 最も不適当な選択肢は「4」である。ガス圧接継手の鉄筋偏心量は鉄筋径の1/5以下とする。設問は鉄筋の呼び径が22mmなので、外観検査の合格基準値は4.4mm以下となる。 ≫本書6・5-3(1)(エ)、図6・12

問2 最も不適当な選択肢は「2」である。自動ガス圧接は5mmを超える径の差がある場合は圧接を行ってはならない。 ≫本書6・5-4(2)

問3 最も不適当な選択肢は「1」である。ガス圧接の継手位置は400mm以上ずらす。 ≫本書表6・10

問4 最も不適当な選択肢は「3」である。鉄筋径が異なる場合は細いほうの鉄筋径を基準にする。 ≫本書6・4-2(1)③

7章　型枠工事

RC造において、コンクリートの形状を形づくるための型枠を築造する工事を「型枠工事」という。この型枠工事の特徴は「重量があり、かつ、高い流動性を持つフレッシュコンクリートを、一定期間中その中にとどめておく必要がある」ということである。したがって、品質確保の視点はもちろん、施工中の安全確保も重要なポイントとなる。特にせき板と支保工の存置期間は基準通りに行う必要がある。

なお、『標仕』ならびに『監理指針』においては、型枠工事はコンクリート工事の一部として扱われているが、本書では整理の意味で独立させた。

キーポイント

① 型枠の基本構成について、まずは用語を整理する
② 型枠にかかる荷重の種類と設計の方法について理解する
③ せき板と支保工の存置期間、特に梁下・スラブ下の基準について整理する

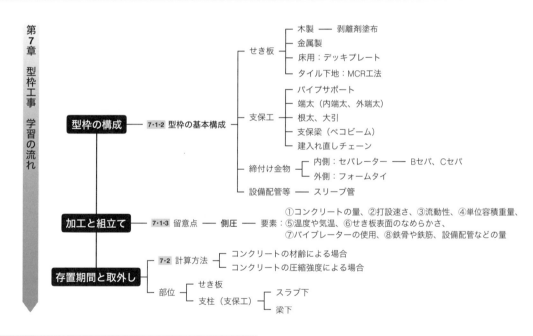

7・1　型枠の加工と組立て [標仕 6.8.1〜2]

1　型枠の概要 [標仕 6.8.1]

建設現場において、まだ固まっていない流動状態のフレッシュコンクリートを流し込み、所定の形状に一定時間保つためのシステム一式を「型枠」という。打設直後のコンクリートは流動状態にあり、型枠はこれに耐える必要がある。また、コンクリート打設時には作業荷重として打設時の震動及び衝撃ならびに水平荷重等の外力にも耐える必要がある。

2　型枠の基本構成 ［標仕 6.8.2］

(1) 型枠の構成と部材

　型枠の基本構成を図7・1に示す。このうち主要な構成要素は、コンクリートをせき止める板である「せき板」と、せき板の位置を安全に保持し、かつ変形が生じないように支える「支保工」である。また、せき板と支保工を緊結するために「セパレーター」「締付け金物」などの金物類も重要である。

　せき板には剥離剤を塗布した合板を加工した木製型枠が多く用いられる。支保工は、せき板にかかる重量などを支持するためのもので、支柱（パイプサポート）が中心的な部材である。その他、柱や壁などの鉛直部材の支保工には内端太、外端太、敷角などが、また梁や床などの水平部材の支保工には水平材を支える根太や大引、支保梁（ペコビーム）などが使用される。また、せき板の位置を保持したり転

倒を防止するために、水平つなぎやブレース、建入れ直し用のチェーンも用いられる。

　型枠の存置期間は場所にもよるが、例えば梁やスラブなどの水平材では1か月に及ぶこともあることから安定性も重要である。この間、型枠内のコンクリートが硬化したり上階での作業が始まったりして考慮しなければならない荷重も変化するため、それらに対応できる事前の計画が必要になる★1。型枠工

表7・1　型枠工事の施工計画書の記載事項例

①型枠の準備量
②型枠の材料
③型枠緊結材の種別及びBセパを使用する箇所
④コンクリート寸法図（スケルトン、コンクリート基体図、コンクリートプラン）
⑤基準部分の型枠組立て図
⑥型材取外しの条件（材齢または構造計算により安全を確認する場合）
⑦剥離剤使用の有無

出典：『監理指針』6.1.1(3)をもとに作成

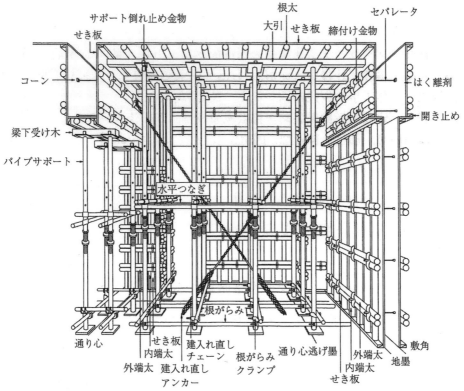

図7・1　型枠の構成（出典：日本建築学会『型枠の設計・施工指針』第2版、2011年）

☞**豆 知 識**

★1　型枠の計画を網羅的に解説したものが日本建築学会『型枠の設計・施工指針』である。一通り目を通しておき、すぐに参照できるようにしておきたい。

事の施工計画書の記載事項例を**表 7·1** に示す。

(2) せき板 ［標仕 6.8.2(2)］

せき板には木製の合板[2]が使用されることが多い。規格としては JAS（日本農林規格）による「コンクリート型枠用合板（コンパネ）」が用いられる。厚さは特記によるものとされるが、特記なき場合は「12mm」とする。大きさは 910mm × 1820mm（3尺 × 6尺＝サブロクとも呼ばれる）が標準である。コンパネの表面には脱型を容易にするために剥離剤を塗布しておく。近年は事前に剥離剤を塗布した「表面加工コンクリート型枠用合板（パネコート等）」も普及している。

なお、タイル仕上などに用いるために、型枠表面に中空樹脂シート（梱包用のプチプチシートのようなもの）を張り付けてコンクリート表面にアリ足状の凸凹を設けて仕上用のモルタルなどの食い付きを改善する「MCR（Mortar Concrete Revert-back）工法」も採用される。

(3) 金属製型枠とデッキプレート

近年では、品質の確保や生産効率の向上や環境問題への配慮から、木製以外の型枠として鋼製やアルミ製などの金属製型枠なども普及しつつある。特に住宅やアパートの基礎など、ある程度規格が決まっている場合は、転用がきくように金属製の型枠が使用されることがある。

また、床用の下側の型枠として「デッキプレート」が使用されることもある。本来は鉄骨造用の床専用の金属製（通常は溶融亜鉛メッキ鋼板）型枠であるが、RC 造で使用されることもある。デッキプレートには「構造デッキ（合成デッキ）」と「型枠デッキ」があり、前者は鋼板が建物完成後にも構造的な役割を果たすのに対し、後者は型枠としての機能のみである。

(4) 型枠締付け金物 ［標仕 6.8.2(6)］

型枠締付け金物とは型枠の形状を保つための金物類の総称であり「緊結金物」ともいう。原則としてボルト式とし、構成は内部から支える「セパレーター（セパ）」と外側から締め付ける「フォームタイ」からなる（**図 7·2**）。主要部材を以下に示す。

①セパレーター

壁用の 2 枚の型枠の間隔を保持するための金属製の棒状の部材のことを「セパレーター（セパ）」という。セパレーターの端部はねじ加工が施されており、型枠にあけられた穴を貫通して外側からフォームタイで締め付けるようになっている。また型枠を内側から支える部材も取り付けられており、打放し用の「B セパ」、仕上あり用の「C セパ」などがある。B セパ端部には「P コン」と呼ばれるプラスチック製の円錐状の部材が取り付けられており、脱型後には P コンがあった部分はモルタルなどで埋められる。

②端太・フォームタイ

コンクリート打設時に側圧等でせき板がたわまないように、外側から「端太」で押さえつける。端太とは本来は 10cm 角の木製の角材をいうが、こんにちでは一般に単管パイプが使用される。

端太を外から締め付ける金物を「フォームタイ（form：型枠、tie：結びつける）」という。押さえつける側は単管パイプの丸みに合うような形状になっており、外側からインパクトレンチ[3]等で締め付ける。

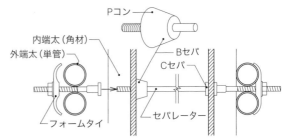

図 7·2　「ボルト式型枠緊結金物」の例（打放し用丸パイプねじ式）

1章　建築施工とは何か

2章　建設現場の五大任務

3章　仮設工事

4章　土工事

5章　地業工事

6章　鉄筋工事

7章　型枠工事

☞**豆知識**

★2　一般には合板をベニヤ板と称することもあるが、厳密には木材を大根のかつら剥きのようにして製材したものが「ベニヤ板」であり、これを繊維方向が直交するように奇数枚貼り合わせたものが合板である。

★3　**インパクトレンチ、インパクトドライバ**：内蔵されたおもりによって回転だけではなく衝撃が加わることによって瞬間的に大きなトルク（回転の強さ）を発生させることができる特殊な工具である。

(5) 支柱（パイプサポート）

せき板の側圧やスラブ、梁などの荷重を支える仮設材のことを「**支柱**」という。単に荷重を支えるだけではなく、打設中のたわみや変形も抑える必要がある。したがって、位置や本数などについては、現場で構造計算を行って計画や安全性を確認する。支柱を含めた「**型枠支保工**」については「労働安全衛生規則」第二編 第三章「型わく支保工」に基準が設けられている。

(6) スリーブ管 [標仕 6.8.2(9)]

壁や梁などに設備配管を通す場合には、配筋や型枠建て込みの段階で貫通孔を計画しておく。後から「**コア抜き**」と呼ばれる手法で貫通孔を空けることもできるが、鉄筋を切断してしまうなどのリスクがあるため、通常は型枠の段階（＝コンクリート打設前）に「**スリーブ管**」と呼ばれる筒を挿入しておく。スリーブ管には鋼管や硬質ポリ塩化ビニル、溶融亜鉛めっき鋼板、ボール紙などの既製品などが用いられる。

なお、スリーブ管周辺はクラック（亀裂）が入りやすくなるため、必要に応じて鉄筋で補強する（開口補強筋）。

3 型枠の加工・組立て [標仕 6.8.3]

(1) 側圧（そくあつ）

型枠にコンクリートを流し込んだ際、まだ固まらないコンクリートが型枠に及ぼす荷重のことを「**側圧**」という。側圧の大きさは、**表7·2**に示す要素などが影響する。☞ **POINT**

(2) 施工図の作成

型枠の施工は施工図を作成して行う。作成にあたっては、設計情報のほか、せき板や支保工の構造計算も反映させる。また、打継ぎの位置やせき板の割り付けは仕上とも関係することがあるので注意する。特にコンクリート打放し仕上の場合は目地の位置やセパレーター穴の位置が意匠上も重要なので、

表7·2　側圧の大きさに影響を与える要素

①コンクリートの量	打設されるコンクリートの量が多いと側圧は大きくなる
②コンクリートの打設速さ	打設ホースからのコンクリートの吐出速度が速いと側圧は大きくなる
③コンクリートの流動性	コンクリートが柔らかく流動性が高いと側圧は大きくなる
④コンクリートの単位容積重量	コンクリートの重量が重いほど側圧は大きくなる
⑤コンクリートの温度や気温	コンクリートの温度や気温が高い⇒水和反応加速⇒硬化加速⇒流動性低下⇒側圧は小さくなる
⑥せき板表面のなめらかさ	せき板の表面がなめらかだとコンクリートの流動性が増すため側圧も大きくなる
⑦バイブレーターの使用	バイブレーター等を用いて型枠内のコンクリートの流動性を高めると側圧も大きくなる
⑧鉄骨や鉄筋、設備配管などの量	型枠中の鉄骨や鉄筋の量が多いと、力が分散されるため側圧は小さくなる

事前に必ず施主や設計者に確認する。

(3) 型枠の加工と組立ての作業

型枠の加工や組立ては型枠大工が行う。状況に応じて工場や現場で作業を行うが、現場で行う場合は「**下小屋**（したごや）」と呼ばれる専用の作業小屋を用意する。

(4) 現場での型枠建て込みの注意点

支柱は、床面から壁型枠などを支えるなど以外は、原則として垂直に立てる。梁や床を支える支柱は可能な限り上下階で平面上の位置を揃える。支柱を地盤に立てる場合は、地盤を十分締め固めるとともに、敷板などを置いて支柱が沈下しないようにする。なお、余計な振動等が伝わったり変形しないように、型枠に足場や遣方などの仮設物を連結させてはならない。

7·2　型枠の存置期間及び取外し

[標仕 6.8.4]

1 型枠の存置期間と脱型の基本

コンクリートが硬化したのちに型枠を解体することを「**脱型**（だっけい）」という（地下などはあえて脱型しない

☞**学習のポイント**

「流動性の高い（≒柔らかい）コンクリートの側圧は大きい」と理解しておく。

1章 建築施工とは何か

2章 建設現場の五大任務

3章 仮設工事

4章 土工事

5章 地業工事

6章 鉄筋工事

7章 型枠工事

でそのまま埋め殺しとする場合もある）。現場では仕上工事や設備工事などがあとに控えているので、できるだけ早く脱型したいが、支保工やせき板の解体にはそれぞれ「存置期間」のルールがある。型枠の最小存置期間は、コンクリートの材齢またはコンクリートの圧縮強度により定める。寒冷のため強度の発現が遅れるおそれのある場合は、コンクリートの圧縮強度により存置期間を定める ≫本書8・4-2 。

関連して、せき板を支えている支柱をいったん外して、別の場所に設置し直すことを「盛替え」というが、コンクリートが十分に硬化しきる前に支柱を外すと、支柱が負担していた応力が一気に開放されてしまうため大変に危険である。したがって、盛替えは支柱の最小存置期間経過後に行う必要がある。

表7・3　せき板の最小存置期間

施工箇所		基礎、梁側、柱、壁			
セメントの種類 存置期間中の平均気温		早強ポルトランドセメント	普通ポルトランドセメント、高炉セメントA種、シリカセメントA種、フライアッシュセメントA種	高炉セメントB種、シリカセメントB種、フライアッシュセメントB種	中庸熱ポルトランドセメント、低熱ポルトランドセメント
コンクリートの材齢による場合（日）	15℃以上	2	3	5	6
	5℃以上	3	5	7	8
	0℃以上	5	8	10	12
コンクリートの圧縮強度による場合	—	圧縮強度が $5N/mm^2$ 以上となるまで。			

（注）　圧縮強度を圧縮強度試験により確認する場合は、『標仕』6.9.3(1)(イ)による工事現場における水中養生供試体又は封かん養生供試体の圧縮強度とする。

出典：『標仕』表 6.8.2

表7・4　支柱の最小存置期間

施工箇所		スラブ下			梁　下
セメントの種類 存置期間中の平均気温		早強ポルトランドセメント	普通ポルトランドセメント、高炉セメントA種、シリカセメントA種、フライアッシュセメントA種	中庸熱ポルトランドセメント、低熱ポルトランドセメント、高炉セメントB種、シリカセメントB種、フライアッシュセメントB種	左記の全てのセメント
コンクリートの材齢による場合（日）	15℃以上	8	17	28	28
	5℃以上	12	25		
	0℃以上	15	28		
コンクリートの圧縮強度による場合	—	圧縮強度が設計基準強度（F_c）の85%以上又は $12N/mm^2$ 以上であり、かつ、施工中の荷重及び外力について、構造計算により安全であることが確認されるまで。			圧縮強度が設計基準強度（F_c）以上であり、かつ、施工中の荷重及び外力について、構造計算により安全であることが確認されるまで。

（注）　圧縮強度を圧縮強度試験により確認する場合は、『標仕』6.9.3(1)(イ)による工事現場における水中養生供試体又は封かん養生供試体の圧縮強度とする。

出典：『標仕』表 6.8.3

2 存置期間に関する例題

存置期間に関する例題を解いてみる。

【例題①】

　基礎や梁側、柱、壁のせき板の最小存置期間をコンクリートの材齢により決定する場合、普通ポルトランドセメントを使用して存置期間の平均気温が10℃である場合は、これらのせき板の存置期間は何日になるか。

「せき板の最小存置期間」は、『標仕』の表6.8.2で規定されている（表7・3）。条件は「基礎や梁側、柱、壁のせき板」であり、使用するセメントは「普通ポルトランドセメント」を選択、さらに「存置期間の平均気温が10℃」なので「5°以上（15°未満）」を選択すると、「5日」という解答が導き出される。

次に支柱の問題も解いてみる。

【例題②】

　例題①と同じ条件において、スラブ下の支柱の最小存置期間は何日になるか。

　この問題は支柱の問題なので『標仕』表6.8.3（本書表7・4）を用いる。同じように表を辿っていくと答えは「25日」であることがわかる。

建築士試験過去問

問1 型枠工事に関する次の記述のうち、最も不適当なものはどれか。（令1・一建士・学科V・設問9）
1. 型枠支保工の構造計算における水平荷重については、支柱に鋼管枠を使用するに当たり、支保工の上端に設計荷重（鉛直荷重）の2.5/100に相当する値が作用することとした。
2. コンクリート打放し仕上げに使用するせき板に、「合板の日本農林規格」第5条「コンクリート型枠用合板の規格」による表面加工品を使用するに当たり、特記がなかったので、厚さが9mmのものを使用した。
3. 計画供用期間の級が「標準」の建築物において、せき板の取外し後に湿潤養生をしない計画となっていたので、構造体コンクリートの圧縮強度が10N/mm²以上に達するまで、せき板を存置した。
4. 片持ちスラブを除くスラブ下の型枠支保工の取外しについては、コンクリートの圧縮強度によることとしたので、圧縮強度が12N/mm²以上であること、かつ、施工中の荷重及び外力について、構造計算により安全であることを確認したうえで行った。

問2 型枠工事に関する次の記述のうち、最も不適当なものはどれか。（令2・一建士・学科V・設問9）
1. 型枠の構造計算を行うに当たり、コンクリートの打込み速さを10m/h以下、コンクリートの打込み高さを1.5m以下として計画したので、柱の側圧と壁の側圧とを同じ値とした。
2. パイプサポートを支柱に用いる型枠支保工については、その高さが3.5mを超える計画としたので、高さ2.0mごとに水平つなぎを二方向に設け、かつ、水平つなぎの変位を防止する措置を行った。
3. パラペットのコンクリートとスラブとを一体に打ち込むに当たり、パラペットの型枠を浮かし型枠とする箇所については、コンクリートの打込み時に型枠が動かないように、外部足場に固定した。
4. 基礎のコンクリートに使用するセメントが普通ポルトランドセメントから高炉セメントB種に変更となったので、コンクリートの材齢によるせき板の最小存置期間をポルトランドセメントの場合より長く設定した。

解答・解説 -

問1 最も不適当な選択肢は「2」である。せき板に用いる合板の厚さは特記によるが、特記なき場合は「12mm」とする［標仕6.8.2(2)］ ≫本書7・1-2(2)。

問2 最も不適当な選択肢は「3」である。『標仕』6.8.3(5)により、型枠は足場、遣方などの仮設物とは連結させない ≫本書7・1-3(4)。なお、"浮かし型枠"とは、パラペットの立上り（内側）や階段など、床面と同時にコンクリートを打ち込む背の低い型枠の部分をいう。宙に浮くように型枠が建て込まれるのでこの名称となっている。

8章　コンクリート工事

8章　コンクリート工事

9章　鉄骨工事

10章　木造工事

11章　防水工事

12章　仕上工事

13章　その他の工事

　コンクリート工事とは、レディーミクストコンクリート工場から搬入されたフレッシュコンクリートの受入検査を実施し、型枠の中に流し込み、ねらった品質のコンクリートに仕上がるように適切に養生を行うこと全体をいう。本章前半ではレディーミクストコンクリートの品質管理や調合の考え方、取り扱う強度の定義を行い、後半では現場打設や養生などについて学習する。ポイントは、現場に持ち込まれる時点では硬化していない生のコンクリートを、いかにねらった品質通りに施工するかという点である。そのためには、持ち込まれたコンクリートが適切であることに加え、前工程や後工程も含めた施工が適切に行われていることが重要である。これらをいかに総合的に管理していくのか、求められるのは基準に従って細部に気を配ることに加えて、経験を積んでプロセス全体を俯瞰して見る視野の広さである。

　コンクリート打設は現場にとって最重要の工程のひとつである。その日を目指して様々な職種の職人が作業を進め、打設が成功裡に完了したときは現場には一体感が生まれることも多い。覚えることも多く現場でも気苦労が絶えない工事であるが、現場の華であることには間違いはない。ぜひ基準をしっかりと理解し、現場でもよく観察して経験を積んでいただきたい。

キーポイント

≫「学習の流れ」は次頁

① コンクリートが凝結・硬化する仕組みが管理項目に直結するので水和反応のメカニズムをよく知る
②「工業製品としてのコンクリートの品質」と「施工後のコンクリートの品質」の違いを理解する
③ 各種強度試験の概要と方法をよく整理する（調合管理強度と構造体コンクリート強度、脱型など）

8・1　コンクリートの概要

1　コンクリートとは何か

(1) コンクリートの広義と狭義

　「コンクリート」とは、広義には「砂利などの骨材を結合材（のり）で固めた"人工的な石"」のことをいい、結合材の種類に応じてセメントコンクリートやアスファルトコンクリート、ポリマーコンクリートなどが存在する。このうち建築で使用されるコンクリートは、そのほとんどが「セメントコンクリート」である（建築の世界でコンクリートと言えば、通常はこのセメントコンクリートのことをいう）。

　なお、コンクリートは主に構造材料として用いら

れるが、骨材を細骨材のみとした「セメントモルタル」は、仕上材として広く用いられる。

(2) コンクリートを構成する要素

　コンクリートは、砂利や、砕石といった「粗骨材」を集めてその隙間を「細骨材（砂）」で埋め、それを「セメント」と「水」によってつくられた「セメントペースト」で固めたものである。またこれに微量ではあるがコンクリートの様々な性質を改善するための「混和材料」が混入される。

　このようにコンクリートは人工的につくった岩のような材料なので、その強度上の特徴も石材と同じく圧縮に強いが引張には弱い。そのため、構造体としてコンクリートを使用する場合は一般に鉄筋で補強された「鉄筋コンクリート」として使用される。
☞ POINT（次頁）

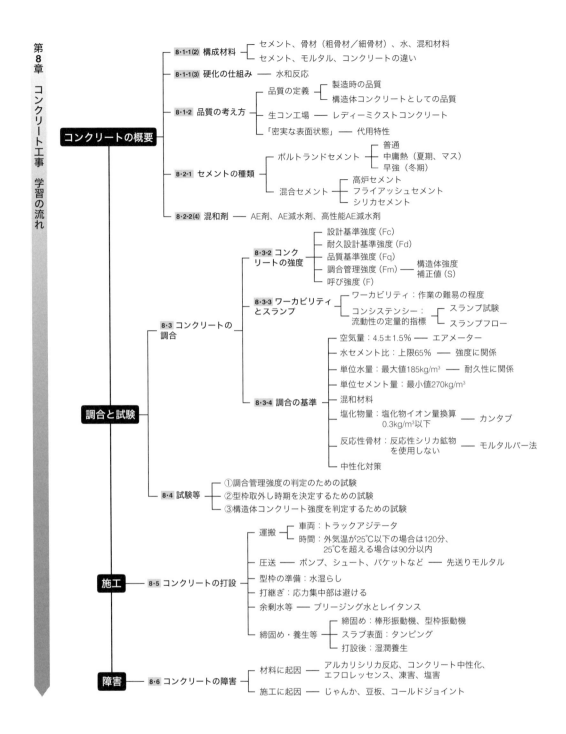

コンクリートの概要

- 8・1-1(2) **構成材料** ─── セメント、骨材（粗骨材／細骨材）、水、混和材料
  - セメント、モルタル、コンクリートの違い
- 8・1-1(3) **硬化の仕組み** ─── 水和反応
- 8・1-2 **品質の考え方**
  - 品質の定義 ─── 製造時の品質
    - 構造体コンクリートとしての品質
  - 生コン工場 ─── レディーミクストコンクリート
  - 「密実な表面状態」─── 代用特性
- 8・2-1 **セメントの種類**
  - ポルトランドセメント ─── 普通
    - 中庸熱（夏期、マス）
    - 早強（冬期）
  - 混合セメント ─── 高炉セメント
    - フライアッシュセメント
    - シリカセメント
- 8・2-2(4) **混和剤** ─── AE剤、AE減水剤、高性能AE減水剤

調合と試験

- 8・3 コンクリートの調合
  - 8・3-2 **コンクリートの強度**
    - 設計基準強度（Fc）
    - 耐久設計基準強度（Fd）
    - 品質基準強度（Fq）
    - 調合管理強度（Fm）─── 構造体強度補正値（S）
    - 呼び強度（F）
  - 8・3-3 **ワーカビリティとスランプ**
    - ワーカビリティ：作業の難易の程度
    - コンシステンシー：流動性の定量的指標 ─── スランプ試験
      - スランプフロー
  - 8・3-4 **調合の基準**
    - 空気量：4.5±1.5% ─── エアメーター
    - 水セメント比：上限65% ─── 強度に関係
    - 単位水量：最大値185kg/m³ ─── 耐久性に関係
    - 単位セメント量：最小値270kg/m³
    - 混和材料
    - 塩化物量：塩化物イオン量換算0.3kg/m³以下 ─── カンタブ
    - 反応性骨材：反応性シリカ鉱物を使用しない ─── モルタルバー法
    - 中性化対策
- 8・4 **試験等**
  - ①調合管理強度の判定のための試験
  - ②型枠取外し時期を決定するための試験
  - ③構造体コンクリート強度を判定するための試験

施工

- 8・5 **コンクリートの打設**
  - 運搬 ─── 車両：トラックアジテータ
    - 時間：外気温が25℃以下の場合は120分、25℃を超える場合は90分以内
  - 圧送 ─── ポンプ、シュート、バケットなど ─── 先送りモルタル
  - 型枠の準備：水湿らし
  - 打継ぎ：応力集中部は避ける
  - 余剰水等 ─── ブリージング水とレイタンス
  - 締固め・養生等 ─── 締固め：棒形振動機、型枠振動機
    - スラブ表面：タンピング
    - 打設後：湿潤養生

障害

- 8・6 **コンクリートの障害**
  - 材料に起因 ─── アルカリシリカ反応、コンクリート中性化、エフロレッセンス、凍害、塩害
  - 施工に起因 ─── じゃんか、豆板、コールドジョイント

☞学習のポイント

以下の関係は必ず理解しておく。

①セメント＋水＝セメントペースト

②セメントペースト＋細骨材＝モルタル

③セメントペースト＋細骨材＋粗骨材＝コンクリート

(3) 水和反応

コンクリートは、紙粘土などとは異なり、水が蒸発して固まるのではなく、結合材であるセメントペーストが化学反応を起こして凝結・硬化する。この化学反応のことを「水和反応」という。具体的には、セメント中のケイ酸三カルシウムなどの物質が水と化学反応を起こして凝結・硬化することによってなされる。以上の水和反応は化学反応なので、凝結・硬化する際には熱が発生する。この熱のことを「水和熱」という。

なお、水和熱に関しては、特に夏期には注意が必要である。一般に化学反応は材料の温度が高いほど促進される傾向にあり、セメントの各材料の温度が高い状態で水和反応が始まると水和反応が急速に進む。するとさらに水和熱により材料の温度が上昇してますます水和反応が激しくなってしまう。これを避けるために、日平均気温が25℃を超える期間に施工するコンクリートには、水和反応を抑制する「暑中コンクリート」が使われる。

(4) 材料としてのコンクリートの特徴

建築材料としてのコンクリートの特徴は以下の通りである。

①圧縮強度が大きく、耐火性、耐水性、耐久性に優れ、配合を変えることにより強度を自由に選択できる。
②製造、施工が容易で、自由な形状、寸法のものがつくれる。
③各種骨材、鋼材とはもちろん、各種繊維、樹脂など異種材料とも一緒に用いることができ、それぞれ特長ある性能を得ることが可能。
④コンクリートに使用される材料は、セメント、水、砂、砂利と、一般的に入手しやすいものが多く、コスト的に有利である。

以上のことから、コンクリートは現代建築において木材や鋼材と並び欠かせない材料のひとつとなっている（例えば木造建築であっても、その基礎は鉄筋コンクリートであることが多い）。建物用途も様々なものに使用されるが、特に中層の住居系建築

では圧倒的な使用率を誇る。

(5) コンクリートの留意点

コンクリートは、もともとバラバラの骨材をセメントペーストという接着剤で固めていることから永久的に使用できる材料ではない（一般的なコンクリートの寿命は数十年から100年くらい）。さらに、経年劣化にともないひび割れ等が発生しやすいことも欠点として挙げられる。また、施工上の留意点としては、現場で築造されることから品質が安定しにくいといった欠点もある。したがって現在多用されているコンクリートは、レディーミクストコンクリート工場（生コン工場）と呼ばれる専門工場であらかじめ練られた「レディーミクストコンクリート（レミコン、生コン）」が使用されている。

また、コンクリートは極めて強いアルカリ(pH 12～13)であるため、建具などに使われるアルミニウムなどを腐食させる原因となるので注意が必要である。

2　コンクリートの品質管理の考え方[標仕 6.1.2]

(1) 基本要求品質 [標仕 6.1.2]

コンクリートの品質管理の考え方は少々複雑である。まずは「レディーミクストコンクリート（生コン）製造時の品質」と「構造体としてのコンクリートの品質（＝現場施工の品質）」とは分けて考える必要がある。『標仕』上では建設工事に用いるコンクリートの基本要求品質として、①「コンクリート工事に用いる材料は、所定のものであること」、②「打ち込まれたコンクリートは、所定の形状、寸法及び位置ならびに密実な表面状態を有すること」、③「コンクリートは、所定の強度を有し、構造耐力、耐久性、耐火性等に有害な欠陥がないこと」、と規定されている [標仕 6.1.2]。

このうち①では、"コンクリート工事に用いる材料は…"とある。これは「建築材料としてのレディーミクストコンクリートの製造品質」についての記述であり、その品質の責任はレディーミクストコンクリート工場が負う。一方②の"打ち込まれたコンクリートは…"と③の"コンクリートは…"については「施工品質」に関する記述であり、使用

8章 コンクリート工事

9章 鉄骨工事

10章 木造工事

11章 防水工事

12章 仕上工事

13章 その他の工事

する材料の受入責任も含めて施工者がその責任を負う。したがって施工者は、レディーミクストコンクリート工場から出荷されたコンクリートに対して受入検査を行い工業製品としての確認を行う。

(2) 建築材料としての品質 ［標仕 6.1.2(1)］

建築材料としての品質管理は、JIS A 5308（レディーミクストコンクリート）により規定される。具体的には上記 JIS 規格に適合した材料が使用され、JIS Q 1011（適合性評価－日本産業規格への適合性の認証－分野別認証指針（レディーミクストコンクリート））に基づいてレディーミクストコンクリート工場が実施した材料試験の結果によりその品質を確認する［監理指針 6.1.2(1)］。

(3) 形状、寸法及び位置 ［標仕 6.1.2(2)、6.2.5］

RC 部材の断面形状や寸法、位置の精度は、見た目の問題だけではなく、構造体としての耐力や耐久性、仕上や設備などとの納まりにも関係する。精度の基準に関しては、建築物として必要な性能を有するように表 8·1 のように定められている。この値は一般的な許容差の標準値を示しているが絶対的なものではなく、例えば当該コンクリートの上に施される仕上材料の施工に要求される精度によって工事ごとに適切な値を定める。

(4) 密実な表面状態 ［標仕 6.1.2(2)］

構造体として用いられるコンクリートは、使用される材料が全断面において均質に混ざり合い、かつ、型枠内に打ち込まれた後は内部に空隙などが存在しないように緻密に打設されなければならない。しかし、打ち込まれたコンクリートの内部を確認するこ

表 8·1　RC 部材の位置及び断面寸法の許容差の標準値

項目		許容差（mm）
位置	設計図書に示された位置に対する各部材の位置	± 20
断面寸法	柱、梁、壁の断面寸法及びスラブの厚さ	0 ＋ 20
	基礎及び基礎梁の断面寸法	0 ＋ 50

（筆者注）断面寸法の許容差が「0、＋ 20」「0、＋ 50」となっているのは、仕上の種類や納まり等を考慮して決めるため。
出典：『標仕』表 6.2.3

とはできないので、『標仕』では「表面状態によって代替的にその品質を確認する」としている。これは、RC 部材は、鉄筋や型枠等の影響により内部よりも表面付近の方が欠陥が生じやすいので、表面が緻密であれば内部も問題はないであろうという考え方である。具体的な確認方法としては、せき板取外し後にコンクリート表面を確認し「豆板（じゃんか）」等がないことを確認する。もし豆板等が発生した場合は、その程度に応じた補修方法等を定めるようにする［監理指針 6.1.2(2)］。

(5) 構造体コンクリート強度 ［標仕 6.2.2(3)］

建築物の各部に用いられているコンクリートの強度は、実際にその部位からコア（供試体）を切り出して「圧縮破壊試験機（アムスラー）」にかければ確認することができる。しかし、構造体からコアを切り出すことは建物の一部を破壊することであるから、建築物にとっては適切な方法とは言えない。このため『標仕』6.2.2(3)では、「構造体コンクリート強度は、設計基準強度（F_c）以上とし、工事現場で採取し養生された供試体の圧縮強度を基に推定する」と規定している。具体的には、工事現場において構造体に打ち込まれるコンクリートの一部を取り分けて、建築物と同様の温度条件となるように養生した供試体もしくは標準養生した供試体により構造体コンクリートの強度を推定する方法がとられる。

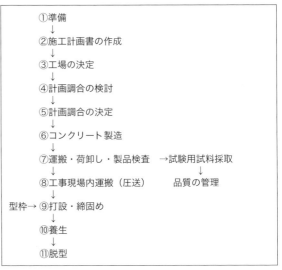

図 8·1　コンクリート工事の流れ（出典：『監理指針』6.1.1(2)をもとに作成）

8章　コンクリート工事

9章　鉄骨工事

10章　木造工事

11章　防水工事

12章　仕上工事

13章　その他の工事

(6) コンクリート工事の流れ

コンクリート工事の作業の流れを図8・1に示す。

図中①〜⑪の全てが施工者の責任である。なお、⑥のコンクリートの製造自体はレディーミクストコンクリート工場の責任であるが、⑦で受け入れた時点で施工者の責任となる。

(7) 施工計画書

以上のコンクリート工事の作業の流れに基づいた施工計画書の記載事項を表8・2に示す。

3　コンクリートの種類 ［標仕 6.2.1］

建築基準法37条では、建築物の基礎や主要構造部に使用する鋼材やコンクリートなどの「指定建築材料」は、JISやJASに適合するものか個別に国土交通大臣の認定を受けたものとしなければならないとされており、コンクリートにおいてはJIS A 5308（レディーミクストコンクリート）に適合した「JIS規格品」を使用する。一方、レディーミクストコンクリート工場の中には、工場の生産体制や品質管理状況について認証を受けた工場もある。そのような工場で製造されたコンクリートはJISマークの表示が認められた「JIS認証品」として扱われる。『標仕』では、上記JIS規格に適合したものを「II類コンクリート」、JIS規格に適合し、かつ認証も受けたJIS認

表8・2　コンクリート工事の施工計画書の記載事項例

①工程表（配合計画書の提出、試し練り、型枠組立て、コンクリート打込み、支柱取外し等の時期）
②配合計画書、計画調合の計算書
③コンクリートの仕上りに関する管理基準値、管理方法等
④仮設計画（排水、コンクリートの搬入路等）
⑤打設量、打設区画、打設順序及び打止め方法
⑥打設作業員の配置、作業動線
⑦コンクリートポンプの圧送能力、運搬可能距離の検討
⑧コンクリートポンプ車の設置場所、輸送管の配置及び支持方法
⑨コンクリート運搬車の配車
⑩圧送が中断したときの処置
⑪圧送後、著しい異状を生じたコンクリートの処置
⑫打継ぎ面の処置方法
⑬上面の仕上の方法（タンピング）
⑭打設後の養生（暑中、寒中）
⑮コンクリートの補修方法
⑯供試体の採取（採取場所、養生方法）
⑰試験所

出典：『監理指針』6.1.1(3)をもとに作成

証品を「I類コンクリート」と呼称し、原則としてI類を使用することとしている。

なお、コンクリートに使用する骨材として、軽量骨材を使用したものを「軽量コンクリート［標仕 6.10］」、それ以外を「普通コンクリート」と称する。

8・2　コンクリートの材料 ［標仕 6.3.1］

1　セメント ［標仕 6.3.1(1)］

(1) セメントの概要

水などを加えると水和反応により硬化する粉体を「セメント」という。こんにち広く用いられている「ポルトランドセメント」は、石灰石や粘土などを一定の割合で混合しロータリーキルンと呼ばれる回転窯で焼成した「クリンカー」を、さらに「せっこう」と混合して細かく粉砕したものである。こうしてでき上がったポルトランドセメントは、わずかに緑がかった灰色をした粒子となる。

ポルトランドセメントの成分は、ケイ酸三カルシウム（エーライト）、ケイ酸二カルシウム（ビーライト）、カルシウムアルミノフェライト、カルシウムアルミネート、硫酸カルシウム（せっこう）である。このうち硫酸カルシウム以外の材料を「クリンカー」という。クリンカー質はいずれも水と混ぜると水和反応を起こし硬化するが、反応速度はそれぞれで異なる。

(2) ポルトランドセメントと混合セメント

我々が一般にセメントという場合は、上記の「ポルトランドセメント」のことをいう（国内で流通しているセメントの70%はポルトランドセメント）。一方、セメントの様々な性質を改善するために、高炉スラグやフライアッシュ、シリカなどの粉末を混合した「混合セメント」が使用されることもある ≫本書 8・2-2(3)。以下に、代表的な混合セメントを紹介する。

①高炉セメント

製鉄の際に鉄鋼の副次材として生成される高炉ス

ラグ微粉末（JIS A 6202）[*1]を混合したセメント。初期強度は小さいが、長期強度は大きい。多量に混和すると水和熱を小さくすることができ、化学抵抗性、耐熱性、水密性、**アルカリシリカ反応抑制効果**などに優れる。ダム、河川、港湾工事や一般のコンクリート工事にも広く使われる。

②フライアッシュセメント

石炭火力発電所で微粉炭を燃焼した際に発生する石炭灰のうち、集塵器で採取された細かな灰（フライアッシュ（JIS A 6201））を混合したセメント。フライアッシュは形状が球形で粒子表面の抵抗が少ないので使用する水の量を減じることができ、長期的に強度を発現する働きがある。乾燥収縮は小さく、水和熱も低いので、ダムなどの「**マスコンクリート**（大断面大質量のコンクリート）」に使われる。

③シリカセメント

シリカフューム（JIS A 6207）と呼ばれるけい石などの粉末を混合したセメント。製造時にオートクレーブと呼ばれる高温高圧の蒸気による養生を行うALCパネルなどに使用される。

(3) 施工条件によるセメントの使い分け

セメントは平均予想気温などの施工条件によりその成分を調整して使い分けられる。一般的な条件では「**普通ポルトランドセメント**」が用いられるが、低温時や急速に硬化させる必要がある場合は硬化速度が速い「**早強ポルトランドセメント**」が使われる。また、高温時や水和熱が大きくなりやすい「**マスコンクリート**」とする場合は、「**中庸熱ポルトランドセメント**」が使われる。そのほか、用途や施工条件により、水中コンクリート（材料分離抵抗剤を使用）、高流動コンクリート（AE剤を使用）、高強度コンクリート（減水剤を使用）、水密コンクリート（粗骨材を多くする）などが使われる。

2　骨材及び混和材料 ［標仕 6.3.1 (2) (4)］

(1) 粗骨材 ［標仕 6.3.1 (2)］

コンクリートにおいて体積の半分以上を占め、強度の要となるのが「**骨材**」である。骨材は、砂利などの「**粗骨材**」と砂などの「**細骨材**」に大別される。粗骨材は、粒径が大きくコンクリートの強度の要であり最も重要な材料といえる。したがって、セメントペースト分が少なく、粗骨材の割合が多いコンクリートほど強度が高くなる。

粗骨材には天然の「**砂利**」と岩を砕いた「**砕石**」の2種類がある。かつては河川敷にある表面が滑らかな砂利（川に流される過程で角が削り取られた砂利）が使用された。近年では良い川砂利が採れなくなってきているため、より大きな岩を砕いた「砕石」が用いられることが多いが、川砂利に比べると砕石は角が尖っている。粗骨材の大きさは、砕石や高炉スラグは最大20mm、砂利の場合は最大25mmと定められている。

なお、粗骨材に軽石を使用した「**軽量コンクリート**」は、強度は低いができるだけ重量を軽くしたい際に用いる。また、鉄鉱石などを用いた「**重量コンクリート**」は放射線を遮蔽する効果があることから、放射線を取り扱う研究室や病院などに用いられることがある。

(2) 細骨材

細骨材には粗骨材同士の隙間を埋めて密実なコンクリートを実現する重要な役割がある。山砂や川砂などを用いるが、近年は良質の天然砂が手に入りにくくなってきているので、海砂を使うこともある。その際、部材内に塩化物量が多いと、内部の鉄筋を電気的に腐食させることになるので、しっかりと水洗いする必要がある。また、最近は「**砕砂**」の使用が増えてきている。

☞豆知識

★1　スラグ（鉱滓）：鉱石から金属を製錬した時などに出る残渣であり、鉄鉱石由来の高炉スラグ、ニッケル鉱石由来のフェロニッケルスラグ、銅鉱石由来の銅スラグ、電気炉で鋼をリサイクルしたときに生じる電気炉酸化スラグなどがある。かつては全量廃棄されていたが、近年はコンクリートの骨材の代替品として利用されることもある。一方で、使い方によっては膨張等も報告されており注意が必要である。

8章 コンクリート工事

9章 鉄骨工事

10章 木造工事

11章 防水工事

12章 仕上工事

13章 その他の工事

砕石・砕砂については JIS A 5005（コンクリート用砕石及び砕砂）、砂利や砂については JIS A 5308（レディーミクストコンクリート）附属書 A の規定に適合するものを用いる。

(3) 混和材料［標仕 6.3.1(4)］

混和材料とはコンクリートの性質を改善する材料群のことをいう。主に粉末の状態で比較的多量に投入される「混和材」と、主に液体の状態で少量添加される「混和剤」の 2 種類がある。混和材は、高炉スラグ微粉末、フライアッシュ、シリカフュームなどがあり、これらを混入することにより前述の「高炉セメント」「シリカセメント」「フライアッシュセメント」などの混合セメントとなる。これらの微粉末はセメント粒子よりもさらに細かく、これがセメント同士の隙間を埋めてより緻密なコンクリートを実現し、硬化後の強度や水密性を高めることができる。

(4) 混和剤

混和剤は、JIS A 6204（コンクリート用化学混和剤）で規定されている。代表的な材料として「AE 剤」や「AE 減水剤」などがあるが、これらは微細な空気や静電気の作用によりセメントペーストの流動性を高めるために用いられる。「AE 剤」とは、レディーミクストコンクリートの中に微細な空気泡を連行（Air Entraining）することにより流動性を増してワーカビリティ（コンクリートの打ち込みやすさ）の改善を図る薬剤である。また、連行された空気は微細な気泡として硬化後のコンクリートにも留まり、それが温度変化にともなう体積の変化を吸収するクッションの役割を果たすことから、硬化後のコンクリートの耐凍害性も向上させることができる。一方の「減水剤」は、薬剤によりセメント粒子を帯電させ、その静電反発作用によりセメント粒子同士を分散させてワーカビリティの改善と単位水量の低減を図る。

AE 剤も減水剤も「使用する水の量を減らしつつ」「ワーカビリティを改善する」機能を有するが、流動化の原理が異なるため併用が可能である。したがって、実務の多くの場面で「AE 減水剤」あるいは「高性能 AE 減水剤」として使用される。

8・3 コンクリートの調合 ［標仕 6.3.2］

1 調合とは何か

コンクリートの各材料の配合を決めることを「調合」という。この調合によってコンクリートの様々な性質（施工のしやすさや強度、耐久性など）が変わってくる。コンクリートの調合は一般にコンクリート $1m^3$ あたりの質量である「単位量」（単位水量や単位セメント量など）で考える。また、単位量だけではなく、コンクリート中の割合も重要である。単位水量の単位セメント量に対する比率を水セメント比という。水セメント比は強度や耐久性を決定する重要な要因であり、一般の仕様の普通コンクリートでは65%以下などと定められている ≫本書8・3-4(2)。

2 コンクリートの強度［標仕 6.2.2、6.3.2(ア)］

コンクリートは建築や土木においては構造材として使用されることから、その強度は非常に重要である。一般にコンクリートの強度は、圧縮強度で18〜150 N/mm²で、引張強度は圧縮強度の1/10〜1/13、曲げ強度は1/5〜1/7、せん断強度は1/4〜1/6とされており、我々が通常"コンクリートの強度"と言った場合は、圧縮強度のことをいう。なお、圧縮強度が36N/mm²を超えるものは高強度コンクリートと呼ばれる。コンクリートの強度には様々なものがあるので以下に整理する。

☞ 豆 知 識

★2（次頁掲載）建築部材に圧縮や引張、曲げなどの外力がかかったとき、部材の内部には応力（stress）が発生するが、これをその部材の断面積で割った値が「応力度」である。許容応力度とは、それぞれの建築部材に生じるその応力度の許容値のことをいう。

①設計基準強度（F_c）

　設計段階の許容応力度計算[★2]などで使用されるコンクリートの強度を「設計基準強度（F_c）」という。理論的な必要強度なので、建物完成時の「構造体コンクリート（構造体とするために打ち込まれ硬化したコンクリート）」の強度は、必ずこの設計基準強度以上でなければならない。

　確認方法としては、コンクリートの強度を目視などで現地で直接測定することは不可能なので、使用するコンクリートを工事現場で採取し、それを適切な環境下で養生した「供試体」の圧縮強度をもとに推定する［標仕 6.2.2(3)］。判定は図8・2に示す『標仕』6.9.5（構造体コンクリート強度の判定）による。

②耐久設計基準強度（F_d）

　コンクリートの耐久性を確保するために必要なコンクリートの強度を「耐久設計基準強度（F_d）」という。コンクリートの耐久性は、中性化の進行速度の影響を強く受ける。すなわち水セメント比の影響が大きいということである。そして水セメント比はコンクリートの圧縮強度と強く連関することから、コンクリートの耐久性は圧縮強度で表現される。日本建築学会編『建築工事標準仕様書（JASS5 鉄筋コンクリート工事）』では表8・3のように定めている。

③品質基準強度（F_q）

　上記の①設計基準強度と②耐久設計基準強度を両方満足させるコンクリートの強度を「品質基準強度（F_q）」という。

④調合管理強度（F_m）［標仕 6.3.2(ア)(a)(b)］

　構造体に打ち込まれたコンクリートの強度は、建物の安全性の観点から必ず設計基準強度以上でなければならない。ここで問題になるのが、現場に打ち込まれた構造体コンクリートは強度にバラツキが生じるため、理論上のコンクリート強度よりも低くなるものが混在する可能性があるという点である。そのため、現場で使用するコンクリートが確実に設計基準強度を満足させるために、強度の割増を行う。

　この割増強度のことを「構造体強度補正値（S、$_mS_n$）」といい、具体的には「標準養生した供試体の材齢 m 日における圧縮強度と構造体コンクリートの材齢 n 日における圧縮強度の差による構造体強度補正値」をいう（JASS5）。この割増した後の強度を

「調合管理強度（F_m）」という。ここで"標準養生"とは「$20 \pm 2\text{℃}$ の水中養生」をいい［標仕 6.11.6（試験）、6.9.3（強度試験）］、また"構造体コンクリートのコア供試体"とは、「実際に構造体に打ち込まれて硬化したコンクリートをコア抜きして供試体としたもの」をいう。すなわち、"標準養生"は安定した環境で養生されたもの、"コア供試体"は現場で打設されたものということである。

　コンクリート強度は時間の経過により徐々に発現するので、その材齢を決めておく必要がある。一般には「標準養生した供試体の材齢」は材齢28日（4週）とし、「構造体に打ち込まれて硬化したコンクリート（＝構造体コンクリート）」は材齢91日（13週）とする。

　以上を整理すると、「構造体強度補正値（S）」とは、「標準養生した供試体の材齢28日における圧縮強度と構造体コンクリートの材齢91日における圧

【『標仕』6.9.5 構造体コンクリート強度の判定】

(1) 構造体コンクリート強度の判定は1回の試験で行い（ア）から（ウ）のいずれかを満足すれば合格とする。
　（ア）工事現場における水中養生供試体の材齢28日の圧縮強度試験結果が、次を満足すること。
　　(a) 材齢28日までの平均気温が 20℃ 以上の場合は、1回の試験の結果が、調合管理強度以上
　　(b) 材齢28日までの平均気温が 20℃ 未満の場合は、1回の試験の結果が、設計基準強度（F_c）に 3N/mm^2 を加えた値以上
　（イ）工事現場における封かん養生供試体の材齢28日の圧縮強度試験の1回の試験の結果が、設計基準強度（F_c）に 0.7 を乗じた値以上、かつ工事現場における封かん養生供試体の材齢28日を超え91日以内の圧縮強度試験の1回の試験の結果が、設計基準強度（F_c）に 3N/mm^2 を加えた値以上
　（ウ）標準養生供試体の材齢28日の圧縮強度試験の1回の試験の結果が調合管理強度以上
(2) 不合格の場合は、監督職員の承諾を受け、JIS A 1107（コンクリートからのコアの採取方法及び圧縮強度試験方法）その他の適切な試験方法により構造体コンクリート強度を確認。また、必要な措置を定め、監督職員の承諾を受ける。

図8・2　構造体コンクリートの強度の判定（出典：『標仕』6.9.5）

表8・3　計画供用期間ごとの耐久設計基準強度の値
（ポルトランドセメント、一般環境（非腐食環境以外））

短期（おおよそ 30 年）	18N/mm^2
標準（おおよそ 65 年）	24N/mm^2
長期（おおよそ 100 年）	30N/mm^2 [※1]
超長期（おおよそ 100 年超）	36N/mm^2 [※2]

※1：かぶり厚さ 10mm 増で 3N/mm^2 減
※2：かぶり厚さ 10mm 増で 6N/mm^2 減

出典：『JASS 5』表 3.1 より作成

縮強度の差のこと」となる。その差は、気温によって異なることが知られており、『標仕』では**表8·4**のように整理される。

例えば、必要な設計基準強度が24N/mm²の普通ポルトランドセメントでは、コンクリートの打設から材齢28日までの予想平均気温が8℃以上であった場合は、**表8·4**より構造体強度補正値は3N/mm²なので、24N/mm² + 3N/mm²の27N/mm²が調合管理強度（F_m）となる。 ☞**POINT**

⑤呼び強度

レディーミクストコンクリートを発注する際に使用される"商品名"としての強度区分。普通コンクリートの場合、18、21、24、27、30、33、36、40、42、45などの種類がある（中間の値はない）。強度区分なので単位は付けないが、各数字は「N/mm²」に対応する。呼び強度は必ず調合管理強度以上とする。JIS A 5308-2019に基づいた『標仕』上のレディーミクストコンクリートの種類及び呼び強度の区分を**表8·5**に示す。

⑥調合強度（F）［標仕 6.3.2（ア）（c）］

コンクリートの理論的な強度はコンクリートの調合（水とセメントの割合等）により決定される。調合を定める場合に目標とする平均の圧縮強度を「調合強度（F）」という。一般的には標準養生した供試体の材齢m日（通常28日）における圧縮強度で表し、以下の式を満足するように定める。

表8·4　構造体強度補正値（S）

セメントの種類	コンクリートの打設から材齢28日までの期間の予想平均気温θの範囲（℃）	
普通ポルトランドセメント 高炉セメントA種 シリカセメントA種 フライアッシュセメントA種	$0 \le \theta < 8$	$8 \le \theta$
早強ポルトランドセメント	$0 \le \theta < 5$	$5 \le \theta$
中庸熱ポルトランドセメント	$0 \le \theta < 11$	$11 \le \theta$
低熱ポルトランドセメント	$0 \le \theta < 14$	$14 \le \theta$
高炉セメントB種	$0 \le \theta < 13$	$13 \le \theta$
フライアッシュセメントB種	$0 \le \theta < 9$	$9 \le \theta$
普通エコセメント	$0 \le \theta < 6$	$6 \le \theta$
構造体強度補正値（S）（N/mm²）	6	3

出典：『標仕』表 6.3.2

表8·5　レディーミクストコンクリートの種類及び呼び強度の区分

〈コンクリートの種類の表記方法〉

普通　27　18　20　N
- セメントの種類
- Gmax（粗骨材の最大寸法、mm）
- スランプ値又はスランプフロー値
- 呼び強度
- コンクリートの種類

〈セメントの種類〉　※（ ）内は低アルカリ形

普通ポルトランドセメント	N (NL)
早強ポルトランドセメント	H (HL)
超早強ポルトランドセメント	UH (UHL)
中庸熱ポルトランドセメント	M (ML)
高炉セメント	BA,BB,BC
シリカセメントA種	SA,SB,SC
フライアッシュセメントA種	FA,FB,FC
普通エコセメント	E

コンクリートの種類	Gmax（粗骨材の最大寸法）mm	荷下ろし地点によるスランプ値又はスランプフロー値[1] cm	呼び強度（単位無し）[2]													
			18	21	24	27	30	33	36	40	42	45	50	55	60	曲げ4.5
普通コンクリート	20,25	8,10,12,15,18	○	○	○	○	○	○	○	○	−	−	−	−	−	−
		21	−	○	○	○	○	○	○	○	−	−	−	−	−	−
		スランプフロー−45	−	−	−	○	○	○	○	○	○	○	−	−	−	−
		スランプフロー−50	−	−	−	○	○	○	○	○	○	○	−	−	−	−
		スランプフロー−55	−	−	−	○	○	○	○	○	○	○	−	−	−	−
		スランプフロー−60	−	−	−	○	○	○	○	○	○	○	−	−	−	−
	40	5,8,10,12,15	○	○	○	○	○	○	○	○	−	−	−	−	−	−
軽量コンクリート	15	8,12,15,18,21	○	○	○	○	○	○	○	○	−	−	−	−	−	−
舗装コンクリート	20,25,40	2.5 , 6.5	−	−	−	−	−	−	−	−	−	−	−	−	−	○
高強度コンクリート	20,25	12,15,18,21	−	−	−	−	−	−	−	−	−	−	○	○	○	−
		スランプフロー45,50,55,60	−	−	−	−	−	−	−	−	−	−	○	○	○	−

※1 スランプ値およびスランプフロー値は次項で詳述。
※2 高強度コンクリートは、表中の○印間の整数及び45を超え50未満の整数を呼び強度とすることができる。

出典：下段表はJIS A 5308：2019より作成

◈実務のポイント

構造体強度補正値は、冬は 6N/mm²、それ以外は 3N/mm² と考えておけば良い。

8章 コンクリート工事
9章 鉄骨工事
10章 木造工事
11章 防水工事
12章 仕上工事
13章 その他の工事

$$F \geqq F_m + \alpha \times \sigma \quad (\text{N/mm}^2)$$

ただし F 　調合強度

F_m 　調合管理強度

α 　コンクリートの許容不良率に応じた正規偏差

σ 　強度のバラツキを表す標準偏差

『JASS 5』では、α を許容不良率4%に相当する1.73としており、『監理指針』もこれに準拠している。一方の σ は発注するレディーミクストコンクリート工場の実績に基づいた値とするが、生産実績が少ない場合には、2.5N/mm²または $0.1F_m$（調合管理強度の10%）のいずれか大きな値を用いる。

以上について『標仕』では、「調合強度は、調合管理強度に、強度のバラツキを表す標準偏差に許容不良率に応じた正規偏差を乗じた値を加えたものとする」と定義している。

3　ワーカビリティとスランプ [標仕 6.2.4]

(1) フレッシュコンクリートの性質

コンクリートの性質のうち「まだ固まらないコンクリート」のことを、一般に「フレッシュコンクリート」という。このフレッシュコンクリートは施工段階のコンクリートのことであることから、施工に関わる職人にとっては「打設のしやすさ」が重要であるが、このことを「ワーカビリティ」という。ワーカビリティは、施工の出来・不出来にも影響を与え、結果として硬化後のコンクリートの強度や耐久性に

影響を与えることから、フレッシュコンクリートの施工性は重要な管理対象である。

(2) ワーカビリティとコンシステンシー

フレッシュコンクリートの性質を表す指標には大きく以下の2つがある。

①ワーカビリティ

コンクリートを完全に打ち上げる（所定の状態に打設する）ための打込み作業の難易の程度。感覚的・定性的な指標。

②コンシステンシー

フレッシュコンクリートの流動性の程度。定量的な指標。

両者を別のかたちで言い換えると、コンシステンシーは純粋に材料の流動性の程度を示す指標であるが、ワーカビリティは「材料分離に対する抵抗性」も考慮に入れた総合的な施工性の評価である[★3]。

『標仕』においては、理想的なワーカビリティとは、打込みの場所や方法、締固め方法に応じて、型枠内ならびに鉄筋及び鉄骨周囲に密実に打ち込むことができ、かつ「ブリージング（セメントペースト中の水が表面に浮き上がってくること）」及び材料分離が少ない状態であるとされる[標仕 6.2.4(1)]。

このワーカビリティは、「材料の流動性」と「材料分離に対する抵抗性」の2つの要素に影響を受けるが、このうち材料の流動性については「変形及び流動に対する抵抗性の度合い」と言い換えることがで

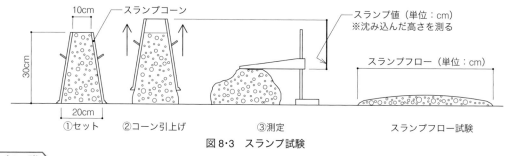

図 8·3　スランプ試験

きる。これを「コンシステンシー」という。

(3) スランプ試験 [標仕 6.2.4 (2)、6.5.2]

前述の通りコンシステンシーは定量的に表現される指標であり、その指標の代表的なものが「スランプ」である。スランプとは、図8・3に示すような高さ30cm の円錐台状の鋳鉄製のコーンに、持ち込まれたフレッシュコンクリートを詰めて突き棒で締め固め、静かにコーンを引き上げたときのフレッシュコンクリートの崩れた高さのことをいう。計測場所は一般に荷卸し地点とし、単位は cm である。『標仕』では表8・6のように規定される。

スランプの許容差は表8・7の通りである。スランプが許容差を超えた場合は、調合の調整、運搬方法の改善等を行う。ただし、水セメント比を変えてはならない [標仕 6.5.2]。

スランプ試験の実施手順は、JIS A 1101（コンクリートのスランプ試験方法）に規定されている。スランプ試験の概念図を図8・3に示す。

(4) スランプフロー

一方、近年では高性能 AE 減水剤などの化学的な薬品等によりコンクリートの強度を保ちつつ流動性を極めて高くした高流動コンクリートが使用されることがある。この高流動コンクリートは、流動性が高すぎてスランプ値（高さ）を計測することが困難なので、コンクリートの平面的な広がり（直径）を測る「スランプフロー」と呼ばれる指標（図8・3）を用いてコンシステンシーを計測する。

表8・6　スランプの基準

打設箇所	基礎、基礎梁、土間スラブ	柱、梁、スラブ、壁
スランプ（cm）	15 もしくは 18	18

出典：『標仕』表 6.2.2

表8・7　スランプの許容差

スランプ（cm）	スランプの許容差（cm）
8 以上 18 以下	± 2.5
21	± 1.5 (注)

(注) 呼び強度 27 以上で、高性能 AE 減水剤を使用する場合は、± 2cm とする。

出典：『標仕』表 6.5.1

(5) コンシステンシーに与える影響

スランプの値、すなわちコンシステンシーは、使用される材料などによって左右される。影響が大きなものとしては、水の量や空気の量、骨材の粒径と形状、そして混和材料である。また、振動や温度も影響する。

まず、微粉末であるセメントに水を加えると柔らかくなるが、このとき水中に微細な空気が混ざっていると、他の材料の表面に貼り付いてベアリングの役割を果たす。また、粗骨材が大きかったり形状が滑らかだと柔らかくなり、振動を加えても柔らかくなる。一方、コンクリートの温度が上昇すると水和反応が進みやすいので硬化が早くなる。

以上の中でスランプに最も影響を与えるのが水の量である。使用する水の量を増やすとフレッシュコンクリートは柔らかくなり、コンクリートポンプによる圧送等の施工性は向上する。一方で打設時に材料が分離しやすくなるほか、硬化後のコンクリートの強度や耐久性が低下するなどのデメリットもあるので、様々な基準が設けられている。

4　コンクリートの調合の基準 [標仕 6.3.2]

以下に『標仕』における調合の各基準のポイントを整理する。

(1) 空気量 [標仕 6.3.2 (イ)(a)、6.5.3]

フレッシュコンクリート中に含まれる空気の量を「空気量」という。コンクリート中に適度に微細な空気が連行されていると、空気がベアリングの役割を果たして流動性が増す。また、冬期にはコンクリートに含まれる水分が凍結・融解を繰り返し、周囲のコンクリートに悪影響を与える可能性があるが、空気が含まれているとそれがクッションの役割を果たして障害を回避できる。ただ、量が多すぎるとコンクリートの強度が低下する。

以上のことから、フレッシュコンクリートの荷卸し地点での空気量は 4.5 ± 1.5％で管理する。

(2) 水セメント比 [標仕 6.3.2 (イ)(b)]

フレッシュコンクリートに含まれるセメントに対

8章　コンクリート工事

9章　鉄骨工事

10章　木造工事

11章　防水工事

12章　仕上工事

13章　その他の工事

する水の質量比を「水セメント比（W/C）」という。この「水セメント比」とは、接着剤であるセメントペーストの配合比のことである。

セメントペーストは「水和反応」という化学反応で硬化する。この化学反応に必要な水分の量は質量比で15〜25％と言われているが、最小限の水でコンクリート中の全てのセメントに水和反応を生じさせることは困難であり、さらに施工性を考慮するとある程度の流動性は必要なことから、ある程度余分な水分を混入している。しかし、水が多すぎると水和反応に使われなかった分が余剰水としてコンクリート中に残ってしまい、これが蒸散することにより間隙が多いコンクリートになってしまう危険性がある。以上のことから水セメント比の上限は、使用するセメントの種類によって**表8・8**に示す通りとする。

(3) 単位水量・単位セメント量
［標仕6.3.2（イ）（c）〜（e）］

表乾状態（骨材の表面は乾いているが、内部の隙間には水分が染み込んでいる状態）の骨材を用いて1m³のコンクリートをつくる場合の水の質量を「**単位水量**」、同じくセメントの質量を「**単位セメント**

量」という。

単位水量を増すとコンクリートの流動性は高くなる。しかし、セメントと水の量は「水セメント比」で決まっているため、水の量を増やすとセメントの量も増えてしまう。結果としてそのコンクリートはセメントペーストが多く、強度の要となる骨材が少ないコンクリートになってしまう。一方、セメントの量が少なすぎると、こちらもやはり水セメント比の関係で使用する水の量が減るためコンクリートが一体化するのに必要なセメントペーストの量が少なくなってしまう。

これらのことを避けるために、『標仕』では単位水量と単位セメント量のバランスを取ることを目的として、「単位水量の最大値は185kg/m³」「単位セメント量の最小値は270kg/m³」と規定している。また、細骨材率は、コンクリートの品質が得られる範囲内で設定する。☞ **POINT**

(4) 混和材料［標仕6.3.2（イ）（f）］

AE剤、AE減水剤または高性能AE減水剤を適切に使用すると、ワーカビリティや強度、水密性、耐乾燥収縮性、耐久性などを向上させることができる。ただし、使用量についてはセメントに対する質量比等が定められていることもあるので、それを遵守する。基本的には所定のスランプ及び空気量が得られる範囲内で使用する。なお、ポンパビリティ（ポンプによる打設のしやすさ）の改善のためにフライアッシュを混合することがあるが、その場合は単位セメント量を減じてはならない。

表8・8　水セメント比（W/C）

セメントの種類	W/C
普通ポルトランドセメント、早強ポルトランドセメント、中庸熱ポルトランドセメント、高炉セメントA種、シリカセメントA種、フライアッシュセメントA種	65 %
低熱ポルトランドセメント、高炉セメントB種、シリカセメントB種、フライアッシュセメントB種	60 %
普通エコセメント	55%

出典：『標仕』6.3.2（イ）（b）より作成

☞ 実務のポイント

『JASS5:2022』においては「セメント」は「ポルトランドセメント」を指すと整理され、高炉スラグなどの水硬性物質（＝活性無機質微粉末）を含めたものは「結合材」と定義された。また、結合材に（骨材の結合には寄与しないが）フレッシュコンクリートの材料分離の抵抗性の向上に寄与する石粉などの物質（＝非活性無機質微粉末）を加えたものは「粉体」と定義された（活性・非活性の無機質微粉末を総称して「混和材」）。以上により、従来の「水セメント比」は「水結合材比」と「水粉体比」に、「単位セメント量」は「単位結合材量」と「単位粉体量」に整理されている。

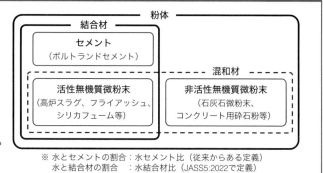

※ 水とセメントの割合：水セメント比（従来からある定義）
　水と結合材の割合：水結合材比（JASS5:2022で定義）
　水と粉体の割合：水粉体比（　〃　）

図8・4　『JASS5:2022』によるセメント・結合材・粉体等の定義

(5) 塩化物量と反応性骨材 (アルカリシリカ反応)

[標仕 6.3.2(イ)(g〜h)]

これらの指標は、コンクリートの耐久性に悪影響を与える成分の上限を定める基準である。

① 塩化物量 [標仕 6.3.2(イ)(g)]

コンクリート中の塩化物は、鉄筋の不動態皮膜を破壊して鉄筋の錆の原因となる。したがって、コンクリートに含まれる塩化物の量は、塩化物イオン (Cl^-) 量で 0.30 kg/m³ 以下と規定されている。

② 反応性骨材 [標仕 6.3.2(イ)(h)]

コンクリートに使われている粗骨材中に「**反応性シリカ鉱物 (ASR)**」が含まれていると、コンクリートのアルカリ性と化学反応を起こして「**アルカリシリカ反応**」という現象が発生し、シリカゲルが生成される。シリカゲルは水をよく吸収し、膨張するという特徴を持つため、コンクリートのひび割れ（比較的均等な亀甲状のひび割れが特徴）やポップアウト（表面が円錐状の皿のように剥離する現象）による剥離・剥落などの原因となる。

アルカリシリカ反応は、「反応性骨材の使用」「高いアルカリ量」「十分な湿度」の 3 条件が揃った場合に発生することが知られている。したがって、その抑制対策としては、反応性の骨材を使用しない、アルカリ総量を低減する、アルカリシリカ反応に対して抑制効果のある混合セメント（高炉セメントやフライアッシュセメント）を使用するなどの方法がある。骨材のアルカリシリカ反応性を判定する試験として「**モルタルバー法**」がある。

(6) 中性化対策

コンクリートは、通常 pH = 12 〜 13 程度の強アルカリ性であり、このことが鉄筋を錆から守っている。しかし、コンクリートは経年により大気中の二酸化炭素の影響により徐々にアルカリ性を失っていく。これを「**中性化**」という。中性化が鉄筋周囲まで進むと鉄筋が錆びて膨張を始め表面のコンクリートがはがれる「**爆裂現象**」が起こる。

中性化自体は防ぐことは難しいが、コンクリートの表面に塗装などの仕上を施すことにより二酸化炭素の侵入を防ぐことができる。また、中性化は数十年かけて表面から徐々に進行していくので、鉄筋の

かぶり厚さを増せば、中性化による鉄筋の錆は防ぐことができる。このことからも鉄筋のかぶり厚さは大変重要である。

8・4 品質や強度の試験 [標仕 6.9]

1 フレッシュコンクリートの試験 [標仕 6.9.2]

フレッシュコンクリートの品質はレディーミクストコンクリート工場によるので、試料の採取は工場ごとに、荷卸し地点で行う。試験項目については、スランプ、空気量、温度、塩化物量などである。

(1) スランプ試験

詳細は本書 8・3-3(3)参照。JIS A 1101 による。

(2) 空気量、温度、塩化物量の測定

① 空気量の測定

JIS A 1128 で規格化されており、専用の空気量測定器（エアメーター）で行う。

② 温度の測定

JIS A 1156 で規定されている。使用する温度計は接触方式としバイメタル温度計やデジタル温度計が推奨されている。

③ 塩化物量の測定

通常は、国土技術研究センターの認定を受けた塩化物量測定計を使用する。方法としては、電極電流測定法やモール法（通称「**カンタブ**」）、イオン電極法、銀電極法、硝酸銀滴定法によるものなどがある。精密な測定が必要な場合は、JIS A 1144 の手順に従う。

2 コンクリートの強度試験 [標仕 6.9.3]

(1) 強度試験の概要

コンクリートの強度試験には、①調合管理強度の判定のための試験、②型枠取外し時期を決定するための試験、③構造体コンクリート強度を判定するための試験の 3 種類がある (**表 8・9**)。いずれの強度試験も、現場に搬入されたコンクリートを荷卸し地点

表 8·9　コンクリートの強度試験の種類とその概要

試験の目的		調合管理強度の判定	型枠取外し時期の決定	構造体コンクリート強度の判定			
1回の試験	頻度	打込み日ごと、打込み工区ごと、かつ、150㎡以下にほぼ均等に分割した単位ごとに行う。	必要に応じて定める。	打込み日ごと、打込み工区ごと、かつ、150㎡以下にほぼ均等に分割した単位ごとに行う。			
	供試体の個数			3			
	供試体の作製方法	1台の運搬車から採取した試料で同時に3個の供試体を作製する。	適切な間隔をあけた3台の運搬車から、それぞれ試料を採取し、1台につき1個（合計3個）の供試体を作製する。				
養生方法 (注)		標準養生	工事現場における水中養生又は封かん養生	工事現場における水中養生	工事現場における封かん養生	標準養生	
材齢		28日	必要に応じて定める。	28日	28日及び28日を超え91日以内	28日	

注：供試体の養生方法及び養生温度は、次による。
　（ア）標準養生は、20±2℃の水中養生とする。
　（イ）工事現場における養生は、水中養生または封かん養生とし、養生温度はコンクリートを打ち込んだ構造体に可能な限り近い条件とする。　　　　　（出典：『標仕』表 6.9.2 に一部加筆）

図 8·5　アムスラーの例（島津製作所 万能試験機）(出典：島津製作所カタログ)

で直径 100mm、高さ 200mm の円柱型のモールド（型枠）の中に打設して「供試体（きょうしたい）」をつくり、これが硬化したのちに圧縮破壊試験機（アムスラー）（図 8·5）で押し潰して圧縮強度を測定する。☞POINT

(2) 調合管理強度の判定 ［標仕 6.9.3 〜 4］

　この試験は、請負者からレディーミクストコンクリート工場に発注され現場に搬入されたレディーミクストコンクリートが、請負者が指定した「調合管

理強度（F_m）」≫本書 8-3-2 ④ 以上であることを確認するために行われる、レディーミクストコンクリートの製造品質確認のための試験である。

　1回の試験の頻度は、打設日ごと、打設工区ごと、かつ 150m³ 以下にほぼ均等に分割した単位ごとに行い、1台の運搬車から同時に 3個の供試体を作製する。養生に関しては「標準養生（20 ± 2℃の水中での養生）」とし、材齢は 28 日（4週）とする。この場合の供試体の脱型は、コンクリートを詰め終わってから 16 時間以上 3 日間以内に行う。判定については 3回の試験で行い、以下の 2つの条件を両方満足すれば合格となる。

① 1回の試験における圧縮強度の平均が、調合管理強度の 85％以上であること。
② 3回の試験における圧縮強度の総平均値が、調合管理強度以上であること。

(3) 型枠取外し時期の決定 ［標仕 6.9.3］

　この試験は、せき板や支保工の取外し時期を決定

☞実務のポイント

強度試験の種類の①調合管理強度の判定と③構造体コンクリート強度の判定は強度判定という点では一緒であるが、目的が違う（したがって内容も違う）ので注意が必要である。

するために行われるものである。供試体の作製方法は、適切な間隔をあけた3台の運搬車からそれぞれ1個（計3個）の供試体をその場で作製する。養生は、「**現場水中養生（現場気温での水中養生）**」か「**現場封かん養生**（コンクリート表面からの水分の漏出や浸入を防ぐためにポリフィルム等で供試体を覆った気中養生）」のいずれかとする。

なお、せき板の場合は圧縮強度が5N/mm²に達したら取り外して良い。支保工の場合は、スラブ下は設計基準強度の85%以上または12N/mm²以上、梁下の場合は設計基準強度以上が判断基準となる（いずれも施工中（取外し後）の荷重及び外力の安全性について構造計算で確認する）≫本書7・2-1。

(4) 構造体コンクリート強度の判定

[標仕 6.9.3、6.9.5]

この試験は、現場に打ち込まれたコンクリートが所定の品質であるかを確認するための試験である。すなわち、実際に建築物に打設されたコンクリートの硬化後の最終確認の試験である。

供試体の作製方法は、適切な間隔をあけた3台の運搬車からそれぞれ1個（計3個）の供試体を作製する。養生に関しては、水中養生か封かん養生のいずれかとする。

構造体コンクリート強度の判定は1回の試験で行う。判定方法には以下の3通りがある。

①現場水中養生の材齢28日の圧縮強度が次を満足すること。
   (a) 材齢28日までの平均気温が20℃以上：1回の試験結果が調合管理強度以上
   (b) 材齢28日までの平均気温が20℃ 未満：1回の試験結果が設計基準強度＋3N/mm²以上

表8・10　コンクリートの仕上りの平坦さの種別

種別	コンクリートの内外装仕上	平坦さ
a種	コンクリートが見え掛りとなる場合または仕上厚さが極めて薄い場合その他非常に良好な平坦さ及び表面状態が必要な場合	3mにつき7mm以下
b種	仕上厚さが7mm未満の場合その他良好な平坦さが必要な場合	3mにつき10mm以下
c種	仕上厚さが7mm以上の場合または下地の影響を受けにくい仕上の場合	1mにつき10mm以下

出典：『標仕』表 6.2.5

②現場封かん養生の材齢28日の圧縮強度の1回の試験結果が設計基準強度×0.7以上で、かつ現場封かん養生の材齢28日を超え91日以内の圧縮強度の1回の試験結果が設計基準強度＋3N/mm²以上
③標準養生の材齢28日の圧縮強度の1回の試験結果が調合管理強度以上

3　仕上りの確認

(1) 構造体コンクリートの仕上りの確認

[標仕 6.9.6、6.2.5(1)]

本書8・1-2でも学んだように、コンクリートの強度や耐久性を担保するためには、部材の位置や断面寸法、表面の仕上り状態、仕上りの平坦さ、打設欠陥部、ひび割れの有無などの確認も重要である。確認・検査の時期は内外装の仕上工事が始まる前、脱型したあとすぐに行う。それぞれの許容差の標準値は前出の**表8・1**の通りである。

(2) 仕上りの平坦さの確認 [標仕 6.2.5(2)(イ)]

壁面などに使われるコンクリートの仕上りの平坦さについては、**表8・10**のように内外装の仕上の種類などに応じて管理値が変わる。

8・5　コンクリートの打設 [標仕 6.4.4、6.6]

1　コンクリートの打設の概要

現場において型枠や鉄筋の建て込みが終わり、その他の段取りも万全となったら、いよいよコンクリートをプラントから受け入れて型枠に流し込む作業を行う。この現場内に搬入されたレディーミクストコンクリートを型枠の中など所定の場所に流し込むことを「**打設**」あるいは「**打込み**」と表現する。打設は「工事現場内の運搬」「コンクリートの打設」「締固め」などのプロセスに分かれている。また、その前段として、レディーミクストコンクリート工場から現場までの運搬も重要なプロセスである。

8章　コンクリート工事

9章　鉄骨工事

10章　木造工事

11章　防水工事

12章　仕上工事

13章　その他の工事

2 工場から現場への運搬 [標仕 6.4.4]

コンクリートの運搬には、場外（工場から現場までの運搬）と場内（現場内運搬）がある。

場外の運搬には「トラックアジテータ」、いわゆる生コン車が使われることが多い[4]。運搬に関しては時間の管理が最も重要であり、その管理は「生産者が練混ぜを開始してから運搬車が荷卸し地点に到着するまでの時間」で行う。この時間は JIS A 5308（レディーミクストコンクリート）では 1.5 時間以内、『標仕』6.6.2 では外気温が 25 ℃以下の場合は 120 分、25 ℃を超える場合は 90 分以内と規定されている。

なお、運搬中のコンクリートには水を加えないこと、荷卸し直前にトラックアジテータのドラムを高速回転して、コンクリートが均質になるようにすることなどが定められている。☞POINT

3 工事現場内の運搬 [標仕 6.6.1] 巻頭写真5

(1) コンクリートの圧送

工事現場内の運搬とは、トラックアジテータから型枠に打設されるまでの工程をいう。コンクリートポンプやシュート、バケット、手押し車などが用いられる。一般的には、コンクリートを打設する近傍にコンクリートポンプ車を設置し、その後ろ側にト

ラックアジテータをバックから近づけてコンクリートをポンプ車に流し込む「圧送」により打設が行われる。コンクリートポンプによる圧送では、コンクリートを圧力によってホースに送り込む。コンクリートポンプには、ピストン式とスクイーズ式がある。

圧送に用いる輸送管の径は、圧送の距離や高さ、単位時間あたりの圧送量、品質への影響、気温、難易度の程度などを考慮して決定するが、物理的な条件である粗骨材の最大寸法により決定する場合は表 8·11 による。

(2) 先送りモルタル

コンクリートポンプによるフレッシュコンクリートの圧送では、輸送管内に最初にコンクリートを送り込んだ際に、接着剤成分であるモルタル分が輸送管内部に付着し、最終的に輸送管から送り出されたフレッシュコンクリートが粗骨材だらけになってしまうことがある。

このことを避けるために、機器類にはあらかじめ「水湿らし」を行っておき、さらに輸送管内に潤滑膜を形成するためにモルタルを先送りしておく。このモルタルのことを「先送りモルタル」という。この先送りモルタルには、砂に対してセメントの容積比を大きくした「富調合のモルタル」を用いる（セメント 1：砂 3kg）。また、圧送の初期に輸送管より排出されるモルタルは強度が低くなるので、先送りモルタルを型枠内に流し込んではならない。

(3) 圧送上の留意点

コンクリートの圧送上の留意点を整理する。

表 8·11　粗骨材の最大寸法と輸送管の径

粗骨材の最大寸法（mm）	輸送管の呼び寸法
20	100A 以上[5]
25	
40	125A 以上

出典：『標仕』表 6.6.1

☞豆知識

★4 トラックアジテータ：コンクリートミキサーと言われることもあるが、トラックアジテータの目的は〝バラバラの材料を混ぜる（mix）〟のではなく、〝すでに混ざっている材料を攪拌する（agitate）〟というものなので、厳密には異なる。

★5 配管の径は原則として外径寸法を呼び径として表す。数字の後に〝A〟が付くものを A 呼称といい、単位が mm である（100A の場合は外径呼び径が 100mm）。一方、〝B〟が付くものを B 呼称といい、こちらはインチ表示である。

☞実務のポイント

トラックアジテータの高速回転は、想像以上に大きな音がする（エンジンをふかすため）ので、近隣に対する騒音対応に注意が必要である。

①ポンプ車や輸送管などの内部に付着したコンクリート、異物等を取り除いておく。

②用具・器具は十分に整備及び点検を行っておく。

③輸送管の保持には、支持台に道板を置いたもの、支持台、脚立、吊金具等を使用し、輸送管の振動により、型枠、配筋及びすでに打ち込んだコンクリートに有害な影響を与えないこととする。

④輸送管の筒先は、打設位置に可能な限り近づける。柱で区切られた壁においては、柱を通過させるようなコンクリートの横流しをしない。

⑤圧送中に、コンクリートの品質の変化を目視等により確認した場合または閉塞した場合は、その部分のコンクリートを廃棄する。

4　打設上の留意点［標仕 6.6.3］

コンクリートの打設上の留意点を以下に示す。

①コンクリートには、運搬及び圧送にあたり水を加えない。

②降雨または降雪が予想される場合や打設中のコンクリート温度が 2℃ を下回るおそれのある場合は適切な養生を行う（有効な養生を行うことができない場合は打設を行わない）。

③打設に先立って打設場所や周辺を清掃する。

④打ち込まれたフレッシュコンクリートの水和反応に必要な水分が失われることを防ぐために、せき板及び打継ぎ面に「水湿らし」を行っておく。

⑤パラペットの立上り、ひさし、バルコニー等は、これを支持する構造体部分と同一の打設区画とする。

⑥打設区画内では、コンクリートが一体となるように連続して打設する。

⑦1 つの打設区画に複数のレディーミクストコンクリート工場のコンクリートを打設しない。

⑧打設速度（単位時間あたりの打設量）は、コンクリートのワーカビリティ、打設場所の施工条件等に応じ、良好な締固めができる範囲で定める。

⑨コンクリートの自由落下高さ及び水平流動距離はコンクリートが分離しない範囲で定める。

⑩梁及びスラブのコンクリートの打設の手順は、壁及び柱のコンクリートの沈みが落ち着いた後に、梁に打ち込み、梁のコンクリートの沈みが落ち着いた後に、スラブに打ち込む。

⑪同一区画の打設継続中における打重ね時間間隔の限度は、先に打ち込まれたコンクリートの再振動可能時間以内とする（25℃未満の場合は 150 分、25℃以上の場合は 120 分以内が目安）。

⑫打設にあたっては、鉄筋、型枠、スペーサー、バーサポート、鉄骨柱脚のアンカーボルトなどが移動しないようにする。

5　打継ぎ［標仕 6.6.4］

複数の階がある鉄筋コンクリート造建築や、平面上でもある程度規模が大きい場合は現場内のコンクリート打設を全て同じ日に行うことはできない。そのような場合は「打継ぎ」を行う。

(1) 打継ぎの手順

打継ぎは、本来は一体的に打設されるべきコンクリートを打設途中で一旦中断し、翌日等に再開するというかたちになるので、品質管理上、不安が残る。したがって、打継ぎに際しては厳格なルールが定められている。打継ぎの注意点を以下にまとめる。

①打継ぎの位置は、応力が集中するところを避ける。梁及びスラブにおいては、そのスパンの中央または端から 1/4 の付近に設け、柱及び壁においては、スラブ、壁梁または基礎の上端に設ける。

②打継ぎ面には、仕切板等を用い、モルタル、セメントペースト等が漏出しないよう仕切る。

③打継ぎ面には、水がたまらないようにする。

④打継ぎ面は、レイタンス等を取り除き、健全なコンクリートを露出させる。

(2) ブリージングとレイタンス

コンクリートは、運搬、打込み、締固めなどの際の振動により分離しやすい。分離が進展すると、骨材は下に沈み、「ブリージング水」と呼ばれる水が上昇してくる。また、ブリージング水に含まれて表面に現れる泥状物質のことを「レイタンス」という。

ある程度のブリージング水は、コンクリート中の

8章 コンクリート工事

9章 鉄骨工事

10章 木造工事

11章 防水工事

12章 仕上工事

13章 その他の工事

余剰水がコンクリート表面に浮かんできただけのものであるが、レイタンスは重大な欠陥につながる恐れがあるため丁寧に除去する。

6　締固めと上面の仕上 [標仕 6.6.5 ～ 7、6.2.5]

レディーミクストコンクリートは、ある程度の流動性があるとはいっても、型枠内の鉄筋やセパレーター、スペーサー、配管などの障害物により、隅々まで行きわたらない可能性がある。そのため、打設されたコンクリートについては、「締固め」を行って流動性を高める必要がある。また、レディーミクストコンクリート中に混入した異物や余分な空気を追い出す役割も果たす。この締固めが不足すると、「じゃんか」などの施工障害が発生する。

締固めの方法には、代表的なものに型枠内に打設されたコンクリートに棒状のものを差し込んで振動を与える方法や、型枠の外側から振動を加える方法がある。締固め工程の注意点を以下にまとめる。

①締固めに際しては、振動機を扱う作業員、たたき締めを行う作業員、型枠工、鉄筋工等を適切に配置し行う。
②締固めは「**コンクリート棒形振動機（高周波バイブレーター）**」や「**型枠振動機（キツツキ、アイロンなど）**」など、場所などに応じて機器や方法を使い分ける。
③棒形振動機は、コンクリート圧送管１系統につき２台以上配置する。
④コンクリート棒形振動機は、打設各層ごとに用い、その下層に振動機の先端が入るように、ほぼ垂直に挿入する（挿入間隔は60cm）。
⑤コンクリート棒形振動機による加振はコンクリートの上面にペーストが浮くまでとする。
⑥コンクリート棒形振動機を引き抜くときは、コンクリートに穴を残さないように加振しながら徐々に引き抜く。
⑦型枠振動機は、打設高さ及び打設速度に応じて、コンクリートが密実になるように加振する。

(1) 上面の仕上 [標仕 6.6.6]

コンクリート打設後は、適切な仕上り高さと勾配になるように、長尺の均し定規などを用いて平坦に均す。その際、打設直後の荒均しの段階でコンクリートの表面を叩いて締め固める。これを「**タンピング**」という。タンピングにより、打ち込まれたコンクリートの表面が安定し、コンクリートのひび割れを防止できる。

(2) 打設後の確認 [標仕 6.6.7]

型枠内部のコンクリート面は、せき板や支保工を取り除いた後にしかわからないこともある。コンクリート表面の障害である豆板や空洞、コールドジョイントなどの確認は、せき板を取外した直後に行う。また、有害なひび割れや部材のたわみの有無などの確認は、支保工を取外した直後に行う。

7　養生

コンクリートに限らず、建築各部の施工後の処置において、施工した部位を保護することを「**養生**」という。コンクリートの打設後は、「温度」と「水」が重要なポイントとなる。

(1) 打設後の温度に関する留意点

コンクリート打設後の温度管理に関して、コンクリートの温度が下がると水和反応が抑制され強度が発現できない可能性がある。また、コンクリート中の水分が凍結すると膨張してしまい施工障害が発生する。そのため、コンクリート打設後最低でも５日間は、コンクリート温度を2℃以上に保つようにする（早強ポルトランドセメントの場合は最低３日間2℃以上に保つ）。このとき、ジェットヒーター（灯油を用いた送風ファン付きの大型の暖房器具）等で採暖する方法もあるが、その際はコンクリート表面にブルーシートをかぶせるなどして、表面の乾燥に注意する。

また、逆にコンクリート打設後、セメントの水和熱により部材断面の中心部温度が外気温より25℃以上高くなるおそれがある場合は、温度応力による悪影響が生じないよう散水するなどして適切に養生

を行う。

(2) 湿潤養生

　打設されたコンクリートをそのまま放置すると、コンクリートの内部は湿潤であるのに表面からは水分が失われて収縮し、ひび割れの原因となる。また、水和反応に必要な水分が失われることになるので、蒸発で失われる水分については補う必要がある。このとき行われる養生が「湿潤養生」である。湿潤養生は、型枠内はせき板などにより被覆されているためそれほど気をつかう必要はないが、床面など開放されている箇所は、養生マットや水密シートによる被覆、さらには散水などにより積極的に行う。湿潤養生の期間については表8・12に例示する。

(3) その他の留意点

　その他、凝結硬化中のコンクリートに振動や外力がかかると施工障害を引き起こす可能性があるため、周辺の作業の管理を行う。また、コンクリートの打設後1日は打設面に立ち入らないようにする（歩行や作業は行わない）。やむを得ず養生作業などで立ち入る場合は、コンクリートに影響を与えないよう保護を行う。☞ POINT

表8・12　湿潤養生の期間

セメントの種類	期間
普通ポルトランドセメント 高炉セメントA種 シリカセメントA種 フライアッシュセメントA種	5日以上
早強ポルトランドセメント	3日以上
中庸熱ポルトランドセメント 低熱ポルトランドセメント 高炉セメントB種 フライアッシュセメントB種	7日以上

出典：『標仕』表6.7.1

8章　コンクリート工事

9章　鉄骨工事

10章　木造工事

11章　防水工事

12章　仕上工事

13章　その他の工事

8・6　コンクリートの耐久性と障害

1　コンクリートの耐久性

　コンクリートは、凝結が始まったときから劣化が始まるが、その進行速度は使用される材料や打設条件、メンテナンスなどに大きく依存する。そもそもコンクリートは、砂利と砂をセメントペーストという"化学反応により固化する接着剤"で固めたものであり、天然の岩石などと異なり一定の寿命がある。その寿命は、コンクリート中の空気量や塩化物量、アルカリ反応性鉱物の量などのほかにも、大気中の二酸化炭素などにも影響を受ける。また、コンクリートの宿命ともいえる"ひび割れ"は、漏水など直接的な耐久性への影響のほか、中性化など他の耐久性関連項目にも影響する。

2　コンクリートの障害

　コンクリートの障害の例を以下にまとめる。

① 材料選定に起因するコンクリートの障害
　・アルカリシリカ反応：化学的耐久性の低下
　・コンクリート中性化：鉄筋の腐食・爆裂
　・エフロレッセンス（白華）★6：見栄えの悪さ、漏水
　・凍害：コンクリート表面の剥離
　・塩害：鉄筋の腐食・爆裂

② 施工に起因するコンクリートの障害
　・じゃんか、豆板：強度低下、見栄えの悪さ
　・コールドジョイント：強度低下、見栄えの悪さ

☞ **実務のポイント**

打設前や打設中のコンクリートに水を足してはならないが、打設後は積極的に湿潤養生を行う。

☞ **豆知識**

★6 **エフロレッセンス（白華）**：コンクリート中の硫化カルシウム、硫化マグネシウム、水酸化カルシウムなどが水に溶け出して大気中の二酸化炭素と化合して結晶化する現象。

3　じゃんか、コールドジョイント

(1) じゃんか（豆板）

打設されたコンクリートの一部分に、セメントペースト、モルタルの充填不良によって、粗骨材が多く集まり、空隙の多くなった不良部分のことを「じゃんか」という（特にコンクリート表面にできたものを「豆板」と表現する）。

じゃんかが発生しているか否かについては、一般的には型枠解体後でないとわからないので厄介である。じゃんかを防ぐためには、「締固め」を十分に行う必要がある。

(2) コールドジョイント

壁などの垂直部材のコンクリート打設では、各部が均一な高さになるように、移動しながらコンクリートを打設する「回し打ち」が行われる（コンクリートを1か所から打設して、それを押し出すように別の部位に移動させる「片押し打ち」は行ってはならない）。

この「回し打ち」を行った際に、最初に打設した層のコンクリートが硬化し始めた後で、次の層が打ち継がれることによって生じる不連続な接合面を「コールドジョイント」という。

このコールドジョイントは、大量のコンクリートを打設する際、運搬時間がかかりすぎることによる作業の中断や、そもそも打設順序が適切ではないなどの理由で発生する。

コールドジョイントが発生しているか否かについては、じゃんかと同じく型枠解体後でないとわからない。コールドジョイントを防ぐためには、下層のコンクリートが硬化する前に段取りよく打設することと、下層と上層のコンクリートをきちんと混合することが必要である。

以上のように、施工に起因する障害を減じるには、打設中の「締固め」が重要となる。

建 築 士 試 験 過 去 問

問1　コンクリート工事に関する次の記述のうち、最も不適当なものはどれか。（令3・二建士・学科IV・設問10）
1. ひび割れの発生を防止するため、所要の品質が得られる範囲内で、コンクリートの単位水量をできるだけ小さくした。
2. 構造体強度補正値は、特記がなかったので、セメントの種類及びコンクリートの打込みから材齢28日までの予想平均気温に応じて定めた。
3. コンクリートの強度試験は、打込み日及び打込み工区ごと、かつ、150m³以下にほぼ均等に分割した単位ごとに行った。
4. コンクリートの品質基準強度は、設計基準強度と耐久設計基準強度との平均値とした。
5. 日平均気温の平年値が25℃を超える期間のコンクリート工事において、特記がなかったので、荷卸し時のコンクリートの温度は、35℃以下となるようにした。

問2　コンクリート工事に関する次の記述のうち、最も不適当なものはどれか。（平27・二建士・学科IV・設問11）
1. コンクリートの打継ぎ面は、新たなコンクリートの打込み前に高圧水洗し、レイタンスや脆弱なコンクリートを取り除いた。
2. コンクリートの締固めにおいては、コンクリート棒形振動機を用いて、その挿入間隔を60cm以下として行った。
3. コンクリートの打込みにおいて、コンクリートの打重ね時間の間隔は、外気温が27℃であったので、150分以内を目安とした。
4. 気温が低かったので、打込み後のコンクリートが凍結しないように保温養生を行った。
5. 特記がなかったので、捨てコンクリートの設計基準強度を18N/mm²とし、スランプを15cmとした。

解答・解説

問1　最も不適当な選択肢は「4」である。コンクリートの品質基準強度は、設計基準強度または耐久設計基準強度のうち、大きい方の値とする。≫本書8・3-2③

問2　最も不適当な選択肢は「3」である。コンクリートの打重ね時間の間隔は、25℃未満の場合は150分、25℃以上の場合は120分以内を目安とする。≫本書8・5-4⑪

9章　鉄骨工事

8章　コンクリート工事

9章　鉄骨工事

10章　木造工事

11章　防水工事

12章　仕上工事

13章　その他の工事

　鉄骨造（Steel Construction、S 造）とは、炭素鋼を圧延加工して成形した形鋼や鋼板を、溶接やボルトなどで組み上げた構造のことで、鋼構造とも呼ばれる。RC 造と比較して、軽量で粘り強く、また工期も短いことなどから、住宅から工場、倉庫、体育館、オフィスビル、高層ビルといった一般建築だけではなく、スポーツ施設や展示場など、その軽量性や比強度の高さを活かした大空間建築物に至るまで、その用途は多岐にわたる。

　鉄骨工事の最大の特徴は、鋼材の加工や組立てについては専門の工場（ファブリケーター）で行われ、その鉄骨をクレーンなどを用いて工事現場において一気に組み上げるという点である。すなわち、現場での基礎工事と工場での鉄骨製作を同時並行で行うため工期の短縮が可能となるが、その分、工事に携わる関係者には高度な技術力が求められる。

キーポイント

① 基礎工事等の現場施工と工場での鉄骨製作が同時並行で行われることが多い

② 鉄骨造を構成する部材の種類は多いので、それぞれの用途を正確にイメージして覚える

③ 高力ボルト摩擦接合と溶接接合は管理項目が多いが、なぜその項目が必要なのかを理解する

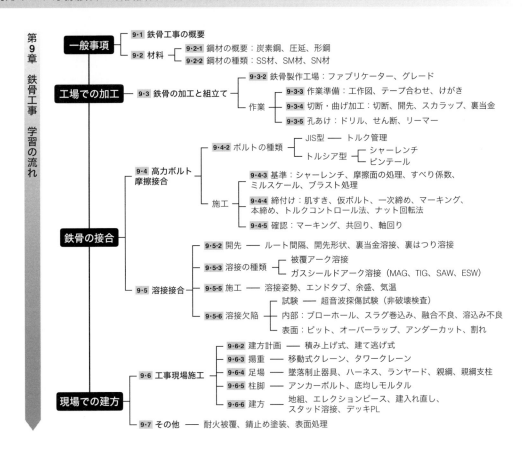

9・1 鉄骨工事の概要　　　　［標仕 7.1］

1 鉄骨工事の概要 ［標仕 7.1.1 〜 7.1.3］

(1) 鉄骨工事の一般事項 ［標仕 7.1.1 〜 7.1.2］

　鉄骨工事では、設計図書で指定された材質と形状の材料を工場で製造し、それを現場に搬入して指定された通りの場所に正しく取り付ける必要がある。また、仕口や継手などの「接合部★1」や、柱脚部などの「定着部」は、各部材に作用する力を正しく伝達できるようにすることが求められている。

　以上を実現するための鉄骨工事には「鳶工」や「鍛冶工 (溶接工)」「デッキプレート敷設工」「クレーンオペレーター」「超音波探傷技師」など様々な技能労働者・技術者が関係しており、しかも施工場所が高所であることも多く、工程の調整や安全管理などにおいてもノウハウを要する。

　使用する材料に関しては、製造から現場施工に至るまで、正しい材料が使用されていることを「鋼材検査証明書 (ミルシート)」で確認する ≫本書 6・1-3 。また、現場で高力ボルト摩擦接合や溶接接合を行う場合は、例え使用する材料や数が正しくても保管方法等が不適切な場合には施工不良が発生することもあるので注意する。

(2) 鉄骨製作工場について ［標仕 7.1.3］

　鉄骨の加工や組立てを行う専門の工場を「鉄骨製作工場 (ファブリケーター、ファブ)」という。ファブは、商社を通して必要な鋼材を形鋼や平鋼の状態で購入し★2、設計図書から必要な情報を読み取って切断や穴あけ、組立てなどの加工を行う★3。鉄骨の品質はファブの能力によって大きく左右されるため、

その選定にあたっては、場所やコストなどだけではなく、ファブの能力も大きな要因となる。したがって、鉄骨造建築において構造体としての鉄骨を製作するファブについては、国土交通省指定の性能評価機関 (日本鉄骨評価センターまたは全国鉄骨評価機構) から、「鉄骨製作工場認定制度」に基づき技術力や生産能力に関して多段階的に評価を受けた工場に発注する。一般にはこの評価を「グレード」という。

　鉄骨製作工場のグレードは、建築物の規模や使用できる鋼材によって異なり、上から順に「S (Super) グレード」「H (High)」「M (Middle)」「R (Regular)」「J (Junior)」に分かれている。グレードが高いと、高度な技術力を要求される建物や規模の大きい建物の鉄骨を製造することができる。

2 品質管理

(1) 鉄骨造の品質管理の概要

　鉄骨工事の品質管理とは、要求される鉄骨の品質をつくり出すために、設計から製作・建方までの各工程で品質をつくり込む一連の活動であり、この品質管理の確実な実施によって品質保証を可能にするとされる［監理指針 7.1.5］。特に鉄骨製作段階の品質はファブの体制に大きく依拠するので、請負者とファブの両者が協調して品質管理にあたる必要がある。具体的な手順としては、①設計図書の把握、②要求された品質を実現するための計画、③計画に基づく施工、④施工品質が要求された品質を確保していることの証明の順で実施される。また、そのために請負者とファブに要求される事項には表9・1に示すものがある。

(2) 施工計画書等

　鉄骨造で作成されるべき施工計画書には、「(鉄骨

☞豆 知 識

> ★1　接合部において、柱と梁のように異なる方向の部材を接合した箇所のことを「仕口」、部材を材軸方向に接合した箇所を「継手」という。

> ★2　大型物件の場合、必要な鋼材を確実に入手するために、鉄鋼メーカーの製造ラインを予約する「ロール発注」を行うことが一般的である。

> ★3　鋼材の切断は「切板工場 (シャーリング工場)」で行われることもある。

工事全体の）施工計画書」「工場製作要領書」「工事現場施工要領書」の３つがある。工事全体の施工計画書の記載事項を**表9・2**に示す。

(3) 鉄骨の工場出荷前の各種検査

　ファブから鉄骨が出荷される前には請負者による受入検査を実施する。しかし、鉄骨加工は複雑であるため、出荷直前には検査できない検査項目や部位がある。そのため一般には、鉄骨製作の過程で中間検査を行う。ファブと請負者が実施する検査内容は、**表9・3**の通りである。

表9・1　請負者とファブが保有すべき品質管理上の機能

（ア）品質管理方針を提示する機能
（イ）設計図書の内容を確認し、製作・施工の目標品質を設定する機能
（ウ）製作・施工の目標品質を実現するための計画を行う機能
（エ）計画に従って品質をつくり込む機能
（オ）施工品質を確認・評価する機能
（カ）品質評価情報に基づき品質改善・生産性向上を行う機能
（キ）標準化を促進する機能
（ク）不具合の再発防止と予防をする機能
（ケ）品質の証明に必要な記録を残す機能
（コ）鋼材の製造工場または商社等から最終の鉄骨製作工場までの流通経路を証明する機能

出典：『監理指針』7.1.5(4)をもとに作成

表9・2　鉄骨工事全体の施工計画書の記載事項例（請負者作成）

①総則及び工事概要
②実施工程表
③請負者等の管理組織、工事担当及び協力業者
④仮設計画
⑤建方計画
⑥接合計画
⑦他工事との関連
⑧安全管理
⑨作業のフロー、管理の項目・水準・方法、品質管理体制、管理責任者、品質記録文書の書式とその管理方法

出典：『監理指針』7.1.5(5)をもとに作成

表9・3　鉄骨の社内検査・中間検査・受入検査

①ファブが自ら実施する社内検査	②請負者が実施する中間検査・受入検査
工場製作要領書・工事現場施工要領書に記載した計画に基づき、工場製作・工事現場施工の各工程と完了時に自主的に社内検査を実施し、検査の結果を記録して、請負者等に報告する。	ファブの社内検査結果の報告を受け、検査成績書の内容確認と抜取りによる現物検査を実施する受入検査を行い、合格したものを受け入れる。

出典：『監理指針』7.1.5(8)をもとに作成

9・2　鉄骨造の材料　　　　　［標仕 7.2]

　鉄骨造に用いられる各種材料を表9・4に示す。

1　鋼材 ［標仕 7.2.1(1)～(2)]

(1) 鋼材の概要 ［標仕 7.2.1(1)(ア)]

　建築で使用される「**鋼材（steel）**」は、純粋な鉄（iron、元素記号：Fe）ではなく、炭素（Carbon、元素記号：C）などの元素が微量に含まれた合金である。鋼材は鉄鋼メーカーによって鉄鉱石やスクラップ鉄から様々な工程を経て生産される。主には鉄鉱石から「**高炉**」を用いて粗鋼を取り出す方法と、解体された鉄骨などのスクラップ鉄を「**電気炉**」で溶かして鋼材をリサイクルする方法がある。高炉材は主に鉄骨などに使われ、後者の電炉材は主に鉄筋や軽量形鋼などに使用される。

　高炉は巨大な筒状の構造物であり、頂部から原料となる鉄鉱石や燃料となるコークス（骸炭）などを投入し、下部側面から超高温の空気を吹き入れて燃焼させる。このとき大量の酸素が必要になるが、炉の中には十分な酸素がないので鉄鉱石中の酸素を消費して酸化鉄を還元する。熱せられた鉄鉱石からは融点の低い鉄が溶け出して下部に沈降していき、最

表9・4　『標仕』で定義される鉄骨造の材料

鋼材	H形鋼やL形鋼、鋼管、厚板など
高力ボルト	高張力鋼（ハイテン鋼）を用いた特殊なボルトで摩擦接合や引張接合に使用される
普通ボルト	一般的な支圧接合に用いられるボルト
アンカーボルト	鉄筋コンクリート基礎に鉄骨を定着させるための埋め込みボルト
溶接材料	溶接接合に用いる材料一式（溶接棒、溶接ワイヤー、フラックスなど）
ターンバックル	筋かいなどで使用する棒鋼を中間部で締付ける両雌ネジ
床構造用のデッキプレート	鉄骨造等で用いられる床スラブ専用の波板に加工された鋼製型枠
スタッド	（梁上部や柱脚根巻などの）鉄骨とコンクリートを一体化させるためのシアコネクタ（せん断を伝えるための部材）
柱底均しモルタル	基礎に鉄骨を建てる際に高さ調整のために用いられる無収縮モルタル

8章　コンクリート工事

9章　鉄骨工事

10章　木造工事

11章　防水工事

12章　仕上工事

13章　その他の工事

終的には「銑鉄」が高炉下部から流れ出てくる。

高炉でつくられた銑鉄は炭素の含有量が多いため、建築用鋼材などに用いる「炭素鋼」とするためには、さらに「転炉」と呼ばれる炉で「脱炭」と呼ばれる工程により炭素の含有量を調整する。

(2) 鋼材と炭素含有量［標仕 7.2.1 (2)(イ)(エ)］

鋼材の性質は炭素の含有量によって大きく異なる。一般に炭素量が多くなると引張り強さと硬さは増加するが、伸びや靭性[4]、可鍛性[5]、溶接性などが低下する。建築用鋼材などに使用するためには、脱炭工程により炭素の含有量を 0.02 ～約 2% としてさらにマンガン（Mn）やケイ素（Si）などを添加する。なお、鋼材にはリン（P）、硫黄（S）なども含まれ、これらと炭素（C）を合わせて鋼材の主要五元素という。

(3) 圧延

鉄鉱石やスクラップ鉄から製造された鋼材は、鉄鋼メーカーの最終工程において、様々な工業製品や建築工事に使用できるように性質や形状を整えられる。その加工プロセスには大きく「圧延」「鋳造[6]」「鍛造」などの方法があるが、建築構造用の鋼材としては「圧延材」が使用される。圧延とは 2 個またはそれ以上のロールを回転させ、その間に金属材料を通して板や棒、管などの形に成形・加工することである。圧力を加えて成形するので表面材質が均一化し、強度や靭性が向上する。圧延材を形状別に分類すると「条鋼」「鋼板」「鋼管」などに分けられる。『標仕』における圧延鋼材の種類を表 9・5 に示す。

このうち「条鋼」は、異形棒鋼（鉄筋）や H 形鋼など圧延によって断面形状に加工が施された鋼材で

あり、「棒鋼」「線材」「形鋼」「軽量形鋼」などの種類がある。また「鋼板」は、厚さが一定に整えられた鋼材であり、厚さ 3mm 以下の薄板と 3 ～ 6mm の中板、6mm 以上の厚板がある[7]。板材として以外にも、大断面の組立て BOX 柱（4 枚の鋼板を溶接して製造した角形断面の鋼材；図 9・21）やビルド H（ウェブ用とフランジ用 2 枚の鋼板を溶接して製造した H 形断面の鋼材）などに用いられる。

一方「鋼管」には BCR 材（Box Column-Roll）、BCP 材（Box Column-Press）などの「冷間成形角形鋼管[8]」や STKR 材（Steel Tube K-Rectangular）と呼ばれる「一般構造用角形鋼管」などがある。

(4) 形鋼の種類と呼称

広義の形鋼には、熱間圧延による狭義の形鋼（重量鉄骨）と、薄板をプレス機等で常温（冷間）加工した軽量形鋼があり、荷重のかかる柱や梁などの構造部材等には重量鉄骨の形鋼が、仕上用の胴縁や間柱などの二次部材には軽量形鋼が使用される（軽量形鋼はプレハブ建築の構造部材としても用いられる）。実務上の呼称としては、形鋼は H 形鋼、L 形鋼（アングル）、溝形鋼（重チャン）、CT 鋼（カットティー）などと呼ばれる。また軽量形鋼は、軽溝鋼（軽チャン）、リップ溝形鋼（C チャン）、ハット形鋼、帯鋼（フラットバー）、鋼管（パイプ）、角型鋼管（角パイプ）などと呼ばれる。

(5) 形鋼の寸法表記

形鋼の寸法表記にはルールがあり、例えば「H 700 × 300 × 13 × 24」という表記は「外寸が高さ 700mm ×幅 300mm でウェブ（フランジをつなぐ真ん中の部

☞ **豆 知 識**

★4 **靭性**：材料の持つ粘り強さのことで、一般には変形能力の高さを表す。

★5 **可鍛性**：衝撃や圧力で破壊されることなく変形できる固体の性質のことをいう。

★6 **鋳造**：砂を押し固めてつくった鋳型に溶かした金属を流し込んで目的の形にすること。「鍛造」は金属をハンマーなどで叩いて目的の形に整えることをいう。

★7 極厚の鋼板を溶接する際には、溶接時の熱で内部と外部の歪みが生じることがある。その場合は熱による歪みを抑制する TMCP（熱加工制御）鋼を使用する。

★8 1000 ～ 1200℃での加工を「**熱間加工**」、720℃以下での加工を「**冷間加工**」という。

分）厚が 13mm、フランジ（H 形鋼の両端の板）厚が 24mm の H 形鋼」を意味する[9]。

2 鋼材の種類と特徴 ［標仕 7.2.1（2）（キ）］

(1) 鋼材の種類

『標仕』においては、鋼材は表 7.2.1（本書表 9・5）中の JIS 規格品を使用するものとされ、その種類や形状、寸法、材料は特記、すなわち設計図書での指定によるものとされている。JIS 規格品には、「SS材（Steel Structure、一般構造用圧延鋼材）」「SM 材（Steel Marine、溶接構造用圧延鋼材）」「SN 材（Steel New、建築構造用圧延鋼材）」の 3 種類がある。もともとは SS 材と SM 材の 2 種類のみだったが、高層建築や大空間建築が増加する中でより品質が高く材質的にも建築に特化した鋼材が必要とされ、1994 年に「SN 材」が規格化された。

(2) 一般構造用圧延鋼材（SS 材）

SS 材は、最も一般的な鋼材で、比較的安価であり建築に限らず広く用いられるが、溶接接合には向かない。代表的な材料は SS400 である。なお、規格を表す呼称である "SS400" の後半の数字は、その鋼材の最低引張強度を示している。例えば、SS400 の場合は最低引張強度が 400 〜 510N/mm^2 である。

(3) 溶接構造用圧延鋼材（SM 材）

SM 材は、造船など溶接性が求められる用途を目的に開発された鋼材で、リンや硫黄などの含有量が SS 材よりも厳密に管理されており、その分高価である。建築においては、溶接接合が求められる主要な構造用部材（柱、梁など）に使用される。代表的な材料は SM490A[10] である。

表 9・5　鋼材の種類

規格番号	規格名称等	種類の記号
JIS G 3101	一般構造用圧延鋼材	SS400、SS490、SS540
JIS G 3106	溶接構造用圧延鋼材	SM400A、SM400B、SM400C、SM490A、SM490B、SM490C、SM490YA、SM490YB、SM520B、SM520C
JIS G 3114	溶接構造用耐候性熱間圧延鋼材	SMA400AW、SMA400AP、SMA400BW、SMA400BP、SMA400CW、SMA400CP、SMA490AW、SMA490AP、SMA490BW、SMA490BP、SMA490CW、SMA490CP
JIS G 3136	建築構造用圧延鋼材	SN400A、SN400B、SN400C、SN490B、SN490C
JIS G 3138	建築構造用圧延棒鋼	SNR400A、SNR400B、SNR490B
JIS G 3350	一般構造用軽量形鋼	SSC400
JIS G 3353	一般構造用溶接軽量 H 形鋼	SWH400
JIS G 3444	一般構造用炭素鋼鋼管	STK400、STK490
JIS G 3466	一般構造用角形鋼管	STKR400、STKR490
JIS G 3475	建築構造用炭素鋼鋼管	STKN400W、STKN400B、STKN490B
—	上に掲げるもののほか、建築基準法に基づき指定又は認定を受けた構造用鋼材又は鋳鋼	—

出典：『標仕』表 7.2.1

☞豆知識

[9] 形鋼は工業製品なので、それぞれの鋼材は規格化されて販売されている。したがって、メーカーのカタログを見て必要な鋼材を選定するという作業が必要になる。一般的にはウェブ上のメーカーのカタログから参照するが、最近はスマホアプリでも用意されているので便利である。例えば、日本製鉄「建設用資材ハンドブック」（https://www.nipponsteel.com/product/construction/handbook/）などがある。

[10] SM490A の最後のアルファベットは溶接部の衝撃に対する保証の度合いを示す。C が最も信頼性が高い。

8章 コンクリート工事
9章 鉄骨工事
10章 木造工事
11章 防水工事
12章 仕上工事
13章 その他の工事

(4) 建築構造用圧延鋼材（SN材）

SN材は、大規模建築の構造体用に開発された新しい規格で、炭素等の含有量や板厚許容量、耐力、降伏力、鋼材別加工方法等が厳格に定められており、その分高価である。ラーメン構造のダイアフラム（後述）や大梁などに使用される。代表的な材料はSN400A～BやSN490B～C[11]などがある。

9・3　鉄骨の加工と組立て　　[標仕7.3]

1　鉄骨各部の部材名称

(1) ダイアフラム（diaphragm＝隔壁）

鉄骨造の「柱梁接合部（パネルゾーン）」においては、閉鎖型断面の柱にH形鋼の大梁などが取り付けられるパターンが多い。その際に柱の側面が座屈しないように補強用に挿入される補剛材のことを「ダイアフラム」という。

通常は大梁の梁せいに合わせた高さにダイアフラム付の柱仕口部（コア）を設置し、そこにブラケットを工場溶接で取り付けておき、現場にて大梁を高力ボルト摩擦接合で取り付けるという通しダイアフラム方式（外ダイア方式）が採用される（図9・1）。

近年では当該箇所のみ柱の鋼材厚さを増してダイアフラムを省略したノンダイアフラム構法が採用されることもある。

(2) ブラケット（bracket＝腕木）　巻頭写真10、11

主に柱などから持ち出した片持ちの梁部分のことを「ブラケット」という（図9・1）。鉄骨造ラーメン構造において柱梁接合部の仕口は非常に重要なので一般に工場で溶接して接合する。具体的には、運搬性なども考慮して大梁部分を1m程度切断し、その部分だけを工場で溶接する。現場ではブラケットと梁のウェブとフランジ同士をボルトで接合すればよい。

なお、巻頭口絵のモデル建築は、ブラケットを設けないノンブラケット工法である。ノンブラケットは柱の運搬がしやすいなどのメリットがあるが、上下フランジは溶接となるため高度な管理が必要となる。

(3) スプライスプレート（splice＝継ぎ合わせる）

主に大梁同士などの継手に用いられる添え板のことを「スプライスプレート」という（図9・2）。基本的には部材間の全ての応力を伝達する。母材と母材をまたぐように挟み込み、ボルトで締付けて接合される。

(4) ガセットプレート（gusset＝控え板）

主に柱や大梁に対して小梁やブレースの仕口に用いられる板材のことを「ガセットプレート」という（図9・3）。基本的にはせん断力のみを伝達する。主材側に溶接で固定される。

(5) フィラープレート（filler＝埋める）

鉄骨梁継手では接合部材のフランジ同士、ウェブ

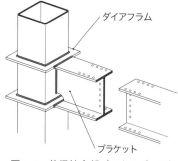

図9・1　柱梁接合部（パネルゾーン）

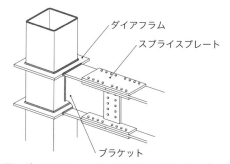

図9・2　通しダイアフラム方式の柱梁接合部（パネルゾーン）

☞豆知識

[11]　SN材の最後のアルファベットはSM材と違い使用される部位を示す（Aは溶接のない部材、Bは溶接のある主要構造部材、Cは厚さ方向の性能も要求される部材用）。

同士をスプライスプレートで挟み込み、それを外側から高力ボルトで強く締付けてそれぞれの部材同士の摩擦力で応力を伝達するが、設計上接合する部材の板厚が異なったり、何らかの事情で部材間に隙間が生じることがある。この隙間のことを「肌すき」といい、1mmを超える場合は図9·4に示すような「フィラープレート」を挿入して隙間を埋める。

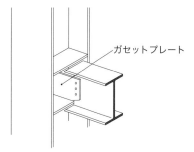

図9·3　ガセットプレート

(6) リブプレート（rib ＝肋骨、肋材、補強材）

板材などの座屈を防ぐために、部材を補強する目的で付けられる突起状の部材のことを「リブプレート（リブ）」という（図9·5）。工場にて母材に溶接で固定される。

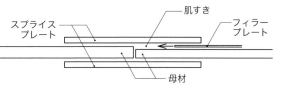

図9·4　肌すきとフィラープレート

(7) アンカーボルト（anchor ＝船の錨）

鉄骨柱を鉄筋コンクリート基礎に固定するためのボルトのことを「アンカーボルト」という。ボルトの大半を鉄筋コンクリート基礎中に埋め込んでおき、コンクリート硬化後にボルトに鉄骨柱下部のアンカープレートをナットで締付けて固定する（図9·5）。

巻頭写真 18、20

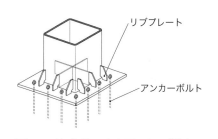

図9·5　リブプレートとアンカーボルト

(8) スチフナー（stiffener ＝固くするもの）

主に梁などの座屈を防ぐために、部材を補強するために取り付けられる補助板を「スチフナー」という（図9·6）。リブプレートと同じ用途だが、梁で使用する場合はこちらの名称を用いる。工場にて母材に溶接で固定される。

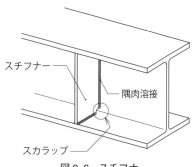

図9·6　スチフナー

(9) エレクションピース（election ＝直立）

閉鎖型断面の鉄骨柱の継手に用いられる建方用の部材を「エレクションピース」という（図9·7）。上下の柱の接合は突合せ溶接 ≫本書9·5-1(2) とするが、溶接完了まで上下の柱の位置を固定しておく必要がある。そこで、接合しようとする上下それぞれの柱の端部にこのエレクションピースを取り付けて添え板で挟み込み、高力ボルトによって仮接合しておく。こうして安定的に固定した状態で、柱の全周を突合せ溶接により強固に固定する。溶接完了後はボルトを緩めて添え板を取外し、最終的にはエレクションピースも溶断する。巻頭写真 22〜25

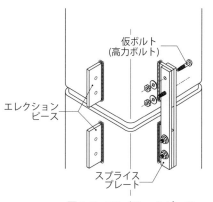

図9·7　エレクションピース

8章 コンクリート工事

9章 鉄骨工事

10章 木造工事

11章 防水工事

12章 仕上工事

13章 その他の工事

2 鉄骨製作工場での作業工程

鉄骨製作工場では、鉄骨の加工や組立てのために必要な様々な書類や図面を作成する。代表的なものとしては、製作要領書、工作図などがある。製作要領書への記載事項を**表9·6**に示す。

3 作業準備

(1) 工作図 ［標仕 7.3.2］

「**工作図**」とは、鉄骨の加工・組立てを行うための図面であり、設計図書をベースに、溶接作業性や運搬性、各所納まりなどを勘案して作成される。

以前は現寸場と呼ばれる広い部屋の床に実際の鉄骨の寸法通りに図面を作成する「床現寸」が行われていたが、近年ではBIMで精密な工作図が作成されるため、こんにちではほとんど行われない。

近年の鉄骨製作は、BIMソフトや専用の現寸CADソフトにより設計から製造に至るまで一貫した工程で作業が行われる。現寸CADは、一般にCAM（MはManufacturingの意）システムと連動しており、CAD上で作成された図形から出力された加工データが、「NC（数値制御）旋盤」や「マシニングセンタ」等に直接送られて自動的に孔あけや切断が行われる。

(2) テープ合わせ ［標仕 7.3.11］

鉄骨工事で用いるような長い巻き尺に誤差があっ

表9·6 工場製作要領書（ファブが作成）の記載事項

①総則及び工事概要
②ファブ管理組織、工事担当（施工管理技術者・溶接施工管理技術者・検査技術者氏名、保有資格）
③溶接技能者の氏名、保有資格等
④製造設備の能力（製作関連の機械設備、配置図等）
⑤工程表（工作図・材料調達・製作・製品検査・搬出等の時期）
⑥使用材料の名称、規格、製造所及び使用箇所
⑦工作・溶接（加工・組立て・溶接の製作手順、開先形状、溶接工法等）
⑧品質管理・検査計画（管理・検査項目、方法、管理値、不具合処置方法等）
⑨塗装計画（材料・工法、塗装範囲等）
⑩製品の輸送計画（輸送・養生方法・安全対策等）

出典：『監理指針』7.1.5(5)をもとに作成

た場合には建物の傾きや安全性に支障が出るため、ファブの中で使用する「鉄骨製作用の基準巻尺」と工事現場での鉄骨建方に使用する「工事現場用の基準巻尺」に誤差がないことを確認しておく必要がある。これを「**テープ合わせ**」といい、上記の基準巻尺を2本並べてその誤差を確認する。

(3) けがき ［標仕 7.3.4］

工作図や現寸図、型板、定規などを用いて、加工しようとする鋼材に基準となる線や点などを書き移すことを「**けがき**」という。けがきは、墨差しや水糸、たがね、ポンチ、けがき針などを用いるが、近年ではけがきロボットやVR/MR（Virtual Reality/Mixed Reality）などによりこれらが不要の工法も登場してきている。なお、$490N/mm^2$級以上の高張力鋼や曲げ加工を行う鋼板等の外側には、たがね、ポンチ等による打痕を残してはならない。

4 切断及び曲げ加工 ［標仕 7.3.5〜6］

鋼材の切断及び曲げ加工についてまとめる。なお、溶接に関係する開先加工、スカラップ加工、裏当金取付けなどは本書9·5-1〜2で後述する。

(1) 切断 ［標仕 7.3.5(1)］

鋼材の切断の方法には、ガス切断、機械切断、電気切断などの方法がある。ガス切断はノッチ[★12]などができやすいので、原則として自動ガス切断機を用いる。機械切断には、せん断や切削、摩擦などの方法が、また、電気切断には、アークやプラズマ、レーザーなどの方法がある。せん断による切断は、板厚13mm以下とする。

(2) 曲げ加工・ひずみ矯正 ［標仕 7.3.5〜7.3.6］

鋼材の曲げ加工は、常温加工が原則となっている。工作機械には、プレス、ローラー、ベンダーなどが使用される。鋼材のひずみは、次の工程に進む前にその都度矯正を行っておく。

☞ 豆 知 識

★12 **ノッチ**：鋼材の切断面に現れるギザギザな刻み目。

5　孔あけ　[標仕 7.3.7 〜 8]

(1) 鋼材への孔あけ加工

　鋼材への孔あけには、鉄筋やボルトを通すなどの目的がある。実際の加工は、ドリルやせん断孔あけなどによって行われる。ただし、せん断孔あけでは孔の周囲に鋼材のめくれや歪みが残ってしまうため、『標仕』では、板厚 13mm を超える厚板材の孔あけにはドリルを使用するとされている。

　また、同様の理由により高力ボルト用の孔では厚さに関わらずせん断孔あけは行ってはならない。これは、せん断孔あけを行った際のめくれや歪みが、高力ボルト摩擦接合部の母材間の摩擦を不安定なものとするからである。

(2) 高力ボルト用のボルト孔の食い違いについて

　『JASS6』の規定では、高力ボルトの場合は母材同士の孔の位置が食い違っていた場合は 2mm 以下であればリーマー[★13]をかけて修正して良いとされている(これを超える場合は協議が必要)。高力ボルト摩擦接合では母材間の摩擦により応力が伝達されるので、ボルト孔が多少大きくても摩擦力が面でかかっていれば問題がないからである。

9・4　高力ボルト接合　　　　[標仕 7.4]

1　ボルト接合の基本　巻頭写真 12

　建築部材の接合に用いられる「ボルト接合」には、主に構造部材の接合に用いる「高力ボルト接合」と二次部材の接合等に用いる「普通ボルト接合」がある。これらは同じボルトであっても応力の伝達の仕組み、接合のメカニズムが全く異なるので注意が必要である。

① 高力ボルト接合

　素材に「高張力鋼（ハイテンション鋼、HTSS (High Tensile Strength Steel)）[★14]」を用いた専用の「高力ボルト（ハイテンションボルト、ハイテン、H.T.B.）」を用い、2 枚の母材を強く締付け、その結果生じる母材間の摩擦力によって応力を伝達する。つまりボルトではなく母材同士の"面"で接合する。したがってボルト本数を増やせば＝添え板の面積を増やせば、「面」を広くすることができ、より大きな応力を伝達することができる。

② 普通ボルト接合　[標仕 7.5]

　普通ボルト接合とは、ボルトのせん断耐力によって 2 材を接合する接合方法である。母材に穴をあけるため断面欠損[★15]となり、さらに応力伝達時にはボルト孔のへりにも支圧力がかかる。したがって構造部材の接合には向いておらず、主に二次部材の接合に使用される。

　普通ボルトの形状には押ネジと中ネジの 2 種類があり、鉄板や軽量鉄骨などの薄い材料の固定には押ネジボルトが使われ、鉄骨などの厚みのある材料には中ネジボルトが使われる。

　一般的な普通ボルトの呼称は、例えば"M20 × 60"と表現されるボルトであれば「呼び径が 20mm、長さ 60mm のボルト」を示す。なお、ボルトの長さはナットを締付けたあと、3 山以上ねじが出るように選定する。

2　高力ボルト　[標仕 7.2.2]

(1)「トルシア型」と「JIS 型」

　高力ボルトには大きく「トルシア型高力ボルト[★16]」と「JIS 型高力ボルト」の 2 種類がある。図

☞豆知識

[★13]　**リーマー**：ドリルに似た切削工具の一種。ドリルなどを用いて開けた下穴を拡張するために用いる。

[★14]　**高張力鋼**：鋼にクロムやモリブデン、ボロンなどを添加し、熱処理を施して引張りに対する強度を増した特殊な鋼材。

[★15]　高力ボルト接合で母材の断面欠損が問題にならないのは、高力ボルトによって締め付けられた母材同士は、摩擦力により応力を伝達するのでボルトやボルト孔には基本的には力がかからないからである。

8 章　コンクリート工事

9 章　鉄骨工事

10 章　木造工事

11 章　防水工事

12 章　仕上工事

13 章　その他の工事

図9・8　トルシア型高力ボルト（左）とJIS型高力ボルト（右）（出典：神鋼ボルトからの提供資料に一部筆者加筆）

9・8にそれぞれの外観を示す。

　一見してわかるように、トルシア型高力ボルトの頭は六角形の形状とはなっていない。また、JIS型高力ボルトには座金が2枚（ボルト側とナット側に1枚ずつ）あるが、トルシア型高力ボルトにはナット側に1枚のみであり、それぞれに互換性はない。なお、一般にボルトとナットは一対のセットであり、これを「ボルトセット」という。

(2) 高力ボルトの等級

　建築で使用される高力ボルトの等級には「F8T」や「F10T」「S10T」などの種別がある。接頭字に"F (for Friction Grip Joints ＝摩擦接合用)"が付いているものがJIS型高力ボルトで、"S (for Structural Joints ＝構造用)"が付いているものがトルシア型高力ボルトである。後半の数字"8T"や"10T"は強度区分を表し（"T"は Tensile Strength ＝引張強さの略）、10Tの場合は引張強度1000N/mm²が保証されているということである。

3　高力ボルト接合の基準 [標仕7.4.1〜2]

(1) 高力ボルト接合の概要

　高力ボルト接合のうち、高力ボルトで2枚の母材を締付け、母材間の摩擦力によって応力を伝達するものを「高力ボルト摩擦接合」という[17]。この工法では「母材同士の摩擦をいかに確保するか」が最大の関心事である。それには①高力ボルトの締付けト

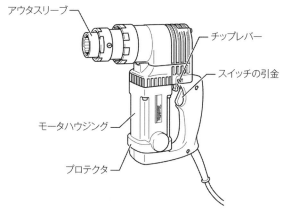

図9・9　シャーレンチ（出典：マキタ シャーレンチ6920NB取扱説明書）

ルク（回転軸に対する回転力の強さ）の管理と、②母材表面のすべり係数の管理が重要となる（後述）。

(2) 高力ボルトの締付け方法

　トルシア型高力ボルトの締付け方法は、「シャーレンチ」（図9・9）と呼ばれる特殊な工具により、「ピンテール」（図9・8）と呼ばれるボルトの尾（テール）の部分を固定し、ナットを回すことによって行われる。ボルトの固定もナットの回転も1方向から施工できるため、長大な建築用部材の接合には大変都合が良い。

　一方、JIS型高力ボルトの締付け方法は、トルクレンチを用いた「トルク管理法」とナットの回転角度によりトルクを推定する「ナット回転法」の2種類がある。

☞豆知識

　★16　（前頁掲載）トルシア型高力ボルトはJIS規格品ではないが、国土交通大臣による認定を受けたものであり、こんにちではトルシア型高力ボルトの方が多く使われる。

　★17　高力ボルトの軸方向に応力を伝達する「高力ボルト引張接合」という工法も存在する。

(3) 母材の摩擦面の処理［標仕 7.4.2］

先にも触れたように、高力ボルト摩擦接合では、母材表面の「摩擦力」の確保が重要となる。施工上の要点は以下の通りである。

①すべり係数について

「すべり係数」とは、鋼材の表面のすべりにくさ＝摩擦の大きさを表し、この値が大きいほど摩擦力は高くなる。『標仕』では、すべり係数は 0.45 以上と規定されている[18]。

②ミルスケールの除去

鋼材の製造過程において高温に加熱した際に空気中の酸素と反応して生成し付着している酸化物皮膜のことを「ミルスケール」という。ミルスケールは「黒皮（くろかわ）」とも呼ばれ、鋼材の表面に付着していると塗装などが乗りにくく、特に高力ボルト摩擦接合においては所定のすべり係数を確保できないことになるので丁寧に除去する。

③ショットブラスト、グリッドブラスト

空気圧によって砂や細かな鉄球を鋼材表面に吹きつけて錆などを除去することを「ブラスト処理」という。上記のミルスケールの除去は、酸洗いなどによる場合もあるが、通常はすべり係数の確保などとも合わせてショットブラストやグリッドブラスト処理とする場合が多い。☞ **POINT**

4 高力ボルトの締付け［標仕 7.4.4〜7］

(1) ボルトセットの取扱い［標仕 7.4.4］

高力ボルトはボルトを規定のトルクで締付けることが重要であり、そのためにはボルトとナットのそれぞれの溝が、使用時に適切な状態になっているこ

とが重要である。特にねじ部にホコリや砂などを付着させないことが重要である。

(2) 摩擦面の確保［標仕 7.4.4］

繰り返し述べているように、高力ボルト摩擦接合では母材の摩擦面の確保が重要である。したがって、摩擦面の浮き錆（浮いていない錆はむしろ摩擦力を向上させるので除去しなくても良い）や油、塗料、塵埃（じんあい）（ちりやほこりなど）などは丁寧に除去する必要がある。

(3) 締付けの準備［標仕 7.4.7(1)〜(2)］
①高力ボルトの締付け

高力ボルト摩擦接合では、母材間に規定以上の摩擦力が生じるかどうかがポイントであり、そのための現場での段取り・準備が重要である。
②仮ボルトについて［標仕 7.10.5(2)〜(4)］

鉄骨建方において、本接合に先立って部材の仮留めを行うためのボルトを「仮ボルト」という。仮ボルトには普通ボルトを用い、ボルト一群に対して1/3 以上かつ 2 本以上締付ける。「ボルト一群」とは、

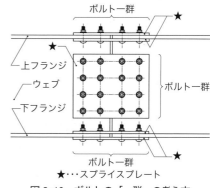

図 9・10 ボルトの「一群」の考え方

★…スプライスプレート

☞ **豆 知 識**

★18 すべり係数によく似た言葉に「摩擦係数」がある。基本的な概念としては同じ意味だが、厳密にはすべり係数は実務上の係数（応力発生時の鋼板の変形を考慮した実績値）、摩擦係数は理論上の係数として分けて用いられることが多い。

★19 （次頁掲載）ウェブを高力ボルト接合、フランジを工事現場溶接接合とする混用接合や、高力ボルトと溶接との併用継手とする場合は一群のボルト数の 1/2 以上かつ 2 本以上とする。

☞ **学習のポイント**

「油汚れをショットブラストにより除去した」という選択肢が建築士試験で出題されたことがあるが当然誤り（油脂類の除去は、専用の洗浄剤を使用する）。

8章 コンクリート工事

9章 鉄骨工事

10章 木造工事

11章 防水工事

12章 仕上工事

13章 その他の工事

上フランジ、下フランジ、ウェブのそれぞれに設定され、それぞれの部位の母材とスプライスプレートが強固に固定され、摩擦により確実に応力が伝達されるべき箇所である（図9・10）[19]。

なお、エレクションピース ≫本書9・3-1(9) に用いる仮ボルトは高力ボルトとし全数締付ける。

(4) 本締め ［標仕 7.4.7(3)〜(8)］ 巻頭写真 33

①本締めの手順 巻頭写真 34

仮ボルトにより母材同士の密着が確認されたら、一次締め、マーキング、本締めの順序で本接合の締付けを行う。「マーキング」とは、一次締めが終わったボルトやナット、座金及び母材にかけて線を引くことをいう。本締め終了後のマーキングの状態によって本締めが正しく行われたかがわかる。

②ボルトの締付け順序

高力ボルトの本締めにおいては、締付けの順序にもルールがある。ボルト孔の誤差の偏りを避けるために、一群のボルトの締付け順序は基本的に群の中央部より周辺に向かって進める。

③一次締め

一次締めではトルク（締付けトルク）の管理が必要とされる。締付けトルクを管理するにはトルクレンチやトルク管理ができる専用の電動レンチ[20]が用いられる。高力ボルトで使用する電動レンチはト

ルシア型高力ボルト用と JIS 型高力ボルト用それぞれがあり、一次締め用と本締め用にも分かれている。

④マーキング

高力ボルトの一次締めが終了したあとは、全てのボルトについてボルト・ナット・座金から部材表面にわたる一直線の「マーキング」を施す。

マーキングは、締め忘れの確認だけでなく、ナットの回転量の把握や、共回り・軸回り[21]の確認にも利用される（図9・11）。

共回りや軸回りが発生する原因としては、ボルトのネジ山が潰れていたりボルトとナットの間に異物が入り込んでいるなどの異常が考えられる。これらが生じると締付けトルクが不安定となり、適正な張力（軸力）が得られない可能性があるため、そのボルトセットは交換する必要がある。なお、マーキングは極めて重要な管理項目なので、マーキングされていないボルトについても施工不良と判断する。

⑤本締め

「本締め」については、トルシア型高力ボルトとJIS 型高力ボルトでは基準が異なる。

（ア）トルシア型高力ボルト

トルシア型高力ボルトの締付け管理は、ボルト端部のピンテールの破断によって確認する（ピンテールはボルトに所定のトルクが導入されると破断するので用具等によるトルク管理は不要である）。

（イ）JIS 型高力ボルト

JIS 型高力ボルトに関しては、『標仕』において、トルクレンチやトルク管理ができる専用の電動レンチを用いる「トルク管理法」またはナットの回転角（通常120°）によって張力導入とみなす「ナット回転法」で締付けるとされている。

5 高力ボルトの締付け後の確認 ［標仕 7.4.8］

トルシア型高力ボルトの締付けが完了したら「ピンテールが破断していること」「マーキングが正しい

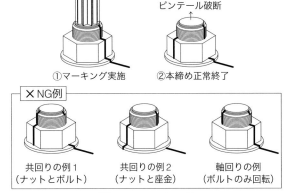

ピンテール破断

①マーキング実施　②本締め正常終了

×NG例

共回りの例1（ナットとボルト）　共回りの例2（ナットと座金）　軸回りの例（ボルトのみ回転）

図9・11　マーキング

☞豆知識

★20 電動レンチにあらかじめ必要なトルクを設定しておくと、締付けの際にそれ以上のトルクはかからない。

★21 共回り：ナットとボルト、あるいはナットと座金が一緒に回ること。
軸回り：ボルトだけが回転し、ピンテールが破断してしまうこと。

位置にあること」「ナット回転量が適正であること」「ボルトの余長がねじ1山から6山までの範囲であること」などの項目を確認する［標仕7.4.8(1)(ア)］。また、JIS型高力ボルトの締付けが完了したら「マーキングが正しい位置にあること」「ナット回転量が適正であること」「ボルトの余長がねじ1山から6山までの範囲であること」などの項目を確認する［標仕7.4.8(1)(イ)］。

なお、以上で合格とならなかった場合は、高力ボルトのセットを新しいものに取り替えて再度締付けを行う。このとき一度使用した高力ボルトのセットは再使用しない［標仕7.4.8(2)～(4)］。

9·5 溶接接合 　　　　[標仕7.6]

1 溶接の概要 巻頭写真31、32

(1) 溶接とは何か

溶接とは、金属を溶融して別々の部材を一体化する方法である。広義の溶接は、融接、圧接、ろう接に分類される（図9·12）。このうち、建築用鋼材の接合には、母材を溶融して融着する融接方法のひとつである「アーク溶接」が主に用いられている。アーク溶接とは、母材と溶接棒を2つの電極とし、それら電極間に発生する電弧（アーク）の熱を用い、金属を溶融して接合する方法である。

溶接接合は、ボルトなど他の接合方法と比較して

応力集中が少ない接合方法であり、丁寧に施工すれば極めて安定した接合が期待できる。しかし、溶接によって発生する熱によって、母材の鋼材に歪みが生じやすいという欠点がある。また、職人の質や施工管理の体制によって、品質に大きな差が出る。

(2) 溶接継手の種類

構造部材の溶接箇所は、強度的に母材と同等、もしくはそれ以上でなければならない。ある箇所の溶接による接合部全体を「溶接継手」という。溶接継手には、突合わせ継手、T継手、角継手、十字継手、重ね継手、へり継手などがある。建築工事で用いられる溶接継手の代表例を図9·13に例示する。

(3) 溶接継目の種類

一方、溶接継手における溶接そのものの部位（線）のことを「溶接継目」という。溶接継目には完全溶込み溶接、隅肉溶接、部分溶込み溶接、フレアグルーブ溶接（鉄筋同士など丸みを帯びた部材を重ね

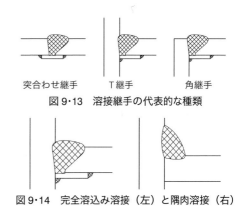

突合わせ継手　　T継手　　角継手

図9·13　溶接継手の代表的な種類

図9·14　完全溶込み溶接（左）と隅肉溶接（右）

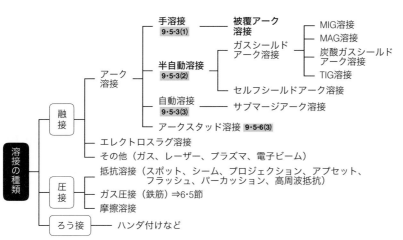

図9·12　溶接の種類

写真9·1　現場溶接の様子（提供：㈱巴コーポレーション）

8章 コンクリート工事
9章 鉄骨工事
10章 木造工事
11章 防水工事
12章 仕上工事
13章 その他の工事

て溶接する方法）などがある。このうち代表的な溶接継目は「完全溶込み溶接」と「隅肉溶接」である（図9・14）。

(4) 開先（かいさき）

完全溶込み溶接において、溶接部の品質を確保するために部材の一部に設ける溝のことを「開先（groove）」という[★22]。例えば厚板を溶接しようとする際、溶接棒が中まで入りにくい場合などがある。そこで開先を設けることにより、部材同士の隙間の奥にまで溶接棒を入れることができるようになる。開先の形状には用途に応じて図9・15のような種類がある。なお、開先加工は、鋼材の端部を自動ガス切断機や開先加工機などを使用して切断する（手動ガス切断等は行わない）。

例えば前出の図9・14を見てみると、完全溶込み溶接の方は、横方向の部材の左端に開先が設けられているため母材間に溶着金属が完全に溶け込んでいることがわかる。このように部材が完全に一体化される場合は応力も確実に伝達されると判断できるため、完全溶込み溶接の溶接部は母材と同等に取り扱うことができる。一方の隅肉溶接は、母材に開先を設けずに表面からのみ溶接する工法で、表面は溶着金属で一体化しているが内部は一体化していない。基本的に溶接線に沿うせん断力しか伝達できず、完全溶込み溶接と比較すると著しく強度は落ちる。なお、隅肉溶接の小口（端部）は回し溶接（図9・19）とする。

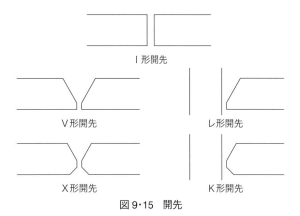

図9・15　開先

2　溶接各部の名称 ［標仕7.6.4］

(1) 溶接各部の寸法の呼称

溶接の管理で重要になるのが溶接各部の寸法である。完全溶込み溶接においては、「余盛の高さ（よもり）」「のど厚」が重要になる（図9・16）。余盛とは、母材表面から溶接部が盛り上がった箇所をいう。なお、母材と余盛の境界は応力集中を避けるために、できるだけ滑らかにする。

一方、隅肉溶接においては、「脚長（きゃくちょう）」「サイズ」「のど厚」「余盛」が重要になる（図9・17）。特に溶接されている箇所の長さを表す脚長とサイズは重要である。

(2) ルートギャップ

主に完全溶込み溶接において、溶融金属を一体化しやすくするために設けた母材間の隙間のことを「ルートギャップ（ルート間隔）」という（図9・16）。

(3) 裏当金（うらあてがね）

溶接作業中の溶融金属が上記のルートギャップ下部から流れ出さないように、溶接部の裏側に設ける部材を「裏当金」という（図9・18）。裏当金は溶接にてあらかじめ取り付けておく。

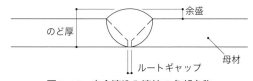

図9・16　完全溶込み溶接の各部名称

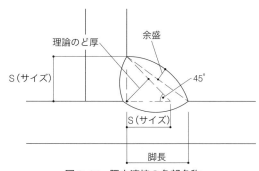

図9・17　隅肉溶接の各部名称

8章 コンクリート工事

9章 鉄骨工事

10章 木造工事

11章 防水工事

12章 仕上工事

13章 その他の工事

なお、裏当金を設けずに表面の溶接を行い、その後裏側の溶接不良箇所をはつり（斫り）とって（削りとって）新たに溶接を施す方法を「裏はつり溶接」という（図9·15の開先形状において、X形とK形開先がこれに相当する）。

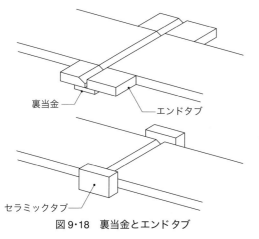

図9·18　裏当金とエンドタブ

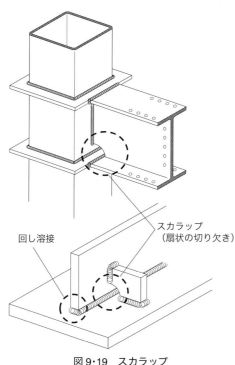

図9·19　スカラップ

（4）エンドタブ

完全溶込み溶接において、溶接線（ビード）の品質を確保するために、溶接部の始終端部に取り付ける部材のことを「エンドタブ」という（図9·18）。一般に溶接作業は、アークを発生させる溶接の最初の部分と溶接を終わらせる終端部分の作業が最も難しく欠陥が生じやすい。エンドタブを設けるとその欠陥があるビードが母材の外に位置することになるので、重要部位での欠陥発生を避けることができる。

なお、エンドタブはもともと金属製のものが使われていたが、近年はセラミックタブを溶接部を塞ぐようにして設ける場合も多い。

（5）スカラップ★23

直交する溶接の継ぎ目同士が重なることを避けるために鋼材に設ける扇状の切り込みのことを「スカラップ」という（図9·19）。例えばパネルゾーンにおいて柱に大梁のウェブとフランジを溶接する場合、上下フランジの溶接を優先させ、ウェブにスカラップを設ける。☞POINT

3　溶接の種類［標仕7.6.1］

『標仕』における溶接の作業方法による分類につい

表9·7　作業方法による溶接の分類

溶接方法		溶接部の保護方法
手溶接	被覆アーク溶接	フラックスが塗布された溶接棒
半自動溶接	ガスシールドアーク溶接	シールドガス（MIG、MAG、炭酸ガス等）
	セルフシールドアーク溶接	フラックスが塗布された溶接ワイヤー
自動溶接	ガスシールドアーク溶接	シールドガス（MIG、MAG、炭酸ガス等）
	サブマージアーク溶接	粒状フラックス盛上げ
	エレクトロスラグ溶接	粒状フラックス充填

☞豆知識

★23　"scallop" とは元々ホタテ貝のことで、転じて丸みを帯びた襟や装飾などの意味にも使われる。

☞実務のポイント

スカラップでは部分的とはいえ鉄骨を切り欠くので応力的には不利になる。近年ではこれを避けるために「ノンスカラップ工法」が採用されることもある。

て表9・7に整理する。

(1) 手溶接（被覆アーク溶接）

　手溶接は最も基本的な溶接の方法で、作業の全てが手作業で行われる。手溶接では「フラックス」が塗布された溶接棒を電極として母材との間にアークを発生させ、その高温で母材と溶接棒を溶かして接合する（図9・20）。溶接棒は作業の進捗にともない母材と溶融していくため徐々に短くなっていく。

　フラックス（flux、融剤）とは、物質を融解しやすくするために添加される物質のことで、溶接時に雰囲気ガスとして気化する。雰囲気ガスの発生により溶接部からは酸素を含んだ空気が押し出され、溶接部を酸化から守る役割を果たす。

(2) 半自動溶接

　コイル状に巻かれた針金状のワイヤーを電極として、これを溶かしながら溶接する方法で、電極ワイヤーは自動的に供給されるが、運棒（溶接棒を動かすこと）そのもの、すなわちトーチ部分（溶接作業の先端部分）は手動で動かすため、半自動溶接とも言われる。

　溶接部の酸化を防ぐための方法として、シールドガスを使用する「ガスシールドアーク溶接（GMAW）」とフラックスが塗布された溶接ワイヤーを用いる「セルフシールドアーク溶接」に分けられる。このうちガスシールドアーク溶接は、アルゴンや二酸化炭素などの気体を溶接部に噴射してアークや溶融池（溶融している部分）を空気から遮断しながら溶接する方法であり、電極とガスの違いにより以下の種類に分けられる。

① MIG（Metal Inert Gas）溶接

　溶接部を酸化などから守るシールドガスとしてア

ルゴンやヘリウムなどの不活性ガスを用いたガスシールドアーク溶接。不活性ガスは母材と化学反応を起こさないので、アルミなどにも適用でき仕上りも綺麗であるが、アークが広がりやすく溶込みが浅くなりやすい。ガスでシールドを行うので風に弱く、基本的に屋内で作業を行う。

② MAG（Metal Active Gas）溶接

　基本的な仕組みはMIG溶接と同じであるが、シールドガスに不活性ガスと活性ガス（CO_2）の混合ガスを用いる点が異なる。MIG溶接よりアークを細くすることができ、結果としてエネルギーを集中させやすく作業がしやすいが、溶接外観は悪くなる。また、炭酸ガスは溶融した金属と反応しやすいのでアルミなどには使用できない。

③ 炭酸ガスシールドアーク溶接

　基本的な仕組みはMIGやMAGと同じであるが、シールドガスに炭酸ガスのみを用いる。MAGよりもさらにアークが細くエネルギーも集中させやすいため溶込みも深くしやすいが、スパッタ（溶接部からはじけ出た金属粒子）が発生しやすく外観が悪くなりやすい。

④ TIG（Tungsten Inert Gas）溶接

　電極に溶接棒ではなくタングステンチップ（消耗しない）を用いることが特徴の溶接方法で、電極とは別に溶接ワイヤーが別途供給される。シールドガスにはアルゴンガスやヘリウムガスが用いられる。特徴としては火花が出ない、細かな溶接ができる、仕上りが美しい、静音性に優れる点などが挙げられる。

(3) 自動溶接

　様々な方法で自動化を果たした溶接で、代表的な

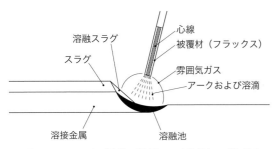

図9・20　アーク手溶接（被覆アーク溶接）の模式図

（図内ラベル）溶融スラグ／心線／被覆材（フラックス）／スラグ／雰囲気ガス／アークおよび溶滴／溶接金属／溶融池

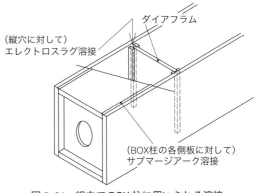

図9・21　組立てBOX柱に用いられる溶接

（図内ラベル）ダイアフラム／（縦穴に対して）エレクトロスラグ溶接／（BOX柱の各側板に対して）サブマージアーク溶接

ものとしては、半自動溶接の運棒をロボットにより自動化したものや、「組立てBOX柱」に用いられるサブマージアーク溶接ならびにエレクトロスラグ溶接がある。

組立てBOX柱とは、BOX柱の側面4枚の側板を厚板を溶接して製造した大断面の柱のことである。大規模建築では、鋼管を加工したBOX柱ではサイズが足りない場合があり、その場合は溶接により製造する。このとき、板材の角溶接はサブマージアーク溶接で連続して自動溶接を行い、柱の中に仕込まれる内ダイアフラムの溶接を、天板に孔をあけてエレクトロスラグ溶接を用いて行う。このときの様子を図9・21に示す。

① サブマージアーク溶接（SAW）

サブマージ（submerged）とは英語で「沈める」という意味で、溶接部にあらかじめ盛られた粒状のフラックスの中に溶接用ワイヤーを供給して溶接を行う。自動化しやすいため、連続した長い溶接部に用いられる。

② エレクトロスラグ溶接（ESW）

金属の精錬後に生成される「スラグ（鉱滓）」を用いて主に深さのある縦穴の溶接を行う溶接方法。具体的には、溶接したい箇所（縦穴）にこのスラグを埋めてそこに電流を流し、発生した高温により溶接棒と母材を溶融して接合する。

4 溶接の準備と施工 ［標仕 7.6.2 〜 7］

(1) 溶接作業の担当者 ［標仕 7.6.2 〜 3］

溶接工事において、溶接作業全体を管理する技術者を「施工管理技術者」、実際に溶接作業を行う作業員（技能者）を「技能資格者」という★24 ≫本書6・5-2。

このうち施工管理技術者は、「JIS Z 3410（溶接管理−任務及び責任）に基づく溶接管理を行う能力を有する者とする」ことが定められている［標仕 7.6.2 (2)］。実務上は日本溶接協会が定めたWES8103「溶接管理技術者認証基準」に則って発行される「WES

特別級」「WES1級」「WES2級」などがこれに相当する。技能資格者においても、手溶接、半自動溶接、自動溶接、組立て溶接などの種別ごとに資格が分かれており［標仕 7.6.3］、実務上はそれらの資格者証を適宜確認するという形になる。

(2) 溶接の準備 ［標仕 7.6.4 〜 6］

① 溶接の準備 ［標仕 7.6.4］

溶接に先立ち、開先の準備を行う。開先は精密に加工されていないと溶接時に不具合が発生する可能性があるので、自動ガス切断または機械加工とするとされている。また、溶接棒などの溶接材料の良否は、溶接部の施工品質に直接関わるので、丁寧に取り扱い、被覆剤のはく脱、汚損、変質、吸湿、錆等のあるものは使用しない。吸湿の疑いがあるものは適切に乾燥した後に使用する。溶接には瞬間的に大電流が要求されるため、必要に応じて専用の発電機（ウェルダー）を用意する。

② 部材の組立て ［標仕 7.6.5 〜 6］

部材の組立てにあたり、溶接で接合する部材を適切な治具で固定しておく。特にルート間隔を確保するとともに、部材相互に隙間が生じないよう密着させる。溶接部は、水分や油、スラグ、塗料、錆などの付着を除去する。

準備が整ったら、本溶接に先立って部材同士を仮留めする「組立て溶接」を行う。組立ての順序は、溶接による変形を考慮して計画する。

なお、高力ボルト接合と溶接接合を併用する場合は、高力ボルト接合を先に行う。これは先行して溶接を行うと、その溶接による歪みで高力ボルトの穴の位置がずれたり、曲がりなどにより十分に摩擦力を確保できないからである。

(3) 溶接中ならびに溶接後の留意事項

［標仕 7.6.7(1)］

溶接施工は姿勢が重要であり、可能な限り下向き姿勢が望ましい（やむを得ないときは水平姿勢、他

8章 コンクリート工事

9章 鉄骨工事

10章 木造工事

11章 防水工事

12章 仕上工事

13章 その他の工事

☞ 豆 知 識

★24 一般に「技術者（engineer）」とは、必要な教育を受け必要な免許・資格等を取得し、管理基準に基づいて設計や施工管理を行う者のことをいい、技術者の管理のもとで実際の作業を行う者を「技能労働者（technician）」という。

に方法がないときのみ上向き姿勢とする)。上向き溶接とした場合、溶融した金属が流れ落ちてくるので、作業員の安全管理の面はもちろん、品質の確保も難しいので注意が必要である。

下向き姿勢であっても安定的に溶接するためには角度を付けた方が溶接しやすい場合がある。そのような場合は位置合わせ用の「ポジショナー」により、溶接部の角度を適切なものとして作業を行う。

以下にその他の留意事項を示す。

(ア) スラグ（鉱滓）

鋼材に熱を加えた際に、鋼材が周囲の空気中の酸素と反応して残渣となって鋼材の表面に浮き出てきたもの。開先が狭いなどの場合は、溶接部にスラグを巻き込んでしまうこともある。板厚が厚いなど、溶接断面が深く、溶接（パス）を複数回に分けて行う多層溶接の際には、各パス（同一箇所の溶接回数）ごとにスラグを除去する。

(イ) スパッター

溶接の際に周囲に飛び散った溶融した金属の小塊が冷えて固まったもので、摩擦接合面に付着すると施工障害の可能性があるので除去する。

(ウ) ケレン

鉄骨工事に限らず、施工前後で部材表面等を清掃することを「ケレン」という。このケレンは、鉄骨工事においては、組立て直前の鋼材表面に付着した油や汚れ、錆などを除去したりすることをいう。特に高力ボルトの摩擦接合面のケレンは重要である。上記のスラグやスパッターの除去などもケレンに含まれる。具体的には、ショットブラストやグラインダー、ジェットタガネなどの機械による場合と、酸などの薬品を使う場合がある。

(エ) 溶接作業における労働安全

溶接は、アークによる高エネルギーを用いて鋼材を溶融・凝固させて接合するため、強烈な光・熱とともにスパッターや、ヒューム（蒸発した固体が再凝固して粒子化したもの）、ガスが発生する。したがって、溶接作業を行う際には、材料管理や作業場所、作業姿勢、使用工具などの面において安全管理が特に重要になる。

(4) 完全溶込み溶接の施工 ［標仕 7.6.7(2)］

①裏当金溶接

完全溶込み溶接において、V形開先やレ形開先など溶接を片側から行う方法を「裏当金溶接」という。裏当金は、通常はフランジの内側に設置する。初層の溶接にあたっては、継手部と裏当金が十分に溶け込むようにする。

②裏はつり溶接

裏はつり溶接を行う開先形状はX形やK形となる。施工にあたっては、表面から溶接を行ったあと、その裏面において健全な溶着部分が現れるまで裏はつりを行い十分にケレンを行ったあと、裏側の溶接を行う。

③溶接部の余盛など

完全溶込み溶接においては、溶接部の余盛は応力集中を避けるために緩やかに盛り上げる。溶接部の寸法を確実に確保するためには余盛りは必要であるが、これが盛られすぎていると逆に「オーバーラップ」などの溶接欠陥（後述）が生じる可能性があるので注意が必要。

④気温等による措置 ［標仕 7.6.8 ～ 9］

極端な低温下では母材が冷え切って溶接不良を生じさせる場合がある。したがって『標仕』では「－5℃未満の場合は作業を行わない」「－5℃以上5℃以下の場合は、溶接線両側100mmの範囲を予熱する」ことなどが規定されている。

5 溶接部の欠陥 ［標仕 7.6.10］

(1) 溶接部の欠陥の種類

溶接による接合は、本来安定した性状を持っている2つの母材を熱によって溶融し、そこに別の金属をさらに溶かし込んで接合するという複雑なメカニズムによって行われる。したがって、溶接には一定の欠陥が存在していると考えた方が良い。溶接欠陥は、「内部欠陥」と「表面欠陥」に大別することができる。主な欠陥は図9・22 ～ 9・28の通りである。

【内部欠陥】

①ブローホール

溶接金属内にガスが残留したため、空洞が生じたもの。

8章 コンクリート工事

9章 鉄骨工事

10章 木造工事

11章 防水工事

12章 仕上工事

13章 その他の工事

②スラグ巻込み

スラグが溶接金属内に残留したもの。

③融合不良

溶接金属と母材または溶接金属同士が融着していないもの。

④溶込み不良

溶接金属がルート面に達せず、開先の一部がそのまま残ったもの。

【表面欠陥】

⑤ピット

ビードの表面に生じた小さなくぼみ穴。

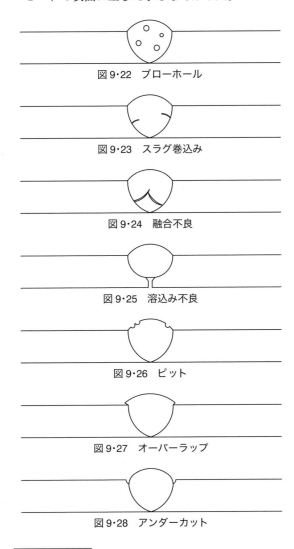

図9·22　ブローホール

図9·23　スラグ巻込み

図9·24　融合不良

図9·25　溶込み不良

図9·26　ピット

図9·27　オーバーラップ

図9·28　アンダーカット

⑥オーバーラップ

溶接金属が母材に融合しないで重なるもの。溶電流が低すぎると発生しやすい。

⑦アンダーカット

母材の表面と溶接金属の表面とが接する部分に生じる溝。溶接電流が高すぎると発生しやすい。

(2) 溶接部の試験 [標仕 7.6.11〜12]

溶接欠陥のうち、表面欠陥は目視で発見できるが、内部欠陥は目視では確認できないので、一般には「超音波探傷試験（UT 試験）」などの非破壊検査が行われる。 巻頭写真 35、36

モノを壊さずに内部の状態・状況を検査することを「非破壊検査」という。非破壊検査には、超音波やX線、磁気などが使用される。建築で一般的に行われるのは「超音波探傷試験」である。

超音波探傷試験機は、本体（モニタ）と探傷子（プローブ）から構成される。探傷子から発振された超音波は、鉄骨内部の欠陥部分で反射して再び探傷子に戻ってくる。このとき、入射してから戻ってくるまでの時間を測定すれば、位置や深さを把握することもできる。なお、溶接部の試験を行う技能資格者については、有資格者かつ社外の第三者とする。

(3) 溶接部の不合格箇所の補修 [標仕 7.6.13]

溶接部の欠陥のうち内部欠陥は当該溶接箇所を「アークエアガウジング★25」で吹き飛ばし、本溶接と同様の方法で再溶接を行う。有害なアンダーカット等の表面欠陥は、本溶接と同種の溶接棒で肉盛りし、母材に傷が生じないように注意してグラインダー（高速で回転する砥石）などで仕上を行う。

☞豆 知 識

★25　**アークエアガウジング**：溶接の不良箇所などに対し、アーク放電によるエネルギーと空気圧で不良箇所そのものをその場所からはじき飛ばすこと。裏はつり溶接にも用いられる。

9·6 建方工事 [標仕 7.10]

1 工事現場施工の概要 [標仕 7.10.1]

巻頭写真 14、15、28、39

鉄骨製作工場で加工・製作された鉄骨の各部材を、工事現場において組み上げていくことを「鉄骨建方」という。建方工事の是非は建物全体の品質や工程、安全管理に大きな影響を与える。したがって、鉄骨工事担当の現場係員は、各種基準や設計図書を熟読し、敷地条件や現場状況を考慮に入れた上で施工計画書を作成する。施工計画書の記載事項と請負者が行う検査項目の例を表9·8、表9·9に示す。

2 建方の順序

鉄骨建方の方法には大きく、下階から上階に向かって層を積み上げていく「積み上げ方式」[★26]と、平面的に敷地の片側から逆側に鉄骨を建てていく「屏風建て（建て逃げ）方式」がある。いずれも建方途中に鉄骨にかかる荷重のバランスに注意する。その他、立体トラス屋根の施工やレール上の駅舎の施工など通常の建方方式では施工不可能な場合は、リフトアップ工法やスライド工法といった特殊な建方方式が採用される。

3 揚重機

鉄骨工事に用いられる揚重機の種類を以下に整理する。

(1) 移動式クレーンの種類と特徴

代表的な移動式クレーンを以下に整理する ≫本書 3·4-2

① 積載型トラッククレーン（図9·29）

トラックの荷台と運転室の間にクレーンを架装したもので、車体の大きさにより様々な種類がある。吊り荷作業や積載、運搬作業が1台で行える。

②ラフテレーンクレーン（図9·30）

専用のシャーシや操舵・操作の仕組みを有し、比較的コンパクトな車体で小回りが利き、不整地や比較的軟弱な地盤でも走行できるなどの特徴を有する。走行とクレーン操作は1つの運転席で行う。なお、法令上は大型特殊自動車の取扱いとなる。

③ オールテレーンクレーン（図9·31）

不整地から舗装路までオールマイティに走行できるクレーン。公道での走行速度もラフテレーンク

表9·8 工事現場施工要領書の記載事項例（請負者が作成）

①総則及び工事概要
②工程表（アンカーボルトの設置・建方・高力ボルト締付け・溶接作業・完成検査等の時期）
③作業の管理組織及び協力業者、工事担当（施工管理技術者・溶接施工管理技術者・非破壊検査技術者・溶接技能者の氏名、保有資格等）
④アンカーボルトの保持及び埋込み工法と検査方法
⑤定着の工法
⑥建方作業順序と建入れ直し及び建入れ検査方法ならびに不具合処置方法
⑦高力ボルト接合作業手順と締付け後の検査方法ならびに不合格処理方法
⑧溶接接合作業手順と精度・外観・内部検査方法ならびに不合格処理方法
⑨超音波探傷試験の検査機関及びその管理組織

出典：『監理指針』7.1.5(5)をもとに作成

表9·9 請負者が行う鉄骨建方時の検査項目例

（ア）アンカーボルトの埋込み（位置・出の高さ、モルタル面の精度）
（イ）搬入された鉄骨製品の外観（曲がり・傷の有無、塗装部の傷の有無等）
（ウ）建方（建入れ精度・接合部の精度）
（エ）高力ボルト接合（一次締め、マーキング、ピンテールの破断状態、とも回りの有無、締付け後のナット回転量、余長等）
（オ）工事現場溶接接合（開先部の精度、溶接外観、表面欠陥、内部欠陥）
（カ）デッキプレート工事（焼抜き栓溶接、アークスポット溶接の外観、母材への影響）
（キ）スタッド工事（溶接外観、打撃曲げ試験結果、母材への影響）
（ク）他工事との関連溶接（溶接外観、溶接位置・長さ）
（ケ）工事現場塗装（素地調整、塗膜厚、外観）
（コ）耐火被覆（下地処理、厚さ、かさ比重）

出典：『監理指針』7.10.1(6)をもとに作成

☞豆知識

★26 柱の建方単位を「節」といい、柱脚に取り付く最も地上に近い部分を「0節」、上に積み上げるに従って「1節」「2節」…といった具合に呼称する。

8章 コンクリート工事

9章 鉄骨工事

10章 木造工事

11章 防水工事

12章 仕上工事

13章 その他の工事

レーンより速い。大型クレーンだが、多軸多輪のため小回り性に優れる。またクレーンの大型化も容易であるが、大型の場合は重量がかさむため、その場合はクレーン部分は分解輸送される。運転席とクレーン操作席は別である。

④クローラークレーン（図9・32）

クローラー（キャタピラ、無限軌道式履帯）で移動する大型クレーン。軟弱地盤において優れた機動性を発揮するが、公道は走れないので現場まで分解輸送されて現地で組み立てる必要がある。したがって比較的長期の運用が前提となる。

（2）定置式クレーン（タワークレーン）

現場に長期間定置されるものを定置式クレーンという。建設現場ではほとんどがクライミング機能を持ったタワークレーンである（図9・33）。鉄骨や外壁パネル、設備機器などの揚重を行う。大型のものは有人式がほとんどだが、小型のものは地上からリモコンで操作されるものもある。

4 鉄骨足場

（1）鉄骨足場の概要

鉄骨工事の足場には、「通路用の足場」と「作業用

図9・29 積載型トラッククレーン（提供：古河ユニック㈱）

図9・30 ラフテレーンクレーン（出典：㈱タダノウェブサイト）

図9・31 オールテレーンクレーン（出典：㈱タダノウェブサイト）

図9・32 クローラークレーン（提供：㈱タダノ）

図9・33 タワークレーン（出典：㈱北川鉄工所ウェブサイト）

の足場」の2種類がある。いずれも総足場とすることはめったになく、必要な箇所のみの部分足場とするのが一般的である。なお、鉄骨工事における鉄骨上での水平移動は、床板が敷かれるまでは鉄骨の梁の上を歩行することになる。しかし鉄骨のフランジの幅は狭いので、水平養生ネット（ラッセル）などの落下防止措置を講じる。

(2) 落下防止措置

梁上など高所で作業する場合は落下する危険があるため、昇降や作業の安全を確保するための措置を講じる。高所に上る作業員等は「フルハーネス型」の「墜落制止用器具」を身に着ける（図9・34）。ハーネスの背中の部分には、D環を介して「ランヤード」が取り付けられている。ランヤードはショックアブソーバーやフックなどを備えた合成繊維製のストラップであり、先端のフックを「親綱」などに引っかけて使用する。

親綱とは、高所などに水平方向に張られたロープで、梁など水平部材には「親綱支柱（スタンション）」で固定し、柱など鉛直部材には「親綱支持用ラッシ

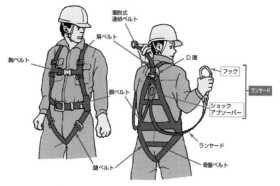

図9・34 墜落制止用器具（フルハーネス）(出典：厚生労働省資料)

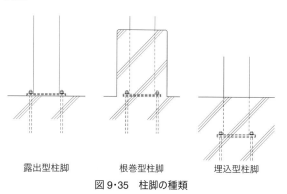

| 露出型柱脚 | 根巻型柱脚 | 埋込型柱脚 |

図9・35 柱脚の種類

ングベルト」などで固定する。

5 柱脚部の準備

(1) 柱脚について

鉄骨造であってもその基礎は一般に鉄筋コンクリート造である。すなわち、基礎と鉄骨部分は異種構造が接合されることになる。一般に異種構造の接合部は応力の集中などにより弱点になりやすいので、その接合は慎重に行う必要がある。鉄骨造において、RC造の基礎部分と鉄骨の躯体部分の接続部分を「柱脚」という。この柱脚は、上部躯体の荷重をスムーズに下部構造（基礎）に伝達する重要な役割を果たす。柱脚の形式には大きく、露出型柱脚、根巻型柱脚、埋込型柱脚などがある（図9・35）。構造計算上、根巻型と埋込型は固定支点として扱われるが、露出型はヒンジ（ピン）支点としての扱いになる。根巻型は部屋や開口の有効面積が減少する、埋込型は基礎を深くする必要があるのでコストが高くなる、というデメリットもある。

近年は、埋め込まれるアンカーボルトの太さや固定方法を工夫して露出型でありながら固定支点として扱える「露出型弾性固定柱脚（センクシア社「ハイベース」、岡部「ベースパック」など）」の採用例も増えている。

(2) アンカーボルトの設置等 [標仕 7.10.3]

上記の柱脚において、RCの基礎と鉄骨を固定す

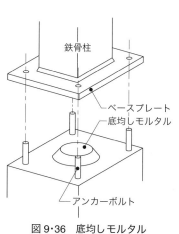

図9・36 底均しモルタル

写真9・2 鉄骨建方（柱脚部）の様子 (提供：㈱巴コーポレーション)

るボルトのことを「アンカーボルト」という。一般にアンカーボルトは、柱脚部分において、一端をコンクリートに埋め込んで、もう一端は鉄骨をボルト締めして固定する（図9・36、巻頭写真17、18、20）。アンカーボルトは弛みを防止するために二重ナット及び座金を用い、ねじがナットの外に3山以上出るようにする。なお、アンカーボルトの設置に際しては、RC柱脚部の鉄筋と干渉する場合があるので、お互いを傷めないように注意する。

(3) 柱底均しモルタル [標仕7.2.9、7.10.3]

鉄筋コンクリート製の基礎の上に鉄骨の柱の柱脚部を取り付ける際に、ベースプレート★27の取付け高さを精密に調整するためのモルタルのことを「柱底均しモルタル」という（「敷きモルタル」や「レベルモルタル」などとも呼ばれる）。柱脚部分の模式図を図9・36に示す。

一般に基礎コンクリートの打設面の天端には不陸があり、必ずしも平坦・水平ではない。そこで、基礎コンクリートの天端を鉄骨の下端（ベースライン＝B.L.）よりも下げておき（通常は30〜50mm下げる）、精密な高さに調整した「柱底均しモルタル」を打設して建方を行う。平面的な大きさはベースプレートが小さい場合は全面とし、ベースプレートが大きい場合は、中心部のみに200〜300mm四方の角形あるいは円形とする★28。残りの隙間は後詰めで無収縮モルタルを注入する 巻頭写真21 。

なお、柱底均しモルタルには「無収縮モルタル」が使用されることが多い。無収縮モルタルとは混和剤に膨張剤を含むことで収縮を抑えているもので、柱底均しモルタルに使用することで精密な高さを確保することができる。

6　鉄骨の搬入と建方 [標仕7.10.4〜5]

(1) 鉄骨の搬入 [標仕7.10.4]

鉄骨の受入に際しては、鉄骨製作工場の送り状と照合し、製品の数量及び変形・損傷の有無等を確認させる。受け入れた鉄骨は変形・損傷を防ぐために適切な受台の上に置くようにする。

(2) 鉄骨の建方 [標仕7.10.5] 巻頭写真16
①鉄骨建方の概要

建方は、組立て順序、建方中の構造体の補強の要否等の検討を行い、本接合が完了するまで風荷重、自重その他の荷重に対して安全を確保する。

建方の効率化などのために「地組み★29」を行うときは、適切な架台や治具等を使用して作業の安全や寸法精度を確保する。

②建方中の骨組の安全 [標仕7.10.5(2)〜(4)]

揚重された鉄骨を定位置に仮留めするためのボルトを「仮ボルト」という。仮ボルトは、本接合のボルトと同軸径の普通ボルト等で損傷のないものを使用し、締付け本数は、一群のボルト数の1/3以上、かつ2本以上とする。柱または梁を現場溶接接合とする場合は、エレクションピース等の仮ボルトには高力ボルトを使用し、全て締付ける。

なお、この段階では、まだ骨組み各所は完全に固定されていないので、建方中の骨組みは非常に不安定になっている。したがって、必要に応じてワイヤーロープ等によって補強を行う。建方に使用する「ワイヤーロープ」「シャックル（結合金具）」「吊金物」等は、それぞれの製品の許容荷重範囲内で正しく使用し、定期的に点検する。

③建入れ直し [標仕7.10.5(5)] 巻頭写真19、29

本接合に先立ち、骨組み全体のひずみを修正することを「建入れ直し」という。建入れ直しは、トランシットや下げ振り等を用いて鉄骨各部の水平・垂

8章 コンクリート工事

9章 鉄骨工事

10章 木造工事

11章 防水工事

12章 仕上工事

13章 その他の工事

☞ 豆 知 識

★27 ベースプレート：コンクリート基礎に鉄骨を接合するために柱の最下部に取り付けられる厚板（図9・36）。

★28 職人の間では、柱底均しモルタルはその形状から「まんじゅう」と呼ばれることもある。

★29 地組み：高層ビルや大規模建築において、柱や梁などの鉄骨や鉄筋、型枠、足場、床組み、設備配管などを地上で組み立てること。工事中の高い場所よりも地上の方が作業しやすい。

直を確認しながら行う。鉄骨骨組みのひずみ修正は、上記②の倒壊防止用のワイヤーロープにジャッキ等で張力をかけて行う★30。このとき安全性には十分に注意する。ワイヤーロープ取付け用ピースは、工場製作の段階であらかじめ部材に取り付けておく。なお、途中で長さを変えることができるネジが付いたターンバックル付き筋かいを有する構造物もあるが、重要な構造部材なのでその筋かいを用いて建入れ直し等を行ってはならない。

④工事現場接合

建入れ直しが終了した後、高力ボルトや溶接を用いて接合部を接合する。これらの基準は、本書9・4節（高力ボルト接合）と9・5節（溶接接合）による。

(3) スタッド溶接 [標仕 7.7] 巻頭写真 37、38

①スタッドの概要

鉄骨造の骨組と床を一体化し水平剛性を高めるために、梁の上部に「**スタッド**★31」を溶接して取り付ける（図9・37）。一般に頭にコブが付いているスタッドジベル（頭付きスタッドボルト）が用いられる。

②スタッドの施工 [標仕 7.7.2、7.7.4]

スタッドの施工方法はスタッド溶接による。スタッド溶接は技能資格者に行わせる。

スタッド溶接の方法は、①溶接したいスタッドを専用の治具にセットし、②これを母材に接触させて瞬時に引き上げてアークを発生させ、③溶融池が形成されたところでスタッドを母材に圧入し、④スタッドと母材を完全に固定する。作業にかかる時間は1秒〜数秒程度で終了する。

スタッド溶接の作業は原則として下向きで行う。また、溶接用電源は専用のものとする。なお、気温が0℃以下の場合はスタッド溶接は実施しない。

③スタッド溶接の仕上り [標仕 7.7.3]

施工後のスタッドの仕上り高さは所定の高さ±2mmの範囲、スタッドの傾きは5°以内をそれぞれ可とする。また、スタッド溶接部周辺のカラー（縁）がスタッドの軸全周にわたって形成されているものを可とする。

④スタッド溶接の試験 [標仕 7.7.6 〜 7]

スタッド溶接完了後には、外観試験と打撃曲げ試験を行う。外観試験においては、全てのスタッド溶接部について、母材及びスタッド材軸部のアンダーカットの有無を確認する。また、全てのスタッド溶接部周辺のカラーがスタッドの軸全周にわたって形成されていることを確認する。カラーが不均一だったりいびつだったりした場合は、打撃曲げ試験を実施する。スタッドの打撃曲げ試験では、ハンマーで横からスタッドを叩いて15°ほど曲げる。その状態で溶接部を確認し、割れなどの欠陥がなければ合格となる。なお、打撃曲げ試験後のスタッドはそのままとして良い。

(4) 床構造用のデッキプレート [標仕 7.2.7]

床型枠用の薄鋼板のことをデッキプレートという。デッキプレートには型枠としてのみ使用する型枠デッキと、コンクリート床版と一体化させ構造体としても用いられる構造用デッキがある。いずれとするかは設計図書による。施工に際してはメーカーの技術情報に留意する。なお、薄鋼板なので折れ曲がりなど取扱いには注意する。

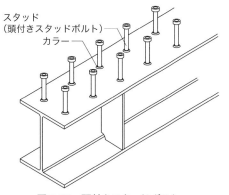

スタッド
（頭付きスタッドボルト）
カラー

図9・37　頭付きスタッドボルト

☞**豆 知 識**

★30 近年では、建入れ直しの際にワイヤーロープを使用せず、柱建方用のエレクションピースに建入れ直し機構を組み込み、それをレーザー測量機などと組み合わせて自動化する工法も開発されている。

★31 **スタッド**：建築用語においては、内装仕上工事における軽量鉄骨工事（LGS工事）で使われる壁下地用の間柱の名称としても使用される。

8章 コンクリート工事

9章 鉄骨工事

10章 木造工事

11章 防水工事

12章 仕上工事

13章 その他の工事

9・7 被覆・塗装・表面処理

1 耐火被覆 ［標仕 7.9］

鉄骨造の骨組を火災の熱から守るために、耐火・断熱性の高い材料で鉄骨を被覆することを「耐火被覆」という。耐火被覆の種類は、耐火材吹付け、耐火板張り、耐火材巻付け、ラス張りモルタル塗り、耐火塗料などがある。

耐火材吹付け工法は「ロックウール」やモルタル等を吹付け機等を用いて鉄骨表面に吹付ける工法で、下地等が不要なことからこんにち最も普及している。一方、耐火板張りや耐火材巻付け、ラス張りモルタル塗りは、ケイ酸カルシウム板やロックウール、モルタルなどの耐火性のある材料を乾式工法にて部材に取り付けて耐火被覆とする方法である。

用いられる材料を見てみると、まず「ロックウール（岩綿）」は、高炉スラグと数種の岩石を高温で溶かし、遠心力と圧縮空気を利用して製造される人工の鉱物繊維である。これを現場で鉄骨に吹き付けたりシート状に加工して鉄骨に巻付けたりする。また、耐火板として取り付けられる「ケイ酸カルシウム板」は、石灰質原料、ケイ酸質原料、補強繊維を主原料に成型し蒸気養生された材料である。

貫通孔部、デッキプレートと梁の隙間、主要部材の取付け金物等は、適切に被覆する。

2 錆止め塗装 ［標仕 7.8］

錆止め（防錆）塗装は、鋼材の表面に塗装を施して防蝕とする方法で、一般には暗褐色に近い朱色の塗料を用いる。工場塗装とされることが多いが、溶接やボルト接合に関する部分などについては塗らずに、工事現場で必要に応じて塗装する。なお、コンクリートに密着する部分及び埋め込まれる部分、高力ボルト摩擦接合部の摩擦面、密閉される閉鎖形断面の内面、ピン、ローラー等が密着する部分及び回転または摺動面で削り仕上した部分、組立てによって肌合せとなる部分などには塗装しない。

3 表面処理 ［標仕 7.12］

装飾・防食・表面硬化を目的として、金属の固体表面に金属の薄膜を強固に密着させることを「めっき（鍍金）」という。めっき層の断面は、例えば亜鉛めっきの場合は、表面より「亜鉛層」→「亜鉛合金層」→「金属本体」という構成となっている。建築では、鉄骨などの重防食用の「溶融亜鉛めっき（"ドブ漬け"とも言われる）」と、比較的簡便な電気亜鉛めっき（ユニクロめっき）の2つが主に用いられる。

めっきは製鉄・圧延された鋼材にさらに熱を加えてその性質を変えるので、通常の鋼材とは異なった管理が必要になる。

リン酸処理は、鉄鋼等の金属表面にリン酸亜鉛などの金属塩の皮膜を生成させる技術である。耐久性に優れた化成被膜であり、「リューブライト」「パーカーライジング」「パーカー処理」などとも呼ばれる。

建築士試験過去問

問1 鉄骨工事に関する次の記述のうち、監理者の行為として、最も不適当なものはどれか。

(令3・一建士・学科Ⅴ・設問14)

1. 鉄骨製作工場で行う監理者の検査については、塗装実施前に工事施工者が行う受入検査時に実際に使用する製品に対して直接行った。
2. 板厚が13mmの鉄骨の高力ボルト用の孔あけ加工において、特記のないものについては、せん断孔あけとし、グラインダーを使用して切断面のばりが除去されていることを確認した。
3. トルシア形高力ボルト接合の本締めにおいて、トルシア形高力ボルト専用の締付け機が使用できない箇所については、高力六角ボルトに交換して、ナット回転法により適切なボルト張力が導入されたことを確認した。
4. 材料の受入れに当たって、鋼材の種類、形状及び寸法については、規格品証明書の写しに所定の事項が明示され、押印された原本相当規格品証明書により確認した。

問2 鉄骨工事に関する次の記述のうち、最も不適当なものはどれか。（平 30・一建士・学科Ⅴ・設問 13）

1. 高力ボルト接合における摩擦面は、すべり係数値が 0.45 以上確保できるように、ミルスケールを添え板全面の範囲について除去したのち、一様に錆を発生させることとした。

2. I 形鋼のフランジ部分における高力ボルト接合において、ボルト頭部又はナットと接合部材の面が 1/20 以上傾斜していたので、勾配座金を使用した。

3. 溶接接合において、引張強さ 490N/mm² 以上の高張力鋼及び厚さ 25mm 以上の鋼材の組立溶接を被覆アーク溶接（手溶接）とするので、低水素系溶接棒を使用した。

4. スタッド溶接において、スタッドの仕上り精度については、仕上り高さを指定された寸法の ± 5mm、スタッドの傾きを 15° 以内として管理した。

問3 鉄骨工事に関する次の記述のうち、最も不適当なものはどれか。（平 30・一建士・学科Ⅴ・設問 14）

1. 保存水平耐力計算を行わない鉄骨造において、柱脚を基礎に緊結するに当たり、露出形式柱脚としたので、鉄骨柱のベースプレートの厚さをアンカーボルトの径の 1.3 倍以上とした。

2. 鉄骨造の柱脚部を基礎に緊結するために設置するアンカーボルトについては、特記がなかったので、二重ナット締めを行ってもボルトのねじが 3 山以上突出する高さで設置した。

3. 完全溶込み溶接部の内部欠陥の検査については、浸透探傷試験により行った。

4. 溶融亜鉛めっき高力ボルト接合において、ナット回転法で行ったので、締付け完了後、ナットの回転量が不足しているものについては、所定の回転量まで追締めを行った。

問4 鉄骨工事に関する次の記述のうち、最も不適当なものはどれか。（平 29・一建士・学科Ⅴ・設問 13）

1. 溶接作業において、作業場所の気温が 0℃ であったので、溶接線の両側約 100mm の範囲の母材部分を加熱（ウォームアップ）して溶接した。

2. 完全溶込み溶接とする板厚の異なる突合せ継手において、部材の板厚差による段違いが薄いほうの板厚の 1/4 以下、かつ、10mm 以下であったので、薄いほうの部材から厚いほうの部材へ溶接表面が滑らかに移行するように溶接した。

3. 高力ボルト接合において、接合部に生じた肌すきが 2mm であったので、フィラープレートを挿入しないこととした。

4. トルシア形高力ボルトの締付けの確認において、ナット回転量に著しいばらつきが認められるボルト群に対して、その群の全てのボルトのナット回転量を測定して平均回転角度を算出し、平均回転角度 ± 30 度の範囲であったものを合格とした。

解答・解説 -

問1 最も不適当な選択肢は「2」である。『標仕』7.3.8(2)より、孔あけはドリル孔あけとする。ただし、普通ボルト、アンカーボルトまたは鉄筋の貫通孔で板厚が 13mm 以下の場合は、せん断孔あけとすることができる。 ≫本書 9・3-5(1)

問2 最も不適当な選択肢は「4」である。『標仕』7.7.3(2)よりスタッドの傾きは 5° 以内とする（15° は打撃曲げ試験後の傾きである）。 ≫本書 9・6-6(3)③、④

問3 最も不適当な選択肢は「3」である。溶接部の内部欠陥の検査は超音波探傷試験による。浸透探傷試験（PT）は、溶接部など対象物表面の傷を見つけるために行われる。 ≫本書 9・5-5(2)

問4 最も不適当な選択肢は「3」である。接合部の材厚の差等により 1mm を超える肌すきがある場合は、フィラープレートを入れる［標仕 7.4.6(2)］。 ≫本書 9・3-1(5)

第Ⅱ編　基準に基づく各種工事の管理（躯体工事編）

8章　コンクリート工事

9章　鉄骨工事

10章　木造工事

11章　防水工事

12章　仕上工事

13章　その他の工事

10章　木造工事

　木造工事は、近代以前は我が国で主流の建築工事であったが、近代以降は、比較的規模の大きな建築物には鉄筋コンクリート造や鋼構造が適用されるようになり、木造は規模の小さな住宅等が中心になっていった。一方、2010（平成22）年には国内の林業を保護する目的で「公共建築物等における木材の利用の促進に関する法律」が施行され、さらに2021（令和3）年には脱炭素社会に向けた取り組みの一環として同法の改正案が施行され、材料や構法の開発により民間分野でも中大規模の木造建築物が築造されつつある。ただし、こんにちでも圧倒的に使用例が多いのは住居系の建築物である。本書でもそちらを中心に学習していく。

　学習のポイントとしては、歴史がある工事種別であるがゆえに、独特の言い回しの用語が多いことや、金物などに細かな部品名が多いことなどが挙げられる。また、技術基準についても住居系建築ならではの「住宅ローンを組む際に必要になる技術上のルール」がある（住宅ローンを組むということはローン期間中は建物の資産価値を保つ必要がある）ので、本書ではその点も解説している。なお、実際の施工法に関しては、近年では動画サイト等に住宅の建て方の様子が数多く紹介されているので参考にすると良い。

キーポイント

①木造工事に関する他分野との関連（特に材料や構法の分類等）や、金物の種類について理解する
②木造住宅の技術基準のひとつである「フラット35」の概要を理解する
③軸組構法と枠組壁構法の施工法の違いを理解する

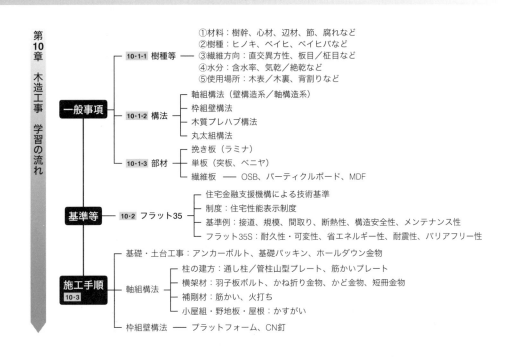

10・1　木造工事の概要

1　木造工事の一般事項

建設工事現場で行われる木造工事は、大きく建物本体工事（躯体工事）と仕上工事に分けられる。仕上工事には造作工事や建具工事も含む。

躯体工事において主に使用される材料は、線材（軸組材）として製材及び丸太が、面材として構造用集成材、枠組壁工法構造用製材、構造用パネル及び構造用合板などが用いられる。これらについてはJASに適合するものまたは国土交通大臣の指定を受けたものとする。それ以外に、コンクリートや鋼材などが用いられるが、これらについても建築基準法令等の定めに適合したものを使用する。

木造工事は、特に主たる材料である木材の性質に大きく関係する。建築材料学の分野と特に深く関係する事項を以下に示す。

①材料：樹幹、心材、辺材、節、腐れなど
②樹種：ヒノキ、ベイヒ、ベイヒバなど
③繊維方向の性質：直交異方性、板目／柾目など
④水分との関係：含水率、気乾／絶乾など
⑤使用場所：木表／木裏、背割りなど

2　木造躯体工事の構法

木造の躯体構法については、日本では伝統的に「在来構法（軸組構法）」が一般的であったが、近年では多種多様な構法が用いられる。主な木造躯体工事の構法は以下の通りである。詳細については「建築構法（建築一般構造）」分野の学習内容を参照されたい。

（1）軸組構法（壁構造系／軸構造系）

軸組構法とは、建築基準法施行令第3章第3節で規定される木造の構法をいい、柱や梁などのみを水平抵抗要素とした「軸構造系」と、壁や筋かいなどの耐力壁を水平抵抗要素とした「壁構造系」とに大別されるが、こんにちでは前者が一般的である。

施工上の特徴としては、部材同士の接合方法（継手や仕口）の選択に経験と知識が必要なこと、また接合部の加工（刻み）に高度な技量が必要なことなどが挙げられる（近年では接合部を含めて木材加工を工場で行う「プレカット材」が多く流通している）。軸組構法の各種継手について図10・1に示す。　☞ POINT

（2）枠組壁構法

「枠組壁構法」は、主に北米で発展した木造の構法で、寸法等が規格化された製材を組み合わせて枠組みパネルを構成し、これを耐力壁や剛床（ごうしょう）として現場にて組み立てる構法である。材料の規格から「2×4（ツーバイフォー）構法★1」とも呼ばれる。

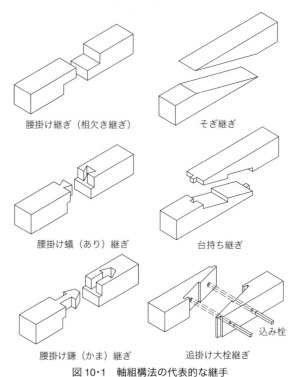

腰掛け継ぎ（相欠き継ぎ）　　　そぎ継ぎ

腰掛け蟻（あり）継ぎ　　　台持ち継ぎ

込み栓

腰掛け鎌（かま）継ぎ　　　追掛け大栓継ぎ

図10・1　軸組構法の代表的な継手

☞学習のポイント

木造工事は近年急速に機械化（プレカット化）が進んでおり、図10・1に示すような伝統的な継手も機械が加工しやすいような形状に変わってきている。機会があれば、プレカット工場で実物を見たり、加工の様子の動画等を参照してほしい。

柱や梁などの軸組材で構成される軸組構法に対して、枠組壁構法ではパネル化された面材を箱状に組み立てることによって構成するため、一般に耐震・耐風性や耐火性、気密性、防音性等に優れる。使用される材料は北米由来のSPF材（スプルス材、パイン材、ファー材の総称）と構造用合板である。

施工上の特徴としては、接合方法も含めて材料や構法が規格化されており、軸組構法に比べて個人的な技量の差が出にくいことが挙げられる。

(3) 木質プレハブ構法

「木質プレハブ構法[2]」は、事前に工場で組み立てたパネルやユニットなどの部材を、トラック等で現場に搬入してクレーンにより一気に組み立てる構法である。軸組構法や枠組壁構法でもトラックやクレーンは使用するが、プレハブ構法では現場に搬入される部材が高度にユニット化されていることが特徴である。規格化された住宅等を販売する大手ハウスメーカー等で実用化されており、各社にノウハウがある。部材の加工や接合の多くを工場で行うため、品質の安定化を図りやすい。また、不安定な現地屋外での作業が少なくなるため、コストや工程、安全、環境面においてもメリットが生まれやすい。

(4) 丸太組構法

「丸太組構法」は、ほとんど加工しない状態の丸太を水平に積み上げて壁を構成する構法である。木材の加工は樹皮を剥いたり部材同士の交差部を切り欠いたりする程度であり一見するとシンプルな構法であるが、太さ等が揃った材料を用意する必要があることや、加工されていない丸太を所定の位置にセットすることが難しいことなどから、工期等に余裕が必要なことが多い。住宅用の構法としては一般的とはいえないが、その独特のたたずまいや風合いから別荘などの用途では根強い人気がある。

3　木質系材料の種類

木質系材料は発展著しく多種多様な商品が存在する。詳細に関しては別科目「建築材料」によるが、ここでは施工に関係する要点を整理する。

(1) 挽き板（ラミナ）

木材を年輪と直交方向にのこぎり等で挽いた製材を「挽き板」という。挽き板そのままでも使われるが、挽き板を繊維方向に並行に重ねて接着して「集成材」として使う場合もある。大断面化することも可能であり、大規模木造建築物でも使用される。

一方、繊維方向に直交させて接着した材料を「直交集成板（Cross Laminated Timber、CLT）」といい、上記の集成材よりも幅広のものが製造できるなど使い勝手が良いため近年普及しつつある。

(2) 単板（突板、ベニヤ）

木材を回転させながらスライサー等で大根の桂剥きのように薄い板状に剥いた製材を「単板」という。単板を繊維方向に並行に重ねて接着して「構造用単板積層材（Laminated Veneer Lumber、LVL）」としたり、繊維方向に直交させて接着し「合板（コンパネ、plywood）」とする。なお、集成材や積層材の積層枚数は繊維の方向による強度の差を少なくするために奇数枚とすることが多い。

(3) 繊維板

「繊維板」とは、木材を粉砕してチップ状にしたものを接着剤等で固めたものの総称である。チップの大きさにより、OSB、パーティクルボード、MDFに分かれる。「OSB」はOriented Strand Boardの略で、配向性ストランド（切削片）ボードとも呼ばれる。もともとは柔らかくて構造材としては使用しにくかったポプラなどの広葉樹の利用範囲を拡大するために

8章 コンクリート工事
9章 鉄骨工事
10章 木造工事
11章 防水工事
12章 仕上工事
13章 その他の工事

☞ 豆 知 識

★1　（前頁掲載）2×4の名称は寸法規格が「2インチ×4インチ」であることに由来する（実寸では1.5インチ（38mm）×3.5インチ（89mm））。地震国である日本では、より断面が大きい「2×6材」なども使用される。なお、図面上の部材の表し方は2×4部材は「204」、2×6部材は「206」などと表記する。

★2　プレハブ：Pre-Fabrication、すなわちあらかじめ工場で加工されたものという意味である。

表 10・1　木造工事の用語集

構造材	軸組、小屋組、床組等建物の骨組の構成部材
造作材	なげし、かもい、羽目板等の仕上材として取り付けるものを構成する部材
下地材	仕上材の裏面にあって仕上材を取り付ける部材の総称（枠組壁構法の場合は仕上材の裏面にあって、構造材として使用する部材）
下張材	仕上材の裏面にあって、仕上材を取り付ける面状の部材
接合金物	構造材どうしを接合するための金物
接合具	部材どうしを接合するための釘、かすがい、ボルト等の金物
ひき立て寸法	木材をのこ引きした状態の木材断面寸法
仕上り寸法	かんながけ等で木材表面を仕上げたあとの木材断面寸法
のこ目	のこ引きしたあとに表面に残ったのこ刃の跡
さか目	木目に逆らって削った面
継手	主に、線材どうしを直線方向に接合する場合の接合部の名称
仕口	線材どうしが角度を持って接合する場合の接合部の名称
見付け平使い	長方形部材の長辺を見付け部分に用いる方法
板そば・耳	短辺方向の端部の面
乱	材料の接合部等を同一軸線上に揃えないこと
胴付き	木口が他材の面に合わさっていること
見え掛り	完成後、目に見える部分
見え隠れ	完成後、他の部材等に覆われ隠れる部分
耐力壁	力を負担する壁。特に水平力を負担する壁をいう場合がある。
軸組耐力壁	軸組構法において、柱と柱の間に筋かいを入れてつくる耐力壁
面材耐力壁	軸組構法において、壁に構造用面材を張ってつくる耐力壁
壁量	構造計算に使用する耐力壁の量
構造用面材	筋かいを入れた軸組と同等以上の耐力を有する、軸組及び床・屋根の水平構面に用いる構造用合板等の材料
さね	板の接合法で、一方に凸形の突起、他方に凹形の溝を付けたもの
ねこ土台	土台と基礎との間に隙間を設けて床下の換気をうながす工法
木組み	木造建築で、材木に切り込みを入れて組み合わせること
メタルプレートコネクター	生け花に用いる剣山のような形状をした金物で、主として屋根トラスや床の平行トラスの接点部に用いられるもの
合板ガセット	トラスの接点で部材を接合するために使う構造用合板を用いたガセットプレート
目回り	木材の割れ方で、髄を中心に年輪に沿って円形に生ずるもの
セトリング	丸太組構法において、丸太組用木材の重みや乾燥収縮により、水平に積んだ丸太組用木材が沈下を起こし、壁の高さが低くなる現象
平均年輪幅	一定長さの間にある年輪幅の平均値
矢高	木材の反りの度合いを示す語で、材の両端を結ぶ直線と反りの最高点との距離

出典：国土交通省大臣官房官庁営繕部編『公共建築木造工事標準仕様書』をもとに筆者作成

開発されたが、現在では独特の風合いから様々な場面で使用される。「パーティクルボード」は OSB よりも細かな木片を使用したもので、強度的には OSB に劣る。比較的軽量で加工しやすいため家具の下地材などに使用される。

　「MDF」は Medium Density Fiberboard の略で、中密度繊維板もしくは中質繊維板とも呼ばれる。使用される木片チップはパーティクルボードよりもさらに細かく、その分強度も落ちる。軽量で使い勝手が良いのでカラーボックスなどの家具やスピーカーボックスなどに使用される。また、これらの派生として、インシュレーションボードやハードボードなどがある。

4　木造工事で用いられる用語

　木造工事で用いられる用語には伝統的なものも含めて独特のものが多い。一例として、国土交通省大臣官房官庁営繕部編『公共建築木造工事標準仕様書』に頻出する用語について表 10・1 に整理する。

10・2　フラット 35

1　フラット 35 の概要

(1) 住宅ローン商品「フラット 35」

　個人が住宅を購入しようとする際には多くの場合で住宅ローンが組まれる。住宅ローン商品には銀行などの金融機関独自のものもあるが、政府系の金融機関である独立行政法人住宅金融支援機構（旧住宅金融公庫）が提供する「フラット 35」の仕組みが利用されることも多い。フラット 35 は、返済期間が長期（最長 35 年間）かつ金利が長期固定である点が特徴である。また、民間ローンでは必須の保証料が不要であるなどのメリットもある。

　一方、フラット 35 を利用するには住宅金融支援機構が定める高度な技術基準に適合していることを示す適合証明書を取得する必要がある。この適合証明書は、検査機関へ物件検査の申請を行い、合格す

表 10・2　フラット 35 の基準項目（一戸建て）

接道	原則として一般の道に 2m 以上接すること
住宅の規模	70m² 以上
住宅の規格	原則として 2 以上の居室室（家具等で仕切れる場合でも可）と、炊事室、便所及び浴室の設置
併用住宅の床面積	併用住宅の住宅部分の床面積は全体の 2 分の 1 以上
断熱構造	次のいずれかに該当すること (1) 断熱等性能等級 4 以上、かつ、一次エネルギー消費量等級 4 以上 (2) 建築物エネルギー消費性能基準への適合（別途結露防止措置の基準あり）
住宅の構造	耐火構造もしくは準耐火構造であること、または耐久性基準に適合すること
配管設備の点検	点検口などの設置
区画	住宅相互間等を 1 時間準耐火構造などの界床・界壁で区画

出典：住宅金融支援機構編『フラット 35 技術基準のご案内』（2023 年 4 月版）をもとに筆者作成

ると交付される。**表 10・2** に住宅金融支援機構による一戸建て住宅（連続建て住宅及び重ね建て住宅を含む）のフラット 35 の適用基準をまとめる。

(2) 住宅性能表示制度

　フラット 35 の制度には高性能の住宅を世に広めていくという目的がある。したがって、設計段階でフラット 35 の技術基準を満たしているだけではなく、施工の結果についても確認を行う必要がある。通常は設計図書による「設計検査」と施工途中の「中間検査」、竣工時の「竣工検査」が必要になるが、「住宅の品質確保の促進等に関する法律（品確法）」に基づいた「住宅性能表示制度」を活用すれば、設計検査や中間検査を省略することができる。ただし、その場合でも最終的な竣工検査は受ける必要がある。

2　フラット 35 S

(1) フラット 35 S の概要

　フラット 35 の仕組みの中には、前述の**表 10・2** の基準に加え、さらに「①耐久性・可変性」「②省エネルギー性」「③耐震性」「④バリアフリー性」などの

項目において、より高度な技術基準をクリアした住宅向けに金利が有利になる「フラット 35 S」という制度が設けられている。

　この制度では「フラット 35 S（金利 B プラン）」「フラット 35 S（金利 A プラン）」の順でより要求水準が高くなり、最上位の「フラット 35 S（ZEH）」では年間消費エネルギーの収支ゼロを目指す「ZEH[3]」が要求される。

(2) フラット 35 S の技術基準のポイント

　フラット 35 S に求められる技術基準の概要について以下に整理する。

①耐久性・可変性

　耐久性・可変性の項目では、フラット 35 S の技術基準として高耐久土台、配管設備の点検口の設置などの基準が設けられている。また、金利 B プランでは、基礎の高さ、小屋裏換気、床下換気、床下防湿、木部の防腐・防蟻措置、基礎内部の地盤の防蟻措置、浴室等の防水措置、換気設備の設置、専用配管（サヤ管にするなどして配管をコンクリートに埋め込まない）などの技術基準が設けられている。さらに金利 A プランでは長期優良住宅などの基準が設けられている。

　施工上、細かな仕様に関係する部分も多いので、設計図書に基づいて、正しい位置に適切な処置を行うよう管理が必要になる。

②省エネルギー性

　省エネルギー性の項目では、屋根や外壁部への断熱材の使用、結露の発生を防止する対策、屋根や外壁の断熱材の外側への通気層の設置、開口部の断熱性能、一次エネルギー消費量基準などが定められている。それぞれ内容に応じてフラット 35 の各レベルが適用される。また、ZEH を目指す住宅においては「フラット 35 S（ZEH）」の適用が可能となる。

　施工上は断熱材や防湿フィルム、通気層の位置や仕様などが設計図書通りに確実に施工されているか

8 章　コンクリート工事

9 章　鉄骨工事

10 章　木造工事

11 章　防水工事

12 章　仕上工事

13 章　その他の工事

☞**豆 知 識**

★3　**ZEH（Zero Energy House）**：建物のエネルギー需要とエネルギー供給が均衡し年間のエネルギー消費量がほぼゼロに近い住宅をいう。これを実現させるには設計段階から断熱性や気密性の向上、省エネルギー設備の採用など、様々な設計手法や技術などを高度に組み合わせる必要がある。

の管理が必要になる。

③耐震性

耐震性の項目は、フラット35Sの金利Bプランと同Aプランのみに設定される。Bプランは建築基準法で定めている地震力の1.25倍、Aプランは1.5倍の力に対して、倒壊・崩壊しない程度の耐震性の住宅を対象としている（Aプランは免震構造でも可）。施工上は構造部材の確実な施工がポイントになる。特に接合部において正しい金物や釘などが使用されているかの管理が必要になる。

④バリアフリー性

バリアフリー性の項目も、フラット35Sの金利Bプランと同Aプランのみに設定される。項目は共通で、部屋の配置、段差、階段、手すり、通路及び出入口の幅員、寝室・トイレ及び浴室の大きさなどについてそれぞれ基準が設けられている。施工上は、段差の寸法や、廊下や出入口の幅員などが想定よりも小さくなっていないかを確認する（図面上では確保できていても、施工上の事情により幅が足りなくなるということもあり得るので注意が必要）。

(3) 検査のポイント

フラット35の技術検査には大きく設計検査と現場検査がある。いずれも認定を受けた適合証明検査機関が確認を行う。このうち設計検査では設計図書（付近見取図、配置図、平面図、立面図、矩計図、面積表、仕様書など）の確認を行う。また現場検査は2回に分けて実施され、1回目は屋根工事が終わった段階で主に躯体の確認を行い、2回目は竣工時に建物全体の確認を行う。

これらの技術検査に全て合格すると、適合証明検査機関から適合証明書が交付される。

10・3　木造住宅の施工

木造住宅の施工について、軸組構法を中心に各部位別に説明していく。

1　接合金物

現代の木造建築では接合部を補強するための金物が多く使用されている。代表的なものとしては、土台と柱を緊結するホールダウン金物や柱と横架材の接合補強に用いるかど金物、横架材同士を固定する羽子板金物などがある。

これら金物は様々なメーカーから商品が販売されているが、共通規格として財団法人日本住宅・木材技術センターが認定するZマーク金物（軸組構法用）やCマーク金物（枠組構法用）などがある。

2　準備工事

準備工事の段階においては、設計図書をよく確認するとともに、敷地の境界や地盤の状況をよく確認する必要がある。特に建設直前まで既存建物があった場合には、設計段階では不明だった埋設物等が残置されていることもあるので注意が必要である。必要に応じて追加の地盤調査を実施する。

木造住宅では杭を用いない直接地業とすることが多いが、地盤改良を行う場合も多いので工程に余裕を見ておく。

3　基礎工事・土台の設置

(1) 基礎工事

木造住宅の基礎はかつては土台の下のみに基礎を配置する布基礎とすることが多かったが、近年では水平剛性確保の観点から建物直下全てを基礎とするベタ基礎とする例も多い。基礎は鉄筋コンクリートが採用されることがほとんどであるが、安定した配筋や型枠建て込みとするために、地業の上に捨てコンクリートが打設される。布基礎でもベタ基礎でも、土台の下には鉄筋コンクリート製の立上りが設けられる。この立上り部には、土台を固定するためのアンカーボルト（土台用はM12（呼び径12mmのミリネジ）、ホールダウン金物用はM16を用いることが多い）をコンクリート打設前にセットしておく。

8章 コンクリート工事

9章 鉄骨工事

10章 木造工事

11章 防水工事

12章 仕上工事

13章 その他の工事

(2) 土台の設置

　基礎の立上り部の上に木製の土台をセットする。このとき、床下の換気が行えるように隙間をあけておくようにする。以前は基礎の数か所に床下換気口を設けることが多かったが、近年では防鼠を目的として高さ20mm程度の「**基礎パッキン**」を用いて全周にわたって換気が行える「**ねこ土台**」とすることが多い（図10・2）。土台に用いる木材は建物の中で最も腐朽しやすいため、ヒノキ材やヒバ材が用いられ、かつ防腐・防蟻処理されたものを用いる。固定にはあらかじめ基礎に埋め込んでおいた「**アンカーボルト**」を用いてボルト留めとする。このとき、土台の途中に継手を設ける場合は、土台の浮き上がりを防止するために、図10・2のように上部側の部材（男木）にアンカーボルトを設ける。

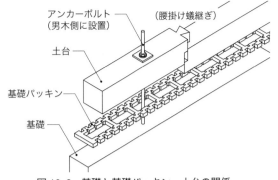

図10・2　基礎と基礎パッキン、土台の関係

4　軸組構法の建方

　土台が完成したら構造材を建て込んでいく。ここからは軸組構法と枠組壁構法で少し手順が異なる。まずは軸組構法から見ていく。

①柱（通し柱・管柱）

　軸組構法では、基礎上に設置した土台の上に柱などの鉛直部材を建て込んでいく。最初に角を固める意味で建物四隅の柱（通常は通し柱）を建て込むことが一般的である★4。手順としては、土台にあらかじめほぞ穴を開けておき、そこに柱下部のほぞ（突起）を差し込む。さらに柱の側面に「**ホールダウン金物**」を取り付け、あらかじめ土台に埋め込んでおいたアンカーボルトで緊結する（図10・3）。

　ホールダウン金物は耐震性の向上において非常に重要な金物であり、柱（特に隅角部の通し柱）を土台に引き寄せる働きを果たす。これにより地震時に大きな引き抜き力がかかっても耐えることができる。その他、基礎と柱脚の緊結や柱と横架材の緊結、上下階の柱相互の緊結などにも使用される。

　管柱も土台のほぞ穴に柱側のほぞを差し込んで建方を行うが、緊結には図10・4に示す「山型プレー

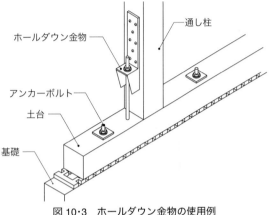

図10・3　ホールダウン金物の使用例

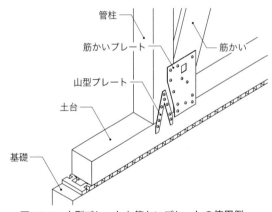

図10・4　山型プレートと筋かいプレートの使用例

ト」を使用する。

②横架材

　木造の軸組構法において、梁・桁・胴差し・土台など水平方向に渡された部材のことを「**横架材**」という。横架材同士は図10・5に示す「**羽子板ボルト**」で緊結する。

☞**豆 知 識**

★4　一般に軸組構法では隅角部を通し柱（複数階に通す柱）、それ以外を管柱（階ごとの柱）とすることが多い。

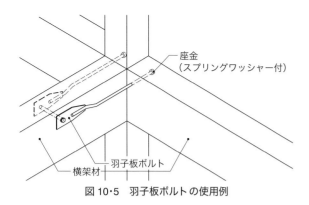

図 10・5　羽子板ボルトの使用例

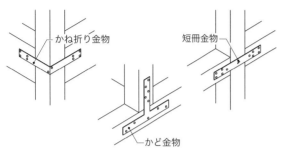

図 10・6　かね折り金物・かど金物・短冊金物

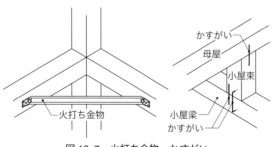

図 10・7　火打ち金物・かすがい

なお、通し柱と横架材の取付けは、通し柱に「胴差し穴」を掘り、そこに横架材側のほぞを差し込むが、X 方向と Y 方向の横架材が交差する部分は通し柱の断面欠損が大きくなり構造上不利になる。したがって、このような部位には筋かいなどその他部材が取り合わないようにする。なお、筋かいと間柱が干渉することがあるが、このとき筋かい側を切り欠いてはならない（筋かいの方が構造的には重要な部材であるため断面欠損は避ける）。

主に横架材に用いる金物を図 10・6 に示す。隅角部の横架材の取合いに用いる「かね折り金物」、横架材に鉛直部材を取り付ける「かど金物」、仕口部において分断される部材同士を一体化するために継ぐ「短冊金物（平金物）」などがある。

③補剛材（筋かい、火打ち、面材での補剛）

軸組構造は柱や横架材などの線材で構成されているが、鉄筋コンクリート造や鉄骨造などのラーメン構造と異なり、接合部は完全な剛接合ではない。したがって、地震や風などの動的外乱に抵抗するためには床面や壁面の剛性の確保が重要になる。一般に鉛直面（壁面）には筋かいが、水平方向には火打ちが用いられるが、近年ではより面での補剛を重視する意味で構造用合板などを全面に打ち付けることも多い。

補強金物として筋かいには図 10・4 に示した「筋かいプレート」が用いられるほか、横架材同士を接続し、床組や小屋組の剛性を確保する「火打ち金物」（図 10・7）が広く使用される。

④小屋組・野地板・屋根

軸組の構造材が最上階まで到達したら、小屋組や野地板、屋根材の施工を行う。木造住宅の屋根形状は切妻や寄棟、片流れなどの勾配屋根とすることが多く、それぞれの形状に合わせて小屋束や母屋、垂木などを構築していく。固定には図 10・7 に示す「かすがい」などが用いられる。「野地板」は屋根材の下地となる面材であり垂木に釘で固定される。野地板には防水層としてアスファルトルーフィングを水下から張り重ねていく。屋根材には粘土瓦やコロニアル、金属板などが使用される。

⑤床組み

1 階の床組みは 1 階の基礎スラブの上に束石を置き、その上に床束を立てて大引を通す。大引の上には床の下地となる根太を敷いていく。大引のピッチは 910mm とすることが多い。大引に継手を設ける場合には床束心から 150mm 程度持ち出して腰掛け蟻継ぎ釘打ちとする。1 階根太のピッチは 455mm とすることが多い。根太を途中で継ぐ場合は平面的に継目が揃わないように乱に継ぐ。

根太の上に敷く床下地には構造用合板（12mm 厚以上）やパーティクルボード（15mm 厚以上）が使用される。根太を設けない場合、すなわち大引や床梁（ピッチ 910mm 程度）に直接床下地を張る場合は、合板の場合は 15mm 厚以上、パーティクルボードの場合は 24mm 厚以上とする。

5　枠組壁構法の建方

続いて枠組壁構法の建方について見てみる。軸組構法と比べて工程がシンプルである。

①1階床プラットフォームの施工

枠組壁構法の場合は鉛直材（壁）に先行して1階の床を施工する。床組みの方法としては、軸組構法と同じく床束、大引、根太の組合わせとする場合と、これらを省略して背の高い根太を基礎スラブや土間コンクリートに直接配置する場合があるので設計図書の指示に従う。これらの床組みが終了した後、根太の上に構造用合板など面剛性の高い材料が釘などで張り付けられる。なお、枠組壁構法において、この1階の床組みのことを「プラットフォーム」と呼ぶことがある。

②壁枠組

壁枠組には枠材として四方に2×4材が使用され、面剛性の確保のために外壁下張材が釘で打ち付けられる。なお、2×4において使用する釘は、全て専用の「CN釘（太め鉄丸釘）」とする。色によって種類（太さ、長さ）がわかるようになっているので、打ち間違いを発見しやすい（赤：CN90、青：CN75、黄：CN65、緑：CN50）。

③2階床組み

1階の壁が構築された段階で2階の床組みを行う。床組みの下地には2×4材よりもせいが高い2×8材や2×10材、2×12材が用いられる。根太の取付けピッチは300〜450mm程度で適宜転び止めや合板受けを取り付け、その上に構造用合板を張り付ける。これら①〜③の工程により強固な箱形の構造体となる。

④小屋組

枠組壁構法の小屋組は、トラス方式と垂木方式があるが、近年では部材加工と組立てがシンプルな前者が採用されることが多い。

6　仕上・造作工事

躯体以外で木質系材料を使用する工事には、開口部の枠や造り付け家具、和室などを仕上げる造作工事や建具工事などがある。造作工事のルールは主に木材の特性によるところが多い。例えば和室等に用いる真壁用の心持ち化粧柱には、隠れ面に髄（年輪の中心）まで背割りを入れて予期せぬひび割れを防ぐ。また、和室の開口部の敷居（下枠）や鴨居（上枠）に使う挽き板材は、木表（年輪の外側）が常に室内側を向くようにして使用する（挽き板材は木裏側に反り返る特性があるため；図10·8）。

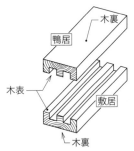

図10·8　敷居と鴨居の関係（木表と木裏）

8章　コンクリート工事

9章　鉄骨工事

10章　木造工事

11章　防水工事

12章　仕上工事

13章　その他の工事

問1 木造住宅における木工事に関する次の記述のうち、最も不適当なものはどれか。

(平30・二建士・学科IV・設問16)

1. 心持ち化粧柱には、髄まで背割りを入れたものを使用した。
2. 桁は、背を上端にして使用した。
3. 敷居は、木裏を上端にして使用した。
4. 梁には、アカマツを使用した。
5. 土台と柱との接合には、かど金物を使用した。

問2 木造2階建ての住宅の木工事に関する次の記述のうち、最も不適当なものはどれか。

(令1・二建士・学科IV・設問16)

1. ホールダウン金物と六角ボルトを用いて、柱を布基礎に緊結した。
2. 耐力壁でない軸組において、管柱と胴差との仕口は、短ほぞ差しとし、かど金物を当て釘打ちとした。
3. 筋かいと間柱が取合う部分については、間柱を筋かいの厚さだけ欠き取った。
4. 小屋梁と軒桁との仕口は、かぶと蟻掛けとし、羽子板ボルトで緊結した。
5. 敷居には、木裏側に建具の溝を付けたものを使用した。

問3 木工事に関する次の記述のうち、最も不適当なものはどれか。(令2・二建士・学科IV・設問16)

1. 外気に通じる小屋裏の外壁部分については、断熱構造としなかった。
2. 梁は、背を上端にして取り付けた。
3. 大引の継手は、床束心から150mm持ち出し、そぎ継ぎとした。
4. 桁に使用する木材については、継ぎ伸ばしの都合上、やむを得ず短材を使用する必要があったので、その長さを2mとした。
5. 構造用面材による床組の補強において、根太、床梁及び胴差の上端高さが同じであったので、根太の間隔を455mmとした。

解答・解説 -

問1 最も不適当な選択肢は「3」である。丸太を年輪と直交方向に製材した挽き板材は、木表側に多く水分を含んでいることから縮みやすい。したがって敷居には上側、鴨居には下側に溝じゃくりを施す。 ≫本書 10・3-6

問2 最も不適当な選択肢は「5」である。解説は上記設問と同じである。 ≫本書 10・3-6

問3 最も不適当な選択肢は「3」である。大引の継手は床束心から150mm程度持ち出して腰掛け蟻継ぎ釘打ちとする。

≫本書 10・3-4⑤

11章　防水工事

8章　コンクリート工事

9章　鉄骨工事

10章　木造工事

11章　防水工事

12章　仕上工事

13章　その他の工事

　建築物に雨水等が浸入しないように様々な措置を講じることを「防水」という。建築物は一般的には数十年にわたって使用されることから、耐久性についても考慮が必要である。また、近年では建築物内にIT機器など水気を嫌う機器類が多く設置されることからますます重要性は高まっている。

　防水は大きく、屋根面等の広い範囲を膜状の材料で覆う「メンブレン防水」と、コンクリートの打継ぎ目地や、外壁パネル同士の隙間、サッシ枠などの目地や隙間などに用いる「シーリング防水」に分けられる。このうちメンブレン防水には、アスファルト系の防水と合成高分子系の防水がある。

　このうち最も基本となるのは「アスファルト防水」なので、アスファルト防水と、その改良型である改質アスファルトシート防水について、細かな工法面も含めて整理していく。

キーポイント

≫「学習の流れ」は次頁

①アスファルト防水、改質アスファルトシート防水の工法について整理する

② 特に「密着・絶縁」「断熱の有無」「保護・露出」などについては体系的に理解する

③ 瑕疵が多い工事なので、各種材料や施工手順についても整理する

11・1　防水工事の概要　　[標仕9.1]

1　防水工事の基本　[標仕9.1.1、9.1.3]

　防水工事について、『標仕』では、陸屋根など平面を対象とする防水に用いられるアスファルト防水、改質アスファルトシート防水、合成高分子系ルーフィングシート防水などの「メンブレン（＝薄い膜）防水」や「塗膜防水」、地下に用いられる「ケイ酸質系塗布防水」、目地や隙間などの線状の部分を対象とする「シーリング防水」などが規定される。

　防水工事は躯体などの内側に水を浸入させないことが目的なので、施工に際しては、降雨または降雪が予想される場合、下地の乾燥が不十分な場合、気温が著しく低下した場合、強風または高湿の場合などでは施工を行わない。

2　基本要求品質　[標仕9.1.2]

　防水工事は建物の機能を維持するために重要な工事であり信頼性が重要である。『標仕』等で規定されている工法は実績も豊富で信頼性も高いが、最終的な性能の保証には基準通りの施工が欠かせないので施工法の熟知が必要である。防水工事は、躯体の精度や躯体に使用される材料、下地の状態（乾燥度合いや汚れ）、下地材料（プライマーなど）、防水材料、保護材料、施工法、そして作業員からなる一連のシステムであることから、そのひとつひとつに品質管理の視点が必要となる。『標仕』9.1.2の基本要求品質では、材料は「所定のものであること」とされ、施工部位は「所定の形状及び寸法を有し、所要の仕上り状態であること」とされている。

　ここで"所定のもの"とは、主としてJISで規定された材料を想定している。また、"所定の形状及び寸法"とは、見た目の出来形だけではなく他の施工部位と同様にプロセスにより品質をつくり込む、すなわち定められた材料を定められた手順で施工す

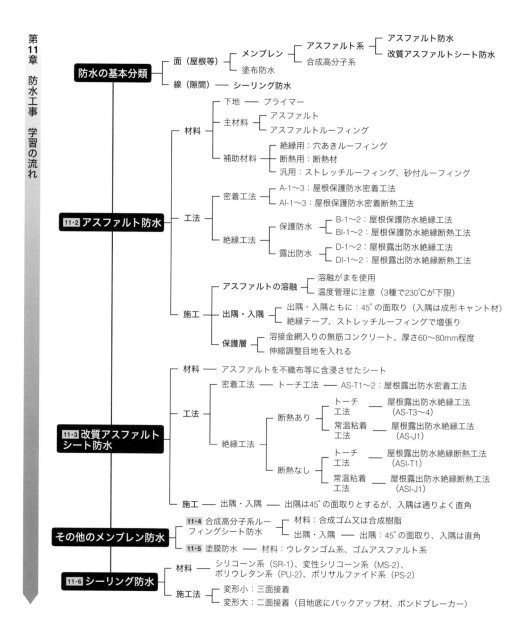

防水の基本分類
- 面（屋根等）
  - メンブレン
    - アスファルト系
      - アスファルト防水
      - 改質アスファルトシート防水
    - 合成高分子系
  - 塗布防水
- 線（隙間）── シーリング防水

11・2 アスファルト防水
- 材料
  - 下地 ── プライマー
  - 主材料
    - アスファルト
    - アスファルトルーフィング
  - 補助材料
    - 絶縁用：穴あきルーフィング
    - 断熱用：断熱材
    - 汎用：ストレッチルーフィング、砂付ルーフィング
- 工法
  - 密着工法
    - A-1〜3：屋根保護防水密着工法
    - AI-1〜3：屋根保護防水密着断熱工法
  - 絶縁工法
    - 保護防水
      - B-1〜2：屋根保護防水絶縁工法
      - BI-1〜2：屋根保護防水絶縁断熱工法
    - 露出防水
      - D-1〜2：屋根露出防水絶縁工法
      - DI-1〜2：屋根露出防水絶縁断熱工法
- 施工
  - アスファルトの溶融
    - 溶融がまを使用
    - 温度管理に注意（3種で230℃が下限）
  - 出隅・入隅
    - 出隅・入隅ともに：45°の面取り（入隅は成形キャント材）
    - 絶縁テープ、ストレッチルーフィングで増張り
  - 保護層
    - 溶接金網入りの無筋コンクリート、厚さ60〜80mm程度
    - 伸縮調整目地を入れる

11・3 改質アスファルトシート防水
- 材料 ── アスファルトを不織布等に含浸させたシート
- 工法
  - 密着工法 ── トーチ工法 ── AS-T1〜2：屋根露出防水密着工法
  - 絶縁工法
    - 断熱あり
      - トーチ工法 ── 屋根露出防水絶縁工法（AS-T3〜4）
      - 常温粘着工法 ── 屋根露出防水絶縁工法（AS-J1）
    - 断熱なし
      - トーチ工法 ── 屋根露出防水絶縁断熱工法（ASI-T1）
      - 常温粘着工法 ── 屋根露出防水絶縁断熱工法（ASI-J1）
- 施工 ── 出隅・入隅 ── 出隅は45°の面取りとするが、入隅は通りよく直角

その他のメンブレン防水
- **11・4 合成高分子系ルーフィングシート防水**
  - 材料：合成ゴム又は合成樹脂
  - 出隅・入隅 ── 出隅：45°の面取り、入隅は直角
- **11・5 塗膜防水** ── 材料：ウレタンゴム系、ゴムアスファルト系

11・6 シーリング防水
- 材料 ── シリコーン系（SR-1）、変性シリコーン系（MS-2）、ポリウレタン系（PU-2）、ポリサルファイド系（PS-2）
- 施工法
  - 変形小：三面接着
  - 変形大：二面接着（目地底にバックアップ材、ボンドブレーカー）

ることにより“所定の形状及び寸法”を実現するということである。なお、防水は最終仕上として建築の外部に露出されることも多いので、“所要の仕上り状態”についても求められている。以上については事後に確認できるよう記録も重要になる。

　このようにプロセスにより品質をつくり込んだ結果として、工事完了直後だけではなく竣工後も漏水がないことを保証するという考え方につながる。

11・2　アスファルト防水　[標仕 9.2]

1　アスファルト防水の概要

（1）アスファルト防水の仕組み

　RC造やS造などの建築物の陸屋根に広く採用されているのが「アスファルト防水」である。アスファルト（瀝青）とは、原油からガソリンや軽油などの成分を揮発させた残渣で、天然の高分子化合物としてゴムや塩化ビニルなどと同じく水を通さない性質

8章 コンクリート工事

9章 鉄骨工事

10章 木造工事

11章 防水工事

12章 仕上工事

13章 その他の工事

を持つ。また、それほど高くない温度で柔らかくなり、伸ばしたり変形しやすくなるため、古くから接着剤や防水材として使用されてきた。こんにちでは、道路舗装や防水材として広く使用されている。

アスファルト防水では、そのアスファルトを下地材に含浸（がんしん）させてシート状にした「**アスファルトルーフィング**」が使用される。アスファルトルーフィングは工場で生産されたシート状（ロール状）の材料であり、これを現場に持ち込んで複数枚を層にして躯体に張り付ける。張付けには専用の溶融（ようゆう）がまで現場で溶かした（軟化させた）アスファルトをひしゃくなどを用いて「流し張り」にて施工する。

施工に際しては、防水層の下地（通常は鉄筋コンクリート）を馴染ませることを目的にあらかじめ「プライマー」が塗布される。以上により非常に安定した防水層を形成することができる。屋根面の防水層の納まり例を**図11・1**に示す。

(2) アスファルト防水の分類

広義のアスファルト防水には、『標仕』9.2 節で取り扱う「**アスファルト防水**」と、同 9.3 節で取り扱う「**改質アスファルトシート防水**」の2種類がある。**表11・1**に両者の違いを整理する。

このうち上段の「アスファルト防水」は屋根面にアスファルトを染み込ませたルーフィング（厚みのある柔らかい板）を敷き込み、そこにドロドロに溶かしたアスファルトを流し込んで固着させる工法である（熱工法とも呼ばれる）。

一方の「改質アスファルトシート防水」は、改良したアスファルトルーフィングを粘着剤などで張り付ける工法であり、アスファルト防水とは基準も異なるので注意する ≫本書 11・3 。

(3) 用語 ［監理指針 9.2.1(4)］

アスファルト防水には様々な工法があり、それに応じて用語も数が多い。ここでは『監理指針』から特に重要な用語を**表 11・2**に整理する。

(4) 施工計画 ［監理指針 9.2.1(4)］

アスファルト防水に関する施工計画書への記載事項の例は**表 11・3**の通りである。

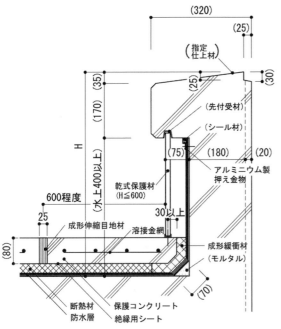

図 11・1 アスファルト防水 保護防水断熱工法（出典：国土交通省『建築工事標準詳細図 平成 28 年版』5-01-3）

表 11・1 広義のアスファルト防水の種類

アスファルト防水 ［標仕 9.2.1］	コンクリートやプレキャストコンクリートなどの下地に、**溶融アスファルトとアスファルトルーフィング類を交互に積層して施工する**露出防水
改質アスファルトシート防水 ［標仕 9.3.1］	コンクリートや ALC パネル、プレキャストコンクリートなどの下地に、**改質アスファルトシートをトーチ工法または常温粘着工法により施工**する露出防水

出典：『標仕』9.2.1 および 9.3.1

表 11・2 アスファルト防水の用語

増張り	隅、角、ドレン回り、下地コンクリートの打継ぎ部等に、補強のためにルーフィングを張り増すこと
目つぶし塗り	網状アスファルトルーフィングの目をつぶすように、溶融アスファルトをはけで塗り付けること
絶縁用シート	防水層と保護コンクリートまたは断熱材と保護コンクリートの間に設ける絶縁・養生のためのシート
脱気装置	下地面の湿気を排出させる装置
出隅	2 つの面が出会ってできる凸状の連続線
入隅	2 つの面が出会ってできる凹状の連続線
出入隅角	出隅・入隅どうしまたは相互が出会う箇所

出典：『監理指針』9.2.1(4) より作成

表11・3　アスファルト防水の施工計画書の記載事項例

①工程表（箇所別、防水の種類別の着工、完成時期）
②施工業者名、作業の管理組織
③施工範囲及び防水層の種類
④工法（下地を含む）
⑤材料置場
⑥アスファルト溶融がまの設置場所及び構造
⑦消防法による消防署への届け出
⑧排水勾配
⑨コンクリート打継ぎ箇所における処置
⑩立上りの構造、納まり
⑪ルーフドレン回り、出入口回り、排水管（防水層貫通管）及び衛生設備（便器・浴槽その他）の納まり
⑫保護コンクリートの目地割り及び目地の構造ならびに仕上材料、エキスパンションの構造と防水の納まり
⑬異種防水層接続部の処置
⑭品質管理、基本要求品質の確認方法等

出典：『監理指針』9.2.1（3）（ウ）より作成

表11・4　保護防水と露出防水

保護防水	防水層の上にコンクリート等を打設し保護する工法。歩行等が可能である。 ・屋根**保護**防水密着工法：A-1〜3 ・屋根**保護**防水絶縁工法：B-1・2
保護断熱防水	防水層の上もしくは下に断熱材を敷き、その上に保護コンクリート等を打設する工法。歩行等が可能である。 ・屋根**保護**防水密着断熱工法：AI-1〜3 ・屋根**保護**防水絶縁断熱工法：BI-1・2
露出防水	最上層に比較的耐久性のある「**砂付ストレッチルーフィング**」を用いるが歩行には向かない。また下地と防水層の間の湿気を抜くために「**脱気装置**」が必要。 ・屋根**露出**防水絶縁工法：D-1・2 （露出防水には密着工法はない）
露出断熱防水	下地の上に断熱材を敷き、その上に「**部分粘着層付改質アスファルトシート**」を張り付け、さらに「**砂付ストレッチルーフィング**」や「**露出防水用改質アスファルトルーフィングシート**」を敷設する。 ・屋根**露出**防水絶縁断熱工法：DI-1・2 （露出防水には密着工法はない）

出典：『監理指針』9.2.3（ウ）より作成

2　アスファルト防水の基本的分類

アスファルト防水の工法別の施工の流れを**図11・2**に示す。非常に数多くの種類があるため、まずは「密着工法と絶縁工法」「断熱工法」「保護防水と露出防水」について整理する。

(1) 密着工法と絶縁工法 ［監理指針 9.2.3（イ）］

アスファルト防水は、防水層を下地全面に密着させて張り付ける「密着工法」と、下地と防水層の間に「部分粘着層付改質アスファルトシート」や「穴あきルーフィング」などを敷設して部分的に張り付ける「絶縁工法」に大別される。

絶縁工法は、クラック（亀裂、ひび割れ）が発生しやすいコンクリート面などにおいて、下地のクラックが防水層に及ばないようにする役割を果たす。

(2) 断熱工法

防水層の上下いずれかに断熱層を設けたものを「断熱工法」という（**図11・2**中のA、B、Dの記号に"I"が付くもの）。

(3) 保護防水と露出防水 ［監理指針 9.2.3（ウ）］

防水層や断熱材などを保護する目的で保護コンクリートを打設したものを「保護防水」という。建物の固定荷重が増えるなどのデメリットもあるが、防水層の耐久性や屋根面を有効活用できる（露出防水は歩行用途には使用できない）などのメリットも多い。以上をまとめると**表11・4**のように整理できる。

このうち屋根保護防水密着断熱工法（AI-3）の概念図を**図11・3**に示す。下地から防水層→断熱層→保護コンクリートの構成になっていることがわかる。

3　アスファルト防水の材料 ［標仕 9.2.2］

アスファルト防水の材料は、「アスファルトプライマー」「アスファルト」「アスファルトルーフィング類」とその他（シール材、絶縁用テープ、押え金物、断熱材、絶縁用シートなど）に大別される。

(1) アスファルトプライマー ［巻頭写真49］

アスファルトプライマーは、アスファルトを主成分とした接着剤のような液体であり、刷毛などを用いて容易に塗布できる。従来は有機溶剤系が主流だったが、近年は周辺環境や作業員の健康への配慮からエマルションタイプに置き換わりつつある。

一般に8時間以内に乾燥するが、気象条件や下地の乾燥条件などにより遅れる場合があるので、通常は、プライマー塗布の翌日まで放置する。

(2) アスファルト ［巻頭写真48］

アスファルトはJIS K 2207（石油アスファルト）

8章 コンクリート工事

9章 鉄骨工事

10章 木造工事

11章 防水工事

12章 仕上工事

13章 その他の工事

で規定される防水工事用アスファルトの「3種」を用いる。この3種は、他の1種と2種に比べると「針入度指数（PI）」が高く、「フラースぜい化点」も高い（4種はすでに製造されていない）。

①針入度指数とフラースぜい化点

　いずれもアスファルトの性状を表す指標である。針入度指数はアスファルトの温度に対する感受性を示す指数で、アスファルトの「軟化点」と「針入度★1」により求められる。針入度指数の数値が大きいほど、

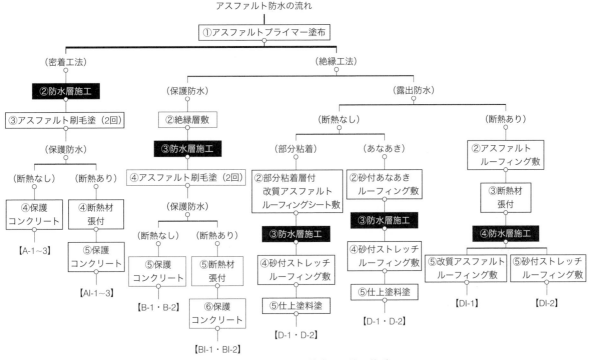

図 11・2　アスファルト防水の工法の体系

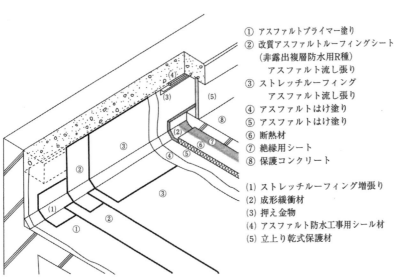

① アスファルトプライマー塗り
② 改質アスファルトルーフィングシート
　（非露出複層防水用R種）
　アスファルト流し張り
③ ストレッチルーフィング
　アスファルト流し張り
④ アスファルトはけ塗り
⑤ アスファルトはけ塗り
⑥ 断熱材
⑦ 絶縁用シート
⑧ 保護コンクリート

(1) ストレッチルーフィング増張り
(2) 成形緩衝材
(3) 押え金物
(4) アスファルト防水工事用シール材
(5) 立上り乾式保護材

図 11・3　屋根保護防水密着断熱工法（AI-3）の概念図　（出典：『監理指針』図 9.2.19）

写真 11・1　アスファルトルーフィング材料の検収　（提供:㈱巴コーポレーション）

☞豆知識

★1　**針入度**：温度 25℃、荷重 100g、貫入時間 5 秒の条件で規定の針が材料中に垂直に貫入したときの探さを 1/10mm 単位で表したもの。

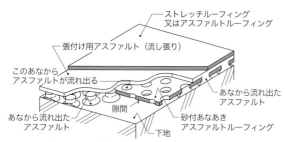

図 11・4　砂付あなあきルーフィングの施工例

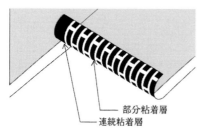

図 11・5　部分粘着層付改質アスファルトルーフィングの施工例（出典：『監理指針』図 9.2.5）

表 11・5　アスファルト防水の補助材等

①アスファルト防水工事用シール材	防水層端部の止水に用いるチューブ状の材料。
②絶縁用テープ	下地のムーブメント（下地に継目があるなどして動くこと）がある場合に、継目をまたぐようにして張り付ける幅 50mm 程度の粘着テープ。
③押え金物	パラペット立上り部などの防水層末端部を押さえる金物。通常アルミニウム製 L 型アングル材（L-30 × 15 × 2.0）などを用いる。
④成形キャント材	入隅を 45° の面取りとするために入隅部に設置される耐熱プラスチック製の棒状の材料。
⑤屋根保護防水断熱工法に用いる断熱材	保護防水には「押出法ポリスチレンフォーム断熱材 3 種 b-A（スキン層付き）」を使用する。
⑥屋根露出防水断熱工法に用いる断熱材	露出防水には硬質ウレタンなどの「発泡プラスチック断熱材」を使用する（ポリスチレンは、耐熱性・耐溶剤性に劣る）。
⑦絶縁用シート	絶縁用シートは、「防水層と保護コンクリート」や「断熱材と保護コンクリート」の間に設ける絶縁や養生のためのシートである。断熱防水では「ポリプロピレン、ポリエチレン等を平織りしたフラットヤーンクロス★2（70g/m² 程度）」とし、断熱材を使用しない場合は加えて「厚さ 0.15mm 以上のポリエチレンフィルム」も使用できる。
⑧保護層等の材料	保護層に用いられる無筋コンクリートが防水層を傷つけることがないように、成形伸縮目地材や成形緩衝材などが用いられる。

広い温度範囲において軟化や硬化が起こりにくい安定したアスファルトである。

　一方のフラースぜい化点は、アスファルトの低温特性を示す指標である。アスファルトを含めた弾性体一般は、温度が下がると脆くなる「ぜい化（脆化）」という現象を起こすが、アスファルトがぜい化すると防水層の破断につながるので、フラースぜい化点は低い方が良い。

②溶融時の温度管理

　アスファルトは、現場にはブロック状の固体（塊）で搬入され、小分けにされて溶融がまで溶解される。溶解時間は 3 時間を超えてはならない。溶融温度は施工に適した温度（粘度）を保つとされるが、一般的な管理値（下限値）は、3 種アスファルトで 230℃程度、低煙・低臭タイプのアスファルトでは 210℃とする（低煙・低臭タイプは 240℃ を超えないように管理する）。

（3）アスファルトルーフィング類

　アスファルト防水で最も重要な材料が「アスファルトルーフィング類」である。ルーフィングとは、シート状の防水用材料のことで、布やフェルトなどにあらかじめアスファルトを含浸させ、防水材料としての品質の安定性と現場での施工性を向上させたものである。主な材料を以下に示す。

① アスファルトルーフィング　巻頭写真 47

　古紙やパルプ、毛くずなどの有機質繊維のフェルトシートにアスファルトを含浸させて表面にも塗布し、鉱物質粉末を散布して製造したルーフィング材。ロール状の状態で現場に搬入される。

②砂付ストレッチルーフィング

　耐久性を確保するために、下地となるシートにある程度の伸縮性を持たせたルーフィング材。保護コンクリートのない露出防水の最上層などに用いられる。隣接シートとの重ね代（100mm）を除いてベタつき防止の砂粒がまぶされている。

☞豆知識

★2　フラットヤーンクロス：短冊状に切断したポリエチレンフィルムを引っ張り延ばして強度を持たせた帯のこと。これを編み込んだものにレジャーシートなどがある。現場においても工事用のホース（サニーホース）や廃棄物用袋（ガラ袋）などに用いられる。

8 章 コンクリート工事

9 章 鉄骨工事

10 章 木造工事

11 章 防水工事

12 章 仕上工事

13 章 その他の工事

③網状アスファルトルーフィング

目の粗い繊維にアスファルトを含浸させたルーフィング材。引張り、引裂き等の強度が大きく、柔軟性も高いので下地に馴染む。出隅や入隅、脱気パイプなどの周囲に増張りとして用いられる。

④砂付あなあきルーフィング（図 11・4）

防水層と下地を絶縁するためにルーフィング全面にわたって 30mm 以下の穴を 70mm 以上の間隔であけた特殊なルーフィング材。

⑤改質アスファルトルーフィングシート

成分を調整したアスファルトを、合成繊維を主とした多孔質なフェルト状の不織布原反に含浸させ、かつ表面にも塗布したルーフィング材。腐朽、変質しにくく、他のルーフィング材と比較しても低温で硬化・ぜい化しにくく、伸び率も大きいので破断しにくいなどの優れた特性を持っている。

⑥部分粘着層付改質アスファルトルーフィングシート（図 11・5）

上記⑤の改質アスファルトルーフィングシートの裏側に粘着層を部分的に塗り付けたもの。張付け後に粘着層のない部分は防水層内部の空気や湿気、ガスの逃げ道として利用される。

⑦ストレッチルーフィング

合成繊維を主とした多孔質なフェルト状の不織布原反に、防水工事用アスファルト 3 種を含浸・浸透させて表面にも塗布し、表裏両面に鉱物質粉末を付着させたルーフィング材。腐朽・変質しにくく、低温でも硬化・ぜい化せず、伸び率が大きいので破断しにくいなどの特性を持つ。

（4）その他の材料

その他の材料を表 11・5 に整理する。

4　アスファルト防水の工法 ［標仕 9.2.3］

（1）屋根保護防水密着工法（A-1 ～ A-3）と　同断熱工法（AI-1 ～ AI-3）

屋根保護防水密着工法には、断熱材なしの A1 ～ A-3 と断熱材付きの AI-1 ～ AI-3 がある。それぞれ、防水層の施工は、材料や防水材の積層数の違いにより、表 11・6 に示す手順で行う。

（2）屋根保護防水絶縁工法（B-1・B-2）と　同断熱工法（BI-1・BI-2）

絶縁工法とは、下地と防水層の間に部分粘着層付改質アスファルトシートや砂付あなあきルーフィングなどの絶縁層を入れて下地の亀裂や変形等が防水層に影響を及ぼさないようにした工法である。防水層の施工については工法や材料により少し複雑で表 11・7 のようになる。部分粘着層付改質アスファルトシートと砂付あなあきルーフィングの施工プロセスが異なるのは、部分粘着層付改質アスファル

表 11・6　密着工法の防水層の施工手順

工程	A-1・AI-1	A-2・AI-2	A-3・AI-3
1	アスファルトプライマー塗り		
2	アスファルトルーフィング		改質アスファルトルーフィングシート（非露出複層防水用 R 種）1.5mm 以上
3	ストレッチルーフィング（2 層）		ストレッチルーフィング（1 層）
4	アスファルトルーフィング	—	—
5	アスファルトはけ塗り（2 回）		
6	断熱材（断熱工法（AI-1・AI-2、AI-3）のみ）		
7	絶縁用シート		
8	保護コンクリート		

※ ルーフィング類はいずれもアスファルト流し張りとする

表 11・7　絶縁工法の防水層の施工手順

工程	B-1・BI-1		B-2・BI-2	
	部分粘着の場合	砂付の場合	部分粘着の場合	砂付の場合
1	アスファルトプライマー塗り			
2	—	砂付あなあきルーフィング	—	砂付あなあきルーフィング
3	部分粘着層付改質アスファルトシート（非露出複層防水用 R 種）1.5mm 以上	アスファルトルーフィング	部分粘着層付改質アスファルトシート（非露出複層防水用 R 種）1.5mm 以上	アスファルトルーフィング
4	—	ストレッチルーフィング	—	ストレッチルーフィング
5	ストレッチルーフィング			
6	アスファルトルーフィング		—	
7	アスファルトはけ塗り（2 回）			
8	断熱材（断熱工法（BI-1・BI-2）のみ）			
9	絶縁用シート			
10	保護コンクリート			

トシートは1枚で防水層の役割を果たすが、あなあきルーフィングは通常のルーフィングと重ねることにより防水層として機能するからである。☞POINT

(3) 屋根露出防水絶縁工法（D-1・D-2）

屋根露出防水絶縁工法では、最上層に保護コンクリートを設けずに、防水層に直接仕上塗料を塗布して施工終了となる。施工手順を表11・8に示す。

(4) 屋根露出防水絶縁断熱工法（DI-1・DI-2）

屋根露出防水絶縁断熱工法は、保護層無しの断熱工法である。断熱材はルーフィングとルーフィングの間に入れられる。その施工法を表11・9に示す。

参考として、露出防水絶縁断熱工法と保護防水断熱工法の断面の違いを図11・6と図11・7に示す。防水層と断熱材の位置関係が異なることがわかる。

5 アスファルト防水の施工 ［標仕9.2.4］

(1) 下地

平場のコンクリート下地はコンクリート直均し仕上とする。コンクリート下地類が十分乾燥した後に清掃を行い、アスファルトルーフィング等を張り付ける部分全面に均一にプライマーを塗布する。

(2) 出隅・入隅

出隅及び入隅はいずれも45°の面取りとする（図11・8）。入隅はモルタル等を左官等で塗り付けるが、露出防水（D-1・D-2）と露出断熱防水（DI-1・DI-2）は「成形キャント材」を使用することが可能である。

(3) アスファルトの溶融

アスファルトの「溶融がま」は、施工場所にできるだけ近い場所に設置する。ただし、完成した防水層の上に設置してはならない。アスファルトは、均一に溶融できるように細かくして投入する。アスファルトの溶融温度の上限は、アスファルトの製造所の指定する温度とする（一般的には3種アスファルトで230℃程度を下限値とする）。なお、同一アスファルトの溶融を3時間以上続けない。アスファルト溶融がまの例を図11・9に示す。

(4) アスファルトルーフィング類の張付け

巻頭写真51

平場のルーフィング類の張付けは、空隙、気泡、しわなどが生じないように均一に押しならしながら下層に密着させるように行う。空隙や気泡、しわが生じた場合は、各層ごとに補修する。出隅、入隅、下地目地部は、一般部分に先立ち「増張り」を行う。

表11・8　屋根露出防水絶縁工法の防水層の施工手順

工程	D-1		D-2	
	部分粘着の場合	砂付の場合	部分粘着の場合	砂付の場合
1	アスファルトプライマー塗り			
2	部分粘着層付改質アスファルトシート（非露出複層防水用R種）1.5mm以上	砂付あなあきルーフィング	部分粘着層付改質アスファルトシート（非露出複層防水用R種）1.5mm以上	砂付あなあきルーフィング
3	－	ストレッチルーフィング	－	ストレッチルーフィング
4	ストレッチルーフィング		－	
5	－	アスファルトルーフィング	－	アスファルトルーフィング
6	砂付ストレッチルーフィング			
7	仕上塗材塗り			

表11・9　屋根露出防水絶縁断熱工法の防水層の施工手順

工程	D-1	D-2
1	アスファルトプライマー塗り	
2	アスファルトルーフィング	
3	断熱材張付け	
4	部分粘着層付改質アスファルトルーフィングシート（非露出複層防水用R種）1.5mm以上	
5	改質アスファルトルーフィングシート（露出複層防水用R種）2.0mm以上	砂付ストレッチルーフィング
6	仕上塗材塗り	

☞**学習のポイント**

絶縁工法は、下地と防水層の間に絶縁層を入れる工法である。密着工法であっても防水層と保護層の間は絶縁するので混乱しないようにする。

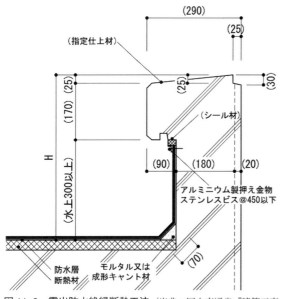

図 11・6 露出防水絶縁断熱工法 （出典：国土交通省『建築工事標準詳細図 平成 28 年版』5-04-1）

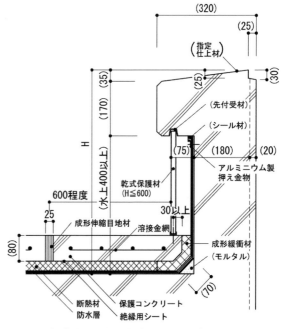

図 11・7 保護防水断熱工法（図 11・1 再掲）（出典：国土交通省『建築工事標準詳細図 平成 28 年版』5-01-3）

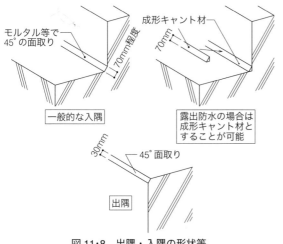

図 11・8 出隅・入隅の形状等

図 11・9 アスファルト溶融がま （提供：田島ルーフィング㈱）

増張りには絶縁用テープ（幅 50mm）やストレッチルーフィング（幅 300mm）を用いる。絶縁工法では、絶縁用テープの上に部分粘着層付改質アスファルトルーフィングシートや砂付あなあきルーフィングを敷設する。

(5) ルーフィング類の継目・重ね合わせ

アスファルトルーフィング類の継目は 100mm 以上重ね合わせることとし、上下層の継目は同一箇所としない。絶縁工法で部分粘着層付改質アスファルトルーフィングシートを用いる場合は、アスファルトルーフィングの幅方向は 100mm 以上の重ね合わ

せ、長手方向は突付けとし、その上から改質アスファルトルーフィングシート（非露出複層防水用 R 種）をアスファルトで張り付ける。

絶縁工法で砂付あなあきルーフィングを用いる場合は、ルーフィング片を 3 ～ 4m 程度の間隔に置き敷きして通気性を妨げないようにし、その上から突付けで張る。

立上り部のアスファルトルーフィング類は、平場とは別々に張り付け、各層とも平場のアスファルトルーフィング類に 150mm 以上重ねるが、立上りの高さが 400mm 未満の場合は、平場のルーフィングをそのまま立上り部に張り上げても良い。

(6) 端部などの取合い

　端部の押え金物は、ステンレスビスを450mm以下の間隔で留め付け、最後にシール材を充填する。ルーフドレンや屋根上に突出するパイプなどとの取合い部はストレッチルーフィングを突出物等になじませながら入念に施工する。

(7) 保護層等の施工

　保護コンクリートは厚さ80mm（タイル張りの場合は60mm）の溶接金網★³入りの無筋コンクリートである。保護層の断面は前項の**図11・7**に示す。

　保護層の入隅部分には、防水の立上り部に保護コンクリートが干渉して破損させることを防ぐために「成形緩衝材」を設ける。成形緩衝材は、断熱材と隙間のないように張り付ける。平場に敷いた絶縁用シートは、立上り面などに30mm程度を張り上げる。平場の保護コンクリートには、乾燥収縮による割れ

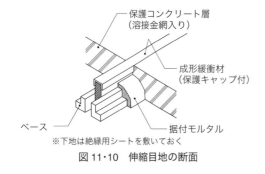

図11・10　伸縮目地の断面

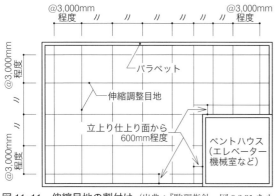

図11・11　伸縮目地の割付け（出典：『監理指針』図9.2.31 をもとに作成）

や温度による伸縮を吸収するために「伸縮目地」を入れる（**図11・10**）。

　伸縮目地は、保護コンクリートの予期しない水平移動からパラペットや防水層の立上り部を守る役割も果たす。伸縮目地の割付けは、周辺の立上り部の仕上り面から600mm程度とし、中間部は縦横間隔3000mm程度とする（**図11・11**）。

11・3　改質アスファルトシート防水
［標仕9.3］

1　概要　［標仕9.3.1］

　改質アスファルトシートは、「改質アスファルトルーフィングシート」≫本書11・2-3(3)⑤ を「トーチ工法」や「常温粘着工法」などにより施工する露出防水工法である。従来のアスファルト防水と異なり、溶融がまを使用しないため、周囲への煙やにおいの拡散が少ない点が特徴である。施工法の体系を**図11・12**に示す。

2　改質アスファルトシート防水の基本分類

(1) トーチ工法（AS-T）

　トーチ工法は、シート表面に塗布されたアスファルトをトーチバーナーによって溶融させて他方のシートと一体化させる。熱源は使用するが溶融がまは使用せず、連続した施工が可能である。

(2) 常温粘着工法（AS-J）

　常温粘着工法は、裏面に粘着層を設けた専用の「粘着層付改質アスファルトシート」を用い、施工直前に粘着層保護用の剥離紙をはがし、シールを貼るように簡易に施工できる。溶剤の使用量も少なく、臭気もほとんど拡散しない。

8章　コンクリート工事

9章　鉄骨工事

10章　木造工事

11章　防水工事

12章　仕上工事

13章　その他の工事

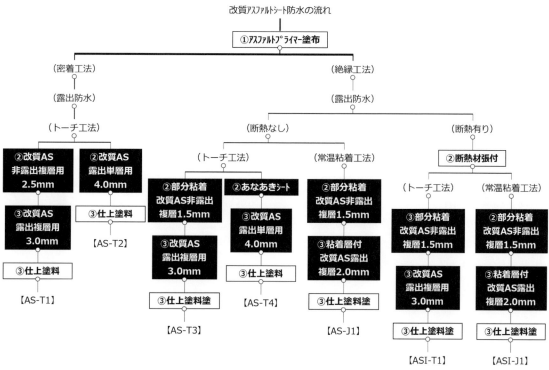

図 11・12　改質アスファルトシート防水の工法の体系

3　改質アスファルトシート防水の材料

［標仕 9.3.2］

(1) 改質アスファルトシート（JIS A 6013）

　粘着層付と部分粘着層付がある。また、単層用と複層用、露出用と非露出用の別がある。

(2) その他の材料

　プライマー、あなあきシートなどは、改質アスファルトシートのメーカー指定品とする。押え金物はアルミニウム製 L − 30 × 15 × 2.0 程度とする。屋根露出防水断熱工法に用いる断熱材は JIS A 9521（建築用断熱材）に基づく発泡プラスチック断熱材（硬質ウレタンフォーム等）とする。

4　改質アスファルトシート防水の工法

［標仕 9.3.3］

(1) 屋根露出防水密着工法（AS-T1、AS-T2）

　トーチ工法の AS-T1 と AS-T2 の 2 つの工法がある（常温粘着工法の設定はない）（表 11・10）。

(2) 屋根露出防水絶縁工法

　トーチ工法の AS-T3 と AS-T4 に加え、常温粘着工

表 11・10　改質アスファルトシート防水における
屋根露出防水密着工法の防水層の施工手順

工程	AS-T1（トーチ工法）	AS-T2（トーチ工法）
1	プライマー塗り	
2	改質アスファルトシート（非露出複層防水用 R 種、2.5mm 以上）	改質アスファルトシート（露出単層防水用 R 種、4.0mm 以上）
3	改質アスファルトシート（露出複層防水用 R 種、3.0mm 以上）	−
4	仕上塗材塗り	

表 11・11　改質アスファルトシート防水における
屋根露出防水絶縁工法の防水層の施工手順

工程	AS-T3（トーチ工法）	AS-T4（トーチ工法）	AS-J1（常温粘着工法）
1	プライマー塗り		
2	部分粘着層付改質アスファルトシート（非露出複層防水用 R 種、1.5mm 以上）	あなあきシート	部分粘着層付改質アスファルトシート（非露出複層防水用 R 種、1.5mm 以上）
3	改質アスファルトシート（露出複層防水用 R 種、3.0mm 以上）	改質アスファルトシート（露出単層防水用 R 種、4.0mm 以上）	粘着層付改質アスファルトシート（露出複層防水用 R 種、2.0mm 以上）
4	仕上塗材塗り		

181

法の AS-J1 の 3 つの工法がある（表 11・11）。

(3) 屋根露出防水絶縁断熱工法

　この工法では、断熱材を下地のすぐ上に敷き込む点が特徴である。トーチ工法の ASI-T1 と常温粘着工法の ASI-J1 の 2 つの工法がある（表 11・12）。

5　改質アスファルトシート防水の施工

[標仕 9.3.4]

(1) 下地、出隅・入隅

　改質アスファルトシート防水の下地は、アスファルト防水と同じである。出隅に関してはアスファルト防水と同じく通りよく 45° の面取りとするが、入隅は通りよく直角とする。**▶POINT**

(2) 目地処理、増張り

　改質アスファルトシート防水は変形追従性が高いので、防水下地として ALC パネルやプレキャストコンクリートパネルにも使用できるが、目地についてはパネル間の変位が大きいので、絶縁用テープや増張りにより下処理を行う。ルーフドレン回りや配管回りも増張り用シートなどで増張りを行う。

(3) 改質アスファルトシートの張付け

①トーチ工法

　トーチバーナーを用いて改質アスファルトシートの裏面や下地を均一にあぶってシート裏面のアスファルトを溶融させながら密着させる。シート同士の重ね幅はシート幅・長手方向ともに 100mm 以上とする（適切な施工の場合、重ね部から溶融アスファルトがはみ出す）。シートが 2 層の場合は上下層のシートの接合部が重ならないようにする。

②常温粘着工法

　常温粘着工法用のシート裏面（粘着面）には、粘着部の保護のために「剥離紙」が付いているので、これをはがしながら均一に転圧しながら密着させる。このとき、シート同士の重ね幅はシート幅方向、長

手方向ともに 100mm 以上とする。

③断熱材の張付け

　屋根露出防水絶縁断熱工法における断熱材及び部分粘着層付改質アスファルトシートの張付けは、改質アスファルトシートの製造所の仕様による。

(4) 納まり

　改質アスファルトシート防水の屋根露出防水絶縁断熱工法の断面を図 11・13 に示す。入隅は直角で、防水層の下に断熱材が敷かれている様子がわかる。

表 11・12　改質アスファルトシート防水における屋根露出防水絶縁断熱工法の防水層の施工手順

工程	ASI-T1 （トーチ工法）	ASI-J1 （常温粘着工法）
1	プライマー塗り	
2	断熱材張付け	
3	部分粘着層付改質アスファルトシート （非露出複層防水用 R 種、1.5mm 以上）	
4	改質アスファルトシート （露出複層防水用 R 種、3.0mm 以上）	粘着層付改質アスファルトシート（露出複層防水用 R 種、2.0mm 以上）
5	仕上塗材塗り	

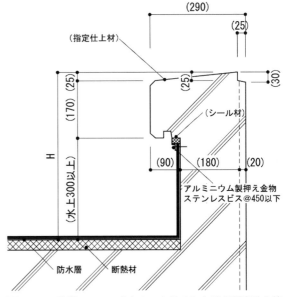

図 11・13　改質アスファルトシート防水における露出防水絶縁断熱工法の納まり（出典：国土交通省『建築工事標準詳細図 平成 28 年版』5-05-1）

11・4 合成高分子系ルーフィングシート防水

[標仕 9.4]

1 概要 [標仕 9.4.1]

　合成高分子系ルーフィングシート防水とは、JIS A 6008（合成高分子系ルーフィングシート）の規格による厚さ 1.0〜2.0mm の合成ゴムまたは合成樹脂を主原料としたシートを用いた防水である。

　特徴としては、耐候性に優れており、また施工に際して火を使わない、施工が簡単である、工期も短いなどの長所がある一方で、防水層が薄いので施工や使用に際して取扱いに注意が必要である。基本的には歩行を前提としない露出防水に使用される。関連用語を表 11・13 に示す。

2 材料と施工 [標仕 9.4.2]

　出隅・入隅は、改質アスファルトシート防水と同じく出隅は 45° の面取り、入隅は直角とする。

　施工法の基本パターンとして、「接着工法（S-F1、S-F2）」と「機械的固定工法（S-M1、S-M2）」がある。さらにこれらに発泡プラスチック断熱材を使用する断熱工法として、「接着工法（SI-F1、SI-F2）」と「機械的固定工法（SI-M1、SI-M2）」が規定され

ている。

　シートには材料の断面が 1 層の「均質シート」と複数の層による「複合シート」がある。いずれも材質は「加硫ゴム系」「非加硫ゴム系」「熱可塑性エストマー系」「塩化ビニル樹脂系」「エチレン酢酸ビニル樹脂系」がある。いずれを採用するかは特記によるが、それぞれに使用できる接着剤などが異なるのでよくメーカーと打ち合わせを行っておく。

　機械的固定工法に用いる固定金具は、防錆処理したステンレス鋼板などに樹脂をコーティングしたもので厚さ 0.4mm 以上のものとする。

11・5 塗膜防水

[標仕 9.5]

　塗膜防水とは、コンクリート下地に、ウレタンゴム系（X-1〜2）、またはゴムアスファルト系（Y-1〜2）の屋根用塗膜防水材を塗布するものである。

　下地については、出隅は 45° の面取り、入隅は通りよく直角とする。

11・6 シーリング防水

[標仕 9.7]

1 シーリング防水の概要 [標仕 9.7.1〜2]

(1) 目的と種類

　シーリング防水工事とは、建物内外の目地や部材の接合部などの隙間を、不定形弾性シーリング材を用いて充填する工事をいう。

　種類については、シリコーン系（SR-1）、変性シリコーン系（MS-2）、ポリウレタン系（PU-2）、ポリサルファイド系（PS-2）などがある。

(2) 材料

　シーリング材料については JIS A 5758（建築用シーリング材）で規定されている。種類によって有効期間が定められているので注意する。シーリング材の選定については原則として特記とする。現場で

表 11・13　合成高分子系シート防水の関連用語

均質シート	合成高分子を主原料としたルーフィングシート
複合シート	合成高分子を主原料としたルーフィングシートを母材とし、織布、不織布、その他を複合したルーフィングシート
一般複合タイプ	基布（織布、不織布など）またはシート状のもの（フィルムなど）を複合して寸法安定性、力学的物性などを改善した複合シート
補強複合タイプ	補強布（織布など）に強度を依存する複合シート
接着工法	下地にプライマー、接着剤を用いてシートを全面接着する工法
機械的固定工法	下地に固定金具を用いて機械的にシートを固定する工法
密着工法	下地面とルーフィングシートの間に接着剤（ポリマーセメントペースト）を隙間なく充填してシートを全面密着する工法
断熱工法	発泡プラスチック断熱材を下地とシートの間に敷設する工法

出典：『監理指針』9.4.1(4) より作成

8章 コンクリート工事

9章 鉄骨工事

10章 木造工事

11章 防水工事

12章 仕上工事

13章 その他の工事

2剤を混合する二成分形シーリング材の基剤及び硬化剤は、シーリング材の製造所の指定する配合とする。場所により異種シーリング材が接することがあるが、相性の良し悪しがあるのでメーカー等に確認する。

2　シーリング工事の施工［標仕 9.7.3 〜 4］

（1）目地寸法

シーリング材の目地寸法は、原則として設計図書によるが、基本的なルールを以下に示す。なお目地等の形状は、凹凸、広狭等のないものとする。

① RC の打継ぎ目地、ひび割れ誘発目地[★4]は、幅20mm 以上、深さ 10mm 以上とする。
②ガラス回りの目地は、特記のない場合は、幅・深さともに 5mm 以上とする。
③上記以外の目地は、幅・深さとも 10mm 以上とする。

（2）施工準備

外部仕上を仕上塗材等とする場合は、シーリング工事はそれらの工事に先立って実施する。目地深さがシーリング材の寸法より深い場合は、バックアップ材を装着し、所定の深さが得られるようにしておく（図 11·14）。目地縁には、必要に応じて、マスキングテープを貼っておく。

施工条件としては、シーリング工事も防水工事なので、降雨、多湿等により結露のおそれがある場合は、作業を中止する。下地を十分に乾燥させ、油分、塵埃（じんあい）、モルタル、塗料等の付着物及び金属部の錆を除去して、清掃する。プライマー塗りは、下地処理後、被着体に適したものを塗り残しのないよう均一に塗布する。

また、シーリング材は低温だと弾性が失われるので、プライマーの塗布及び充填時に被着体が 5℃ 以下の場合は作業を中止する（50℃以上の高温でも施工に影響が出るので中止する）。

（3）充填

シーリング材の充填は、プライマー塗布後、シーリング材の製造所の指定する時間内に行う。特に二成分形シーリング材は、シーリング材の製造所の指定する配合により練り混ぜて可使時間内に使用する。

充填の際は、隙間や打残しなく、気泡が入らないように目地の交差部や角から目地の隅々まで充填する。なお、打継ぎ箇所は、目地の交差部及び角部を避ける。充填用ガンのノズルは、目地幅に適したものを使用し、加圧しながら確実に充填する。充填後は、へらで押さえ下地と密着させて表面を平滑に仕上げる。目地縁のマスキングテープはこのタイミングで取り除く。充填箇所以外の部分に付着したシーリング材は、シリコーン系以外は直ちに取り除き、シリコーン系はシーリング硬化後に取り除く。施工後は、正しく充填されていることを目視で確認し、硬化及び接着状態を目視及び指触で確認する。

3　二面接着と三面接着

シーリング材が目地底に接着されていると、目地底のひび割れや変形がシーリングに悪影響を及ぼす

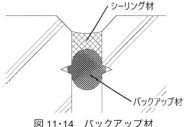

図 11·14　バックアップ材

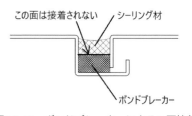

図 11·15　ボンドブレーカーによる二面接着

☞豆　知　識

[★4]　**ひび割れ誘発目地**：RC造の壁面などには、経年により表面にクラック（ひび割れ）が発生するが、ランダムな位置でひび割れが発生しないように、RC 壁の一部に断面欠損を施しておき、ひび割れの発生位置をコントロールする目地。

ため、目地底には「バックアップ材」や「ボンドブレーカー」を入れて下地と縁を切り「二面接着（側面のみ接着）」とする（図11・15）。変形が小さい打継ぎ目地やひび割れ誘発目地、建具枠回りなどのシーリングはバックアップ材やボンドブレーカーを用いない「三面接着」とする。

バックアップ材とボンドブレーカーの用途は同じ

だが、前者は厚みのある材料、後者はテープ状の材料という違いがある。バックアップ材は合成樹脂や合成ゴム製のチューブ状の製品がよく使われる。ボンドブレーカーは、紙、布、プラスチックフィルム等の粘着テープが使用される。いずれもシーリング材と接着しないものとする。

建築士試験過去問

問1 防水工事及び屋根工事に関する次の記述のうち、最も不適当なものはどれか。（令1・二建士・学科Ⅳ・設問17）
1. シーリング工事におけるボンドブレーカーは、シーリング材と接着しない粘着テープとした。
2. シーリング材の充填作業において、充填箇所以外の部分に付着したシリコーン系シーリング材は、硬化後の早い時期に取り除いた。
3. アスファルト防水工事において、アスファルトプライマーを塗布した後、直ちにルーフィング類の張付けを行った。
4. 折板葺きのタイトフレームと下地材との接合は、隅肉溶接とし、溶接後はスラグを除去し、錆止め塗料を塗布した。
5. 木造住宅の屋根用化粧スレートの葺板は、1枚ごとに専用釘を用いて野地坂に留め付けた。

問2 防水工事及び屋根工事に関する次の記述のうち、最も不適当なものはどれか。（平29・二建士・学科Ⅳ・設問17）
1. シーリング工事において、バックアップ材はシーリング材と十分に接着させた。
2. 住宅屋根用化粧スレートの葺板は、特記がなかったので、1枚ごとに専用釘を用いて野地板に直接留め付けた。
3. アスファルト防水工事において、出隅・入隅等へのストレッチルーフィングの増張りを行った後、一般平場部分にストレッチルーフィングを張り付けた。
4. 木造住宅の粘土瓦葺における瓦の留付けに使用する緊結線は、径0.9mmのステンレス製のものとした。
5. 木造住宅の金属板葺の下地に使用する改質アスファルトルーフィング下葺材の張付けは、野地板の上に軒先と平行に敷き込み、重ね幅をシートの長手方向200mm、流れ方向100mmとした。

問3 防水工事に関する次の記述のうち、最も不適当なものはどれか。（平29・一建士・学科Ⅴ・設問16）
1. シーリング工事において、鉄筋コンクリート造の建築物の外壁に設けるひび割れ誘発目地については、目地底にボンドブレーカーを使用せずに、シーリング材を充填する三面接着とした。
2. 屋根保護防水絶縁工法によるアスファルト防水工事において、砂付あなあきルーフィングを一般平場部に使用したが、立上り部については省略した。
3. 屋根保護防水密着工法によるアスファルト防水工事において、防水層の下地の立上り部の出隅部は面取りとし、入隅部は直角の納まりとした。
4. アスファルト防水工事において、工期短縮を図るため、プレキャスト化した「塔屋の壁基壇部」と「現場打ちコンクリートのスラブ」とを一体化して防水層の下地とした。

解答・解説

問1 最も不適当な選択肢は「3」である。アスファルトプライマーの塗り付けは、アスファルトルーフィング等の張りじまい部（張り終わる箇所）まで均一に行い乾燥させる［標仕9.2.4(2)］。≫本書11・2-3(1)
問2 最も不適当な選択肢は「1」である。バックアップ材やボンドブレーカーは、シーリング底面が目地底に接着することを防ぐためのものであり接着させてはならない。≫本書11・6-3
問3 最も不適当な選択肢は「3」である。アスファルト防水の出隅及び入隅は通りよく45°の面取りとする［標仕9.2.4(1)(ウ)］が、改質アスファルトシート防水や合成高分子系ルーフィングシート防水では、入隅は通りよく直角とする［標仕9.3.4(1)、9.4.4(1)(ア)］。≫本書11・2-5(2)

12章　仕上工事

　仕上工事は、建物の機能や安全性、使い勝手、耐久性などに大きく影響する工事であり、正しく施工されないと重大な事故や機能不全を引き起こす可能性がある。特に現場の状況や下地の種類、前後工程との関係から材料の性質等の理解は必要である。素材別に見ても、金属やセメント・窯業類（ようぎょう）、有機材、木材など多岐にわたり、それぞれの特性に応じた材料の保管や施工管理法について要点を押さえる必要がある。

　実務においては、まず、設計図書に記載されている情報を正しく読み取ることが重要になるが、実際には設計図書から記載が漏れていたり図面間で矛盾があったりすることもある。したがって、設計図書を受領した段階でチェックを行い、疑義がある場合は速やかに文書により質問する必要がある。また、工法や使用資機材、納期、養生期間などについても協力会社やメーカー等に確認しておくことも肝要である。

　この分野は内容的にも覚えなければならない用語や基準が多いことから暗記学習に陥りやすいが、実際には原理原則を理解した方が記憶も定着しやすいし応用も利くので、そのように心がけてほしい。

キーポイント

① いきなり細部を勉強するのではなく、まずは全体像を体系的に整理しておく
② 幅広い分野なので、まずは用語について正確に覚える
③ 基準に関しては全てを暗記しようとせず、不明点がある場合に何を調べれば良いかを把握しておく

12・1　コンクリートブロック、ALC、押出成形セメント板工事 [標仕8章]

1　基本要求事項 [監理指針8.1.1]

　主に外壁や間仕切り壁などに使用されるコンクリートブロック（CB）やALCパネル、押出成形セメント板（ECP）は、工場で製造される工業製品である。これらは製品自体は安定しているので、施工管理上のポイントは、現場に搬入される製品の状態と、据付工事の精度である（内外装材の下地になることも多いため）。また、耐火性や強度、耐久性などが要求される場合は、それぞれの部材の設置方法（据付方法、目地の処理など）は基準やメーカーによる取扱い説明に従う。

現場監督からのひとこと

　外装、内装などの仕上工事は、躯体を覆うように施工される。建物が完成した際に表面に現れてくるので、もちろん意匠的な要素（見た目の仕上り具合）も重要であるが、使用する人の安全や健康などにも関係してくるので、やはり定められた品質基準に合致させるように厳密に管理する必要がある。

　また、現場監督にとっての仕上工事は、特にこだわりを持って納めることができる工種とも言える。もちろん、施主や設計者、監理者の意向が優先で承認も必要とはなるが、現場監督としてこの建物のどこが見せ場なのか、どうやって見せるのかを自分の技術や経験を活かして提案したり具現化できる工事であり、まさに腕の見せ所である。

　一方で、施工段階では各工種が同時期に施工されることから、工程調整が必要であり、さらに人の目に触れることから、完成の際には、見た目や機能性も大事な気が抜けない工事でもある。（巴コーポレーション・吉原）

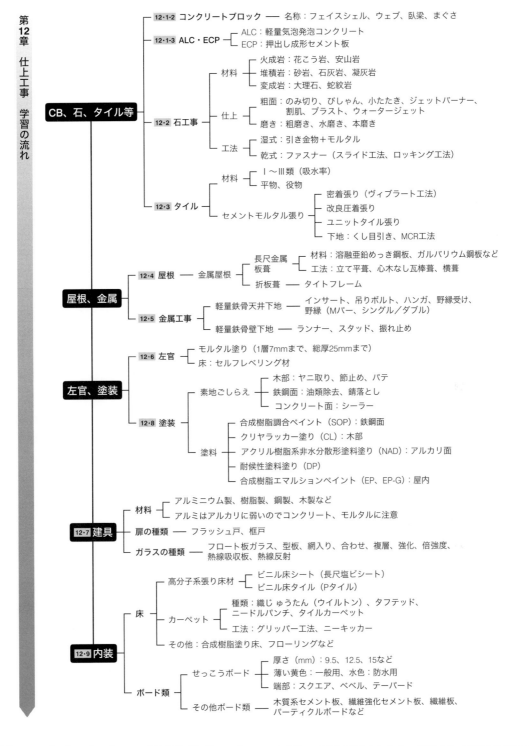

8章 コンクリート工事

9章 鉄骨工事

10章 木造工事

11章 防水工事

12章 仕上工事

13章 その他の工事

第12章 仕上工事 学習の流れ

CB、石、タイル等

- 12・1・2 コンクリートブロック ── 名称：フェイスシェル、ウェブ、臥梁、まぐさ
- 12・1・3 ALC・ECP ── ALC：軽量気泡発泡コンクリート／ECP：押出し成形セメント板
- 12・2 石工事
  - 材料
    - 火成岩：花こう岩、安山岩
    - 堆積岩：砂岩、石灰岩、凝灰岩
    - 変成岩：大理石、蛇紋岩
  - 仕上
    - 粗面：のみ切り、びしゃん、小たたき、ジェットバーナー、割肌、ブラスト、ウォータージェット
    - 磨き：粗磨き、水磨き、本磨き
  - 工法
    - 湿式：引き金物＋モルタル
    - 乾式：ファスナー（スライド工法、ロッキング工法）
- 12・3 タイル
  - 材料
    - Ⅰ～Ⅲ類（吸水率）
    - 平物、役物
  - セメントモルタル張り
    - 密着張り（ヴィブラート工法）
    - 改良圧着張り
    - ユニットタイル張り
    - 下地：くし目引き、MCR工法

屋根、金属

- 12・4 屋根
  - 金属屋根
    - 長尺金属板葺
      - 材料：溶融亜鉛めっき鋼板、ガルバリウム鋼板など
      - 工法：立て平葺、心木なし瓦棒葺、横葺
    - 折板葺 ── タイトフレーム
- 12・5 金属工事
  - 軽量鉄骨天井下地 ── インサート、吊りボルト、ハンガ、野縁受け、野縁（Mバー、シングル／ダブル）
  - 軽量鉄骨壁下地 ── ランナー、スタッド、振れ止め

左官、塗装

- 12・6 左官
  - モルタル塗り（1層7mmまで、総厚25mmまで）
  - 床：セルフレベリング材
- 12・8 塗装
  - 素地ごしらえ
    - 木部：ヤニ取り、節止め、パテ
    - 鉄鋼面：油類除去、錆落とし
    - コンクリート面：シーラー
  - 塗料
    - 合成樹脂調合ペイント（SOP）：鉄鋼面
    - クリヤラッカー塗り（CL）：木部
    - アクリル樹脂系非水分散形塗料塗り（NAD）：アルカリ面
    - 耐候性塗料塗り（DP）
    - 合成樹脂エマルションペイント（EP、EP-G）：屋内

12・7 建具

- 材料
  - アルミニウム製、樹脂製、鋼製、木製など
  - アルミはアルカリに弱いのでコンクリート、モルタルに注意
- 扉の種類 ── フラッシュ戸、框戸
- ガラスの種類 ── フロート板ガラス、型板、網入り、合わせ、複層、強化、倍強度、熱線吸収板、熱線反射

12・9 内装

- 床
  - 高分子系張り床材
    - ビニル床シート（長尺塩ビシート）
    - ビニル床タイル（Pタイル）
  - カーペット
    - 種類：織じゅうたん（ウイルトン）、タフテッド、ニードルパンチ、タイルカーペット
    - 工法：グリッパー工法、ニーキッカー
  - その他：合成樹脂塗り床、フローリングなど
- ボード類
  - せっこうボード
    - 厚さ（mm）：9.5、12.5、15など
    - 薄い黄色：一般用、水色：防水用
    - 端部：スクエア、ベベル、テーパード
  - その他ボード類 ── 木質系セメント板、繊維強化セメント板、繊維板、パーティクルボードなど

2 補強コンクリートブロック工事 [標仕 8.2]

(1) 一般事項

コンクリートブロックは、形状や寸法、強度が規格化されており、品質や流通が安定している。材料上の特徴としては、細かな気泡を混入させたり、断面的に空洞を設けたりして軽量化や断熱性能の向上が図られている。

用途としては材料を組積して建物の内外装の壁や帳壁★1、ブロック塀などに使用されることが多い。材料そのものには補強材等は入っていないので組積しただけでは強度は低いが、ブロックの空洞部に鉄

筋を配筋してコンクリートを充填することにより、構造体としても機能させることができる★2。そのような特性上、高層化には向かないが、耐風性能や断熱性能、遮音性能は比較的高く、台風が多い沖縄などでは住宅を含めた多くの建築での採用例が多い。

（2）コンクリートブロックの規格

建築用コンクリートブロックは JIS A 5406 で規格化されている。一般的に使用されるのは、図 12・1 に示すような空洞ブロックと呼ばれるものである。空洞ブロックは圧縮強さによる強度区分により A（08）～ D（20）に分類されるが、建築では特記のない限り「圧縮強さ C（16）」を使用する（記号は強度区分を表す（数字は圧縮強度））。寸法は幅 390 ×高さ 190mm である（目地幅を入れると幅 400 ×高さ 200mm となる）。

ブロックの裏表の面を「フェイスシェル」、フェイ

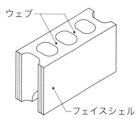

図 12・1　コンクリートブロック（空洞ブロック）

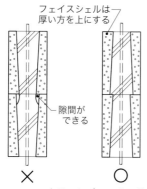

図 12・2　コンクリートブロックの積み方

スシェル同士をつなぐ部分を「ウェブ」という。

（3）補強コンクリートブロックの施工
①施工準備

「補強コンクリートブロック造」は、空洞ブロックの空洞部に鉄筋を配筋しながら組積し、空洞部にコンクリートを充填して一体化させた構造である。耐力壁として用いる場合は、RC 造に準じた基準が設けられている。

補強コンクリートブロック造による壁の最下部と最上部は、それぞれ鉄筋コンクリート製の「基礎」と「臥梁（がりょう）」に強固に接合する。具体的には、鉄筋コンクリート基礎から鉄筋を立ち上げ、それをコンクリートブロックの空洞部に通して鉄筋上部を臥梁にのみ込ませ、空洞部にはコンクリートを流し込んで固定する。なお、臥梁の直下のブロックには、横筋用ブロックを使用する。また、窓などの開口部の上部は「まぐさ」と呼ばれる横架材で補強する。

②施工（積み上げ）

コンクリートブロックの施工は、ブロックをいかに正確に積み上げていくかがポイントになる。そのため、一般的には各ブロックの位置や水平の基準とするために自立式の縦遣方を設置する。なお、縦遣方を足場、型枠などと連結させるとズレてしまう可能性があるので、行ってはならない。

ブロックを積み上げていく順序は、隅角部から中央部に向かって行う。ブロック自体の積み上げに際しては、図 12・2 のようにフェイスシェルの厚い方を上に積む。これはフェイスシェルの厚い方を下にすると、ブロックの空洞内部に打ち込まれたコンクリートに隙間ができてしまうためである。

なお、コンクリートブロック表面は吸水しやすいので、空洞部にモルタルを充填する際には適度に水湿らしを行ってドライアウト★3 を防ぐ。

☞豆知識

★1　（前頁掲載）帳壁：外壁や間仕切り壁等で構造耐力を負担しない壁。

★2　コンクリートブロック造など、材料を積み上げて壁などを築造する工事を「メーソンリー工事」とも言う。

★3　ドライアウト：コンクリートやモルタルの打設時に必要な水分が、下地に吸水されたり直射日光等により蒸発してしまうことによって失われてしまうことをいう。

縦方向に挿入する鉄筋には、基礎コンクリート打込み時に移動しないように、仮設の振れ止めを設ける。鉄筋のうち縦筋についてはブロックの中央部に通し、上下は基礎と臥梁に定着する。このとき鉄筋には継手を設けてはならない。一方、横筋については、壁の端部の縦筋に対して180°フックによるかぎ掛けを行い、壁途中の縦筋との交差部は結束する。壁鉄筋のかぶり厚さは、フェイスシェルの厚さを含めずに20mm以上とする。なお、コンクリートブロックの空洞部には、電気配管のみ通して良い（上下水管やガス管は不可）。電気配管を行う際は、横筋のかぶり厚さに支障のないように空洞部の片側に寄せて配管を行う。コンクリートブロックの充填コンクリートの打継ぎ位置は、ブロックの上端から5cm程度下がった位置とする。また、1日の積み上げ高さは1.6m程度を上限とする。

(4) コンクリートブロック帳壁等 ［標仕 8.3］

コンクリートブロックは、構造耐力を期待しない「帳壁（荷重を負担しない壁）」や外構用の塀などにも用いられる。ブロック塀に用いる場合は塀の高さは2.2m以下としなければならないが、それ以下でも高さが1.2mを超えるときは、長さ3.4mごとに控壁を設ける必要がある。

3　ALC、押出成形セメント板 ［標仕 8.4～5］

ALCや押出成形セメント板（ECP）は、主原料をセメントとするコンクリート製品で、品質や供給が安定しており、RC造やS造建築の帳壁や屋根、床などに用いられる。納まりや施工方法はメーカーの技術資料で細かく規定されている。特に地震などによる層間変位への対応は重要なので、後述するスライド工法やロッキング工法などの仕組みを理解し、金物位置や取付け方法などは設計図や技術資料を遵守する。

(1) ALC

① ALC の材料

「ALC（Autoclaved Lightweight aerated Concrete、軽量気泡発泡コンクリート）」は、セメント、石灰質原料及びケイ酸質主原料などを練り混ぜ、発泡剤により気泡を混入させて軽量化したコンクリート製品であり、JIS A 5416で規定されている。製造時にはオートクレーブ（高温高圧下での蒸気養生）により圧縮強度を高め、防錆処理をした補強鉄筋を内蔵することにより曲げ強度を確保している。軽量な割に断熱性や耐火性、遮音性などが高いが多孔質なので仕上が必要である。外壁材に用いる場合は層間変形[4]を想定してある程度の弾性を持つ吹付けタイル（複層仕上塗材）などを仕上に用いる。

一般的なパネルの幅は600mmであり、割り付けにおいて半端が生じた際は切断して調整するが、その場合も幅300mm以上とする。厚さは75mm、100mm、125mm、150mmなどの種類が用意されており、設計図書による。長さは製造上6000mmが上限である。

なお、ALCパネルには補強鉄筋が内蔵されていることから、原則として孔あけは行わない。また、屋根や床については溝掘りも不可である。

② ALC の外壁施工

ALCは外壁や間仕切り壁、床・屋根などに用いられるが、特に外壁に関しては層間変形に追従させる必要がある。そのため『標仕』では、「A種（縦壁ロッキング工法）」か「B種（横壁アンカー工法）」を採用することとしている［標仕 8.4.3(1)］。いずれの工法も、ALCパネルは躯体と強固には固定されず、層ごとにパネルが回転（A種）またはスライド（B種）して力を受け流してパネルの破損を防ぐ。このとき、ALCパネルとスラブとが取り合う部分についてもパネルの挙動を防げないよう絶縁材を設けてから、隙間をモルタルで埋めるなどの処置を行う。

パネル同士の接合部は目地材を充填するが、変形が複雑になる短辺小口相互の接合部の目地は、10～20mmの伸縮目地とする。

8章 コンクリート工事
9章 鉄骨工事
10章 木造工事
11章 防水工事
12章 仕上工事
13章 その他の工事

☞豆知識

★4　"層"とは各階のことをいう。地震や風により建物は変形するが、層ごとに変形量は異なる。このとき柱や壁などの部材の変形は層ごとに計算により確認する必要がある。

(2) 押出成形セメント板（ECP） 巻頭写真42

「押出成形セメント板（Extruded Cement Panel、ECP）」は、セメント、ケイ酸質主原料に靭性確保のための繊維を投入し、これを押出成形したのちにオートクレーブ養生したものである。ALC との違いは、鉄筋が入っていない点と、気泡がないので緻密・硬質である点である。

パネルの規格は、働き幅（重ならない部分）が450mm ～ 1200mm、厚さも 35mm ～ 100mm まで様々な種類が用意されている。例えば外壁パネルの場合、厚さ 60mm で長さ方向は階高に合わせて製造される。取付け方法としては、ALC パネルと同じく層間変形に追従させるために A 種（縦張りロッキング工法）と B 種（横張りスライド工法）がある。出隅・入隅の目地幅は特記がない場合は 15mm とする。

12・2　石工事　[標仕 10 章]

1　材料　[標仕 10.2]

天然素材である石材は、1 枚ごとに模様や色調なども異なり、重量や割れ、耐候性に注意を払う。代表的な石の種類や表面加工の種類、諸基準などを**表12・1**、**表 12・2**、**表 12・3** に示す。

2　施工　[標仕 10.3 ～ 7]

石材の取付けは、変位が少ない低層部、屋内などの壁面、床面などには、引金物とモルタルを用いた「湿式工法」が用いられ、層間変位が大きい外壁などには「ファスナー（金物）★5」による「スライド工法」や「ロッキング工法」などの「乾式工法」が用いられる。

外壁湿式工法（**表 12・4**）は、主に 1 階外壁の腰壁などに厚 25mm ～ 70mm の石材を取り付ける場合に適用される。乾式工法などに比べると変形追従性に劣るが、裏詰モルタルがあるため衝撃には強い。

表 12・1　石材の種類

火成岩	花こう岩（御影石）	結晶質の石材で硬く、美観、耐摩耗性、耐久性に優れる。内外の仕上で多用。耐火性は低い。
	安山岩	耐火性は花こう岩より優れるが、美観性は劣る。
堆積岩	砂岩	砂などが海底に堆積して硬結したもの。吸水性が高く外壁には不向き。
	石灰岩	生物の化石などが海底に堆積して硬結したもの。吸水性が高く外壁には不向き。
	凝灰岩	火山灰などが堆積して硬結したもの。和風建築の塀などに用いられる。
変成岩	大理石	石灰岩が地中の熱と圧力により変性して再結晶したもの。酸性雨に弱く耐火性にも劣るため屋内用。
	蛇紋岩	特性は大理石と同じだが色合いが独特。

出典：『監理指針』表 10.2.1 より作成

表 12・2　石材の表面加工

粗面	のみ切り	のみを使って手作業で表面を粗く平らにする。
	びしゃん	叩き面に多数の突起を持つ特殊ハンマーで表面を割って粗く平らにする。
	小たたき	びしゃんの後、さらに細かく表面を叩き仕上げる。
	ジェットバーナー	石材表面をバーナーで炙り急冷してはく離させる。
	割肌	石目に沿って石材を割り、そのままの表面とする。
	ブラスト	石材表面に鋼鉄の粒粉等を吹付けてはく離させる。
	ウォータージェット	石材表面に超高圧の水を当ててはく離させる。
磨き	粗磨き	ダイヤモンド砥石で研ぐ。
	水磨き	粗磨きをさらに細かな砥石で研ぐ。
	本磨き	水磨きをさらにつや出し粉やバフにより磨く。

出典：『標仕』表 10.2.1 ～ 2 より作成

表 12・3　石工事の材料の基準

石材	形状は矩形、面積は 0.8m² 以下、外壁乾式工法の場合幅・高さとも 1200mm 以下かつ重量 70kg 以下、種類については表 12・1 による
テラゾ	大理石や石灰石を砕いた種石をセメントや樹脂で固めて製造した人造大理石
	種石は大理石 1.5 ～ 12mm
取付け金物	引金物、だぼ、かすがいなど。材質はステンレス（SUS304） ※引金物：石材を下地に引き寄せるフック状の金物 　だぼ：石材同士がずれないようにお互いの小口にあけた穴に挿入されるピン 　かすがい：コーナー部の石材同士を固定するコの字型の金物

出典：『標仕』10.2 節より作成

湿式工法である内壁空積工法は、高さ 4m 以下の内部仕上に 20mm ～ 70mm 厚の石材を取り付ける場合に適用される。基準等は外壁湿式工法に準拠する

☞豆知識

★5　**ファスナー**：外壁パネル工事や石工事において、取付け金物のことをいう。

8章 コンクリート工事

9章 鉄骨工事

10章 木造工事

11章 防水工事

12章 仕上工事

13章 その他の工事

表12·4 外壁湿式工法の基準

①石材の厚さは25mm以上
②引金物用の穴は石材の上端の横目地合端に2か所（両端部から100mm程度）
③だぼ用の穴は石材の上端の横目地合端に2か所（両端部から150mm程度）
④石材の裏面とコンクリート面との間隔は40mm程度
⑤取付け工法はあと施工アンカー・流し筋工法とする
⑥出隅の石材の上端の横目地合端にはかすがいを設ける
⑦目地幅は6mm以上

出典：『標仕』10.3節より作成

が、裏詰モルタルは全面ではなく金物周辺のみとする。

外壁乾式工法は、高さ31m以下の外部仕上に30mm～70mm厚の石材を取り付ける場合に適用される。取付けにはスライド用やロッキング用の専用ファスナーが使用される。取付け代は70mm程度必要で、目地幅や深さは8mm以上とする。目地にはシーリング材を充填する。

床や階段の踏面に石材を使用する場合は、石材の下に敷きモルタルが確実に充填されていることが重要である。使用する石材には、浸透性吸水防止剤、石裏面処理及び裏打ち処理が必要である。 ☞POINT

12·3 タイル工事　　［標仕11章］

1 共通事項 ［標仕11.1］

この工事は、セラミックタイルをセメントモルタルまたは接着剤を用いて手張りで張り付ける工法に適用される。大規模な建築物では、プレキャストコンクリート部材に工場であらかじめ埋められて現場に搬入されることもある。歴史も長く、実績も多いが、施工不良による剥落事故も多数生じており、こ

れを防ぐ観点が必要である。例えば、タイルや下地の温度変化にともなう伸縮や、下地の乾燥収縮、地震などの外力などによるひずみを逃がすための「伸縮目地」は重要である。

タイル工事の共通の注意点としては、外部では降雨や降雪、強風などの場合（特に施工中や直後の気温が5℃以下になる場合）は施工を行わない。

施工後は、外観（目視）、打診、引張接着試験などの検査を行う。外観試験では見る角度を様々に変えて、施工面の不陸やタイルの浮き、目地深さなどの確認を行う。また、屋外や屋内の吹抜け部分は、モルタル及び接着剤の硬化後、全面にわたり打診（タイルを叩いて下地との間の空洞の有無を確認する）を行う。さらに、重要な箇所等については、油圧式接着力試験機による「引張接着試験」を行う。

2 セラミックタイルの概要 ［標仕11.2.2］

建築で一般的に用いられるタイル（セラミックタイル）は、JIS A 5209により成型方法（押出し成型、プレス成型）、吸水率（Ⅰ類～Ⅲ類）、釉薬の有無（施ゆう、無ゆう）などで分類される。このうち吸水率は、Ⅰ類（3.0%）、Ⅱ類（10.0%）、Ⅲ類（50.0%）に分類されており★6、外壁には吸水率の低いⅠ類もしくはⅡ類を用いる。

形状に関しては一般的な「平物」に加え、隅角部などに用いる「役物」も用意されている。施工に際

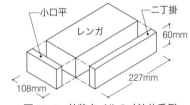

図12·3 外装タイルの寸法体系例

☞豆知識

★6 タイルの種類は、以前は「磁器質タイル」「せっ器質タイル」「陶器質タイル」などで分類されたが、改良などにより名前と性質が合わなくなり変更された。

☞学習のポイント

石工事に関する建築士試験の問題は、左官工事やタイル工事との混合問題で出題されることが多い。使用部位や工法により基準が異なるので、試験問題には、工法名などに下線を引くと整理しやすい。

表 12・5　寸法形状によるタイルの種類（mm）

外装壁タイル	小口平	108 × 60
	ボーダー	227 × 40
	二丁掛	227 × 60
	100 角	94 × 94
外装壁モザイク	50 角	45 × 45
	50 二丁	95 × 45
内装壁タイル	100 角	97.5 × 97.5
	150 角	147.5 × 147.5
内装壁モザイク	六分丸	18.5 × 18.5
内外装床モザイク	100 角	95 × 95
	300 角	295 × 295

図 12・4　タイルの裏面（裏あし）

しては役物を先に取り付ける。外装タイルの寸法体系は**図 12・3**のように一般的なレンガの大きさをベースに設定されている。

　タイルの種類に応じた一般的なタイルの寸法を**表12・5**に整理する。なお、外装タイルはタイルの実寸だが、内装タイルの寸法は目地を含んだ「呼び寸法」になっているので、例えば「100角のタイル」といった場合でもタイルの実寸はそれよりも小さいので注意する。

　セメントモルタル張りやタイル先付けプレキャストコンクリート工法で施工するタイルには、下地との付着性を高めるために**図12・4**に示すような「裏あし」が必要である。

3　セメントモルタル張り　[標仕 11.2]

　セラミックタイルを下地に張り付ける方法には、内外装に用いられるセメントモルタル張りと、内装に用いられる有機系接着剤張りの2通りがある。

　セメントモルタル張りのうち壁のタイル張りには

「密着張り（ヴィブラート工法）」「改良圧着張り」「ユニットタイル張り」などの工法が用いられる[7]。床のタイル張りには「ユニットタイル張り」などが用いられる。

　張付けモルタルの調合は、密着張りや改良圧着張りがセメント 1：細骨材 1〜2、ユニットタイル張りが 1：0.5〜1、目地用モルタルは、1：0.5〜2 とする。施工に際しては、モルタルの水和反応に必要な水分の不足を防ぐために、下地面に適度の水湿しを行ったり吸水調整材を塗布する。床タイル張りでは、張付けモルタルは2層に分けて塗り付け、特に1層目はこて圧をかけてしっかりと塗り付ける。

（1）壁タイル張り　[標仕 11.2.6]

　壁タイル張りの工法には**表 12・6**の種類がある。
①密着張り工法（ヴィブラート工法）

　下地側にのみ張付けモルタルを塗り付ける工法である。モルタルは2層に分けて塗り付け、1層目はこて圧をかけて塗り付ける。張付けは、窓や出入口、隅角部などを先に行う。モルタルの1回の塗り付け面積の限度は 2m²/ 人以内とする。

　タイルの張付けの手順は、**図 12・5**のように上部から下部に向かって、最初は1段おきに隙間を空けて張り進める。2巡目にはその隙間を埋めるようにして空いている段にタイルを張り進める（縦位置ならびに水平は水糸を張って合わせる）。

　タイルの張付けの方法は、下地側に塗り付けた張付け用モルタルにタイルを押し当て、振動機により振動（ヴィブラート）をかけることにより、タイルと下地モルタルを密着させる。モルタルがタイル裏面の裏あしに食い込み、さらにタイル周辺からモルタルがはみ出すまで振動させる。目地詰めは、タイル張付け後 24 時間以上経過した後に行う。目地の深さはタイル厚の 1/2 以下とする。
②改良圧着張り工法

　下地とタイル両方にモルタルを塗り付ける工法で、下地側のモルタルは2層に分けて塗り付け、1層目はこて圧をかけて塗り付ける。タイルの張付けは、

8章 コンクリート工事

9章 鉄骨工事

10章 木造工事

11章 防水工事

12章 仕上工事

13章 その他の工事

表12・6　壁タイル張り工法とモルタルの塗厚

タイルの種類	タイルの大きさ	工法	塗厚（総厚）(mm)
内外装タイル	小口平二丁掛100角	密着張り	5〜8
		改良圧着張り	下地4〜6 タイル1〜3
ユニットタイル（内装以外）	50二丁以下	マスク張り	3〜4
		モザイクタイル張り	3〜5

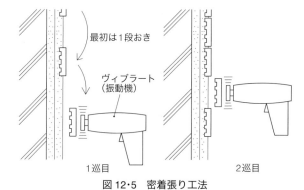

図12・5　密着張り工法

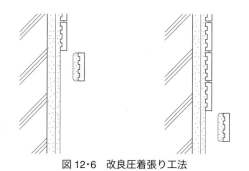

図12・6　改良圧着張り工法

タイル裏面のモルタルと下地側のモルタルが一体化するようにたたき締める（図12・6）。

③ユニットタイル

ユニットタイルとは、一定数のタイルを並べて表面に専用の枠（マスク板）や使い捨ての台紙等を貼ってユニット化したものである。

モザイクタイル張りは、比較的小さなタイルの表側に台紙をのりで張り、それをユニットとして壁面のモルタルに張る工法である。台紙はあとで水で湿らせて剥がす。

マスク張りは、ユニット化したタイル裏面に専用のマスク板でモルタルを塗り、それを壁面に張り付ける。モザイクタイル張りに比べて「オープンタイム★8」の問題がなくなる。

(2) 有機系接着剤張り ［標仕 11.3］

有機系接着剤は主に内装用のタイルに用いられる接着剤で、水掛かり箇所用のタイプⅠ、乾燥した場所用のタイプⅡがある。近年では、一液反応硬化形の変成シリコーン樹脂系接着剤を使用して屋外のタイル張りでも採用されることがある。モルタルによる工法と異なり水湿し及び吸水調整材の塗布は行わない。接着剤は塗布後「くし目引き★9」とする。

12・4　屋根及び樋工事　　［標仕 13 章］

1　概要 ［標仕 13.1］

本節では長尺金属板葺、折板葺、粘土瓦葺などについて取り上げる。屋根工事用の材料は、附属品等も多く製品によって規格や取付け手順が異なるため、事前に業者と打合わせておく必要がある。基本的には下地の精度を確認し、足場を準備し、清掃を行い、乾燥状態を保つなどの準備を行う。☞ POINT

2　長尺金属板葺 ［標仕 13.2］

長尺金属板葺は、野地板を下地としてその上に防水用の下葺材であるアスファルトルーフィングを敷

☞学習のポイント

この分野の学習は、屋根の形状や基本的な部位名称（棟、軒、妻面など）や屋根の構成（破風、けらば、野地板など）について、建築計画や建築構法の知識が必須となる。

☞豆 知 識

★8　**オープンタイム**：接着剤を被着材に塗付してから、対象物を接着可能な時間の長さ。

★9　**くし目引き**：左官などの仕上表面にくし目（凹凸）を入れ、あえて平滑にせずに被着物との付着性を上げること。

き込み、仕上として薄鋼板を屋根材として張り付けた屋根である。構法としては「立て平葺」「心木なし瓦棒葺」「横葺」などがある。薄鋼板には、「塗装溶融55％アルミニウム－亜鉛合金めっき鋼板（ガルバリウム鋼板）」や「塗装溶融亜鉛めっき鋼板」「塗装

溶融亜鉛－5％アルミニウム合金めっき鋼板（ガルタイト鋼板）」などが用いられる。留付け金物は、亜鉛めっきを施した鋼製やステンレス製のものが使われる。下葺材は一般にアスファルトルーフィングや改質アスファルトルーフィング下葺材が使用される。施工上の基準を**表 12・7** に示す。

3 折板葺［標仕 13.3］

「折板[10]」とは薄鋼板を波板状に加工して断面積を稼ぎ剛性を高めた屋根材である[11]。先に見た長尺金属板葺では下地として野地板や下葺材が必要になるが、折板葺は屋根材そのものに剛性があるため不要である。折板の構成を**図 12・7** に示す。

折板の施工は、まず梁や母屋の上に W 字形に加工した「タイトフレーム」と呼ばれる帯板を溶接で固定し、その上に折板を載せて「はぜ締め」やボルト等で固定する。軒先の隙間は軒先面戸で蓋をする。

折板には塗装溶融亜鉛めっき鋼板などが、またタイトフレームには溶融亜鉛めっき鋼帯が用いられる。施工時の基準について**表 12・8** にまとめる。

4 粘土瓦葺・スレート葺［標仕 13.4］

瓦（粘土瓦）とは粘土を焼成して製造した屋根材である。住宅の勾配屋根ではポピュラーな材料であるが、重量があるため落下防止が施工上のポイントとなる。通常は、瓦桟木を用い、瓦緊結用釘やねじ、緊結線などにより固定する。釘やねじはステンレス製、緊結線は合成樹脂等で被覆された径 1.0mm 以上の銅線または径 0.9mm 以上のステンレス製とする。

スレートとは、繊維により補強した屋根・外壁用のセメント板のことをいう（コロニアル、カラーベストなどともいわれる）。粘土瓦と比べて薄くて軽量であり、住宅用の屋根材としてよく利用される。かつては混入する繊維に、有害な「アスベスト（石

表 12・7　長尺金属板葺の施工上の基準

敷き込み	・軒先と平行に軒先から上へ向かって張る ・上下（流れ方向）は 100mm 以上、左右（長手方向）は 200mm 以上重ねる ・横方向の継目位置は揃えない
留付け	・釘やステープルを用いる ・重ね合せ部は間隔 300mm 程度、その他は要所に留め付ける
棟部の増張り	・下葺材を 250mm 以上の左右折掛けとした後、棟頂部から一枚もので左右 300mm 以上の増張りを行う
谷部の増張り	・一枚もので左右 300mm 以上の下葺材を先張りし、その上に下葺材を左右に重ね合わせ、谷底から 250mm 以上延ばす ・谷底はステープルの仮止めは行わない
壁面との取合い	・下葺材を壁面に沿って 250mm 以上、かつ雨押え上端部から 50mm 以上立上げ
下葺その他	・棟板、瓦棒、桟木、けらば部は、水切り金物等の取付けに先立ち下葺を行う
折曲げ加工	・塗装、めっき、地肌のいずれにも、亀裂が生じないように行う
はぜ掛かり	・小はぜ掛けのはぜの掛かり、折返し等の幅は 15mm 程度
棟	・棟包み納めとする
軒先	・唐草への葺板のつかみ込み納めとする
けらば	・立て平葺または心木なし瓦棒葺の場合はつかみ込み納め、横葺の場合はつかみ込み納めまたはけらば包み納めとする
壁との取合い	・雨押え納め（立上り 120mm 程度）とする

出典：『標仕』13.2.3 より作成

表 12・8　折板の施工上の基準

継手	・折板の流れ方向には継手を設けない
タイトフレーム	・タイトフレームと下地材との接合は隅肉溶接 ・溶接後はスラグを除去して錆止め塗料を塗布
折板	・各山ごとにタイトフレームに固定 ・流れ方向重ね部の緊結ボルトは 600mm 間隔
けらば収め	・特記がない場合はけらば包み ・けらば包みは 1m 間隔で下地に取付け ・けらば包みの継手の重ねは 60mm 以上

出典：『標仕』13.3.3 より作成

☞ 豆 知 識

★10 一部メーカーでは「折版」と表現されることもあるが、公共工事などでは「折板」の表記を使用する。

★11 一般に、細長い鋼板を U 字型に折り曲げて谷を 1 つ設けたものを折板、ある程度広い幅の鋼板を連続した W 字型に加工したものをルーフデッキという。ルーフデッキは自転車置き場などに使われることが多い。

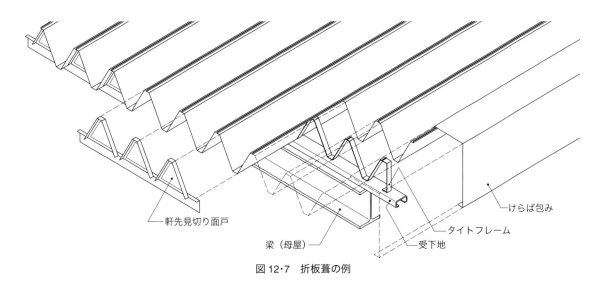

8章 コンクリート工事

9章 鉄骨工事

10章 木造工事

11章 防水工事

12章 仕上工事

13章 その他の工事

けらば包み

タイトフレーム

受下地

軒先見切り面戸

梁（母屋）

図 12・7　折板葺の例

綿)」が使用されていたが、こんにちでは使用が禁じられている。ただし、古い住宅の解体時には注意が必要である（解体時にはアスベストの含有をチェックする）。

5　樋 [標仕 13.5]

樋は、屋根からの雨水を受ける「軒樋」と、それを地上まで下ろす「竪樋」、屋根やバルコニー面を這わせる「這樋」に分けられる。現場用語として、軒樋と竪樋の接続部を「アンコウ（魚の鮟鱇に由来）」、竪樋の壁面固定金具を「でんでん（おもちゃのでんでん太鼓に由来）」と呼ぶ。

樋の材質は硬質ポリ塩化ビニルなどが使用され、継手は接着剤による冷間接合とする。竪樋の受金物の取付け間隔は、配管用鋼板と硬質ポリ塩化ビニルは 2m 程度、表面処理鋼板と硬質塩化ビニルは 1.2m 以下の間隔で壁面に固定する。軒樋は間隔 1.0m 以下とする。

12・5　金属工事　　　[標仕 14 章]

1　金属の表面処理 [標仕 14.2]

金属は種類によって他の元素（特に酸素）と結合しやすく、性質が変化することも多い。このことを

防ぐために、金属の表面に処理を施すことがある。

特に鉄や鋼は酸化しやすいため塗装が不可欠であるが、屋外階段など外部に露出して使用する場合や海岸近くの建築物などでは、表面に「めっき（鍍金）」を施すことにより耐食性を向上させることも多い。めっきには重量鉄骨向けの「溶融亜鉛めっき（ドブ漬けめっき）」と小型部材・部品向けの「電気亜鉛めっき（ユニクロめっき）」がある。

鋼にクロムやニッケルなどを加えて製造された「ステンレス」は、非常に錆びにくい材料である。ただし、高価である上に物理的な特性も通常の鋼材（炭素鋼）とは異なるので、使用に際しては注意が必要である。

材質によって工業部品や配管、器具などに用いられるオーステナイト系と食器や台所のシンクなどに使われるフェライト系・マルテンサイト系がある。オーステナイト系は、鉄鋼にクロム 18％とニッケル8％が混ざっているので、「18-8 ステンレス」とも呼ばれる。代表的な材料は SUS304 で、建具等の建材にもよく使われる。ステンレスの表面仕上は、鏡面仕上の「No.8」や、表面に細い筋を入れた「ヘアライン（HL）」などがあり、設計図書に特記される。

アルミニウムの耐食性は表面の酸化皮膜によるが、その性質を活かして「陽極酸化皮膜」「陽極酸化塗装複合被膜」「化成皮膜＋塗装」などの表面処理加工が行われる。

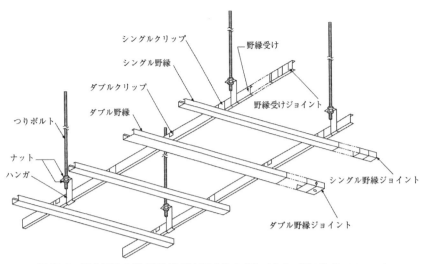

図12・8　天井下地の構成部材及び付属金物の名称（出典：『監理指針』図 14.4.2）

写真 12・1　軽量鉄骨天井下地の
ピッチ確認の様子（提供：㈱巴コー
ポレーション）

2　軽量鉄骨天井下地 [標仕 14.4]

　「軽量鉄骨天井下地（軽天）」は、比較的規模が大きい建築物などに使われる。仕上材はせっこうボード（9.5mm 厚）下張り＋岩綿吸音板（9.0mm 厚）とすることが多い。材料は JIS A 6517（建築用鋼製下地材（壁・天井））の規格品を使用する。

　多くの部材により構成され、上階スラブ側から下に向かって吊りボルト、ナット、ハンガ、クリップ、野縁受け、野縁（シングル、ダブル）などの構成要素がある。その構成を図 12・8 に示す。

　吊りボルトの取付けは上階の床スラブに埋め込んだ「インサート」を用いるが、その準備がない場合は、スラブに穴をあけ、機械式あるいはケミカル（接着）式の「あと施工アンカー」を施工する。あと施工アンカーは手間がかかる上にコストも高いので、可能な限り事前にインサートを埋め込んでおく。

3　軽量鉄骨壁下地 [標仕 14.5]

　軽天と同じく比較的規模が大きい建築物の間仕切り壁の下地が「軽量鉄骨壁下地（軽鉄、LGS）」である。部材としては、図 12・9 に示すようにランナ、スタッド、振れ止め、スペーサなどがある。仕上としては、せっこうボードを張り、塗装やビニルクロスとすることが多い。

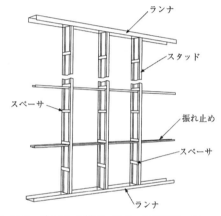

図 12・9　壁 LGS の構成（出典：『監理指針』図 14.5.2）

12・6　左官工事　　　[標仕 15 章]

1　左官工事の概要 [標仕 15.1 〜 2]

　建築物の内外の仕上やその下地ごしらえを目的として、モルタルやコンクリート、せっこうプラスターなどの湿式材料を塗り付けたり吹き付けたりする工事を「左官工事」という。ほとんどの作業が手作業であり、かつ施工後に養生期間が必要など時間と手間がかかるが、細かな部分を調整しながら作業できる点は、下地ごしらえや最終仕上の面から有用であることも多い。

　注意点としては、養生期間中の温度管理や乾燥、

粉塵の防止などがある。特に温度管理は重要であり、気温が5℃以下の場合は、施工を行わない（やむを得ず施工する場合は、周囲をテント状に覆ったり、ジェットヒーターで採暖する）。

左官材料は材料の特性上、ひび割れやすいので補強が必要となる（特にコンクリート打継ぎ部や開口部回り、せっこうラスボード類の継目など）。方法としては、モルタル塗りの場合はメタルラス張りを行い、せっこうプラスター塗りの場合はしゅろ毛、パーム、ガラス繊維ネット等を伏せ込む。また、下地が異なる取合い部分や、躯体のひび割れ誘発目地部分には、目地、見切り縁等を設ける。

2　モルタル塗り［標仕 15.3］

モルタル塗りは、コンクリートやコンクリートブロックなどの下地にモルタルを塗り込む仕上であるが、施工性などを調整するために消石灰やドロマイトプラスターなどを混和させることがある。また、顔料を入れてカラー仕上とすることもある。仕上厚は 25mm まで可能であるが、1回の塗厚は 7mm 以下とする。モルタルの練混ぜは機械練りとし、1回の練混ぜ量は 60 分以内に使い切れる量とする。施工プロセスの例を**表 12・9** に示す。

3　床仕上［標仕 15.4 ～ 5］

床のモルタル仕上では、極めて流動性が高く、床に流し込んだ後は表面張力により平滑になる「セル

表 12・9　壁モルタル塗りのプロセス

①下地処理：高圧洗浄やくし目引きで目荒らしを行い、水洗いを行う。不陸等があった場合はモルタルや下地調整塗材で補修し 14 日以上放置して十分に乾燥させる。
②下塗り直前：下塗り直前にデッキブラシ等で水洗いし、接着を妨げるものを除く。その後、下地の乾燥度合いを見計らい、吸水調整剤を全面に塗布する。
③下塗り：セメント 1：砂 2.5 の富調合のモルタルを用い、金ぐしで荒らし目をつける。
④下塗り後：ドライアウトを防止するために、水湿しを行う。下塗りは 14 日以上放置しひび割れを発生させる。
⑤むら直し：必要な場合はこのタイミングで行う。
⑥中塗り：セメント 1：砂 3.0 の貧調合のモルタルを用いて塗り込める。適宜定規等を使用して平らにする。
⑦上塗り：中塗りの乾燥状況を見計らってセメント 1：砂 3.0 のモルタルで塗り込め、木ごてや金ごて、刷毛引きで仕上げる。

フレベリング材」がよく用いられる。厚みは概ね 10mm である。硬化後は、打継ぎ部や気泡跡の突起をサンダー等で削りとる。なお、セルフレベリング材に限らず、左官材料は表面が急激に乾燥するとひび割れが発生するので、開口部等をふさぎ、直射日光や通風を防ぐ。なお、工場や駐車場など表面硬度が必要な床では、こて押えの直前に無機系の添加剤を散布することもある。 巻頭写真 62、63

4　その他の塗材

(1) 仕上塗材・マスチック塗材［標仕 15.6 ～ 7］

仕上塗材塗りは、セメントや合成樹脂などの結合材に骨材と顔料を混合し、吹付け（ガン吹き）やローラー、こて等によって仕上げる左官工法である。耐久性や施工性に優れ、塗装よりも厚みがあり表現も多彩なので、従来の左官工事を急速に置き換えた。仕上塗材は、仕上厚さが 3mm 程度の「薄付仕上塗材（吹付けリシン）」、同 5 ～ 10mm 程度の「厚付仕上塗材（吹付けスタッコ）」、複数の層を重ねて弾性を持たせるなどした「複層仕上塗材（吹付けタイル）」に分類される。吹付けリシンや吹付けスタッコは低層の木造住宅等の外壁に、吹付けタイルは低層から中高層建築に幅広く使われる。

マスチック塗材塗りは、粘性のあるマスチック材に顔料を混合し、多孔質のローラーにより 1 回で厚塗りする工法である。

(2) プラスター塗り［標仕 15.8 ～ 9］

プラスターとは、鉱物質の粉末と水を練り合わせた塗り壁用材料のことである。せっこうを用いた「せっこうプラスター」は、セメントモルタルよりも強度は劣るが、きめの細かな仕上が可能である。色調は白色であり、混入する砂の粒度により様々な表現が可能である。ドロマイトプラスターは、苦灰石と呼ばれる石灰由来の微粉末を使用した左官材料で、施工性や耐火性、吸湿性などに優れるが、ひび割れなどの問題がありせっこうプラスターに置き換えられている。

8章　コンクリート工事

9章　鉄骨工事

10章　木造工事

11章　防水工事

12章　仕上工事

13章　その他の工事

12·7 建具工事 [標仕 16 章]

1 建具工事の概要 [標仕 16.1]

建物や部屋の出入口の扉やシャッター、窓のサッシ、開閉金具、各種錠などの取付け工事を総称し「建具工事」という。出入りの制限や、採光や通風の確保など、建築物の機能に大きく関わり、施工の面でも、附属品の数が非常に多く、開閉可能な建具に関しては据付の精度なども気を遣う重要な工事である。建具の分類には、出入口、窓などの機能別、アルミニウム、鋼、樹脂などの材質別があり、組合わせにより多くのパターンが存在する。

2 建具の種別

(1) アルミニウム製建具 [標仕 16.2]

アルミニウムは比強度が高く押出加工も容易で、さらに表面の酸化皮膜により錆びにくいといった特徴を有しているため建具に適した材料である。ただし、アルカリには弱いので、コンクリートと接する面に使用する場合は注意が必要である。

その取付けは、例えばコンクリート系下地の場合、くさびなどにより躯体の開口部にサッシを仮留めし、あらかじめ躯体に埋め込んでおいたサッシアンカーとサッシ側の金物を鉄筋などで固定し、最終的にくさびを撤去（屋内で水掛り以外の部分はくさびを残してもよい）し、躯体とサッシ枠との間にモルタルを密実に充填する（アルミサッシとコンクリート、モルタルは直接接しないように耐アルカリ性塗料などで絶縁する）。

(2) 樹脂製建具 [標仕 16.3]

樹脂製建具は、サッシ枠に無可塑ポリ塩化ビニルを使用した建具であり、断熱性と耐塩害性に優れている。強度に関しては鋼材を補強材、力骨として使用して確保している。表面に傷が付きやすいのでタワシや磨き粉は禁忌である。また、一部溶剤やアルコール、酸性物質は不可逆的な汚損を引き起こす

のでメンテナンスに注意が必要である。

(3) 鋼製建具 [標仕 16.4]

鋼製建具は出入口に使用される代表的な建具である。使用される鋼板は厚さ 1.6mm で重量があるが、その分強度や耐久性も高い。構造的に下地骨に鉄板を張り付けた「フラッシュ戸」や骨組みが露出している「框戸」などがある。フラッシュ戸は、鋼板の厚みや枠の形状により防火戸（防火設備、特定防火設備）とすることができる。

サイズや仕様に規格はあるが自由度は高い。標準的な戸の寸法は最大幅 950 ×高さ 2400mm である。オプションも豊富で、換気が必要な場合はガラリ付きドアセット、遮音性が必要な場合は簡易気密型ドアセットとすることができる。開閉金物は戸の重量や使用目的などにより「丁番」「ピボットヒンジ（ドアを上下から支えるヒンジ）」「フロアヒンジ」などを使い分ける。常時閉鎖式の防火設備とする場合は「ドアクローザー」「順位調整器」などを適宜取り付ける。

(4) 鋼製軽量建具 [標仕 16.5]

「鋼製軽量建具（LSD）」は、主に屋内の出入口に使用される建具である。基本的には規格品であり、品質が安定している。面材には溶融亜鉛めっき鋼板やビニル被覆鋼板、カラー鋼板（プレコートメタル）などが用いられる。内部はハニカムコア等を採用し、剛性と軽量さを両立させている。

(5) ステンレス製建具 [標仕 16.6]

ステンレス製建具は、オフィスや商業施設などの出入口に多用される高級な建具である（材料費も高いが加工も難しい）。材質は SUS304、仕上は鏡面（No. 8）とすることが多い。中にガラスを嵌め込んだ框戸とする場合は鋼材で補強するが、その際は電蝕に注意する。傷が付いたりした場合の補修も鋼製建具に比べると難しいので注意する。

(6) 木製建具 [標仕 16.7]

主に屋内の出入口に使用され、形状によりフラッシュ戸と框戸がある。木材の含水率は、15％以下と

する。開閉金物として使用する丁番はステンレス製とし、高さ2mまでは2枚、2m以上の場合は3枚使用する。木製に限らず建具の保管にあたっては、框戸やガラスは立てかけて保管するが、フラッシュ戸に関しては面材のたわみ防止のため平積みで保管する。

3 金物等 [標仕 16.8～10]

建具金物は種類が多く、取付け方法も制約があり、後で変更や追加することが困難であることが多いので、設計図書を受領した段階で施工者サイドで確認しておく必要がある。建具用金物の種類を**表12・10**に示す。

8章 コンクリート工事
9章 鉄骨工事
10章 木造工事
11章 防水工事
12章 仕上工事
13章 その他の工事

表12・10 建具用金物の種類

把手	レバーハンドル、握り玉、押し棒・引き手
錠など	シリンダー箱錠（レバーハンドルなどの開閉装置付き）、本締り錠（錠のみ）、空錠、グレモン錠（防音用）、ケースハンドル（防火戸・点検口用）、フランス落とし、ドアチェーン、ドアガード
ヒンジ等	丁番、ヒンジクローザー、ピボットヒンジ、フロアヒンジ
戸当たり等	戸当たり、ドアクローザー（ドアチェック）、アームストッパー
引違窓	クレセント

4 ガラス [標仕 16.14]

(1) ガラスの種類

板ガラスの種類には、通常の**フロート板ガラス**のほか、**型板、網入り、合わせ、複層、強化、倍強度、熱線吸収板、熱線反射**などがある。この中で、網入りガラスは火災でガラスが割れた際にガラスが飛び散らないようにガラスに鉄線を入れたものであり、強度が増すわけではないので注意する。また、複数枚のガラスを粘着シート等で張り付けて防犯性能を高めた合わせガラスと、2枚のガラスを間隔を空けてセットし断熱や遮音性能を高めた複層ガラスを混同しないようにする。

なお、強化ガラス、倍強度ガラスは、焼き入れによりガラスに内部応力を発生させ強度を増しているので、加工後の切断はできないことに注意する。

(2) ガラスの取付け

ガラスの固定には、**シーリング**や**グレイジングガスケット、グレイジングチャンネル**などの留め材と、面クリアランスやエッジクリアランスを確保するための**セッティングブロック**等が用いられる。取付け時の掛け代は単板ガラスは6.5mm以上、複層ガラスは15mm以上とする。

外部に面する網入り・線入り板ガラス、合わせガラス、複層ガラスを嵌め込む建具下端の溝には径6mm以上の水抜き孔を2か所以上設ける。外部に面する網入り板ガラス及び線入り板ガラスの下辺小口及び縦小口下端から1/4の高さまでには、ガラス用防錆塗料または防錆テープで処置を行う。

(3) ガラスブロック

ガラスブロックはガラス製の中空ブロックであり、金属枠に嵌め込んで取り付ける。目地幅は、平積みの場合は8mm以上15mm以下、曲面積みの場合は外側15mm以下、内側6mm以上とする。

温度変化によるガラスの膨張・収縮に対応するために、6m以下ごとに幅10～25mmの伸縮調整目地を設ける。壁用金属枠は、間隔450mm以下で躯体に固定し、周囲の空隙にモルタルを密実に充填する。外部に面する下枠の溝には、径6mm以上の水抜き孔を1.0～1.5m間隔に設ける。

12・8 塗装工事 [標仕 18章]

1 塗装工事の概要 [標仕 18.1.1]

塗装工事は、下地の種類や屋内外の条件等により様々な種類を使い分け、施工手順を守る。使用する塗料は工場等で調合されたものとし、下地への吸収性や気温等に応じて粘度等を調整する。気温が5℃以下、湿度が85％以上、結露等で塗料の乾燥に不適当な場合は施工しない（採暖や換気などを行えば可）。外部では降雨や強風時も施工しない。

また、溶剤を使う工事で中毒の恐れがある場合は換気計画を立てる。火気にも注意し、爆発、火災等

の事故を起こさないようにする（塗料を拭き取ったりして塗料が付着した布片は自然発火する可能性があるので廃棄にも注意する）。

2 素地ごしらえ [標仕 18.2]

塗装面などにおいて、下地の不陸調整や穴埋め、木材のヤニ（脂）やアク止め、油分や汚れの除去、錆落としなどの、下地に対する準備作業を「素地ごしらえ」という。

(1) 木部

木部の素地ごしらえは、①汚れ・付着物除去、②ヤニ処理、③研磨紙ずり、④節止め、⑤穴埋め、⑥研磨紙ずり、⑦必要に応じてむら直し、の手順で行われる。上記のうち、ヤニとは樹脂のことで、塗料が乗りにくいので削り取ったり電気ごてで焼いて溶剤等で拭き取る。節止めや穴埋めには合成樹脂エマルションパテを使用する。

(2) 鉄鋼面・亜鉛めっき面

鉄鋼面・亜鉛めっき面の素地ごしらえは、①汚れ・付着物除去、②油類除去、③錆落とし（鉄鋼面のみ）、④化成皮膜処理の順となる。油類除去はアルカリ性の脱脂剤と溶剤を用いる。化成皮膜処理はリン酸処理を行う。

(3) モルタル面及びせっこうプラスター面

モルタル面及びせっこうプラスター面の素地ごしらえは、①乾燥、②汚れ・付着物除去、③吸込止め、④穴埋め・パテかい、⑤研磨紙ずり、⑥パテしごき、⑦研磨紙ずりの順となる。吸込止めは合成樹脂エマルションシーラーを使い、パテには建築用下地調整塗材か合成樹脂エマルションパテを使う。

(4) コンクリート面、ALC パネル面 巻頭写真44

コンクリート面、ALC パネル面の素地ごしらえは、①乾燥、②汚れ・付着物除去、③吸込止め、④下地調整塗り、⑤研磨紙ずり、⑥パテしごき、⑦研磨紙ずりの順となる。吸込止めは合成樹脂エマルションシーラー、下地調整塗りは建築用下地調整塗材、パ

テは建築用下地調整塗材か屋内であれば合成樹脂エマルションパテを用いる。

(5) 錆止め塗料 [標仕 18.3]

鋼材や亜鉛めっき面は、塗装に先立って下塗りとして錆止め塗装を行う。仕上の塗料に応じ、表12・11のように適用する。

3 合成樹脂調合ペイント（SOP）[標仕 18.4]

長油性フタル酸樹脂ワニスに顔料を加えた油性塗料で、空気中の酸素と酸化重合して硬化する。下地の隠ぺい力や耐候性、施工性に優れ、木部や鉄部の塗装に用いられるが、アルカリとは相性が悪いのでコンクリートやモルタル面には使用できない。施工のプロセスを表12・12に示す。

4 クリヤラッカー塗り（CL）[標仕 18.5]

屋内木部の造作物や建具などで、木材の質感を活かしつつ表面を保護する透明塗料である。下塗りはウッドシーラー、中塗りはサンジングシーラー、上塗りはニトロセルロースラッカーを用いる。

5 アクリル樹脂系非水分散形塗料塗り（NAD）
[標仕 18.6] 巻頭写真45

コンクリートやモルタル面には油性のSOPは使用できないため、溶剤系や水性の塗料が使用される。

表 12・11　仕上の塗料に応じた錆止め塗料

塗料	錆止め塗料
合成樹脂調合ペイント（SOP）	鉛・クロムフリー錆止めペイント
耐候性塗料（DP）	1回目：ジンクリッチプライマー 2回目：構造物用錆止めペイント
つや有合成樹脂エマルションペイント（EP-G）	鉛・クロムフリー錆止めペイント、もしくは水系錆止めペイント

表 12・12　SOP の施工プロセス

木部	①下塗り（2回）：木部下塗り用調合ペイント、②パテかい：合成樹脂エマルションパテ、③研磨紙ずり、④中塗り、⑤上塗り：SOP
鉄鋼面	①錆止め塗装、②中塗り（1）：SOP、③研磨紙ずり、④中塗り（2）、⑤上塗り：SOP
めっき面	①錆止め塗装、②中塗り、③上塗り：SOP

このうち低刺激臭のミネラルスピリット系溶剤（脂肪族系の弱いシンナーで、トルエン、キシレンなど芳香族系の強いシンナーに比べると刺激臭は弱い）を使用したものが「NAD(Non Aqueous Dispersion)」である。水性の合成樹脂エマルションペイントよりも耐水性に優れる。施工は下塗り、上塗りともにNADを用いる。

6 耐候性塗料塗り（DP）[標仕 18.7]

耐候性塗料とは、耐候性や美装性に優れた「常温乾燥形ふっ素樹脂エナメル（2-FUE）」や「アクリルシリコン樹脂エナメル（2-ASE）」「2液形ポリウレタンエナメル（2-UE）」などの高機能塗料の総称である。下地の種類や目的によって施工上の注意点も細かく定められている。下地処理には、鋼材面にはジンクリッチプライマー、めっき面には変性エポキシ樹脂プライマー、コンクリート面等には反応形合成樹脂シーラーなどが使用される。

7 合成樹脂エマルションペイント・つや有り合成樹脂エマルションペイント
[標仕 18.8 〜 9] 巻頭写真 54

「つや有り合成樹脂エマルションペイント（EP-G）」と「合成樹脂エマルションペイント（EP）」は、ともに溶剤を使用しない水系塗料であるため**「揮発性有機化合物（VOC）」**の発生が少なく、また、油性ではないのでコンクリートやモルタルなどのアル

表 12・13　EP-G の適用範囲と施工プロセス

コンクリ、モルタル、ボード等	①下塗り：合成樹脂エマルションシーラー、②中塗り（1）：EP-G、③研磨紙ずり、④中塗り（2）、⑤上塗り：EP-G
木部	①下塗り：合成樹脂エマルションシーラー、②パテかい：合成樹脂エマルションパテ、③研磨紙ずり、④中塗り、⑤上塗り：EP-G
鉄鋼面	①錆止め塗装、②中塗り（1）：EP-G、③研磨紙ずり、④中塗り（2）、⑤上塗り：EP-G
めっき面	①錆止め塗料、②中塗り、③上塗り：EP-G

表 12・14　EP の適用範囲と施工プロセス

コンクリ、モルタル、ボード等	①下塗り：合成樹脂エマルションシーラー、②中塗り（1）：EP、③研磨紙ずり、④中塗り（2）、⑤上塗り：EP

カリ下地にも使用できるなどの特徴を有するが、水性のため耐候性には劣る。適用範囲と施工プロセスを表 12・13、表 12・14 に示す。

12・9 内装工事　　　[標仕 19 章]

内装材の施工に際しては利用者の安全面に配慮する必要があるが、それは物理的な安全だけではなく、揮発性有機化合物（VOC）の利用制限など化学的な安全にも配慮が必要となる。内装材を部位別に整理すると大きく床、壁、天井に分けることができる。それぞれについて以下で見ていく。

1 床仕上げ

(1) 高分子系張り床材 [標仕 19.2]

塩化ビニル樹脂や合成ゴムなどを素材とした床材で、「ビニル床シート（長尺塩ビシート）」や「ビニル床タイル（P タイル）」などの種類がある。張付けに用いられる接着剤は、ホルムアルデヒドの放散量、床材の形状、用途、主成分などで分類される。一般の床や、床と壁の見切りに使われるソフト幅木などには酢酸ビニル系溶剤形やアクリル樹脂エマルション形、ゴム系ラテックス形などの接着剤が用いられる。地下部分の最下階や玄関ホール、水掛かりの場所などには、エポキシ樹脂系やウレタン樹脂系が用いられる。長尺シートでは、継目処理として双方を突き合わせて V 字・U 字に溝切りし、シートと溶接棒を熱で溶かして双方のシートを一体化する熱溶接工法が行われる。ビニル床タイルは、塩化ビニル樹脂を定寸（300 × 300mm、500 × 500mm など）にカットした床材であり、複層のホモジニアス系と単層のコンポジション系がある。継目は特に処理しないので、下地の平滑性が重要となる。

ビニル床シート、ビニル床タイルともに、帯電防止や防滑性などの機能を付加したものもある。その他のビニル・ゴム系床材として、合成ゴムシートを用いた弾性質のゴム床タイルや、あまに油や松脂、コルク、木粉、麻布などの天然素材を主原料とした

8 章 コンクリート工事
9 章 鉄骨工事
10 章 木造工事
11 章 防水工事
12 章 仕上工事
13 章 その他の工事

リノリウムなどがある。施工に際しては、モルタル塗り下地は施工後14日以上、コンクリート下地は施工後28日以上、放置し乾燥させる。

(2) カーペット [標仕 19.3]

①カーペットの種類

カーペットには「織じゅうたん（ウイルトンカーペット）」「タフテッドカーペット」「ニードルパンチカーペット」「タイルカーペット 巻頭写真55 」などの種類がある。織じゅうたんは専用の織機を用いた古くからの製法により製造されたカーペットである。カーペットの表面の繊維の束をパイルと呼ぶが、織じゅうたんはこのパイルを高密度で絡み合わせて製造される。この製法はコストがかかるため、普及型として基部の布にミシン針を使用してパイルを縫い付けて、それを接着剤（ラテックスゴム）で固定するタフテッドカーペットが開発された。ニードルパンチカーペットは、固くシート状に加工した繊維に先端が折れ曲がった針を抜き差ししてフェルト状にした簡易的なカーペットである。恒久的な床じゅうたんのほか、エレベーター内の保護マットなどにも使用される。タイルカーペットはタフテッドカーペットを一定寸法に切断し、裏面を補強したものである。汚損箇所のみを張り替えたりできるなどのメリットがある。

②カーペットの施工法

カーペットの張付け方には「グリッパー工法」と「接着工法」がある。グリッパー工法は、織じゅうたんなど厚手のカーペットに用いられ、カーペットの端部となる部屋の床面にあらかじめ「グリッパー」と呼ばれる固定具（カーペットを引っかけられるように突起がついている）を取り付けておき、「ニーキッカー」と呼ばれる伸張用工具を用いながらカーペットにテンション（幅300mmにつき200N程度）をかけ、端部のグリッパーに引っかけるようにしながら敷き詰める。

継目はそれぞれのカーペットの端部にほつれ止め措置を行い、ヒートボンド工法などで一体化させる。

端部は押え金物（メタルモールディング）などで仕上げる。一方、接着工法はタフテッドカーペットなどに用いられる。通常は全面に接着剤をくし目引きで塗布して下地に張り付ける。使用する接着剤は歩行等にともなうズレ防止のために、剥離強度よりもせん断強度を重視したタイプを使用する。さらにタイルカーペットでは、再剥離と再接着が可能な「ピールアップ」タイプのものを用いる。 巻頭写真55

(3) 合成樹脂塗床 [標仕 19.4]

主にコンクリート床面に、合成樹脂の塗床材を塗布して、それが硬化することにより継ぎ目のない一体的な床仕上面を構成する床材であり、厚膜型塗床材として弾性ウレタン樹脂系塗床材、エポキシ樹脂系塗床材が、また、薄膜型塗床材としてエポキシ樹脂系塗床材がある。用途としては、工場や倉庫、実験・研究施設、医療施設、厨房、駐車場、トイレ、浴室の床などに用いられる。

(4) フローリング [標仕 19.5]

フローリングには、無垢の木材を用いたフローリングボード、フローリングブロック、モザイクパーケットなどの「単層フローリング」と、集成材や合板に挽き板や突き板[*12]などを張り合わせてつくられた「複合フローリング」がある。複合フローリングは製造時に接着剤を使用するが、ホルムアルデヒド等が含まれていないものを使用する。

取付けは、「釘留め工法」と「接着工法」がある。釘留めはさらに根太張り工法と直張り工法（ネダレス工法）に分けられる。いずれの工法も、下地には不陸がないようにする。割付けは部屋の中心部から行って壁際で寸法調整を行う。

2 壁・天井、断熱材等 [標仕 19.7〜9]

(1) せっこうボード 巻頭写真53

硫酸カルシウムと水を混合した「二水せっこう」を厚紙で挟んで規定の厚さ（9.5mm、12.5mm、15mm

☞ 豆 知 識

[★12] 「挽き板」は木を2mm程度の厚みでのこで挽いたもの、「突き板」は木を薄くスライスしたものをいう。

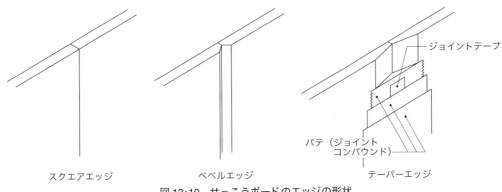

スクエアエッジ　　　　　　　ベベルエッジ　　　　　ジョイントテープ

パテ（ジョイント
コンパウンド）

テーパーエッジ

図 12·10　せっこうボードのエッジの形状

8章　コンクリート工事

9章　鉄骨工事

10章　木造工事

11章　防水工事

12章　仕上工事

13章　その他の工事

など）にプレスして板状に加工した建築材料である。耐火性、強度、施工性、価格のバランスが良く、現代建築において、屋内の壁や天井に用途を問わず広く使用されている。表面の厚紙が薄い黄色のものが一般用、水色が防水用（シージングせっこうボード）である。ボードのエッジ（端部）の形状として、主に突付け用には「**スクエアエッジ**」か「**ベベルエッジ**」が使用される。塗装やクロス張りとする場合は「**テーパーエッジ**」を用いてパテで継目の処理を行う（図12·10）。下地は軽天やLGSとすることが多いが、RC壁面に専用の接着剤（GLボンド）を用いて直張りすることもある。

(2) 岩綿吸音板　巻頭写真57

岩綿（ロックウール）を用いた天井材であり、吸音性に優れる。ただし脆いので一般的にはせっこうボードを下張りして張り付ける。

(3) その他ボード類

その他のボードとしては、帯状やチップ状の木片をセメントペーストで固めた木毛セメント板や木片セメント板などの「**木質系セメント板**」、石灰やケイ酸質材料を繊維で補強したケイ酸カルシウム板などの「**繊維強化セメント板**」、木材のチップを加熱圧縮したMDFなどの「**繊維板**」や「**パーティクルボード**」などが用いられる。

(4) 断熱材

断熱材にはロックウールなどの無機繊維系と、ウレタンやフェノール樹脂などの発泡プラスチックを用いた有機発泡系がある。いずれとするかは断熱計

写真 12·2　壁せっこうボードパテかい（パテ処理）（提供：㈱巴コーポレーション）

画や納まりの関係もあるので設計段階で決まるが、現場では事故や瑕疵がないように基準を遵守する。

3　その他

(1) 金属成形板張り［標仕14.6］　巻頭写真56

建物のエントランスや軒下の天井やモールディングなどに、意匠性や耐久性を目的として、スパンドレルなどの金属製（主にアルミやステンレス製）の成形材が使われることがある。この場合の下地は、軽量鉄骨とすることが一般的である。

(2) 笠木［標仕14.7］

RCやS造の屋上パラペットの頂部には、アルミニウム製の既製品の笠木が使用される。コーナーやジョイント部に変形追従性を持たせる必要があるが、メーカーの仕様に従う。

問1 外壁の ALC パネル工事及び押出成形セメント板工事に関する次の記述のうち、最も不適当なものはどれか。

(令3・二建士・学科IV・設問14)

1. 雨掛かり部分の ALC パネルの目地には、シーリング材を充填した。
2. ALC パネルの短辺小口相互の接合部の目地は伸縮調整目地とし、特記がなかったので、目地幅は 10mm とした。
3. 押出成形セメント板における出隅及び入隅のパネル接合目地は伸縮調整目地とし、特記がなかったので、目地幅は 15mm とした。
4. 押出成形セメント板に損傷があったが、パネルの構造耐力や防水性能などに影響のない軽微なものであったので、補修して使用した。
5. 押出成形セメント板を横張り工法で取り付けるに当たり、取付け金物は、セメント板がスライドしないように取り付けた。

問2 補強コンクリートブロック造工事に関する次の記述のうち、最も不適当なものはどれか。

(令2・二建士・学科IV・設問14)

1. 耐力壁の縦筋は、基礎コンクリート打込み時に移動しないように、仮設の振れ止めと縦筋上部とを固定した。
2. 直交壁がある耐力壁の横筋の端部は、その直交壁の横筋に重ね継手とした。
3. ブロック積みは、中央部から隅角部に向かって、順次水平に積み進めた。
4. 押し目地仕上げとするので、目地モルタルの硬化前に、目地ごてで目地ずりを行った。
5. 吸水率の高いブロックを使用するブロック積みに先立ち、モルタルと接するブロック面に、適度な水湿しを行った。

問3 左官工事、タイル工事及び石工事に関する次の記述のうち、最も不適当なものはどれか。

(令2・二建士・学科IV・設問18)

1. セメントモルタル塗りにおいて、練り混ぜは機械練りとし、1回に練り混ぜる量は 60 分以内に使い切れる量とした。
2. 屋内のセルフレベリング材塗りにおいて、材料が硬化するまでの間は、通風を避けるために窓や開口部をふさいだ。
3. コンクリート外壁へのタイル張りにおいて、下地のひび割れ誘発目地及び各階の水平打継ぎ部の目地の位置に、タイル面の伸縮調整目地を設けた。
4. 密着張りによるタイル張りにおいて、張付けモルタルはこて圧をかけずに1層で塗り付けた。
5. 乾式工法による石張りにおいて、石材は、特記がなかったので、形状は正方形に近い矩形で、1枚の面積は 0.8m² 以下のものを用いた。

問4 塗装工事に関する次の記述のうち、最も不適当なものはどれか。(令3・二建士・学科IV・設問19)
1. 屋内の木部は、オイルステイン塗りとした。
2. 屋内の亜鉛めっき鋼面は、合成樹脂調合ペイント塗りとした。
3. 木部の素地ごしらえにおいて、穴埋めとして、合成樹脂エマルションパテを使用した。
4. 屋外の鉄骨面は、合成樹脂エマルションペイント塗りとした。
5. 屋外のモルタル面の素地ごしらえにおいて、建築用下地調整塗材を使用した。

問5 塗装工事に関する次の記述のうち、最も不適当なものはどれか。(令1・二建士・学科IV・設問19)
1. 鉄鋼面に使用する合成樹脂調合ペイントの上塗りは、エアレススプレーによる吹付け塗りとした。
2. 木部のクリヤラッカー塗りの下塗りには、ジンクリッチプライマーを用いた。
3. オイルステイン塗りの色調の調整は、所定のシンナーによって行った。
4. 壁面のローラーブラシ塗りに当たり、隅やちり回りなどは、先行して小ばけを用いて塗装した。
5. パテかいは、一回で厚塗りせず、木べらを用いて数回に分けて行った。

問6 建具工事、ガラス工事及び内装工事に関する次の記述のうち、最も不適当なものはどれか。

（平30・二建士・学科Ⅳ・設問20）

1. 鉄筋コンクリート造の建築物の外部に面するアルミニウム製建具枠の取付けにおいて、仮留め用のくさびを残し、モルタルを充填した。
2. 外部に面する建具への複層ガラスのはめ込みにおいて、下端のガラス溝に径6mmの水抜き孔を3箇所設けた。
3. 全面接着工法によりフリーアクセスフロア下地にタイルカーペットを張り付けるに当たって、タイルカーペットを下地パネル目地にまたがるように割り付けた。
4. フローリングボードの根太張り工法において、スクリュー釘を使用した。
5. 洗面脱衣室などの断続的に湿潤状態となる壁の下地材料として、日本農林規格（JAS）による普通合板の1類を使用した。

解答・解説 --

問1 最も不適当な選択肢は「**5**」である。押出成形セメント板の横張り工法では、層間変位に対応するためにスライド構法を採用する。**≫本書 12・1-3(2)**

問2 最も不適当な選択肢は「**3**」である。ブロック積みは隅角部から中央部に向かって行う。**≫本書 12・1-2(3)②**

問3 最も不適当な選択肢は「**4**」である。密着張りの張付けモルタルは2層に分けて塗り付ける。また、その際、第1層目はこて圧をかけて塗り付ける。**≫本書 12・3-3(1)①**

問4 最も不適当な選択肢は「**4**」である。合成樹脂エマルションペイントは、コンクリート面、モルタル面、プラスター面、せっこうボード面、その他ボード面の塗装には適しているが、鋼材表面に対しては付着力が弱いので屋外の鉄骨面には使用しない。**≫本書 12・8-7**

問5 最も不適当な選択肢は「**2**」である。木部のクリヤラッカー塗りの下塗りはウッドシーラーを用いる **≫本書 12・8-4**。問題文中の「ジンクリッチプライマー」とは、"zinc＝亜鉛"と"rich＝豊富"という意味で、高濃度亜鉛末を含有している鉄骨の一次防錆塗料である。

問6 最も不適当な選択肢は「**1**」である。アルミサッシ取付け用のくさびは、内部で水掛り部分以外であれば残しても構わないが、屋外の場合は取り除く。**≫本書 12・7-2(1)**

13章　その他の工事
（設備／免震・制振／外構／テナント／改修工事ほか）

　本章では、電気設備や空気調和換気設備、給排水衛生設備工事などの「設備工事」や、排水工事、舗装工事、植栽工事などの「外構工事」、竣工時の各種検査と引き渡し、そして建物の維持保全と改修工事について学習する。このうち設備工事は、ICT化が進んでいるこんにちの現代建築では、非常に重要性が高まっている工事である。また、建築物の環境負荷軽減の取り組みにおいても重要な役割を果たす。設備工事は非常に専門性が高く、設計も施工もそれぞれの設備分野の専門家が行うが、全体をとりまとめる建築の施工管理者にも、専門家と意思の疎通を図るために相応の知識が必要となる。まずは「建築設備」や「環境工学」で出てくる用語はきちんと理解しておき、さらに、設計図書や基準を読みこなすために、専門用語や基準の体系についても知っておく必要がある。本章では「建築設備」や「環境工学」などの科目の履修を前提として、それぞれの工種の施工上の留意点等を整理する。

　また外構工事は、建築物の本体工事ではないが、建築を構成する重要な要素のひとつである。その重要性は他の工事と同じであり、近年では取り扱われるコストも大きくなる傾向にある。加えて改修工事に関しては毎年のように新しい技術や商品が開発されており、継続して情報収集に努める必要がある。

キーポイント

①工種ごと単体ではなく、他の工種との関係を含めて学習を進める
②教科書でも実務でも、わからない用語が出てきたらすぐに調べる（後回しだと覚えるチャンスがない）
③資格試験では出題範囲が広いので、過去問から出題パターンを読み取って学習すると効率が良い

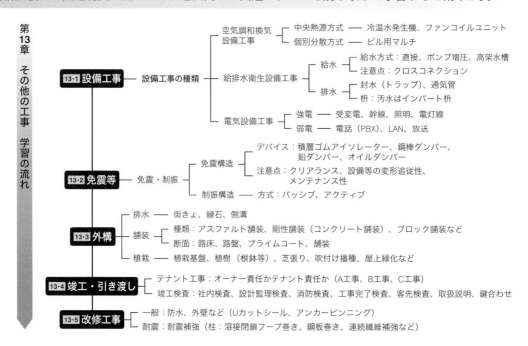

13・1　設備工事

1　設備工事の基準

　設備工事は設備設計に基づいて行われる工事であるから、まずは設備の設計図書や基準について知る必要がある。正しい用語を使用して、設計監理者や関係者と誤解のない意思疎通を図ることが重要である。同時に技術的な進化が著しい分野でもあるから、実務に際しては設備の設計図書を詳しく見ると同時に、関連する法令や基準、使用する機器類の説明書やカタログ等について都度調べる必要がある。☞POINT

　設備工事の詳細は本書で網羅しきれないが、一例として国土交通省大臣官房官庁営繕部編『公共建築工事標準仕様書』の「電気設備工事編」「機械設備工事編」には表13・1のような項目が示されている。

2　空気調和換気設備工事の施工上の特徴

　設備工事のうち空気調和換気設備工事では、主に熱源機器の設置と、建物内のダクトや配管の取合い[*1]がポイントになる。熱源方式には「中央熱源方式」と「個別分散方式」がある。中央熱源方式は屋上などに「冷温水発生機」を設置し、そこから配管により冷温水を循環させて各室設置の「ファンコイ

表 13・1　設備工事に関する仕様書の構成例

① 『公共建築工事標準仕様書（電気設備工事編）』構成	電気工事の概要、電力設備、受変電設備、電力貯蔵設備、発電設備、通信・情報設備、中央監視制御設備、医療関係設備など
② 『公共建築工事標準仕様書（機械設備工事編）』構成	〈空気調和設備工事（第3編）〉 1.1 ボイラー、1.2 温水発生器、1.3 冷凍機、1.4 コージェネレーション装置、1.5 氷蓄熱ユニット、1.6 冷却塔、1.7 空気調和機、1.8 空気清浄装置、1.9 全熱交換器、1.10 放熱器等、1.11 送風機、1.12 ポンプ、1.13 タンク及びヘッダー、1.14 ダクト及びダクト附属品、1.15 制気口・ダンパーなど 〈給排水衛生設備工事（第5編）〉 1.1 衛生器具、1.2 ポンプ、1.3 温水発生器等、1.4 タンク、1.5 消火機器、1.6 厨房機器、1.7 排水器具、1.8 枡及びふた、1.9 雨水利用機器など

ルユニット」で冷房や暖房を行う。一方、個別分散方式は家庭用のエアコンと同じく室内機と室外機を細かく分散配置する方式である。家庭用と異なるものとして、1台の室外機に対して複数台の室内機を接続する「ビル用マルチ（ビル用マルチパッケージ型空調機）」がある。室外機と室内機の間は冷媒管が往復する。

　いずれも機器類の設置だけではなく配管ルートやメンテナンス方法についてよく検討しておく必要がある。特に中央熱源方式では、冷温水発生機など重量のある機器が屋上などに設置されるため、架台やアンカーボルトなどの配置や防水工事などとの取合いをよく検討しておく必要がある。なお、空調用のダクトには角ダクトやスパイラルダクト、フレキシ

☞ 豆 知 識

> [*1] 建築において、異なる部材や配管などが接触する部分を「取合い」と表現することがある。

☞ 学習のポイント

> これらの工事は覚える用語の範囲が広く、また、多くの情報が必要となることも多いので、特に若手が苦労することも多い。実務面でも同じことが言えるが、「情報を集める」「メモをとる」「わからないことはそのままにしない」姿勢が求められる。

現 場 監 督 か ら の ひ と こ と

> 　設備工事は専門性が高く、施工計画や管理などの場面では設備・電気系のサブコン（専門工事業者）が主体となることが多い。しかし、配管などの構造体スリーブの確認、配管の種別や吊りピッチ、勾配の有無などは建築の施工管理者であっても管理できることはあるので、最低限の確認は必要であり、特に設備工事は仕上がると隠蔽されてしまうところがたくさんあるため、建築の仕上で隠れてしまう前に確認することが必要となる。（巴コーポレーション・吉原）

ブルダクトなどの種類があるが、いずれも冷媒管などと比べると断面寸法は大きく、さらに保温材の巻き付けやラッキング[★2]を行ったりするとより広いスペースが必要となり、加えてダクトを接合する際のフランジやその作業スペースにも考慮が必要である（図面上は納まっていても、工具や手が入らないなどの問題はあり得る）。なお、ダクトの途中にFD（防火ダンパー）が付く場合は、近傍に点検口を設けるが、最終的な位置は現場で確認する必要がある。また、空調機器からの結露水を排出するドレン管は漏水が発生しやすい部位なので勾配は確実にとる。

3 給排水衛生設備工事の施工上の特徴

(1) 配管

給排水衛生設備工事は、トイレや給湯室などへの衛生器具の設置と、それらに接続される給排水、雑排水、汚水、通気などの配管を行う工事である。

給水に関しては、規模の小さな建築物では上水道本管から直接給水する（ポンプで増圧する場合も含む）ことが一般的である。比較的規模が大きくなってくると、上水道本管から地下等に設置された受水槽に一度水を溜め、そこから屋上の高架水槽に揚水して各階には重力で給水したり、受水槽から加圧給水ポンプで直接各階に給水する方式がとられる。ポンプ類や受水槽、高架水槽などは定期的なメンテナ

ンスが必要なため、そのためのスペースを確保する必要がある。なお、上水の配管を他の配管（汚水や雑排水はもちろん、井戸水や雨水を利用した中水の配管なども）と直接接続する「**クロスコネクション**」は禁止されている。

配管の材料として、給水管にはかつては鋼管や鉛管など金属製のものが使用されていたが、近年ではポリエチレン管（ポリ管、PE管）や硬質塩化ビニル管（VP管）、橋架ポリエチレン管、ポリブテン管が使用されている。このうちVP管には、一般の「VP管（管色：灰色）」と耐衝撃性を持たせた「HIVP管（紺色）」、耐熱性を持たせた「HTVP管（茶色）」などがある。給水にはいずれも水道用を用いる（排水用や電線用は管厚が薄いので水道の圧力に耐えられない）。

(2) トラップ・枡

汚水や雑排水の配管では、配管の勾配と封水（トラップ）の精度管理がポイントとなる。汚水や雑排水は重力で上方から下方に流すことが一般的であり（地下からはポンプアップ）、上水のように圧力がかかっていないので、必要な勾配をとらないと詰まりの原因となる。また、純粋な液体だけではなく固形物等も流れてくるので、これも詰まりの原因となる。したがって、配管が詰まることを前提として、詰まりやすい配管の屈曲部近傍にはメンテナンス用の点検口を設置したり、枡には**図13・1**に示すようなインバート枡（Cess Pit in Invert）を設置する。

汚水や雑排水の配管には、配管内の臭気等が室内に流入することを防ぐためにトラップによる「**封水**」が行われる。封水は、配管の途中にS型やP型の「**トラップ（折曲げ部）**」を設けて水を溜められるようにした仕組みである。この封水を確実なものとするために、汚水管や雑排水管の上方に「**通気管**」を設ける。通気管は大気に開放されている必要があることから、雨水配管など他の配管を兼用してはならない。

上水以外の屋外配管においては、主要な結節点等に枡を設ける。汚水枡は**図13・1**のような「**インバー**

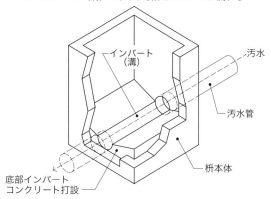

※ 枡により詰まりの原因となる固形物は下流に流れない
※ インバート（溝）により、液体はスムーズに流れる

インバート
（溝）

汚水

汚水管

底部インバート
コンクリート打設

枡本体

図13・1 インバート枡

ト枡」とし、雨水枡には泥溜めを設ける。給水管と排水管が近接する場合は 500mm 以上離し、かつ必ず給水管が上方になるように配置する。

4 電気工事の施工上の特徴

電気設備工事には、受変電設備や幹線設備、照明、電灯線などの強電設備や、電話や LAN、放送などの弱電設備がある。なお大規模な建物の受電のため、建物内に電力会社の借室を設ける場合がある。

電気配線（電線）は、メンテナンス等を考慮してコンクリート等には直接埋め込まない。一般的にはサヤ管をコンクリート等に埋め込んでその中に電線を通す。サヤ管には合成樹脂可とう電線管（CD 管、PF 管）が用いられるが、露出配管にサヤ管を用いる場合は、耐候性が高く自己消火性を有する PF 管を用いる。

13・2 免震・制振工事、その他工事

本節では現代建築において適用例が増えている免震構造、制振構造の施工上のポイントと、ユニット工事などのその他工事について学習する。

1 免震・制振構造の施工

(1) 免震構造の施工

免震構造とは、基礎と建物の間に「免震デバイス」と呼ばれる装置を挿入するなどして地震による地盤の揺れを建物に入力させないことを目指す構造である。免震デバイスには、建物重量を支える支承として「積層ゴムアイソレーター」や「すべり支承」などが、また地震エネルギーの吸収や微動の制御などを目的とした「鋼棒ダンパー」「鉛ダンパー」「オイルダンパー」などがある。

免震構造を採用した建築物では、地震の際に地盤の動きが建物に入力されないので、地盤と建物の揺れ方は大きく異なる（イメージとしては、地盤が大きく揺れても建物は空中に浮かんでいるので動かないという状況である）。したがって、通常の耐震構造と同じような建物のつくり方だと、地震のたびに地盤と建物がぶつかり合う状況となる。これを避けるために、建物周囲には地盤との間に「免震クリアランス」が設けられる。したがって、人や車両の出入口もその変位に追従するように設計されている。さらに敷地外部から建物に接続される上下水道やガス、電気などの配線も同様である。以上については設計図書上で計画されているが、施工の段階においては経験がなかったり不慣れな職人もいるので、実際に作業に関わる職人に施工手順や品質管理のポイントを知らしめる必要がある。

また、免震構造の施工にあたっては、上記のデバイスの設置の際に必要とされる施工精度を遵守することが重要である。特に、免震デバイスは通常は交換できるようになっているため、ディティールが複雑になりやすい。また、デバイス周辺には応力が集中することから、その周囲の躯体はせん断力を伝達するスタッドジベル（スタッドボルト）や鉄筋などが密になりやすいので注意を要する。

(2) 制振構造の施工

制振構造とは、地震だけではなく風などによる建物の振動を「制振デバイス」で制御する構造である。制振構造には、建物に入力した振動を計測して、何らかのかたちでそれを打ち消すような動きを建物にさせる「アクティブ方式」と、躯体の各所にエネルギー吸収デバイスを設置して振動エネルギーを熱エネルギーに変換して揺れを制御する「パッシブ方式」がある。アクティブ方式は、センサーにより建物の揺れを常時監視し、一定以上の振動が入力した場合には、建物上部に取り付けられた「マスダンパー（質量ダンパー）」を瞬時に「アクチュエーター★3」など

8章 コンクリート工事

9章 鉄骨工事

10章 木造工事

11章 防水工事

12章 仕上工事

13章 その他の工事

☞ 豆 知 識

★3 **アクチュエーター**：動力源により発生したエネルギーを何らかの物理的運動に変換する機構である。電動サーボモーターや油圧シリンダーなどがある。

により動かして、振動を打ち消すような動きをさせる。一方、パッシブ方式には、躯体のフレームにオイルダンパーや極低降伏点鋼によるブレース等を挿入して振動エネルギーを吸収する方法や、建物上部に専用の水槽等を設置して、振動発生時の水槽内部の水の動きを減衰させるなどして建物の揺れを抑える方法などがある。

以上、いずれも非常に複雑な仕組みなので、施工に際しては設計図書をよく読み込み、施工計画の際も設計者や制振装置の開発者などと連携をとることが重要となる。

2　その他（ユニット工事、PCa工事、間知石）
[標仕 20.2 ～ 20.4]

『標仕』20.2ではユニット工事が規定されている。ユニット工事とは、主に内外装に関する既製品等を設置する工事のことをいい、具体的にはフリーアクセスフロア、可動式間仕切、移動間仕切、トイレブース、手すり、階段滑り止め（ノンスリップ）、床目地棒、黒板及びホワイトボード、鏡、室名札や衝突防止などの各種表示、タラップ、ブラインド、ロールスクリーン、カーテン等がある。これら既製品は、現代建築の品質の安定性や工期短縮、安定供給、コストの平準化等に貢献していると言えるが、使用に際しては正しく施工する必要があるため、設計図書の特記により個別に適用する。

『標仕』20.3では、プレキャストコンクリート（PCa工事）が規定されている。躯体以外の手すりや階段の段板、ルーバー等の簡易なPCa製品に適用される。

また、『標仕』20.4では「間知石（けんちいし）」と「コンクリート間知ブロック積み」が規定されている。間知石とは盛り土や切り土などにより敷地に段差がある際に法面（のりめん）保護のために設けられる擁壁（ようへき）や石垣などの石積みに使用される、四角錐形（しかくすい）の石材である。

13・3　外構工事

本節では、敷地内の建物周辺の排水や舗装、植栽などの外構工事について学習する。

1　排水工事・舗装工事

(1) 排水工事［標仕 21 章］

排水・舗装工事は、建設工事を実施している敷地内において、建物本体以外の土地の部分で排水や舗装を行う工事である。このうち排水工事の規定は、敷地内の屋外部分の雨水排水工事及び「街きょ（がい）（道路脇のL字型の排水溝）」「縁石（えんせき）」「側溝（そっこう）（L型・U型のコンクリート製既製品）」を設置する工事に適用される。具体的には駐車場や構内の通路、緑地などの雨水排水が対象であり舗装工事と一体的に施工されることが多い。参考として、街きょ（L型側溝）とU形側溝の例を図13・2に示す。

なお、敷地内の駐車場や構内道路などの排水は、外周部に設けられた排水溝に一度集められる。そのため舗装面は排水溝に向けて勾配を設ける必要がある。排水溝に集められた雨水は、集水枡、埋設管などを経由して公共下水道等に放流されるが、近年で

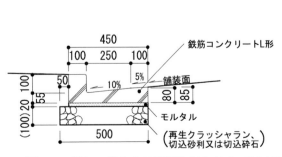
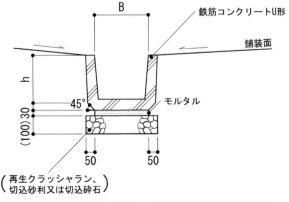

図13・2　街きょ（左）とU形側溝（右）（出典：国土交通省『建築工事標準詳細図 平成28年版』9-11-2（左）および9-12-1（右））

8章 コンクリート工事

9章 鉄骨工事

10章 木造工事

11章 防水工事

12章 仕上工事

13章 その他の工事

は豪雨時の水害対策や下水道の負担を軽減することを目的として敷地内で処理することを求める自治体も多い。その場合は浸透タイプの舗装や、枡やトレンチ、側溝などを用いる。

排水工事は維持管理の面でトラブルになりやすい工事なので、特に泥や落ち葉の詰まりなどによる側溝や集水枡、埋設配管などの排水障害や、車両通行や経年による街きょや縁石の破損などには対策を講じておく。例えば、日常のメンテナンスを考慮して合流部や屈曲部などに枡やマンホールを適切に設置したり、適切に地業を行って排水経路等の不同沈下を避けるなどが考えられる。また、近年は想定外の大雨も多発していることから、そのような場合でも建物内に雨水が浸入しないように配慮が必要である。

(2) 舗装工事 ［標仕22章］

舗装工事は、敷地内の構内歩車道や車寄せ、駐車場などに、アスファルトやコンクリート、ブロックなどで舗装を行う工事である。通常の駐車場や構内通路であればアスファルト舗装とするが、大型車が通行する箇所などは剛性舗装であるコンクリート舗装とすることもある★4。ブロック系舗装は主に歩行者通路に用いられるが、台車などが頻繁に通る箇所に使用すると経年により不陸が生じ、つまずきや転倒の原因になるので注意する。

舗装の断面を図13・3に示す。「路床」は現地盤の土砂を転圧★5するなどして押し固めたもので、この上に砕石等を転圧して築造した「路盤」が被せられ、最終的にアスファルトやコンクリート、ブロックなどの「表層」が被せられる。最下層の路床は、凍結の恐れがある場合は凍土が生じにくい凍土抑制層を用意する。また、軟弱地盤ではセメントや石灰による安定処理等を行う。路盤に用いる砕石はクラッシャラン★6や再生クラッシャラン、スラグなどを用い、マカダムローラやタイヤローラ、ランマー、ソイルコンパクタなどにより適切に転圧する。

なお、アスファルト舗装は、路床、路盤の上に骨材をアスファルトで固めた舗装を敷設したものである。施工に際しては、路盤にプライムコートを施してアスファルトが定着しやすいようにする。

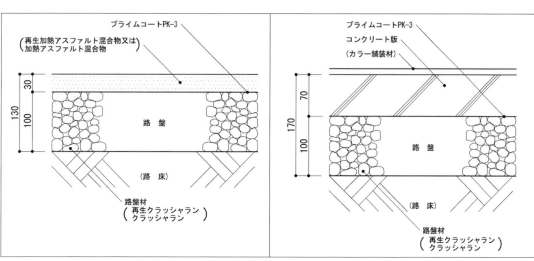

図13・3　アスファルト舗装（左）とコンクリート舗装（右）の断面図（出典：国土交通省『建築工事標準詳細図 平成28年版』9-22-1 および 2)

☞豆知識

★4　アスファルト舗装は交通荷重を自らは負担せずに地盤に受け流す（＝自らはたわんで力を受け流す）ため「たわみ舗装」とも呼ばれる。一方、コンクリート舗装は、交通荷重を舗装そのものの曲げ強度で支えるため「剛性舗装」と呼ばれる。

★5　**転圧**：土砂やアスファルトに荷重をかけて押し潰すこと。粒子間の空気や水を押し出すことにより密度が上がる。

★6　**クラッシャラン**：岩石などを破砕機で砕いた砕石のことをいう。大きさがバラバラなので安価である（大きさをある程度揃えた砕石を粒度調整砕石という）。

また、コンクリート舗装は、無筋コンクリートとするが、ひび割れ抑制のために溶接金網を入れる。コンクリートの板厚は一般には150mmとし、大型車両の通行が見込まれる場合は200mm、歩行者のみの場合は70mm以上（できれば100mm）とする。施工に際してはアスファルト舗装と同じく、路盤面にプライムコートを施す。

2 植栽工事 ［標仕23章］

『標仕』では、樹木、芝張り、吹付け播種及び地被類の植栽工事ならびに屋上緑化工事を取り扱う。これらの工事は生物を取り扱う工事であり、正しく施工しないと植栽した植物の枯死や落ち葉などによる排水溝の詰まり、植物の根や枝などによる建築物や外構などの損傷が起こってしまうので注意する。

(1) 植栽基盤 ［標仕23.2］

植栽基盤とは、根系（植物の地下部分）を含めた植物全体が正常に生育できる状態の地盤のことをいう。植栽を行う場合は、その場所を植栽に適した環境に整える必要があるが、まずは植栽地の土壌や排水性などについて確認を行い、次いで植物が正常に生育できる状態に整備する。特に高木や低木、芝・地被類の別により、植物の根が支障なく伸びられるように整えることが重要である。これを「植栽基盤の整備」という。有効土層の面積や厚さ、植栽基盤に浸透した雨水の排水方法、植栽基盤の整備工法、使用する材料等に関しては特記による。

(2) 植樹 ［標仕23.3］

低木（樹高3m未満）や高木（同3m以上）などの樹木を新植したり移植したりする工事を植樹という。植樹にあたっては樹種により配慮すべきポイントが異なるので、設計図書に特記される。また、必要に応じて「根鉢★7」を行い支柱で補強する。

(3) 芝張り、吹付け播種 ［標仕23.4］

① 芝張り

芝張りは、植込みや庭、構内の法面保護などに用いられる（スポーツグラウンドなどの芝張りについては、『標仕』の規定ではなく設計図書の特記による）。種類としては、コウライシバやノシバが用いられる。なお、この芝張りを含めて地面を覆う地被植物を用いた植栽をグランドカバーということもある。

② 吹付け播種

種子や肥料、木質繊維、水、粘着剤等を撹拌し、ハイドロシーダーと呼ばれる吹付けポンプを使って対象面に直接吹付けること。種子が成長し緑化することにより法面を保護することを期待している。種子にはクリーピングレッドフェスクやオーチャードグラスなどが用いられる。

③ その他地被類

その他、用途に応じて宿根草類、球根類などの草本類、ツル植物類、ササ類、シダ類、コケ類なども使用される。

(4) 屋上緑化 ［標仕23.5］

屋上緑化は、防水層のある屋上に耐根層を施した上で植栽基盤を構成して植樹することをいう。屋上緑化は積載荷重の想定や防水工法、灌水設備などの面から設計の段階での留意点が多く、また、施工上でも特殊な配慮（耐根や排水など）が必要なことから、通常はシステムとしてパッケージ化されているものを用いる。

屋上緑化システムには、庭園型、菜園型、ビオトープ型、芝生型のほか、セダムなど乾燥に強い多肉植物を用いた粗放型などがある。このうち庭園型、菜園型、ビオトープ型については、耐根のために防水層の上に保護コンクリートが必要なため、屋根面にアスファルト防水を用いる建物にしか適用できない。施工上の留意点としては、植栽基盤は耐根層、耐根層保護層、排水層、透水層及び土壌層などの積層構造になるため、施工手順やそれぞれの層の厚さ

の管理、排水のための勾配確保、手すりやパラペットなどとの取合いなどチェックポイントが多い。

13・4　竣工検査・引き渡し

請け負った全ての工事が完了したら、施主（客先）に建物を引き渡す準備を行う。

1　テナント工事

賃貸のオフィスビルや商業施設の場合、建物所有者（オーナー）側の躯体工事や基本的な仕上工事が終わった後にテナント工事が行われる。テナント工事とは、テナント（入居者）側の利用目的などに合わせて、間仕切りや仕上、照明器具、一部の防災設備などの工事を行うことである。慣例的には、工事の主体や費用負担、責任範囲などによって、A工事、B工事、C工事の3つに分類される。

(1) A工事（オーナー負担・オーナー工事）

A工事は、オーナー側で工事業者を選定して工事を発注し、費用もオーナー側が負担する工事である。共有部分や、専有部分でも建物全体に関わる部分に影響を及ぼす部分の工事であり、一般に本設工事と一体的に実施される。具体的には、躯体や外部建具、エレベーター、共有トイレ、防災設備などの工事がある。このうち避難口誘導灯や自動火災報知器（自火報）、非常照明、非常用スピーカー、排煙口などに関しては、これらが取り付く天井（ならびに関連する点検口）の工事もA工事に分類される。電気に関しては電灯・動力メーター盤までがA工事となる。また、仕上用のスラブアンカーなども用意される。外壁以外の壁は、防火区画や専有部分の間仕切り壁（LGSやALC下地の上、せっこうボード張り素地）まで、床はコンクリート直押えまでをA工事とすることが多い。

なお、テナント側の使い勝手の面でA工事区分の内容を変更したいというニーズが発生する場合もあるが、必ずしも全てに対応できるわけではない。い

ずれにせよ、早めにテナントのニーズの把握を行って検討する必要がある。

(2) B工事（テナント負担・オーナー工事）

B工事は、テナントが工事費を負担し業者への発注も行うが、業者に関してはオーナー側の指定業者とする工事である。空調の吹き出し口や給排水設備のほか、飲食店舗の場合は必要に応じて屋内防水工事を行うこともある。また、防災設備に関しては、テナント側の間仕切りや使用用途によって自火報などの機器配置を変更・増設しなければならない場合もある。それらの工事もB工事に入る。このような複雑な発注形態とするのは、B工事の多くが建物全体の機能や法令（建築基準法や消防法など）にも関係し調整が必要になるからである。その分トラブルも多く、特に退去時の原状回復に関する取り決めも含めて細かくルール化しておく必要がある。

(3) C工事（テナント負担・テナント工事）

C工事はテナント側の責任の元で、業者の選定から発注、費用負担まで全てテナント側が負う工事である。ただし、C工事の結果、避難経路や防災設備面での不備が生じる可能性があるため届け出制もしくは許可制とする。具体的には、壁や床の表層仕上や造作家具などの建築工事、電灯や動力の分電盤、照明器具、コンセント、電話、LANなどの強電・弱電設備工事、空調吹出口などの機械設備工事などがある。

2　竣工検査・引き渡し

(1) 竣工検査

全ての工事が終了したら建物引き渡しに向けて各種の検査を行う。基本的な流れとしては、まずは建設会社の内部で検査を実施し、それに合格したら行政の検査や施主の検査を受ける。主な検査・手続きは以下の通りである。

① 社内検査

建設会社社内の品質管理部門による検査である。個々の部位については日常的に管理されているので、ここでは最終的な全体確認や書類の管理の確認、定

8章　コンクリート工事

9章　鉄骨工事

10章　木造工事

11章　防水工事

12章　仕上工事

13章　その他の工事

例会議での指摘事項が是正されているか等の総合的な確認が中心となる。また、この段階で最終的な竣工図を用意することも多い。

② 設計監理者による検査

設計監理者によって行われる最終検査である。こちらも日常的に設計監理業務はなされているので、ここでは最終段階の確認となる。

③ 消防検査

建物竣工後、火災などの有事に備えるために、所轄消防署では各種消防・防災設備の動作確認や非常用進入口、避難経路等の確認を行う必要がある。そのための検査を「消防用設備等の設置完了検査」という。実際に消火活動や避難誘導等にあたる消防士による検査であり非常に重要な検査である。

④ 工事完了検査

市区町村等の所轄行政庁による建築確認[★8]が行われた建築物が完成した際に実施される最終確認検査である（必要に応じて中間検査が行われる）。検査は所轄行政庁もしくは指定確認検査機関の有資格者により実施され、検査の結果、当該建築物が建築基準法等に準拠している場合は「検査済証」が発行され、当該建築物の使用を開始することができる。

⑤ 施主検査

法的な全ての検査が終了した後に行われる、引き渡し前の施主による最終確認である。内外装の状況はもちろん、設備類や建具などの全ての可動部についても動作確認を行う。規模の大きな建築物では、部位や機能別に検査を行うこともある。特に生産設備等の設備関係の検査は、施主の指定性能や設計段階で想定した所定の性能等が出るかを確認するため、長時間にわたる検査が必要なこともある。なお、分譲集合住宅の場合は入居予定者や入居希望者に対して「内覧会」が開催されることもある。

(2) 引き渡し

全ての検査が終了したら、契約書に基づいて建物の引き渡しに向けた準備に入る。追加工事等の精算等を行い、取扱い説明や鍵の引き渡しなどが行われる。具体的には以下のように進められる。

①取扱い説明

施主や建物管理者に対して建物の使用方法を説明する。可動部や設備機器等の取扱い説明の他、メンテナンスや清掃方法などの説明を行う。開閉可能な扉や点検口、設備機器などは実際に操作方法の実演を行う。仕上材に関しては、使用してはならない洗剤などの説明も行う。

②鍵合わせ

規模の大きな建築物では大量の錠が使用される。各室共通の鍵とすることもあるが、基本的には1つの錠に合う鍵は1つだけである。これらの鍵は室名や錠番号などのラベルを付け、スペアキーと一緒にボックスに入れられて施主に引き渡されるが、この組合わせの最終確認を行っておく。特に「**マスターキーシステム**[★9]」の確認は重要である。

なお、住宅や集合住宅の玄関などでは、工事中に使用する鍵と施主に引き渡す鍵を分けることがある。このとき工事中のみに使用する鍵を「**コンストラクションキー（コンスキー）**」という。コンストラクションキーは本物の鍵よりも少し短めの鍵で、当然、施錠や解錠ができるが、一回でも本物の鍵を使用すると二度とコンストラクションキーが使用できなくなるという特徴を有する。

③引き渡し

全ての作業が終了したら、最終的な清掃等を行って取扱い説明書やキーボックス等を施主に引き渡し、契約時の取り決めにより竣工時の書類を取り交わし、当該建築物の所有権が正式に施主に引き渡される。工事終了後に竣工式を行うことも多い。

建設会社社内においては「工事完了報告会」を実施して、実行予算の精算を行い、QC活動や建設現場の五大任務の確認などを行う。

☞ **豆 知 識**

★8 建築確認：当該建築物が建築基準法その他法令に準拠しているかを設計段階で確認すること。

★9 マスターキーシステム：1つの鍵で複数の錠を解錠できるようにしたシステム。マスターキーシステムを階層にしてグランドマスターキーやグレートグランドマスターキーを設けることもある。

13·5 改修工事

本節では、改修工事における施工管理の基準について国土交通省による『公共建築改修工事標準仕様書（以下『改修標仕』）』の内容を整理する。

1 一般事項等 [改修標仕1～2章]

改修工事において既存部分を解体したりする際に排出される発生材については、これを抑制し再利用及び再資源化ならびに再生資源の積極的活用に努める。「ポリ塩化ビフェニル（PCB）」「ダイオキシン」「石綿（アスベスト）」「ヒ素」「カドミウム」などの特別管理産業廃棄物等[★10]の処理方法は、あらかじめ関係者と扱いを定めておく。なお、改修対象の建築物は、その築造年代によって相当量の石綿含有建材が使用されているため、改修工事や解体工事に際しては、作業員等への健康被害を防ぐために、関係法令等に基づいて石綿含有建材の事前調査を行う。

2 防水改修工事 [改修標仕3章]

メンブレン防水やサッシ周りのシーリング防水の改修工事では、下地の状況や作業姿勢などにより新築工事とは異なる条件下で施工されるため材料の破損や破断等に注意する。なお、改修工法には、元々の防水層を撤去するか否かや、元々の防水や下地の仕様などにより様々な種類があるが、近年は工期の短縮や廃材の削減などの観点から既存防水層を残し、その上から新規の防水層をかぶせる工法が採用されることも多い。これらの防水工法の基本的な留意点は防水層を新設する際とほぼ同じであるが、固定方法や端部の処理など改修工事ならではの留意点も存在するので、メーカーの仕様書等を確認する。

3 外壁改修工事 [改修標仕4章]

この工事は、コンクリート打放しやモルタル塗り、タイル張りなどによる外壁のひび割れや欠損、浮きなどの部位の補修などを対象とする。経年劣化だけではなく地震などによってもひび割れが発生している場合がある。ひび割れや浮きは、目視や打撃試験などにより発見する。改修工法は『改修標仕』では以下が例示されている。

(1) 樹脂注入工法

ひび割れや浮き等の部位にエポキシ樹脂等を注入して固化させる工法。手動式や機械式などがある。なお、いずれの工事も気温が5℃以下の場合は施工を中止する（やむを得ず施工する場合は、シート等で覆ってヒーター等で採暖する）。

(2) Uカットシール工法

外壁のひび割れ部分において、ひび割れを埋めるだけではなく周囲も一体的に補修する必要がある場合は「Uカットシール工法」を用いる。この工法では、ひび割れ線を中心に幅10mm（浮き有の場合は100mm）程度、深さ15mm（同150mm）程度をダイヤモンドカッター等で切り取り、その溝を二成分系シーリング材等でシーリングする。

(3) アンカーピンニング

外壁の浮き等を補修するために、外壁面に孔をあけてアンカーピンと呼ばれる金物を差し込み、それを樹脂で固定して全体的な補強とする工法を「アンカーピンニング」という。具体的にはコンクリート用のドリルビットを使って浮きのある外壁面に孔をあけ、アンカーピンを差し込んでエポキシ樹脂で固定し浮きを押さえる。

8章 コンクリート工事
9章 鉄骨工事
10章 木造工事
11章 防水工事
12章 仕上工事
13章 その他の工事

☞豆知識

★10 廃棄物処理法では、爆発性や毒性、感染性その他健康などに悪影響を与える廃棄物を「特別管理一般廃棄物」「特別管理産業廃棄物」などとして規定し、通常の廃棄物よりも厳しい規制を行っている。詳細は環境省ウェブサイト（https://www.env.go.jp/recycle/waste/sp_contr/）を参照。

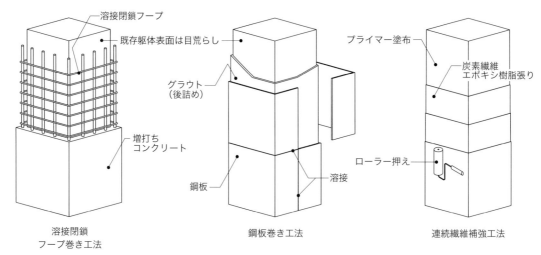

図 13・4　柱の耐震補強の工法例

4 建具改修工事 [改修標仕 5 章]

建具の改修方法には、既存建具の扉部分のみなどを交換する方法と、新規に建具を設ける方法がある。既存建具を交換する工法には既存建具の外周枠を残してその上から新規金属製建具を取り付ける「かぶせ工法」と、既存建具の枠回りをはつりまたは引抜きによって撤去し新規建具を取り付ける「撤去工法」がある。

5 耐震改修工事 [改修標仕 8 章]

(1) 適用範囲

耐震改修工事は、既存建物の耐震性能を向上させるために行われる。方法は、既存部分に新たに鉄筋コンクリートや鉄骨による補強を行うことが多いが、その場合はそれぞれの工事の新築の基準に倣う。

(2) 柱補強工事 [改修標仕 8.23]

いわゆる「新耐震設計法（1981 年施行）」以前の鉄筋コンクリート柱の中には、柱のせん断補強筋である帯筋（フープ）のピッチが粗く、地震時における靱性（粘り強さ）が不足している場合がある。

そのような場合は、図 13・4 に例示するように、既存の柱に溶接閉鎖フープを巻いて場所打ちコンクリートを増打ちしたり、鋼板や炭素繊維を巻き付けるなどの補強工事を行う。

①溶接閉鎖フープ巻き工法

既存のコンクリート柱の外周に、溶接により鉄筋をロの字型の閉鎖断面としたフープを巻き付けて、外側に型枠を設置してコンクリートを流し込んで一体化させる工法。

②鋼板巻き工法

既存のコンクリート柱の外周に鋼板等を巻き付けて溶接やボルト等で固定し、躯体との隙間にグラウト等を流し込んで一体化させる工法。

③連続繊維補強工法 [改修標仕 8.24]

既存のコンクリート柱や梁の外周に、複数の炭素繊維の層を巻き付けて靱性を向上させる工法。施工上の注意点としては、炭素繊維の断裂を防ぐために柱の表面を平滑にして隅角部も丸面取りする必要がある。連続炭素繊維シートを貼り付ける際は「ハンドレイアップ[★11]」で成形されたものを少し引張り気味に貼り付け、しわや気泡が残らないように、ローラーなどで押さえて下地と密着させる。

(3) 耐震スリット新設工事 [改修標仕 8.25]

ラーメン構造による中高層建築物は、地震時にあ

る程度層間変形するが、垂れ壁や袖壁、バルコニーがスムーズな変形を阻害し、予期せぬ応力集中等が起こる。これを避けるために、新築の建築物では構造設計の段階で「耐震スリット」を入れるが、既存建築物において耐震スリットが入っていない場合、柱と壁との接合部などに耐震スリットを新たに設けることがある。

(4) 免震・制振改修工事 ［改修標仕 8.26 〜 27］

この工事は既存の耐震建築物を免震化したり（免震レトロフィット）、制振化するための工事である。建物の一部分を免震デバイスに置き換える工事であるため、施工中は必要に応じて水平拘束材や鉛直支持材を設置するなどして既存建築物と同等以上の安全性を確保しつつ、工事終了時にそれらの仮設材を撤去する際は荷重のバランスなどを考慮する。

8章 コンクリート工事
9章 鉄骨工事
10章 木造工事
11章 防水工事
12章 仕上工事
13章 その他の工事

建築士試験過去問

問1 木造住宅における設備工事に関する次の記述のうち、最も不適当なものはどれか。

（平 29・二建士・学科Ⅳ・設問 21）

1. 雨水用排水ますには、深さ 150mm の泥だめを設けた。
2. 住宅用防災警報器は、天井面から下方 0.15m 以上 0.5m 以内の位置にある壁の屋内に面する部分に取り付けた。
3. ユニットバスの設置に当たって、下地枠の取付けに並行して、端末設備配管を行った。
4. LP ガス（液化石油ガス）のガス漏れ警報設備の検知器は、ガス燃焼器から水平距離 4m 以内、かつ、その上端が床面から上方 0.3m 以内の位置となるように取り付けた。
5. 給水管と排水管を平行に地中に埋設するに当たって、両配管の水平間隔を 400mm とし、給水管が排水管の上方となるようにした。

問2 設備工事に関する次の記述のうち、最も不適当なものはどれか。（平 28・二建士・学科Ⅳ・設問 21）

1. 管径 75mm の屋外排水管の主管の勾配は、1/100 とした。
2. 給水横走り管は、上向き給水管方式を採用したので、先上がりの均一な勾配で配管した。
3. 雨水立て管に排水トラップを設けたので、建築物内で汚水排水管と連結した。
4. 温水床暖房に用いる埋設方式の放熱管を樹脂管としたので、管の接合はメカニカル継手とした。
5. 空気よりも軽い都市ガスのガス漏れ警報設備の検知器は、その下端が天井面から下方 30cm の位置となるように取り付けた。

問3 木造住宅における設備工事に関する次の記述のうち、最も不適当なものはどれか。

（平 27・二建士・学科Ⅳ・設問 21）

1. メタルラス張りの壁にスイッチボックスを設けるに当たって、スイッチボックス周辺のメタルラスを切り取った。
2. 屋内給水管の防露・保温材には、特記がなかったので、厚さ 20mm の保温筒を使用した。
3. 雨水用の排水ますには、インバートますを使用した。
4. 換気設備のダクトは、住戸内から住戸外に向かって、先下がり勾配となるように取り付けた。
5. 住宅用防災警報器は、天井面から下方 0.15m 以上 0.5m 以内の位置にある壁の屋内に面する部分に取り付けた。

解答・解説

問1 最も不適当な選択肢は「5」である。給水管と排水管を平行に地中に埋設する場合、両配管の水平間隔は 500mm 以上とし、必ず給水管が上方になるようにする。 ≫本書 13・1-3(2)

問2 最も不適当な選択肢は「3」である。雨水立て管は、雨水専用の管として設け、排水立て管及び通気管と兼用してはならない。 ≫本書 13・1-3(2)

問3 最も不適当な選択肢は「3」である。インバートますは汚水や雑排水などに用いるますで、ますの底部に半円形の溝が設けられていることが特徴である。雨水用の排水ますは、ますの底に泥だめが設けられたものである。

≫本書 13・1-3(2)

索引

参考文献

本書の執筆にあたっては、多くの文献やウェブサイトほか資料を参照させていただきました。ここに深く感謝いたします。

【全体として参照したもの】

1. 「建設工事標準請負契約約款」関係
・中央建設業審議会『建設工事標準請負契約約款』令和4年9月2日版 （国土交通省ウェブサイト「建設工事標準請負契約約款について」：https://www.mlit.go.jp/totikensangyo/const/1_6_bt_000092.html） ≫ QR コード

2. 官庁営繕の技術基準関連
〈『標仕』、『監理指針』の建築工事編〉
・国土交通省大臣官房官庁営繕部編『公共建築工事標準仕様書（建築工事編）令和4年版』令和5年3月24日版 ※概ね3年に1回見直し
（国土交通省『標仕』ダウンロードサイト：https://www.mlit.go.jp/gobuild/kenchiku_hyoushi.html） ≫ QR コード
・国土交通省大臣官房官庁営繕部監修『建築工事監理指針（令和4年版）』第1版、（一社）公共建築協会、2023年 ※概ね3年に1回見直し

〈その他の国土交通省関連の標準仕様等〉 ※いずれも国土交通省大臣官房官庁営繕部編
・『建築工事標準詳細図（令和4年改定）』令和4年4月27日版、『公共建築工事積算基準（平成28年改定）』平成28年12月20日版、『公共建築数量積算基準（令和5年改定）』令和5年3月29日版、『公共建築工事共通費積算基準（令和5年改定）』令和5年3月29日版など（国土交通省「官庁営繕の技術基準」一覧サイト：https://www.mlit.go.jp/gobuild/gobuild_tk2_000017.html） ≫ QR コード

〈法令等（以下の法令の施行令、施行規則等を含む）〉
・建築基準法（昭和二十五年法律第二百一号）、建設業法（昭和二十四年法律第百号）、公共工事の入札及び契約の適正化の促進に関する法律（平成十二年法律第百二十七号）、公共工事の品質確保の促進に関する法律（平成十七年法律第十八号）、労働基準法（昭和二十二年法律第四十九号）、労働安全衛生法（昭和四十七年法律第五十七号）（詳細は「e-Gov法令検索」検索画面から検索できる：https://elaws.e-gov.go.jp/） ≫ QR コード

3. 参考図書（全体）
・日本建築学会編『建築工事標準仕様書・同解説 JASS1』第5版、2002年
・江口清編著『図説 建築施工』学芸出版社、2019年
・中澤明夫、角田誠『初学者の建築講座 建築施工』第三版、市ヶ谷出版社、2016年
・南一誠編著『改訂版 図説 建築構法』学芸出版社、2020年
・日本建設業連合会編『施工がわかるイラスト建築生産入門』彰国社、2017年

【各章の参考図書】
〈第Ⅰ編 建築施工入門〉
第1章 建築施工とは何か／第2章 建設現場の五大任務
・（一財）建設業振興基金『監理技術者講習テキスト』第1版、2020年
・細谷克也『QC七つ道具（やさしいQC手法演習）』日科技連出版社、1982年
・（一財）建設産業経理研究機構編『建設業会計概説4級』第二版、（一財）建設産業経理研究機構、2017年
・「VEとは」（公社）日本バリュー・エンジニアリング協会ウェブサイト：https://www.sjve.org/vecan/ve
・加藤昭吉『計画の科学―どこでも使えるPERT・CPM』講談社、1965年
・建設労務安全研究会編『新入社員が学ぶ建設現場の災害防止』第2版、労働新聞社、2018年
・中村昌允『技術者倫理とリスクマネジメント―事故はどうして防げなかったのか？』オーム社、2012年
・小野善生『リーダーシップ理論集中講義』日本実業出版社、2013年
・亀田達也ほか『複雑さに挑む社会心理学』改訂版、有斐閣、2010年
・入江仁之『OODAループ思考入門』ダイヤモンド社、2020年

〈第Ⅱ編 基準に基づく各種工事の管理（躯体工事編）〉
第3章 仮設工事／第4章 土工事／第5章 地業工事
・日本建築学会編『建築工事標準仕様書・同解説 JASS2 仮設工事』第5版、2006年
・日本建築学会編『建築工事標準仕様書・同解説 JASS3 土工事および山留め工事・JASS4 杭および基礎工事』第7版、2022年

〈図表等出典〉
・図4・3：（一財）日本建設情報総合センター『ボーリング柱状図作成及びボーリングコア取扱い・保管要領（案）・同解説』
　　　　：https://www.zenchiren.or.jp/koukai/pdf/kaisetsu2015_6.pdf、p.135

第6章　鉄筋工事／第7章　型枠工事／第8章　コンクリート工事
・日本建築学会編『建築工事標準仕様書・同解説 JASS5 鉄筋コンクリート工事』第16版、2022年
・日本建築学会編『型枠の設計・施工指針』第2版、2011年（本書図7・1に引用）
・白井伸明ほか『探究 鉄筋コンクリート構造』彰国社、2018年
・機械式鉄筋定着工法技術検討委員会『機械式鉄筋定着工法の配筋設計ガイドライン』平成28年7月（国土交通省ウェブサイト
　　：https://www.mlit.go.jp/common/001139225.pdf）

〈図表等出典〉
・図6・3：「リバーボン785」JFEテクノワイヤ株式会社 ウェブサイト：http://www.jfe-techno-wire.co.jp/product/rb785_bar/index.html
・図6・8：「プレートナット」東京鉄鋼株式会社 ウェブサイト：https://www.tokyotekko.co.jp/ja/prd/tekko/nst/nst10.html
・図6・13：「SYゲージ」関東圧接業協同組合 ウェブサイト：http://www.kan-atsu.org/sy/index.html
・図8・5：「万能試験機」株式会社島津製作所 ウェブサイト：https://www.an.shimadzu.co.jp/industries/metals/uh/index.html

第9章　鉄骨工事
・日本建築学会編『建築工事標準仕様書・同解説 JASS6 鉄骨工事』第11版、2018年

〈図表等出典〉
・図9・8：「製品一覧」神鋼ボルト株式会社 ウェブサイト：https://www.shinkobolt.co.jp/products/
・図9・9：「シャーレンチ」株式会社マキタ 取扱説明書：https://www.makita.co.jp/product/files/881650D8_B5353.pdf
・図9・29：「製品情報｜URG290AW」古河ユニック株式会社 ウェブサイト：https://www.furukawaunic.co.jp/products/details/urg290aw/
・図9・30：「ラフテレーンクレーン eGR-250N」株式会社タダノ ウェブサイト
　　　　　：https://www.tadano.co.jp/products/rc/egr-250n/index.html
・図9・31：「オールテレーンクレーン AC 6.300-1」株式会社タダノ ウェブサイト
　　　　　：https://www.tadano.co.jp/products/ac/ac6_300-1/index.html
・図9・33：「JCL720NK」株式会社北川鉄工所 ウェブサイト：https://prod.kiw.co.jp/construction/crane/nl/729.html
・図9・34：「安全帯が「墜落制止用器具」に変わります！」厚生労働省資料（平成31年1月）
　　　　　：https://www.mhlw.go.jp/content/11302000/000473567.pdf

第10章　木造工事
・独立行政法人住宅金融支援機構（旧住宅金融公庫）『【フラット35】技術基準のご案内』2023年4月版（ダウ
　ンロードサイト：https://www.flat35.com/files/400354624.pdf）≫ QRコード

〈第Ⅲ編　基準に基づく各種工事の管理（その他工事編）〉
第11章　防水工事／第12章　仕上工事
・東西アスファルト事業協同組合（田島ルーフィング）『アスファルト防水仕様書』p.163
・武田雄二、西脇進、鷲見勇平『図説 建築材料』学芸出版社、2018年

第13章　その他工事
・国土交通省大臣官房官庁営繕部編『公共建築工事標準仕様書（電気設備工事編）』令和4年5月10日版
・国土交通省大臣官房官庁営繕部編『公共建築工事標準仕様書（機械設備工事編）』令和4年8月4日版
・国土交通省大臣官房官庁営繕部編『公共建築改修工事標準仕様書（建築工事編）令和4年版』令和5年3月24日版

【著者】

髙瀬恵悟（たかせ・けいご）

一級建築士、1級建築施工管理技士。
専門学校東京テクニカルカレッジ運営本部長 兼 建築監督科／建築
科専任講師、学校法人小山学園 理事 法人本部長、株式会社巴コーポ
レーション 社外アドバイザー。
1968年生まれ。専門学校東京テクニカルカレッジ建築科／埼玉大学
経済学部経済学科卒、立教大学大学院21世紀社会デザイン研究科比
較組織ネットワーク学専攻修了。株式会社巴コーポレーションにて
建築の設計監理、施工管理、技術開発に従事し、株式会社大京にて
集合住宅の企画設計に関わる。その後、東京工科専門学校（現 専門
学校東京テクニカルカレッジ）に転じ、建築工学科科長、教務部長、
総務人事部長、校長等を経て現職。

【取材協力／コラム執筆担当】

吉原正樹（よしはら・まさき）
　一級建築士／1級建築施工管理技士
　株式会社巴コーポレーション
　執行役員　建設工事統括／建設工事部長
　専門は施工管理。
　略歴：1990年入社、2018年建設工事部副部長、
　　　　2020年建設工事部長（2022年執行役員）、
　　　　現在に至る

佐藤浩幸（さとう・ひろゆき）
　博士（工学）／一級建築士
　株式会社巴コーポレーション
　執行役員　建設営業統括／東京支店長
　専門は構造設計。
　略歴：1987年入社、2017年建設設計部長、
　　　　2020年建設営業部長、
　　　　2022年執行役員 東京支店長
　　　　現在に至る

※略歴・役職は発行時のものです。

実践につながる
建築施工の教科書

2024年4月1日　　第1版第1刷発行

著　者………髙瀬恵悟
発行者………井口夏実
発行所………株式会社 学芸出版社
　　　　　　　〒600-8216
　　　　　　　京都市下京区木津屋橋通西洞院東入
　　　　　　　電話 075-343-0811
　　　　　　　http://www.gakugei-pub.jp/
　　　　　　　E-mail: info@gakugei-pub.jp
編　集………神谷彬大

装　丁………デザインスタジオ・クロップ　神原宏一
ＤＴＰ………村角洋一デザイン事務所
印刷・製本…モリモト印刷

＊本書の最新情報は、下記の学芸出版社ウェブサイトをご確認ください。
https://book.gakugei-pub.co.jp/gakugei-book/9784761533014/